正義의 豫言者
아모스 註釋

晩穗 金正俊 全集・6

正義의 豫言者

아모스 註釋

한국신학연구소
1991

머리말

　본래 이 '주석'은 아모스의 신학사상을 연구할 목적으로 집필했기 때문에 이 주석이 3년 반 동안 『현존』지에 발표되었을 때 "아모스 연구"란 제목이었다. 그러나 집필한 지 5,6개월이 되자 아모스 본문을 파헤쳐 보지 않고 어떻게 사상을 탐구해 낼 수 있을까 하는 의심이 갔다. 그래서 본문 자체에 관심을 집중하다 보니, 결국 그 본문을 새로이 옮겨 보고 싶은 생각이 났고 본문을 번역하다 보니, 그 텍스트가 가진 여러 가지 문학비평, 역사비평 등 본문비평의 문제가 고려되지 않을 수 없었다. 이렇게 본문을 이해하고 보니 결국 그 본문의 뜻이 무엇인지 살펴보게 되어 "본문해설"을 하게 되었다. "본문해설"이 '주석'이 의도하는 바를 충분히 살렸느냐 함에 필자 자신은 의심을 가진다. 엄밀하게 말해서 필자가 살고 있는 한국적인 역사 현실에서 아모스를 정독하고 거기에서 오늘 우리들의 현실에 주고자 하는 메시지를 탐구해 나갔다고 할 수 있다. 그래서 '주석'이라기보다는 '본문 강해'와 '주석' 두 가지 역할을 겸한 성격이라 하겠다. 왜냐하면 여기서 본문이 가진 학문적인 문제에 성서신학자로서 관심하면서, 또한 교회의 설교자로서 "오늘의 메시지" 발굴에 관심을 해왔기 때문이다.
　이상과 같이 이 주석은 집필하는 도중에 '주석' 형태로 바꾸어 갔기 때문에 처음 여러 장에서는 주석으로서 갖추어야 할 요소들이 결함된 것을 독자 여러분은 곧 알 수 있을 것이다. 그러나 "성서주석"이란 것을 "이렇게 하는 것이구나" 하는 그 과정을 보여준 것 같아서 비록 미흡한 점이 허다하나 우선 아모스를 토착적으로 주석한 것이 아직 우리 나라에 나타나지 않았기 때문에, 이 점 독자와 함께 필자는 기뻐하고자 한다.

집필 완료 소감에서도 말했지만, 1975년, 필자가 한 해에 다섯 차례나 입원을 하고 두 차례나 이생과 저생을 오락가락했기 때문에 이 "주석"책은 영 빛을 볼 수 없고 말 위기도 있었다. 그러나 하나님은 내 목숨을 다시 연장시켜 주셔서 그 집필을 계속케 했고 이렇게 부족한 점이 많으나 『아모스』를 읽는 동역자들과 후진들에게 남길 수 있는 책이 완성된 것은 참으로 감사한 일이 아닐 수 없다.

감사한 말을 하자면, 이 글을 계속 실어준 『현존』지에 대한 감사, 이 글을 쓰도록 권유해 준 『현존』의 주필 안병무 박사 및 그의 직원들(임태수 군, 김미동 양, 그리고 『현존』 편집 책임에 수고하신 송기득 선생)에게 감사를 드린다.

그리고 이 책이 나올 수 있게 한 "한국신학연구소"에 감사한다.

가장 큰 감사를 받아야 할 사람들은 이 글을 오랜 세월 동안 계속 읽고 격려해 주신 독자 여러분이다.

이 『주석』이 단행본으로 나타남으로 한국 교회와 사회에 정의의 예언자 아모스를 통해서 2700여년 전에 말씀하신 하나님의 말씀이 오늘 우리들의 말씀으로도 들려지기를 간절히 바라마지 않는다.

1976년 12월 29일
친구 안병무 박사가
출감하던 날
晩 穗

차 례

머리말 / 5
중요한 아모스 연구 참고문헌 / 14

제1부 새 번역 17

제2부 서 론 41

1. 평민신학자 아모스 / 43
2. 인간 아모스 / 44
3. 그의 시대 / 48
4. 말과 예언자 / 50
5. 글과 예언자 / 58

제3부 주 석 63

1. 역사와 예언자(1:1-5) 65
   1. 만민의 하나님 야웨 / 65
   2. 새 번역 / 66
   3. 텍스트 문제 / 66
   4. 본문 해설 / 68
      1. 서론(1:1-2) / 68
      2. 다메섹의 죄(1:3-5) / 70
      3. 역사의 주재자는 야웨 하나님 / 75
2. 예언자와 애국자(1:6-2:3) 77
   1. 예언자는 애국자 / 77
   2. 새 번역 / 79
   3. 텍스트 문제 / 80
   4. 본문 해설 / 81
      1. 죄의 고발자 / 81

    2. 가사의 죄(1:6-8) / 82
    3. 두로의 죄(1:9-10) / 83
    4. 에돔의 죄(1:11-12) / 84
    5. 암몬과 모압의 죄(1:13-15, 2:1-3) / 85

3. 병든 나라 I (2:4-7a) ··· 88
  1. 긍정을 위한 부정 / 88
  2. 새 번역 / 89
  3. 텍스트 문제 / 90
  4. 본문 해설 / 92
    1. 나라의 병(2:4-5) / 92
    2. 비인간화의 질병(2:6-7a) / 96

4. 병든 나라 II (2:7b-8) ······································· 100
  1. 성적 타락 / 100
  2. 새 번역 / 100
  3. 텍스트 문제 / 101
  4. 본문 해설 / 101
    1. 그릇된 성윤리(2:7b) / 101
    2. 그릇된 예배(2,8) / 103

5. 구원의 하나님 (2,9-12) ···································· 107
  1. 서론 / 107
  2. 새 번역 / 107
  3. 텍스트 문제 / 107
  4. 본문 해설 / 109
    1. 강적을 물리쳐 주심(2:9-10) / 109
    2. 예언자와 나시르 사람(2:11-12) / 111

6. 심판 선언(2:13-16) ··· 118
  1. 구원을 위한 심판 / 118
  2. 새 번역 / 119
  3. 본문 해설 / 120

7. 예언의 동기 (3:1-8) ··· 123
  1. 서론 / 123
  2. 새 번역 / 123
  3. 본문 해설 / 124
    1. 이율배반(3:1-2) / 124
    2. 예언의 동기(3:3-8) / 126

8. 사마리아의 죄(3:9-10) ···································· 132
  1. 새 번역 / 132

2. 텍스트 문제 / 132
  3. 본문 해설 / 133
9. 심판과 구원(3:11-12) 138
  1. 서론 / 138
  2. 새 번역 / 138
  3. 텍스트 문제 / 139
  4. 본문 해설 / 139
10. 죄의 보응(3:13-15) 141
  1. 서론 / 141
  2. 새 번역 / 141
  3. 본문 해설 / 142
11. 사마리아 여인들(4:1-3) 144
  1. 서론 / 144
  2. 새 번역 / 144
  3. 텍스트 문제 / 145
  4. 본문 해설 / 145
12. 종교의 한계성(4:4-5) 152
  1. 종교와 정치 / 152
  2. 새 번역 / 156
  4. 본문 해설 / 157
    1. 형식 종교(4:4) / 157
    2. 제사의 무의미성(4:5) / 160
13. 자연과 계시(4:6-13) 162
  1. 피조물인 자연 / 162
  2. 새 번역 / 163
  3. 텍스트 문제 / 164
  4. 본문 해설 / 165
14. 輓歌(5:1-3) 175
  1. 서론 / 175
  2. 새 번역 / 175
  3. 텍스트 문제 / 176
  4. 본문 해설 / 178
15. 삶의 노래(5:4-6) 185
  1. 서론 / 185
  2. 새 번역 / 185
  3. 본문 해설 / 186

16. 그 이름은 야웨(5:8-9) ········· 195
    1. 서론 / 195
    2. 새 번역 / 196
    3. 텍스트 문제 / 196
    4. 본문 해설 / 197
        1. 자연지배자(5:8) / 198
        2. 강한 자를 넘어뜨리는 야웨(5:9) / 200

17. 자유와 정의(5:7,10-13) ········· 204
    1. 서론 / 204
    2. 새 번역 / 204
    3. 본문 해설 / 205
        1. 언론의 수난 / 205
        2. 약은 쓰다(5:7) / 207
        3. 비판의 죄(5:10) / 209
        4. 가난의 죄와 富한 죄(5:11) / 210
        5. 뇌물 정치(5:12) / 212

18. 사는 길(5:14-15) ········· 217
    1. 서론 / 217
    2. 새 번역 / 217
    3. 텍스트 문제 / 218
    4. 본문 해설 / 219

19. 통곡의 권유(5:16-17) ········· 228
    1. 서론 / 228
    2. 새 번역 / 229
    3. 본문 해설 / 230
        1. 권유의 근거 / 230
        2. 통곡의 표현 / 231
        3. 통곡의 범위 / 232
        4. 통곡케 하는 신 / 237

20. 야웨의 날(5:18-20) ········· 239
    1. 서론 / 239
    2. 새 번역 / 241
    3. 텍스트 문제 / 241
    4. 본문 해설 / 242

21. 종교와 윤리(5:21-27) ········· 248
    1. 서론 / 248
    2. 새 번역 / 248

3. 텍스트 문제 / 249
   4. 본문 해설 / 251
22. 망국적 현상(6:1-7) ··················· 256
   1. 서론 / 256
   2. 새 번역 / 258
   3. 텍스트 문제 / 259
   4. 본문 해설 / 261
      1. 화가 있으리라(6:1) / 261
      2. 망국의 이유(6:2-6) / 265
      3. 망국의 예언(6:7) / 271
23. 민족 수난(6:8-11) ··················· 273
   1. 서론 / 273
   2. 새 번역 / 274
   3. 텍스트 문제 / 274
   4. 본문 해설 / 277
24. 공평과 정의(6:12-14) ··················· 281
   1. 서론 / 281
   2. 새 번역 / 282
   3. 텍스트 문제 / 283
   4. 본문 해설 / 286
25. 제1의 환상:메뚜기 재난(7:1-3) ··················· 291
   묵시문학의 시작 / 291
   1. 서론 / 294
   2. 새 번역 / 296
   3. 텍스트 문제 / 296
   4. 본문 해설 / 298
26. 제2의 환상:불의 재난(7:4-6) ··················· 303
   1. 서론 / 303
   2. 새 번역 / 304
   3. 텍스트 문제 / 305
   4. 본문 해설 / 306
27. 제3의 환상:다림줄의 심판(7:7-9) ··················· 309
   1. 서론 / 309
   2. 새 번역 / 309
   3. 텍스트 문제 / 310
   4. 본문 해설 / 311

28. 직업종교인과 예언자의 대결(7:10-17) ········· 315
   1. 서론 / 315
   2. 새 번역 / 316
   3. 텍스트 문제 / 317
   4. 본문 해설 / 320
29. 제4의 환상(8:1-3) ········· 328
   1. 서론 / 328
   2. 새 번역 / 329
   3. 텍스트 문제 / 330
   4. 본문 해설 / 332
30. 타락한 商道(8:4-10) ········· 336
   1. 서론 / 336
   2. 새 번역 / 337
   3. 텍스트 문제 / 338
   4. 본문 해설 / 341
31. "그 날에"(8:7-10) ········· 346
   1. 서론 / 346
   2. 새 번역 / 347
   3. 본문 해설 / 347
32. 말씀의 기근(8:11-14) ········· 353
   1. 서론 / 353
   2. 새 번역 / 355
   3. 텍스트 문제 / 355
   4. 본문 해설 / 357
33. 제5의 환상(9:1-4) ········· 361
   1. 서론 / 361
   2. 새 번역 / 362
   3. 텍스트 문제 / 363
   4. 본문 해설 / 365
34. 야웨 찬송(9:5-6) ········· 373
   1. 서론 / 373
   2. 새 번역 / 374
   3. 텍스트 문제 / 374
   4. 본문 해설 / 376
35. 그릇된 선민의식(9:7-10) ········· 381
   1. 서론 / 381

2. 새 번역 / 382
        3. 텍스트 문제 / 383
        4. 본문 해설 / 387
    36. 조국통일의 꿈(9:11-15) 395
        1. 서론 / 395
        2. 새 번역 / 401
        3. 본문 해설 / 402
    37. 후기: 아모스 주석을 끝내며 409

    자평 411

중요한 아모스 연구 문헌

(*표는 본서에 참고된 것)

(*표는 본서에 참고된 것이다. 이번 개정판에서는 주요 연구문헌을 참고하거나 인용한 각주의 표기에서 번거로움을 피하기 위해 저자와 면수만을 사용하기로 하였다.)

1. 영문판

* S.R. Driver, *The Books of Joel and Amos*(The Cambridge Bible)(1897), Revised(1951).
* W.R. Harper, *Amos and Hosea*(ICC)(1905).
W.O. Burrons, *Amos with Introduction, Notes, Maps*(1898).
S.R.Driver, *Joel and Amos: Smaller*(Cambridge Bible)(1918).
M.A. Canney, *Amos*(Peak's Commentary) (1920).
* G.A. Smith, *The Books of the Twelve Prophets* (1928).
N.H. Snaith, *Amos*, I:Introduction, II: Translation and notes (1945/46).
J.A. Bewer, *The Book of the Twelve Prophets*(Harper's Annotated Bible) 2 Vols. (1949).
R.S. Cripps, *A Critical and Exegetical Commentary on the Book of Amos*, (1922, 1955)^2, 1960^3.
N.H. Snaith, *Amos, Hosea, and Micah*(Epworth Preacher's Commentaries) (1956/46).
* H.E.W. Foshbrok, S.Lovett, *The Book of Amos*(Interpreter's Bible, Vol.VI) (1956).
J.Marsh, *Amos and Micah*(Torch Bible Commentaries)(1959).
* J.L. Mays, *Amos*(Old Testament Library) (1969).

2. 독일어판

G. Baur, *Der Prophet Amos erklärt*, (1847).
J. Wellhausen, *Die kleinen Propheten übersetzt und erklärt* (1893, 1898^3).
K. Marti, *Dodekapropheten* (1904).

L. Köhler, *Amos* (1917).
H. Schmidt, *Der Prophet Amos* (1917).
H. Sellin, *Das Zwölfprophetenbuch* (1923).
* Th. H. Robinson, *Die Zwölf kleinen Propheten*(HAT)(1936).
* A. Weiser, *Das Buch der Zwölf kleinen Propheten*, I(ADT)(1949).
H. Frey, *Das Buch des Ringen Gottes um seine Kirche: Der Prophet Amos* (Die Botschaft des AT 23/1)(1958).
* Milos Bic, *Das Buch Amos*,(1969).
*H.W. Wolff, *Dodekapropheten 2, Joel and Amos*(Biblische Kommentar, AT) (1969).

3. 아모스에 관한 연구

H.H. Krause, Der Gerichtsprophet Amos, ein Vorläufer des Deuteronomiums, *ZAW* 50(1932).
J. Morgenstein, *Amos Studies* I. *HUCA* 11(1936), pp.19-40; II. *HUCA* 12/13 (1937/38),pp.1-53. III. *HUCA* 15(1940),pp.59-304. IV. *HUCA* 32(1961),pp.295-350.
* E.Würtwein, Amos-Studien, *ZAW* 62(1950), pp.10-52.
* H.W. Wolff, Die Stunde des Amos (*Prophetie und Protest* 설교집), 1971.
* A. Kapelrud, *Central Ideas in Amos*, 1956.
H.W. Wolff, *Amos Geistige Heimat*, WHANT 18(1964).
K. Cramer, *Amos, Versuch einer theologischen Interpretation*: BWANT 51 (1930).
G.Farr, The Language of Amos, Popular or Cultic? *VT* 16(1966), pp.312-324.
I.P. Seierstad, Erlebnis und Gehorsam beim Propheten Amos, *ZAW* 52(1934), pp. 22-41.
S. Cohen, The Political Background of the Words of Amos, *HUCA* 36(1965), pp. 153-160.
F. Horst, Die Doxologen im Amosbuch, *ZAW* 47(1929), pp.45-54.
J.D. Watts, The Origin of the Book of Amos, *ExpT* 66(1954/55), pp.109-112.
W.H. Schmidt, Die deuteronomische Redaktion des Amosbuches, *ZAW* 77 (1965), pp.168-193.
S. Terrien, Amos and Wisdom, Israel's Prophetic Heritage, *Essays in honour of J. Muilenburg* (1962), pp.108-115.

제1부
•
새 번역
著者 私譯

제1장

1절 드고아의 목자였던 아모스가 유다 왕 웃시야의 때와 이스라엘 왕 여로보암의 때, 지진 나기 2년 전에 이스라엘에 대하여 계시 받은 말씀들이다.
2절 저가 말한다.
시온에서 야웨가 부르짖고
예루살렘에서 그 목소리가 들린다.
목자들의 초장은 타서 울고
갈멜산 꼭대기는 말라버린다.
3절 야웨가 이렇게 말씀하신다.
다메섹이 지은 서너 가지 죄를
내가 벌하지 않을 수 없다.
그들이 쇠도리깨로 타작하듯
길르앗을 쳐부순 죄 때문이다.
4절 그러므로 내가 하사엘 집에 불을 보내어
벤하닷 궁궐들을 태워버리리라.
5절 내가 다메섹 성문 빗장을 꺾고
아웬 들판 주민들을 쫓아내며
벧에덴에서 왕권 잡은 자들을 죽이고
아람 백성이 키르로 사로잡혀 가리라.
야웨가 말씀하신다.
6절 야웨가 이렇게 말씀하신다.
가사의 서너 가지 죄를
내가 벌하지 않을 수 없다.
그들이 모든 주민들을 사로잡아
에돔에다 팔아넘긴 죄 때문이다.
7절 그러므로 가사 성에 불을 질러
그 궁궐들을 태워버리리라.
8절 내가 아스돗 주민들과
아스글론의 주권자를 죽이고
에그론에 손대어 치며

블레셋에 남은 자들을 멸하리라.
주 야웨의 말씀이시다.

9절 야웨가 이렇게 말씀하신다.
두로의 지은 서너 가지 죄를
내가 벌하지 않을 수 없다.
형제로 맺은 계약을 잊어버리고
모든 주민들을 에돔에다
팔아 넘긴 죄 때문이다.

10절 내가 두로 성에 불을 질러
그 궁궐들을 태워버리리라.

11절 야웨가 이렇게 말씀하신다.
에돔의 서너 가지 죄를
내가 벌하지 않을 수 없다.
에돔은 그 형제를 칼로 쫓으며
연민의 정을 버리고
복수심을 끝없이 불붙여
분노를 항상 가졌기 때문이다.

12절 그러므로 내가 데만에 불을 질러
보스라 궁궐들을 태워버리리라.

13절 야웨가 이렇게 말씀하신다.
암몬의 서너 가지 죄를
내가 벌하지 않을 수 없다.
길르앗의 아이 밴 여인의
배를 갈라 그 영토를
넓힌 죄 때문이다.

14절 그러므로 내가 랍바 성에 불을 질러
그 궁궐들을 태워버리리라.
전쟁의 함성이 터지는 날
폭풍이 몰아치는 날

15절 왕과 그 귀족들이 함께
사로잡혀 가고 말리라.
야웨의 말씀이시다.

제2장

1절 야훼가 이렇게 말씀하신다.
    모압의 서너 가지 죄를
    내가 벌하지 않을 수 없다.
    그들이 죽은 에돔왕의 뼈를 태워
    재로 만든 죄 때문이다.
2절 그러므로 내가 모압에 불을 질러
    그리욧 궁궐들을 태워버리리라.
    전쟁의 외침과 나팔소리와 함께
    모압은 망하리라.
3절 내가 그들 중에서
    주권자와 귀족들을 죽이리라.
    야훼 말씀이시다.
4절 야훼가 이렇게 말씀하신다.
    유다의 서너 가지 죄를
    내가 벌하지 않을 수 없다.
    저들이 야훼의 율법을 거부하고
    그 규약을 지키지 않고
    선조들이 범한 그대로
    거짓 신들에게 미혹된 죄 때문이다.
5절 그러므로 내가 유다에 불을 질러
    예루살렘 궁궐들을 태워버리리라
6절 야훼가 이렇게 말씀하신다.
    이스라엘의 서너 가지 죄를
    내가 벌하지 않을 수 없다.
    저희가 의인을 은으로 팔며
    궁핍한 자를 한 켤레 신 값으로
    팔아 넘기는 죄 때문이다.
7절 또한 가난한 자들 머리에 덮힌
    먼지까지도 탐을 내며
    겸손한 자들을 방황케 한다.

　　　　　아비와 자식이 한 여인에게 드나들어
　　　　　내 거룩한 이름을 더럽힌다.
　8절　저당잡은 겉옷을
　　　　　제단 옆에 펴고 누으며
　　　　　벌금으로 받은 술을
　　　　　저희 하나님 집에서 마신다.
　9절　나는 저희들 앞에서 아모리 사람들을 망하게 했다.
　　　　　그들의 키가 백향목같이 크고
　　　　　그들의 힘은 상수리 나무처럼 강하다.
　　　　　그래도 나는 위로는 저들의 열매를,
　　　　　아래로는 그 뿌리를 망하게 했다.
10절　나는 너희를 애굽 땅에서 이끌어 냈고
　　　　　광야 길 40년도 내가 인도하여,
　　　　　아모리 사람 땅을 차지하게 했다.
11절　그뿐이랴!
　　　　　너희 자녀들 중에서 예언자를 세웠고
　　　　　너희 청년들 중에서 나시르 사람을 일으켰다.
　　　　　아하, 이스라엘 사람들이여
　　　　　이것이 사실이 아닌가!
　　　　　이는 야웨의 말씀이다.
12절　그러나 나시르 사람에게는 술을 마시게 하고
　　　　　예언자들에게는 예언을 하지 말라 한 것이 바로 너희들이었다.
13절　보라.
　　　　　내가 너희를 밟아 누르리라.
　　　　　마치 곡식을 실은 수레가 누르듯이,
14절　도피하는 걸음이 빨라도 망할 것이고
　　　　　힘센 자라도 그 힘을 내지 못하고
　　　　　용사라도 자신을 건질 수 없을 것이다.
15절　활을 쏘는 자도 견딜 수 없고
　　　　　발이 빠른 자라도 빠져나갈 수 없고 말을 달리는 자도
　　　　　자신을 건질 수 없으리라.

16절 그 날에
    힘센 자도 넋을 잃을 것이고
    전사들은 옷을 벗고 도망칠 것이다.
    이것이 야웨의 말씀이다.

    제3장

1절 이스라엘 자손들이여 들으라.
    야웨가 너희에게 하시는 이 말씀을
    너희 모든 지파들에게 말씀 하신다.
    "내가 너희를 애굽에서 인도해 냈다."
2절 나는 땅 위 모든 지파 중에서
    오직 너희와 더불어 관계를 맺어 왔다.
    그러나 나는 너희를 벌하련다.
    너희 모든 악 때문이다.
3절 두 사람의 뜻이 합하지 않고서도
    함께 여행을 할 수 있겠는가,
4절 먹이를 찾지 않고서도
    사자가 숲 속에서 부르짖겠는가,
    잡힌 것이 없는데도
    젊은 사자가 굴 속에서 소리치겠는가,
5절 창애를 땅에 깔아두지 않고서도
    새가 거기 치이겠는가,
    아무 것도 잡히지 않고서도
    창애가 땅에서 뛰겠는가,
6절 성에서 나팔소리를 듣고서도
    사람들이 놀라지 않겠느냐.
    야웨가 시키지 않고서도
    재난이 성읍에 내리겠는가,
7절 자기의 비밀을 그의 종
    예언자에게 말씀하시지 않고서는
    주 야웨는 아무 일도 하시지 않으신다.

8절 사자가 부르짖을 때
어느 누가 무서워하지 않겠는가,
주 야웨 말씀하실 때
어느 누가 예언하지 않고 배기겠는가.

9절 "아스돗 궁궐이여
애굽 땅 궁궐 위에 서서
큰소리로 외쳐라.
너희는 사마리아 산들 위에 모여
그 성 중에 있는 큰 소란과
그들 중에 있는 학대를 보라.

10절 그들은 정직함을 알지 못하며
저희 궁궐에서는
폭행과 착취를 쌓기만 한다."
이것이 야웨 말씀이시다.

11절 "그래서
주 야웨는 이렇게 말씀하신다.
대적은 너희 땅을 둘러싸며
너희 요새는 무너지고
너희 궁궐은 약탈당할 것이다.

12절 야웨가 이렇게 말씀하신다.
마치 목자가 사자의 입에서
양의 두 다리나 귀 조각을
건져냄과 같이
그렇게 이스라엘 자손이
건짐을 받으리라.
침대 모퉁이와
보료 조각을 건지듯이."

13절 "너희는 들으라 그리고 증거하라.
야곱의 집에 대하여
야웨 너희 주
만군의 너희 하나님이 이르시는 말씀을.

14절 내가 이스라엘의 모든 죄를
   문책하여·보응하는 날,
   벧엘의 제단을 벌하며
   그 제단 머리를 쳐서
   땅 바닥에 넘어지게 하리라.
15절 내가 겨울 집과 여름 집을,
   그리고 상아로 만든 집을
   쳐부수리라
   대궐도 부서지리라."
   이것은 야웨의 말씀이라.

제4장

1절 너희는 이 말을 들으라!
   사마리아 산에 있는 바산의 암소들이여.
   너희는 빈곤한 자를 학대하며
   가난한 자를
   짓밟고 있구나!
   너희 남편들에게 하는 말,
   "술을 가져오라, 우리로 마시게 하라."
2절 주 야웨는 너희의 거룩함을 두고 맹세하신다.
   보라! 그 날이 너희에게 임하리라.
   사람들이 너희를 쇠 갈쿠리로 끌어가고
   너희 자식들은 낚시로 끌어가리라.
3절 너희 모두가 무너진 성터로 곧장 끌려가면
   하르몬에 밀쳐낸 바 되리라.
   이는 야웨 말씀이시다.
4절 너희는 벧엘로 가라
   그래야 죄를 짓겠지.
   너희는 길갈로도 가라
   그래야 죄를 더 지을 것이 아닌가!
   아침마다 희생제물을 손에 들고

사흘마다 십일조를 바치면서
5절 누룩을 넣은 떡으로
감사제를 올리며,
특별감사 예물도 바치며
공포하고 선전하려무나.
너희들이야말로
이런 일을 즐겨하지 않는가!
아하 이스라엘 자손들이여
이것이 주 야웨 말씀이시다.
6절 "내가 너희 사는 곳곳마다
이에 씹을 것이 없도록
식량이 떨어지게 했건만은
너희는 내게로 돌아오지 아니하였다."
이는 야웨의 말씀이시다.
7절 "추수하기 석달 전에 이미
내가 비를 멎게 하여
한 곳에는 비가 내리고
다른 곳은 가물게 했다.
8절 이곳 저곳 사람들이
물을 찾아 헤매었지만
갈증을 풀지 못했다.
그래도 너희는 내게로 돌아오지 아니하였다."
이는 야웨의 말씀이시다.
9절 "내가 풍재와 깜부기로 너희를 치고
메뚜기가 너희 뜰과 포도원
무화과나무와 감람나무를 먹게 했건만
너희는 내게로 돌아오지 아니하였다."
이는 야웨의 말씀이시다.
10절 "애굽에서와 같이
내가 너희에게 전염병이 퍼지게 하고
너희 젊은이는 칼에 엎드러지고
너희 말들은 빼앗기고

　　　　　너희 진중에는 악취가 나게 했건만
　　　　　너희는 내게 돌아오지 아니하였다."
　　　　　이는 야웨의 말씀이시다.
　11절　"소돔과 고모라를 멸하듯
　　　　　내가 너희를 파멸시켜
　　　　　마치 불 속에서 꺼낸 부지깽이처럼 되었건만
　　　　　그래도 너희는 내게로 돌아 오지 아니하였다."
　　　　　이는 야웨 말씀이시다.
　12절　"그러므로 이스라엘아
　　　　　내가 너희게 이렇게 할 것이다.
　　　　　내가 너희게 이렇게 할 것이다.
　　　　　이스라엘아
　　　　　네 하나님을 만나는 자세를 가지라."
　13절　"진정 산들을 만들고 바람을 창조하며
　　　　　자기 뜻을 사람에게 계시하며
　　　　　아침을 어둡게 하며
　　　　　땅의 높은 곳을 밟으시는 분
　　　　　그의 이름은 만군의 하나님 야웨이시다."

　　　　　제 5장

　1절　들어라. 이 말을,
　　　　　내가 너희게 들려주는 만가를
　　　　　오호! 이스라엘 자손이여?
　2절　처녀 이스라엘이여
　　　　　너는 넘어졌구나
　　　　　다시 일어날 수 없구나!
　　　　　땅 위에 쓰러졌지만,
　　　　　아무도 일으킬 사람이 없네.
　3절　주 야웨 이스라엘 자손에게
　　　　　이렇게 말씀하신다.
　　　　　천 명이 나간 도시에는

　　　　백 명이 남고,
　　　　백 명이 나간 도시에는
　　　　열 명이 남겠네.
　4절　이제 야웨가 이스라엘 자손에게
　　　　이같이 말씀하신다.
　　　　너희는 나를 찾으라.
　　　　그리하면 살리라.
　5절　벧엘을 찾지 말라.
　　　　길갈로도 가지 말라.
　　　　브엘세바로도 건너가지 말라.
　　　　진정 길갈은 사로잡힐 것이요.
　　　　벧엘은 허무하게 되리라.
　6절　야웨를 찾으라!
　　　　그리하면 살리라.
　　　　아, 요셉의 자손이여,
　　　　야웨의 불을 받지 않으려거든!
　　　　불이 벧엘을 삼키리니,
　　　　아무도 이를 끌 수 없으리라.
　7절　아하
　　　　공의를 사철 쑥으로 바꾸며
　　　　정의를 땅에 던지는 자들이여
　8절　묘성과 오리온을 만드시고, 죽음의 그늘을 아침으로, 대낮을
　　　　어둔 밤으로 만드시고, 바닷물을 불러 땅 위에 쏟으시는 분, 그
　　　　이름은 야웨이시다.
　9절　그는 강한 자를 넘어뜨리시고,
　　　　요새도 무너뜨리신다.
10절　성문에서 비판자를 미워하고
　　　　바른말 하는 자를 싫어하는구나.
11절　그러니, 너희들이
　　　　가난한 자를 짓밟고
　　　　과중한 곡세를 취하고 있다.
　　　　너희가 비록 다듬은 돌로

집을 짓기는 해도
거기서 살지는 못하리라.
너희가 비록 포도나무를 심기는 하지만,
포도주를 마시지는 못하리라.

12절 진정 너희들의 허물이 많고
죄가 중한 것을 내가 알고 있다.
너희는 의인을 학대하며
뇌물을 받는 일로
성문에서 가난한 자를 억울하게 한다.

13절 그러니
이런 악한 때에야
지혜로운 사람이
잠잠할 수밖에 없지 않은가!

14절 선을 구하고 악을 구하지 말라.
너희가 살기를 원하거든,
너희가 이미 말한 바지만
야웨, 만군의 하나님이
너희와 함께 계신다.

15절 너희는 악을 미워하고
선을 사랑하라.
그리고 성문에서는 공의를 세우라.
야웨, 만군의 하나님께서
그래도 요셉의 남은 자를
긍휼히 여기시지 않겠느냐.

16절 그러므로
만군의 주 하나님이
이같이 말씀하신다.
모든 광장에는 통곡
모든 거리에는 '으흐' '으흐',
곡을 하기 위해 장정을 불러오고
울음군을 불러다 통곡하게 하라.

17절 모든 포도원에서도 통곡하리니
이는 내가 너희 가운데로 지나가리라.
이는 야웨의 말씀이다.
18절 아! 화가 있으리라!
야웨의 날을 사모하는 자들이여,
그래 무엇 때문에
"야웨의 날"이란 말이냐!
그 날은 빛이 아니라
어둠의 날이 아닌가.
19절 그 날은 마치
사자를 피하다가 곰을 만나고
집에 들어가
벽을 만지다가
뱀에게 물리는 것이 아닌가.
20절 야웨의 날은
어둠의 날이지 빛의 날은 아니다.
밝음이 없는 날이다.
21절 너희 축제를
나는 미워한다. 나는 싫어한다.
너희 절기 모임을 기뻐하지 않는다.
22절 비록 너희가 번제나 소제를
내게 드릴찌라도
내가 즐겨 받지 않으리라.
비록 너희 기름진 짐승을 잡아
화목제를 바친다 해도
내가 관심하지 않으리라.
23절 너희 노래 소리를 집어치우라.
너희 비파 가락도 나는 듣지 않겠다.
24절 공의는 물처럼 쏟아버리고
정의는 냇물처럼 흘러가게
하고 있으니.

25절 아, 이스라엘아!
너희 광야 40년 세월에
희생제를 드렸느냐?
소제를 올렸느냐?
26절 너희는 '식굿'을 너희 왕으로 모시고
별의 신 '기윤'을 너희 신으로
만들어 섬겼으니,
27절 내가 너희를 다메섹 밖으로
사로잡혀 가게 하리라.
이는 만군의 하나님이라 부르는
야웨의 말씀이시다.

제6장

1절 화가 있으리라
시온에서 안일을 누리는 자들이여,
사마리아 산에서 안전을 즐기는 자들이여,
이스라엘 민족이 찾아가는
열국의 주관자들이여,
2절 너희는 갈래로 건너가 보라.
거기서 또한 하맛으로 가 보라.
또 다시 블레셋의 가드로도 내려가 보라.
너희가 이런 나라들보다 잘사느냐!
그들의 강토가 너의 것보다 크냐!
3절 너희는 재난의 날이 아직 멀었다 하지만,
폭력의 권좌는 임박하게 되었다.
4절 상아 침상에 눕고,
그 침대에서 기지개 켜며
양떼에서 어린양을
소떼에서는 송아지를 잡아먹는 자들,
5절 비파에 맞추어 즉흥노래를 부르고(다윗처럼)
노래 가락들을 지어내는 자들,

6절　대접으로 술을 마시며
　　　최고품 향유를 몸에 바르고 다니지만,
　　　아 요셉의 파멸에 대해서는
　　　슬퍼할 줄도 모른다.
7절　그러므로 저희들은 일반 포로인보다 앞서 사로잡혀 가리라.
　　　기지개 켜는 자의 노래도 그치고 말리라.
8절　주 야웨께서 자신을 걸고 맹세하신다("야웨, 만군의 하나님이
　　　말씀하신다").
　　　나는 야곱의 거만을 싫어한다.
　　　그 궁궐을 미워한다.
　　　그래서 이 성읍과 거기 있는 것들을 대적에게 넘겨 주리라.
9절　한 집에 열 사람이 남는다 해도 그들도 모두 죽으리라.
10절　죽은 사람의 친척들
　　　그 시체를 태울 사람이 와서
　　　그 뼈를 집 밖으로 치우면서
　　　그 집 골방에 있는 사람에게 물어 볼 것이다.
　　　"거기 또 시체가 없소?"
　　　"없소"라 대답하는 다음 순간
　　　"쉬, 조용하시오, 우리가 어찌
　　　야웨 이름을 함부로 부르겠소?"
11절　보라!
　　　야웨가 선언하신다.
　　　큰 집은 산산이 갈라지고
　　　작은 집은 부스러져 조각 나리라.
12절　말들이 어찌 바위 위를 달리며
　　　소가 어찌 바다를 갈(耕) 수 있겠느냐?
　　　그런데 어찌 너희는
　　　공평을 독액으로 변케 하며
　　　정의의 열매를 독약으로 만드느냐?
13절　허무한 것을 기뻐하며
　　　자랑스럽게 말하는구나
　　　우리의 힘으로 우리가 강해지지 않았느냐고.

6:14-7:6

14절   아하 이스라엘 집이여
      내가 한 나라를 일으키리라.
      그들이 너희를 압제하리라.
      하맛 어귀에서부터 아라바 시내까지,
      이는 만군의 야웨 말씀이시다.

제 7장

1절   주 야웨가 내게 보여주신 것은 이런 것이었다. 그가 메뚜기를
      불러 모으셨다. 그 때는 둘째번 풀이 움돋기 시작한 때였다.
      그런데 보라, 임금님께 바칠 마초를 바칠 때였다.
2절   그것들이 마침 땅의 풀을 다 먹어 버리려 할 때, 내가 아뢰었나
      이다.
      오호 주 야웨여!
      이제 용서하옵소서.
      어느뉘 감히 살아남을 수 있사오리까?
      야곱은 진실로 미약하옵니다.
3절   야웨는 동정하시면서,
      "이 일은 일어나지 않으리라"
      야웨는 말씀하셨다.
4절   주 야웨가 내게 보여 주신 것은 이런 것이었다.
      보라!
      주 야웨가 화염을 불러일으켜 큰 바다를 말리시며
      들판을 태우신다.
5절   그래서 내가 아뢰었나이다.
      오호 주여!
      이제 그만 멈추어 주십시오.
      어느뉘가 감히 살아남을 수 있사오리까.
      야곱은 진실로 미약하옵니다.
6절   야웨는 동정하시면서
      "이 일은 일어나지 않으리라."
      야웨 주는 말씀하셨다.

7절 다시 내게 보여주신 것은 이것이었다. 내가 보니, 주께서 다림줄을 손에 들고 한 성벽에다 다림줄을 내려뜨리고 서서 계셨다.
8절 야웨가 내게 물으셨다.
"아모스야, 너는 무엇을 보는가?"
"다림줄이옵니다" 내가 대답했다.
주께서 다시 말씀하셨다.
"보라, 나는 지금 내 백성 이스라엘 한가운데 다림줄을 드리웠다. 내가 다시는 그냥 지나가지 않으리라."
9절 이삭의 산당은 무너지고
이스라엘의 성소는 파괴되리라.
내가 여로보암의 나라를 치려
칼을 들고 일어나리라.
10절 벧엘의 제사장 아마샤는
이스라엘 왕 여로보암에게
사람을 보내어 아뢰었다.
아모스가 이스라엘 집
한복판에서 임금님을 모반하고 있사와,
이 땅은 그의 모든 말을 듣고
참을 수 없사옵니다.
11절 이것이 아모스의 말입니다.
"여로보암 임금은
칼에 맞아 돌아가실 것이며,
이스라엘은 정녕 사로잡혀서
이 땅 밖으로 나갈 것이다."
12절 아마샤는 또 아모스에게 말했다.
"이봐! 선견자 아모스여,
유다 땅으로 피신하여 가서
거기서 밥을 먹고
거기서나 예언하라.
13절 그리고 다시는 벧엘에서 예언하지 말라.
여기는 임금님의 성소요,
왕가의 성전이다."

14절 아모스는 아마샤에게 대답했다.
"나는 예언자도 아니며
예언자의 아들도 아니다.
나는 목자요, 돌무화과 나무를 가꾸던 사람이다.
15절 나는 양떼를 쫓아 다니다가
야웨에게 잡혔다.
야웨는 내게 말씀하셨다.
너는 내 백성 이스라엘에게
가서 이렇게 예언하라.
16절 이제 너 아마샤는 야웨의 말씀을 들으라.
너는 이스라엘을 상대하여
예언하지 말라,
이삭의 집을 상대하여
예언하지 말라 하지만,
17절 야웨는 이렇게 말씀하신다.
"네 아내는 이 도시 안에서
몸을 팔게 되고 네 아들과 딸들은 칼에 쓰러지리라.
네 땅은 남의 소유지로
측량될 것이며,
네 자신은 더럽혀진 땅에서 죽으리라.
그리고 이스라엘은 반드시 사로잡혀 자기 땅에서 떠나가리라."

제8장

1절 주 야웨가 내게 보여 주신 것은 이런 것이었다.
보라! 여름 과일 바구니를.
2절 야웨가 내게 물으셨다.
"아모스야 너는 무엇을 보는가?"
"여름 과일 바구니옵니다." 그가 대답했다.
야웨가 내게 말씀하셨다.
"종말이 다가왔다. 내 백성 이스라엘에게, 그러므로 내가 다시는 그냥 지나가지 않으리라."

3절 그 날에 성전의 노래는 만가로 변하고 많은 시체들이 곳곳마다
내려질 것이다. 침묵만이 깃들이리라.
주 야웨가 말씀하신다.
4절 들어라 이 말을!
가난한 사람을 짓밟고 땅의 영세민을 죽이는 자들이여.
5절 너희들은 말하는구나.
"월삭제(月朔祭)가 언제지?"
곡식을 팔아야 하고
안식일은 언제지?
밀을 팔아야 하는데,
에바는 적게 하고
세겔은 크게 만들어
거짓 저울로 속이고
6절 은으로 빈곤한 자를 사며
신 한 켤레 값으로
가난한 사람을 사며
밀찌꺼기를 팔아보자고.
7절 야웨는 야곱을 자랑삼으시기에
맹세하여 말씀하신다.
"내가 너희들이 한 모든 일을
영영 잊지 아니하리라."
8절 이러므로
땅이 흔들리지 않겠는가?
거기 모든 주민이 슬퍼하지 않겠는가?
온 땅이 하수처럼 솟아오르리라.
나일강처럼 부풀었다가
또 다시 낮아지게 하리라.
9절 그 날이 올 때
야웨는 말씀하시리라.
한낮에 해는 지고
백주에 대지는 캄캄하게 되리라.

10절 나는 너희 축제를 슬픔으로
       변하고 너희 모든 노래는 애가로 변하여,
       모든 사람은 허리에
       굵은 베띠를 띠고 모두들 삭발을 하고
       외아들을 잃은 듯 슬퍼하고
       그 마지막이 고통의 날이 되리라.
11절 야웨가 말씀하신다.
       보라, 그 날은 오고야 말리라.
       내가 기근을 이 땅에 보내리라.
       양식이 없는 기근이 아니며
       물이 없는 갈증도 아니리라.
       야웨 말씀을 듣지 못하는 기갈이리라.
12절 야웨 말씀을 찾으려고
       이 바다에서 저 바다로 헤매며
       북에서 동으로 돌아다니리라.
       그러나 그들은 찾을 수 없으리라.
13절 그 날에
       아리따운 여인도 젊은 청년도
       갈증으로 인하여 넘어지고 말리라.
14절 그들이 사마리아의 죄된 일로
       맹세하며 이르리라.
       오 단아, 너의 신은 살아왔다.
       오 브엘세바여, 너의 신도 살아왔다.
       하지만 저들은 넘어지고
       다시 일어나지 못하리라.

       제 9 장

1절   나는 제단 곁에 서신
       주를 보았다.
       그는 말씀하셨다.
       기둥 머리를 쳐서

모든 문지방이 흔들리게 하리라.
내가 모든 사람의 머리를 꺾어 버리고
그리고 그 남은 자들을
칼로 멸절시키리라.
아무도 피할 수 없고
피한다 해도 살아 남지 못하리라.

2절 비록 그들이 땅 밑으로 파고 가도
내 손이 거기에 미칠 것이며
비록 그들이 하늘로 올라간다 해도
내가 거기서 그들을 끌어 내리리라.

3절 비록 그들이 갈멜산 꼭대기에
숨어 버린다 해도
거기서도 그들을 찾아내며
그들을 잡으리라.
비록 그들이 내 눈을 피하여
바다 밑 바닥으로 숨어버린다 해도
내가 바다뱀을 시켜 그 곳에서도
그들을 물도록 하리라.

4절 비록 그들이 원수들에게 붙잡혀 포로가 되어 간다고 해도
거기서도 칼에 찔려 죽게 하리라.
내 눈이 그들을 쏘아보니
재난만이 그들에게 올 것이지
선한 일은 없으리라.

5절 주 만군의 야웨
당신이 땅을 만지시면 녹아지니
모든 거민은 슬퍼하나이다.
모든 것이 강처럼 부풀어 오르게 하시고
또 애굽 강처럼 잦아지게 하시나이다.

6절 당신은 하늘에 높은 거처를
만드시고
땅위 엔 그 천정 기초를 두셨나이다.
바닷물을 불러 모으시고

그 물을 땅 위에 쏟으시나니,
그 이름 야웨이시다.

7절 오, 이스라엘 자손들아!
너희들은 내게 구스 사람들 같지 아니 하냐?
야웨의 말씀이시다.
내가 이스라엘을 애굽에서
블레셋 사람들을 갑돌에서
아람 사람들을 키르에서
꼭 같이 올라오게 한 것이 아닌가?

8절 보라!
주 야웨의 눈이
죄지은 왕국을 심판하리니
내가 그것을 지상에서 멸하리라.
그러나 야곱의 길은
내가 진정 완전히 멸하지 않으리라.
야웨 말씀이시다.

9절 그러니 보라!
내가 명령을 내리리라.
내가 이스라엘을
모든 나라들 중에서
체로써 체질하리라.
그러나 한 알의 자갈도
땅에 떨어지지 않으리라.

10절 내 백성들 중 모든 죄인들은
칼에 죽임을 당하리라.
그들은 이렇게 말하기 때문이다.
"당신은 재난이 우리를
덮치지 못하게 하시며
또 우리를 찾아오지 못하게 하시리라"고.

11절 그 날이 오면
나는 다윗의 천막을 일으키리라.
틈이 나간 성벽을 수리하고

허물어진 폐허를 다시 세워
옛 날 모습대로 세워서
12절 에돔의 남은 자들과
내 이름을 부르는 모든 백성을
다시 다스리게 되리라.
이 일을 이룩하신 야웨 말씀이다.
13절 야웨 말씀이다.
보라! 그 날이 다가온다.
밭을 갈면 곧 거두게 되고
포도를 밟으면 곧 씨를 뿌리리라.
산에는 햇포도주가 흘러내리고
언덕마다 그것이 넘쳐 흐르리라.
14절 내가 내 백성 이스라엘의
행운을 다시 회복시킬 때
황폐된 도시를 재건하여 살며
포도원을 심으며, 포도주를 마시고, 손수 만든 과수원에서
과일을 따 먹으리라.
15절 그 때 나는 그들을 제 땅에 심어
다시는 내가 준 그 땅에서
뽑혀나가는 일이 없으리라.

제2부
서론

1. 평민 신학자 아모스

두말할 것 없이 신학자가 신학을 말해야 한다. 그러나 누가 참 신학자냐. 일반적으로 신학자라 하면 일정한 교육경험과 학문적인 공적이 있어야 하고, 또 그것이 객관적으로 인정을 받아야 한다.

그러나 참된 의미에서 신학자가 누구냐 하는 문제를 따지고 들어가면 신학자라 정평이 있는 사람이 참으로 신학자냐 하는 질문을 하지 않을 수 없다. 몇 개의 학위를 가지고 몇 편의 논문이나 몇 권의 책자를 저술해 내었다고 해서 '신학자'라 하기에는 너무도 그 개념이 모호하고 그 신학이 어느 한부분을 건드리다 마는 인상을 준다.

사실 신학의 깊이와 넓이를 측정하는 표준이 없다. 너도 나도 다 신학자라 할 수도 있지만, 또 한 너도 나도 다 신학자가 아니라고도 할 수 있다. "저 사람이 어떻게 신학자냐" 할 수 있는 사람도 있고, "그 사람이야 말로 신학자다" 할 수 있는 경우도 있다.

구약에 나타난 문서 예언자라 불리우는 많은 사람 중 아모스 같은 사람은 스스로 "나는 예언자도 아니요 예언자의 아들도 아니다" 했지만, 그가 남긴 예언서를 읽어보면 이 사람이야말로 참으로 예언자가 아닌가 하는 느낌을 가진다.

구약 예언자를 신학자 아니라 할 사람은 아무도 없다. 이 사람들의 글만큼 세기에서 세기에 감동력과 교훈과 진리에 대한 경이와 그 진리를 전해주는 하나님 자신에 대한 생각을 싫증이 나지 않도록 가장 매력적인 방법으로 계속시키는 글도 별로 없다.

아모스의 글을 읽는 사람은, 진정 그의 오리지 날한 메시지를 깨달은 사람은, 이 사람이야말로 신학자가 아닌가 하는 감탄을 하지 않을 수 없다. 그의 매력은 사실 그가 신학자가 아니면서 역사와 세계에 큰 소리를 치는 신학을 말하는 사람이라는 데 있다. 그야말로 평신도 중 평신도이지만, 후대에 나타날 모든 신학도를 가르치는 평신도 신학자이다.

평신도 신학론을 펴낸 사람 중 가장 대표적인 사람이 크레머 (Hendrik Kraemer)란 사람이다. 가톨릭의 꽁가르(Yves M.J. Congar) 같은 사람도 꼽혀지지만, 그들이 평신도 신학의 역사적인 탐구를 기독교의 역사에서만 더듬고 있다는 것은 평신도 신학 형성의 중요한 한 면을 묵과하고 있다고 하겠다. 신약이란 책이 많은 평신도들의 "말과 생활에 의하여 이루어진 것"이라 하면서도(크레머 저. 유동식 역, 『평신도신학』, 21면) 구약성서를 기록한 많은 평신도 신학자를 언급하지 못하고 있다. 우리가 생각하는 최초의 문서 예언자 아모스는 확실히 그 자신 평신도 의식에서 말하고 외치고 기록하고 있다. 그래서 그는 기독교 역사와 전통에서 대표적으로 꼽히는 "평신도 신학자"라 해도 과언이 아닐 것이다.

2. 인간 아모스

이사야, 예레미야, 에스겔 같은 예언자들은 종교적 가문, 특히 제사장 출신 또는 제사장 집안 출신으로서 이스라엘 신앙의 역사 깊은 전통 속에서 얻은 종교적인 가정 환경 속에서 자라나고 또 그러한 종교적 지도로 훈련도 받고 경험도 쌓은 사람들이다.

그러나 아모스는 이러한 종교적 가문의 전통이나 종교적 지도자로서의 훈련이나 세습적인 훈련을 받은 사람이 아니라고 한다.

"나는 예언자가 아니며,
예언자의 아들도 아니다.
나는 목자요, 돌무화과 나무를
가꾸던 사람이다.
나는 양떼를 쫓아 다니다가
야웨에게 잡혔다.
야웨는 내게 말씀하셨다.
너는 내 백성 이스라엘에게
가서 이렇게 예언하라."(7:14,15).

여기 아모스 자신의 꾸밈 없는 자기소개를 본다. "나는 예언자가 아니다" 함에서 그가 살던 이스라엘 사회가 인정해 준, 사회신분으로 높이 숭앙을 받는 예언자가 아니라는 것을 솔직하게 말한다.

스가랴도 "나는 예언자가 아니다. 나는 농부다"(슥 13:5)고 말했다. 이것은 참 예언자가 예언자 노릇을 할 수 없는 시대에서 예언자의 신

2. 인간 아모스

분을 숨김으로 핍박과 고난을 덜 받고 또는 전혀 피해를 받지 않고자 하는 위장술에서 "예언자가 아니라"하기도 했지만, 아모스의 경우는 정반대로 자기 자신 직업적인 예언자가 아니지만 하나님의 말씀을 전하지 않을 수 없다는 예언자적 소명감을 강조한 것이다. 비록 평신도이지만, 하나님의 말씀이 임할 때 말하지 않을 수 없다고 한다.

"예언자의 아들이 아니라" 함도 직업적인 예언자가 아님을 표시하는 말이다. "아들"이라는 말은 한 집단에 소속한 것을 뜻하는 셈계통 언어에서 흔하게 볼 수 있는 관용구(idiom)이다(왕상 20:35).

아마샤가 아모스에게 "벧엘"에서 "예언하지 말라"한 것을 보면(암 7:13) 벧엘이란 곳이 직업적인 예언자가 거하는 곳임을 암시한다. 사무엘상 10장 5절에 사무엘을 중심한 직업적인 예언자들이 벧엘 성소를 중심으로 활동한 것을 보면, 아모스 당시에도 이스라엘의 성소가 되어 있었던 벧엘과는 아모스가 아무러한 관련이 없음을 보여준다.

아모스가 이렇게 전통적인 직업적 예언자가 아니며 그런 집단과도 아무러한 관련이 없다고 함에 대하여 벨하우젠(Wellhausen)은 다음과 같이 이해하고 있다.

> "아모스는 예언운동의 새로운 국면을 보여주는 예언의 창시자요 그 가장 순수한 형태를 보여 주는 것이다"("Amos was the founder and the purest type of new phase of prophecy." *Prolegomena zur Geschichte Israels*, 영역판, 472면).

그리고 아모스 자신이 이스라엘 사회 일반 대중을 이루고 있는 한 그룹의 사람으로 자신을 "목자" 또는 "돌무화과 나무를 배양하는 자라"고 했음도 그런 평신도성을 설명해 주는 것이다. 여기 "목자"의 원어 "보오케르"(בוקר)는 아모스 1장 1절에 나온 "목자""노오케트"(נקד)란 말과는 다르다. 후자는 목양을 생업으로 한다고 할 수 있는 부유한 목축업을 하는 사람을 가리킨다.

가령 열왕기하 3장 4절에 있는 대로 모압왕 메사가 "새끼양 10만, 수양 10만"의 소유를 가진 것과 같은 사람을 가리키고, "보오케르"는 그러한 대목축업자에 고용되어 있는 실지로 양을 치고 있는 목자(sheperd)를 가리킨다 할 수 있다. 아모스는 많은 목자들 중에서도 자기 양을 치는 양의 소유주가 아니라, 남의 양을 쳐주는 목동 신분의 사람이다. 이것도 그가 직업적인 종교인이 아님을 증명한다. 그는 예언을 전무로 하는 사람이 아니라 남의 양을 치는 목자이다. 그러나 그는 벧엘 성소에서 기거하고 활동하는 직업적 예언자들과는 다른 평신도 예언자임을 암시해 준다.

그리고 그의 또 하나의 직업은 "돌무화과 나무를 재배한다"(שִׁקְמִים בֹּלֵס) 고 했다. 이스라엘 사회에서는 아주 천한 직업을 가진 사람으로 알려진 직업이다. "돌무화과 나무"— 식크마아의 열매가 달리는 나무를 우리 번역에는 "뽕나무"라고 했다. "재배하는 자"란 원어는 "과일을 일부러 찔러서 익게 하는 사람"(dresser)의 뜻을 가졌다. 그 많은 열매를 일부러 하나씩 찔러 익게 할 수는 없다고 해도 이 말은 "식크마아"란 과일이 열리도록 재배의 노력과 그 수확의 수고를 하는 사람이다. 일종의 중노동을 하는 사람이다.

이 식크마아란 열매는 작은 무화과나무 열매와 비슷하다고 한다. 그러나 그 맛은 무화과처럼 달지 않다. 이 나무는 팔레스타인 해안지대와 경사지대에 주로 자라고 있다(왕상 10:27; 대상 27:28). 요르단 계곡, 애굽에서도 자라고 있다(시 78:47 참조).

그런데 팔레스타인 지리학에서 보면 아모스의 고향 드고아와 같은 고원지대에서는 별로 자라지 않는 나무이다. 이 나무는 우리나라의 '참나무' 만큼 크게 자라고 그 가지도 넓게 퍼지며 자란다. 그늘이 풍부하여 종종 길가에 심어서 행인들의 안식처로 되게 한다. 삭개오의 경우 이 나무에 올라갔다고 함은 이 나무가 길가에 자라고 있었다는 것을 말한다(눅 19:4). 이 나무는 문짝이나 궤짝, 관 등을 만들 만큼 단단한 나무로 목재에 사용되기도 한다. 이 식크마 열매는 가지에 열리기보다는 줄기에 달린다. 포도 송이처럼 덩어리가 진다.

아모스가 이런 나무를 재배했다는 것은 역시 그가 농촌에서 천업을 하고 있었던 평민이라 함을 암시한다. 그가 팔레스타인의 많은 대중과 더불어 농촌에서 가난한 삶을 살고 있었다는 것은 그의 예언서 전체에 나타난 자연환경, 농촌환경, 농촌의 삶과 관련된 다음과 같은 여러 말에서 볼 수 있다.

곡식단을 가득 실은 수레(2:13), 수풀에서 부르짖는 사자(3:4,8), 그물에 걸린 새(3:8), 목자가 사자 입에서 그 양을 건진다(3:12), 목수(4:7), 땅을 적시는 비(4:7), 풍재와 깜북이 재앙, 메뚜기 재앙(4:9), 동산, 포도원, 무화과,

3. 그의 시대

감람나무(4:9), 밤하늘의 북두칠성, 오리온별, 농부(5:16), 곰, 뱀(5:19), 넓은 토지(6:2), 황충(7:1,2), 여름 실과(8:2), 곡식(8:5), 물이 없는 가뭄, 양식 없는 흉년(8:11), 씨뿌리는 자(9:13), 포도주(9:13)···.

아모스 자신이 이런 농촌 환경 속에서 자라나고 살지 않았으면 이런 어구들이 그렇게 자연스럽게 나타날 수 없었을 것이다. 그가 자란 이런 농촌 환경 속에서는 그가 외쳐야 할 계시의 말씀이 없었는지, 그의 예언 내용은 주로 도시 생활을 하고 있는 사람들을 상대하고 있음에 주목케 한다. 그는 자기가 자란 남왕국 유대에 대한 예언보다 북왕국 이스라엘에 대한 예언을 했음도 우리의 주목을 끈다. 그의 눈에 비친 도시 문화는 완전히 하나님의 뜻을 거스리고 있는 불의와 죄악이라는 것을 밝히고 있다. 그가 다음과 같은 여러가지 도시문화의 질병과 한 나라 수도에 살고 있는 지도자들, 상인들, 공무원들, 사회저명인사들의 죄악상을 파헤치고 있는 것을 보면, 아모스는 결코 직업적인 종교인으로 성소에서 활동한 사람이 아니라 그는 먼지와 소음이 가득 찬 거리로 뛰어들어 그 속에서 살고 있는 사람들의 삶의 외부와 내면을 샅샅이 파헤쳐 볼 수 있었던 한 예리한 통찰력을 가진 평신도라 할 수 있다. 다음 구절들은 아모스가 거리에서 먼지를 마시며 직접 보고 들은 체험의 기록들이다.

탐심에 가득 찬 부자(2:7), 성욕에 방종한 아버지와 아들(2:7), 궁궐에 있는 포학과 겁탈(3:10,11), 부자들의 침상, 걸상, 비단방석(3:12), 고위층들의 겨울궁, 여름궁, 상아궁, 큰궁(3:15), 가난한 자를 학대하는 부자(4:1), 전염병(4:10), 다듬은 돌로 지은 석조건물(5:11) 권력자의 학대, 뇌물, 가난한 자를 억울하게 하는 일(5:12), 안일한 자(6:1), 상아궁에 뒹구는 자, 침상에서 기지개 켜는 자, 포음 포식하는 자, 유흥에 빠진 자, 향유를 몸에 바르고 사치 열락하는 자(6:6), 타락한 상업도덕(8:5,6) 등···

이런 말들은 아모스란 한 평민이 얼마나 이스라엘의 수도 사마리아성의 사람들의 내면과 외면 생활을 자세히 관찰하고 있는가를 보여주며 그런 것들을 얼마나 자유스럽게 자기 예언 메시지 속에 이용하고 있는가를 엿볼 수 있다.

3. 그의 시대

예언자는 시대의 아들이다. 자기가 속한 시대를 보장한 사람이 아니라 그 시대 속에 자기 삶을 깊숙이 파묻고 자기가 헤엄칠 방향이 어디며, 어디에서 쉬어야 하며, 또 어디에서부터 전진해야 하며, 또 언제 누구 앞에서 무슨 말을 어떻게 해야 할 것을 분명히 알고 있었던 사람이다. 예언자의 메시지는 그 시대를 가르친 교훈이란 점에서 그의 메시지가 무어냐 하는 문제 이전에 그가 어떤 시대에 살고 있었느냐를 아는 것이 중요하다. "시대가 영웅을 만든다"는 말도 있거니와 반대로 "영웅이 시대를 만든다"는 말도 있다. 구약 예언자의 경우에 이 두 가지 면이 다 참되다 할 수 있다. 예언자를 만든 것은 그가 속했던 특수한 시대이며, 한 특수한 시대가 어느 특수한 예언자를 만들었다고 할 수 있다. 예언자 아모스는 그가 활동한 시대적 배경에서 이해해야 함도 그가 철저하게 그 시대의 아들이기 때문이다. "이스라엘 왕 요아스의 아들 여로보암의 시대"(1:1)라 함은 이 시대적 사정을 암시하는 말이다.

여기 이스라엘 왕 여로보암이 다스린 시대가 아모스 활동의 역사적 배경이다. 즉 주전 760년경 여로보암 왕이 25년간이나 다스린 정돈된 나라, 이스라엘(북왕국)은 정치적으로 안정된 시대였다. 다윗 왕 이후 가장 현명한 임금으로 이스라엘의 국위를 사방에 떨친 왕이다. 그의 군사적인 승리를 가져온 결과 나라의 영토를 동쪽과 북쪽으로 크게 확장시켰다. 따라서 무역정책에 성공하여 많은 외화를 벌어들였고 정치적 안정에 따르는 나라의 재정 및 일반 국민의 생활을 부유하게 만들었다. 문자 그대로 국력 팽창, 국민소득 향상, 생활 안정의 시대를 이룩한 때다.

그러나 아모스의 예언은 바로 이 안정과 부의 증강으로 말미암는 국민도덕의 부패와 생활윤리의 타락, 부와 권력에 안주하고 있는 형식적인 종교의 타락을 묵과할 수 없어 예언활동을 시작한 것이다. 그 시대는 인간의 값어치가 물질 이하로 전락하고 만 때이다. "은을 받고 의인을 판다"(2:6)고 함은 "의인"이 은으로 매매가 되는 시대, 그러므로 모든 것이 맘몬의 힘이면 무엇이나 될 수 있다는 시대이다. 이런 시

3. 그의 시대

대는 부익부, 빈익빈이기 때문에 가난한 자는 "신 한 켤레'만도 못하다고 말한다(2:9).

부한 자들은 탐심에 극했기 때문에 "가난한 자 머리 위에 있는 먼지까지도 탐낸다"고 할 정도로(2:7) 인간욕심의 극을 보여주고 있다. 이런 욕심은 상도(商道)의 타락에서도 볼 수 있다. "에바를 적게 하며 세겔을 많게 하고 거짓 저울로 속는 일"을 했다(8:5). 진실로 이 부한 자들은 "궁핍한 자를 삼키며 땅의 가난한 자를 망케 하는 자"였다(5:4). 이러한 부패와 타락은 권력층에 있는 사람들에게서도 마찬가지였다.

"자기 궁궐에서 포학과 겁탈을 쌓는 자," 이 사람들은 "바른 일을 행할 줄 모르는 자들이라"했다(3:10). 가난한 자는 학대하면서도 "그들의 집은 다듬은 돌로 짓는" 호화판 주택과(5:11), "상아 침상에 누워 기지개를 켜는" 노동하지 않는 유한층들이며 "어린 양과 송아지 고기를 먹고 비파에 맞추어 헛된 노래를 지절대고 대접으로 술을 마시고 향유를 몸에 바르는" 극도의 사치족들이라 했다(6:4-6). 그뿐 아니라 "뇌물을 받아 먹고도 가난한 자를 억울하게 하는" 부패 관리들이며, "세금도 부당하게 징수하는" 세리들이라 했다(5:11). 이리하여 법도 질서도 없는 시대였음을 "공법을 물같이 쏟아버리고 정의를 냇물처럼 흘러보내는 자들"이라고 했다(5:24).

진실로 여로보암 왕이 이룩한 번영과 안정의 시대는, 그 민족사상 가장 추악한 불의와 난폭과 불법과 부패의 역사를 이룩하고 있는 시대가 바로 아모스의 시대라 하겠다.

이런 타락한 시대에 국민의 양심을 지키고 정신적 지표를 주고 천대 받는 빈민을 격려하고 억압당한 대중을 변호하고, 상실된 인간성을 회복시켜야 하고, 죄악과 불의를 규탄하고 이권과 탐욕에 눈이 먼 지도자들을 성토하고, 부정한 관리, 사치한 부자, 비생산적인 유한층, 나라보다 "나"라는 개인의 영화와 호의호식에 탐탐하고 동물적인 성생활에 지쳐 기지개 켜는 권력자, 부자들— 이러한 모든 이스라엘 백성들에게 마땅히 바른말을 해야 할 종교인들은 침묵을 지켜야 할 변으로 이렇게 말하고 있다. "이런 때에는 침묵을 지키는 것이 좋다. 이 시대는 악한 때이니까!"(5:13). 그러나 침묵보다는 현실주의자가 되어버린 타협적인 어용종교인들은 바른말하는 사람의 입을 막았다. "선견자여, 너는 유다 땅으로 꺼지고 말라. 거기서 떡을 먹고 거기서 예언을 하라. 여기 왕의 성소요 왕의 궁전이 있는 벧엘에서는 예언하지 말라"(7:12,13).

아모스는 이렇게 모든 사람이 다 침묵을 지켜도 종교인만은 할 말을 해야 한다고 한다. 모든 사람이 다 역사의 흐름 속에 몸을 던져 흘러간다고 해도 그 흐름에 몸을 맡기지 말고 연어처럼 폭포수를 거슬러 올라가는 용기를 보여야 한다고 한다. 아마샤란 사마리아 왕실 종교인은 말해야 할 때는 침묵을 지켰고, "아멘"할 일에는 "아니라"고 했다. 그는 왕실의 권력을 의지하고 바른말하는 사람을 추방하고 말았다.

아모스의 시대, 그는 이스라엘 북왕국이 앗수르 군대에 의하여 망하기 전 나라를 구하기 위한 애국의 정열을 그의 정의의 외침으로 호소했다. 그러나 정의의 목소리는 막혔고 그 자신은 추방을 당했다. 역사의 아이러니다. 나라를 살리려는 정의의 사자는 핍박을 받아야 하고 아마샤 같은 아부자는 영광과 명예와 상패와 상장을 받으며 살아남을 수 있었다. 역사에 남은 가장 큰 비극은 한 나라가 적군의 손에 의하여 망하는 것만이 아니라 정의와 진실의 소리를 번영의 함마소리와 안정을 향한 강력한 행군 나팔 소리에 묻어버리는 것도 한 나라가 망하는 비극에 못지 않는 비극이다.

그러나 "사자가 부르짖을 때 누가 겁내지 않겠느냐? 주 야웨가 자기의 비밀을 그 종 예언자에게 알릴 때 누가 예언하지 않겠느냐?" (3: 7,8)고 외친 아모스는 자기 예언이 하나님의 명령이기 때문에 외치지 않을 수 없음을 밝혀주고 있다. 그가 비록 한 평신도였지만 직업적인 예언자보다 더 참된 예언자였음을 알려준다.

4. 말과 예언자

"예언자"라면 우선 말을 하는 사람이라는 인상을 먼저 받는다. 말을 하지 않고는 못견디는 사람, 말을 계속하는 사람, 어떤 사람 어떤 사정을 당해도 말하고 싶은 말은 서슴지 않고 하는 사람, 말하는 일에 간섭을 받거나 중지를 당하면 분노하는 사람, 할말이 적다고 침묵을 지켜버리는 것을 싫어하는 사람, 말을 해야 한다고 해서 꽹과리처럼 떠드

4. 말과 예언자

는 사람은 아니다. 알맹이가 있는 말을 하는 사람, 아름다운 말만 골라 쓰는 수사학을 모르는 사람, 남을 흥분시키거나 자극을 시킨다고 할 말을 중지하는 사람도 아니다. 누가 듣느냐 함에 관심보다 무엇을 말하느냐를 더 관심하는 사람, 말하는 자신의 말보다 말을 시키시는 하나님의 말을 전달하는 것에 더 신경을 쓰는 사람, 말을 팔아 빵을 사는 사람이 아니라 참말을 해야 하는 일을 자기 식량으로 하는 사람, 말하지 못한 것에 채무감을 느끼는 사람, 할 말을 못한 일에 비굴함을 느끼는 사람, 자기 말을 알아듣지 못하는 대중 때문에 천하에 외롬을 느끼는 사람 …

자기 생명을 해치는 사람보다 자기가 한 말을 두고 시비하는 사람을 더 무서운 사람으로 생각한다. 대장부 한마디 말이 천금의 무게를 가졌다 할 만치 자기 말 한마디를 소중하게 여기는 사람, 말을 하는 것으로 명예와 위신을 세우는 사람이 아니라, 창공으로 쏜 화살처럼 자기 말이 사라져도 말을 해야 할 때 말한 것으로 자랑을 삼는 사람 …

아모스란 사람을 예언자라 할 때 그야말로 말을 할 줄 안 사람, 그렇기 때문에 그의 말이 아직도 우리 귓전을 울리고 있다. 2600여년 세월이 흘러간 오늘에도 아모스의 말은 오늘 우리의 말로 들을 수 있는 것이리라.

"예언"이란 말을 표시하는 히브리어 "나비"(nabi)란 말의 근본 뜻을 여러가지로 설명한다. 제정신을 차리지 못하고 무턱대고 주절대는 상태에 있는 엑스타시의 성격을 강하게 보려는 사람은 이 말이 "자제력을 잃어버린 상태에서 행동한다"라는 뜻을 가졌다고 한다(Haussermann). 가령 사무엘상 10장 10절에 나타난 사울의 행동, 또는 열왕기상 18장 28절 이하에 나온 바알의 예언자들이 취한 행동 같은 것 등.

또 어떤 사람은 이 "나비"는 나바(nabha)란 동사, "중얼거리다"의 뜻을 가졌다(Gesenius), 또는 고대 아카디아말 나부(nabu)의 뜻에서 온 것으로 "부른다, 외친다"의 뜻을 가졌다(W.R. Smith), 또는 올브라이트(Albright) 같은 사람은 예언자에게 할 말을 주는 하나님과의 관련성을 그 말 자체에서 보려는 의미로 해석을 하여 "나비"는 "신으로부터 부름을 받은 자"란 뜻으로 생각하기로 한다. 그러나 쾨니히(König)같은 사람은 예언자 자신이 가진 말씀의 능동적인 면을 생각하여, "나비"는 "아나운서"라 해석하기도 하고, 이것을 좀더 설명하는 결라움 (A.

Guillaume) 같은 사람은 "자기가 받은 한 메시지를 알리는 일을 하는 사람"이라고 해석하기도 한다.

이렇게 여러 학자들의 "나비"란 말의 낱말풀이를 살펴보면, 제가끔 자기 말을 하며 따라서 일치점을 찾을 수 없다. 사실 성경에 사용된 낱말을 언어학적으로나 역사적으로 풀어서 신학적인 사고를 구성한다는 것은 신학의 방법으로서는 아주 잘못된 것이다.

성경에 나타난 "공의"(체덱 · 체데카)란 말을 아무리 언어학적으로 역사적으로 따져보아야, 하나님의 공의를 정확하게 설명할 수는 없다. 이런 의미에서 "예언"이란 히브리어 낱말 하나를 아무리 학문적으로(언어학적, 사회학적, 역사적으로) 따진다고 해도 구약성서가 가진 "예언"의 개념을 다 파악할 수는 없다. 더욱이 구약 텍스트를 원문에서 읽어 보면, "나비"란 말과 "로에"(先見者) 또는 "호제"(先見者)란 말이 혼동되어 사용되어 있다. 이런 낱말들을 각각 언어학적으로 분석하여, "나비"는 황홀상태를 보여주는 예언 활동, 선견자는 그렇지 않은 예언 활동을 하는 사람"(Th. Robinson) 하고 구별해 보아도 시원한 대답이 되는 것이 아니다.

그러므로 이 여러 낱말들은 동의어라는 것이 알더스(Aalders)의 주장이다. 그 근본적인 의미의 차이를 부정하는 모빙켈(Mowinckel)의 주장이 더 타당하다고 보아야 할 것이다. 예언자의 이해는 결코 "예언자"란 그 낱말의 뜻에서 되어질 것이 아니라, 한 역사적 인물이 그가 살던 역사적 현실에서 무슨 말을 양심대로, 그의 양심에 말하게 하는 하나님이 시키는 대로 겁내지 않고, 가감하지 않고 주저없이 정직하게 또 대담하게 말하는가 함을 찾아보는 것이 예언자란 말의 참뜻을 아는 것이다.

우리가 생각하는 아모스란 예언자가 "나비"라 일컫는 사람들이 쓴 기록 속에 그 위치를 가졌으니, 그도 "나비"임에 틀림없으나, 그는 또한 "호제"라고 불리우기도 했다(암 7:12). 아모스에게는 그가 "나비"였느냐, "호제"였느냐 하는 구별이 의미가 없다. 말씀(言)이 완성되어 (成) 그 결과로 "성"(誠)을 이룬다고 주장하는 생각은 말의 잔재주는 될지 몰라도 "신학" 자체를 구성함에는 그 방법 자체가 이미 잘못되어 있다.

말은 한번 해버리면 그만이다. 그것 자체가 이미 이루어진 것이다.

4. 말과 예언자

아모스가 그 시대 사람들에게 외친 그 말 자체가 의미가 있지 그 말이 어떤 결과를 이룩한다는 것을 기대해서는 안된다. 그가 외친 말이 어떤 결과를 나타내어 무엇을 이룬다는 게 중요한 것이 아니라, 그가 어떤 역사적 상황에서 어떻게 남이 감히 할 수 없었던 바른말을 했는가 함이 더 중요하다. 그가 말할 때에 할말을 그 말을 들어야 할 사람들에게 주저하지 않고 성실하게 해버렸다는 그 사실 자체로써 그 말은 이미 완성된 것이다. 말이 이룩되어 성(誠)이란 결과를 가져오는 것이 아니라 그 말이 성실하게 전달될 때 이미 성 자체가 있었다. 성은 이미 "언"이 전달될 때 동반했다. 만일 예언자의 말이 그에게 주신 야웨 하나님의 말씀을 성실하게 전달하지 못했다면, 그는 참 예언자가 될 수 없었다.

이와 대조가 되게, "거짓 예언자"는 말씀의 성실성을 상실해 버린 말이기 때문에 참 예언은 아니다. 권력자의 비위를 맞춘다든가 그 말을 듣는 사람의 기분에 맞게만 전달하려고 했기 때문에, 그는 이미 성실성을 잃어버렸다. 그러므로 그는 이미 말을 올바로 한 사람이 아니라, 성(誠)이 없는 말을 했기 때문에, 그는 말 자체도 완성시키지 못하고 말았다.

그러나 아모스와 같은 참 예언자는 言+成=誠의 공식으로 말한 사람이 아니라 言+成=歷史의 공식으로 말한 사람이라 하겠다. 야웨 하나님의 그에게 주신 말씀을 성실하게 전했기 때문에, 아모스는 참 말을 한 사람을 우리에게 보여주는 역사를 만들었다. 이 말씀의 성실 때문에 그는 실상 자신을 긴장시키고 있다. 그리고 그 긴장에서 자기의 소명감을 보고 있다.

> 자기의 비밀을 그의 종
> 예언자에게 말씀하시지 않고서는
> 주 야웨는 아무 일도 하시지 않으신다.
> 사자가 부르짖을 때
> 어느 누가 두려워하지 않겠는가,
> 주 야웨 말씀하실 때
> 어느 누가 예언하지 않고 배기겠는가(암 3:7,8).

여기 예언자가 해야 할 말의 성격을 몇 가지로 설명하고 있다. 첫째 예언자가 하는 말은 예언자 자신의 말이 아니고, 그의 하나님 야웨가 주신 말씀이다. 둘째, 예언자에게 주시는 하나님의 말씀은 하나님의 계획에 속하는 하나님의 비밀을 열어 보이는 것이다. 셋째, 예언자의 말은 그것이 하나님의 계획이기 때문에 이 말씀을 들은 사람은 침묵을 지킬 수 없다. 사자가 부르짖을 때 사람들이 두려워하듯이, 야웨의 말씀을 받은 사람은 반드시 어떤 경우라도 그 말씀을 전달해야 할 의무를 가지고 있다.

이 세 가지를 줄여서 말한다면 첫째는 말씀의 기원, 둘째는 말씀의 의미, 셋째는 말씀의 전달에 관한 것이다. 이 세 가지가 예언자가 외치는 말씀의 기본 성격이다. 예언자가 자기 말의 기원을 하나님에게 두지 아니하고 자기나 자신이 관계하는 조직이나 사상체계에다 둘 때 그것은 예언이 될 수 없다. 그러나 예언자는 반드시 자기의 말씀이 하나님의 계획과 그 목적에서 나온 것이라야지, 만일 예언자 자신이나 그가 속한 조직체나 단체 또는 사상을 위한 것이라면, 그것은 예언은 되지 못한다. 그리고 또한 예언자는 반드시 목적에 있어서 전해 준 하나님의 말씀을 전달하는 사람이 되어야 한다. 커뮤니케이션이 없이는 예언자가 될 수 없다.

예언자가 해야 할 말이 세상의 권력이나 인간의 계획과 악의 때문에 전달되지 못하는 경우가 너무도 많은 것이 역사적 현실이다. 할말을 하지 못하는 시대 또는 사회라는 것을 상상해 보면 말의 커뮤니케이션이 방해를 받지 않는 시대와 사회에 사는 사람이 얼마나 행복된가를 알 수 있다. 마땅히 해야 할말이 차단되고 억압되고 봉쇄당하는 시대에는 결코 새 역사가 창조될 수 없다. 아무리 새역사를 창조한다는 구호를 내걸어도 말의 부자유가 용납되고 그 부자유에 대한 항거나 반항이 묵살되어 버리는 시대는 어둡고 슬픈 역사가 만들어지는 시대이다. 우리는 일본제국주의, 그 군국주의 말엽에 이 사실을 너무도 많이 보고 당해왔기 때문에 말이 봉쇄당하는 데 대한 신경이 날카롭다. 비록 침묵은 해도 바른말이 핍박당하는 것을 노려볼 줄 아는 것이 대중의 양식이 되었다.

아모스가 살던 시대도 이런 침묵의 대중이 많았다. 참말을 할 수 없는 때였기 때문에 침묵을 지키는 것이 지혜로운 일이라고까지 말했다 (암 8:11-12).

4. 말과 예언자

그러나 전달되어야 할 하나님의 말씀이 봉쇄당하고 전달하는 자는 그 삶의 위협과 고난을 초래해야만 했기 때문에 참말을 들을 수 없는 시대를 비유하여 말씀의 기근의 시대라고 했다. 아모스의 말을 그대로 인용하면 다음과 같다.

"야웨가 말씀하신다.
보라, 그날은 오고야 말리라.
내가 기근을 이 땅에 보내리라.
양식이 없는 기근이 아니며
물이 없는 갈증도 아니리라.
야웨 말씀을 듣지 못하는 기갈이리라.
야웨 말씀을 찾으려고
이 바다에서 저 바다로 헤매며
북에서 동으로 돌아다니리라.
그러나 그들은 찾을 수 없으리라(암 8:11,12).

아모스는 "말씀의 기근"이란 상징적인 말을 쓰고 있다. 그의 표현은 아주 사실적이다. 동서남북 돌아다녀 봐도, 참 말, 하나님이 주시는 말씀은 들을 수 없게 되었다는 것이다. 사람들은 이 참말을 듣지 못하기 때문에 모두 허기증에 걸려 비틀거릴 것이라 한다. 아주 심각한 현실이다. 떡과 마실 것만 있으면 족하다는 당시의 물질주의를 여지없이 공박한다. 위장만 채우기 위한 인간의 사고와 행동을 날카롭게 비판하고 있다. 참말을 듣지 못하여 허약해진 인간상을 사실적으로 표현하고 있다.

그러나 기진맥진하여 넘어지기 전에 한마디 참말을 주린 창자를 채울 식량과 같이 찾아 동서남북으로 헤매는 진실한 노력을 하고 있는 뜻있는 사람들의 무리들도 여실하게 보여주고 있다. 물질을 기반으로 하고 있는 자본주의 세계와 하나님의 말씀=참말을 하고 들으며 살 수 있는 진실의 세계를 일목요연하게 대조시키고 있다. 그러나 오랜 굶주림 때문에 비틀거릴 만치 허약해진 파멸 직전의 인간이지만, 참말을 듣는 그 순간 죽어도 좋다는 "朝聞道可夕死"의 동양적인 가치관이 섬광처럼 빛나고 있음을 본다.

아모스의 참말을 겁없이 한 예언자의 이미지를 아마샤와 같은 어용종교인과의 대결에서도 분명히 볼 수 있다.
 아마샤란 사람은 벧엘 성소를 책임지고 있는 제사장이라는 직함을 가진 종교인이었다. 그는 북왕국 이스라엘 왕의 성소인 벧엘에서 왕의 행복과 그 권력의 무궁함을 빌고 있는 어용 제사장이었다. 그는 왕과 왕권에 대하여 말을 하는 자를 규탄하고 정죄하는 권력을 가진 종교인이었다. 아마샤는 그의 이름의 뜻인 "야웨는 능력자다"하는 말 보다는 "왕은 능력자"라는 것을 신봉하는 세속화된 종교인이었다.
 그렇기 때문에, 아모스란 사람이 대담하게 북왕국 이스라엘의 왕과 지도자들과 그 백성 전체가 도덕적으로 부패했고 윤리적으로 불의에 가득찼고 종교적으로는 형식주의에 빠졌다는 것을 말했을 때, 아마샤는 아모스를 전면으로 공격했다.

"선견자여, 너는 유다 땅으로 도망하여 가라, 거기서나 떡을 먹으며 거기서나 예언활동을 하라. 다시는 벧엘에 와서 예언하지 말라. 이곳은 왕의 성소요, 왕의 궁이 있는 곳이다"(암 7:13).

 참말을 하는 예언자는 시간과 공간을 가려서 말하는 사람이 아니다. 언제나 어디서나 말할 수 있다. 참말을 하는 사람은 그의 말을 듣는 대상자를 가려서 말하지도 않는다. 예언자는 자기의 말을 들어야 할 사람이면, 왕이나 재상이나 문화인이나 장사하는 사람이나, 군인이나 교육자나 어느 종류의 사람도 구별하지 않는다. 자기의 할 말을 전하기만 하는 사람이다. 비굴한 말이나, 아첨하는 말을 하는 사람이 아니다. 매를 맞으면서도 갇히면서도 축출을 당하면서도 그는 할말을 하고야 만다.
 그런데 예언자가 그렇게 담대하게 말할 권위가 어디서 온 것인가. 예언자 자신의 독선인가, 아니면 그의 고집인가, 아니면 정신이 약간 돈 사람이기 때문인가.
 이러한 말씀의 권위에 대하여 아모스는 분명히 말해 준다.
 그의 말의 권위는 자신 속에서 나온 것이 아니라, 그를 예언자로 불러내신 하나님의 권위에서 온 것이라 한다.
 그는 자기 예언을 시작할 때마다 "야웨가 말씀하신다"를 반드시 소개한다(암 1:3,6,9,11,13;2:1,4,6 등). 그리고 그의 예언의 말이 끝날

4. 말과 예언자

때마다 자기가 한 말이 자기 말이 아니라, 야웨 하나님의 말씀이라는 것을 밝혀주고 있다(2:11,16;3:15;4:3,5,11;5:17,27;3:3;9:15 등).

그리고 아모스는 자기의 말을 듣는 대중에게 "야웨 하나님의 말씀을 들으라"는 명령을 하기도 한다(7:16;3:1).

아모스의 말의 권위는 야웨 하나님에게서 온 것이다. 그는 한번도 자기 자신의 말을 한다고 생각하지 않았다. 그는 다만 하나님의 말씀을 전달하는 자로 자처한다. 그렇기 때문에 그는 담대한 말을 할 수 있었다. 그래서 죄를 규탄할 수 있었고 심판을 선언할 수 있었고, 경우에 따라서는 멸망이 올 것이라는 말로 저주할 수도 있었다. 가령 "사로잡혀 가리라"(1:5), "멸망하리라"(1:8), "벌을 받으리라"(1:3,6,9,11,13;2:1,4,6 등), "이 성읍과 거기 가득한 것들을 대적의 손에 넘겨 주리라"(6:8). 심지어 그 당시 북왕국을 다스리던 여로보암의 운명에 대한 말까지 했다. "여로보암은 칼에 죽으리라"(7:11), 그리고 그의 나라 "이스라엘은 정녕 사로잡혀 가리라"(7:11).

이처럼 비애국적인 대담 무쌍한 말을 어떻게 할 수 있었겠는가. 심지어 아모스는 그 어용종교인 아마샤 자신과 그의 가족의 운명에 대한 말까지 담대히 할 수 있었다. "네 아내는 성읍 중에서 창기가 될 것이요, 네 자녀들은 칼에 엎드려지며, 네가 가진 땅은 다른 사람의 소유가 되고 너 자신은 더러운 땅에서 죽을 것이라"고 했다(7:17).

이러한 무서운 선고를 아모스는 자신의 말이라 하지 않는다. 하나님의 말씀이라 한다. 이것이 예언자의 권위다. 그가 만일 듣는 사람의 기분을 생각하거나 그가 말한 뒤에 일어날 신변의 위험 같은 것을 미리 고려했다면 이런 말은 할 수 없을 것이다. 그러나 하나님의 말씀을 대신 전하는 사람이기 때문에 그는 이런 말을 감히 할 수 있었다. 만일 이런 말을 할 수 없었다면 아모스의 이미지는 깨어지고 말았을 게다. 참말 곧 하나님의 말씀을 한다는 것이 얼마나 어려운가를 깨달으면서도 그 말을 해야 하고, 또 그 말 때문에 육체적 정신적 고통을 받아야 하고 그 하나님 말씀을 하기 때문에 죽임을 당하는 것이 예언자의 삶이다. 예언자는 아무 것도 무서운 것이 없다. 다만 자기 자신이 약하여 하나님이 전달해 준 그 참말을 전하지 못하지나 않나 하는 불안과 두려움밖에 없는 사람이다. 여기에 참 예언자의 모습을 찾을 수 있다.

5. 글과 예언자

아모스에서 찾을 수 있는 또 하나 뚜렷한 예언자 모습은 그가 글을 쓸 수 있었다는 것이다. 말을 하는 것과 글을 쓰는 것은 서로 다른 것이지만 예언자에게 있어서는 손바닥과 손등과 같은 차이밖에 없다. 손바닥이 없는 손이 없고 또 손등이 없는 손이 없다는 것과 같이 말을 하는 예언자가 곧 글을 쓰는 예언자라 함을 아모스가 최초로 보여주는 사람이다. 아모스 이전에 나타난 엘리야, 사무엘, 드보라 같은 예언자들은 그들이 무엇을 말했는가는 제3인칭의 기록으로만 나타난다. 그러나 아모스에게 와서 예언자 자신이 말을 하고 그 한 말과 하고 있는 말과 또 해야 할 말을 문자로 표시하고 있다. 그래서 아모스 이후에 나타난 예언자들은 말을 하는 직책과 함께 그들이 해야 하는 말을 문자로 기록한 사람들이기에 "문서 예언자"(The Writing Prophets)라 불리운다. 그러나 "문서 예언자"라고 해서 그들이 지금 우리가 구약에 가지고 있는 각 예언서를 저술했다고 생각함은 오해다.

바우디씬(Baudissin)의 주장과 같이 모든 예언서들은 각 예언자들이 여러 경우에 공중 앞에서 말한 개인적인 의견 및 주장, 신탁(oracle) 또는 자기의 경험한 내적 또는 외부적 사건을 사람들에게 보고 한 것을 모은 집합 문서라 할 수 있다. 햄펠(Hempel)의 주장하는 대로 예언 발달의 단계를 개인 경험의 시대 그 경험에 대한 해석 및 설명의 시대, 그 경험을 따른 사람이 읽고 이해할 수 있도록 기록하는 시대, 그리고 그 기록한 것을 편집하고 한 특색있는 작품으로 만드는 예술적인 노력의 시대 등으로 나눈다면 아모스의 예언은 아모스가 하나님의 묵시를 받은 자기 내적 경험을 기록하기 이전에 그것을 말로써 사람들에게 알리는 시대가 있었을 것이고, 그러한 자기경험이 자기 자신의 손에 의하여 해석도 되고 설명도 되었을 것이고, 또 그의 기록한 것을 제3자가 해석 또는 설명도 하는 일에서 예언자 아모스가 가진 신앙적 경험과 그의 사상을 보여 주는 기록들을 모아 한권의 책을 만드는 과정을 거쳤다고 할 수 있다.

예언자에게 있어서 어떻게 글 쓰는 법을 배웠느냐 하는 문제는 불필요한 물음이다. 이스라엘 역사에 문학적인 작품이 발달되기 시작

5. 글과 예언자

한 때는 솔로몬 시대라 할 수 있다. 아모스의 시대보다 250년이 앞선다. 그렇기 때문에 아모스의 시대에는 벌써 문자가 중요한 문화 매디아 역할을 하던 시대이다. 아모스와 같이 그 시대를 비판하고 정의를 부르짖은 사람이 광장이나 성소에서 외치는 일에만 그치지 않고, 그 자신의 내적인 신앙 경험과 아모스의 말에 감동을 받은 사람이 그의 말을 기록으로 남긴다는 것은 당연한 일이었다.

그의 내적인 신앙 체험을 기록한 것들은 그의 묵시록이라 할 수 있는 7장 1-9절, 8장 1-3절, 9장 1-4절 등에 나타난 황충이, 불, 다림줄, 여름 실과, 문지방 등 다섯 가지 환상(vision)에 관한 기록이다. 이런 환상은 아모스만이 볼 수 있었던 신앙적 내적 체험에 관한 것이다. 연대적으로 보아서 아모스 예언서 중에서는 가장 최초에 기록된 것이라고 학자들이 말한다. 본래 이 부분이 따로 독립된 문서로 전해 오다가 후대 편집자에 의하여 아모스 예언서 속에 들어오게 된 것이다. 이 환상록에는 "주 야웨가 내게 묵시로 보여주셨다"는 말을 함으로 아모스만이 볼 수 있었던 환상의 세계를 소개하고 있다. 신약에 있는 계시록이나 구약에 있는 다니엘서 같은 묵시문학은 말을 공공연하게 할 수 없는 때, 직설적인 표현을 하면 말하는 사람이 그 말 때문에 피해를 받기 때문에 간접적인 메시지 전달의 방법으로 이런 묵시문학을 사용했다고 해석한다.

묵시문학이 그래서 생겨났다고 충분히 이해하면서도, 아모스의 경우에는 사정이 약간 다른 것 같다. 아모스는 자기 말을 유언비어로, 불평한 말이라 하여, 현정권에 대한 반동적인 말이라 하여 그의 말을 방해하기 때문에, 그의 자유스런 양심의 소리를 막고 있기 때문에 간접적인 방법으로 이런 묵시문학을 창조했다고는 볼 수 없다. 아모스는 그의 예언 속에 자기 신변의 위험을 조금도 생각하지 아니하는 대담한 태도로 자기 말을 하고 있음을 본다. 이렇게 담대하게 말한 아모스가 자기의 신변을 염려하여 돌연히 묵시로 환상으로 말했다고는 생각지 아니한다.

그는 다재다능한 문장가요 설교자로서 다양하게 자기 할말을 하고 있을 따름이다. 직접적으로 불의를 공격하면 피해가 올테니까 감시자의 눈을 속이기 위하여 묵시를 기록한 것은 아닌 것 같다. 그는 말을 하는 일에 대담무쌍했기에 정의의 예언자라 불리우며, 자기 말을 묵시 속에 위장하는 비겁자는 아닌 것 같다. 사실 그의 환상록을 자세히 읽고 검토해보면, 그의 예언 다른 부분에서와 같이 국민과 지도자들에 대한 죄의 고발과 그 죄로 말미암는 심판과 형벌의 선언을 보여준다. 그의 환상은 그의 메시지의 뜻을 더 깊이 깨닫고 그 깨달은 바를 더 오래 간직하게 하는 한 문학적인 기교를 알리는 상징주의를 기록한 것뿐이다.

그러나 그의 예언서에는 이상과 같은 자기 체험담을 기록한 것만이 아니고 그의 예언을 직접 들은 제3자의 르뽀와 그 의미 설명을 보여주는 기록도 있다. 가령 아모스와 어용종교인 아마샤와의 대화를 보여주는 7장 10-17절 내용은 "아모스 말하기를" 하는 표현으로 아모스가 한 말을 그대로 기억하고 기록한 것이다. "아모스가 아마샤에게 대답하여 가로되," 이것도 제3자의 르뽀 형식이다. 그리고 16절에 "이제 너 아마샤는 야웨의 말씀을 들으라" 한 것은 아모스 자신의 말이라는 형식을 취했지만, 실상은 제3자가 아모스와 아마샤간에 있었던 대화를 듣고 자기 나름대로 해석한 것이라 할 수 있다. 여기 아모스가 예언한 말씀에 감격을 받고 그 말씀을 그 시대만이 아니라 다음 시대에까지 그 말씀의 뜻을 전달하고자 하는 기록자의 정신이 보인다.

아모스의 예언은 그 말의 주인공인 아모스 자신의 사상과 정신이 영원히 우리 인간들에게 가르치고 있다는 것이 물론 중요하지만, 그의 솔직하고 대담한 정의의 부르짖음들을 그대로 문자화시킨 기록자의 공로가 크다는 것을 지적하지 않을 수 없다. 정의를 외친 아모스의 정신을 누구보다도 그의 예언을 기록한 사람들이 그들의 대담한 기록 속에서 살리고 있다. 그의 "설교부문"이라 할 수 있는 1-6장, 8장 4-14절, 9장 7절 등은 예언자의 말의 진실과 담대성을 보여주는 동시에 그의 예언을 기록한 진실성과 담대성을 보여준다. 이 기록이 예언자 자신의 손에 의하여 된 부분도 있고 또 그의 설교를 들은 다른 사람의 손으로 된 부분도 있다. 어느 것이 예언자 자신의 글이냐, 또는 어느 부분이 그의 제자의 손으로 기록된 것이냐 하는 종교사학파적인 관심이나, 그 설교문의 문학형식이 어떤 삶의 자리(Sitz im Leben)에서 나왔으며, 또 그것이 어떤 장르(Gattung)을 가지고 왔느냐 하는 양식사학파적인 관심이나, 또는 그러한 설교 단편들이 어떤 전승과정을 거친 역사를 가지고 있는가를 밝히는 전승사적인 관심이 개개의 설교문 자체를

5. 글과 예언자

이해함에 종합적인 도움을 주고 있음은 사실이다. 그러나 아모스의 예언을 읽는 사람은 그의 예언이 얼마나 담대하게 그 시대 사람들에게 전해졌는가 함에 대한 감격과 아울러 그의 예언이 그 시대 사람과 그 후에 오는 시대 사람을 위하여 얼마나 대담하게 기록되었는가를 볼 줄 알아야만 이 예언서를 올바로 읽고 이해하는 사람이다. 우리가 현재 가지고 있는 이 예언서는 결코 언론의 통제를 무서워한 사람이 아니라는 것이다. 아모스 당시 이스라엘을 지배한 여로보암 2세가 백성들에게 전달하는 담화문이나 그 주석인 해설을 기록하는 것으로 언론의 사명을 다한 것이 아니었다. 권력이 무서워 붓을 꺾어 버리고 아모스의 말을 기록하지 아니했다면, 아모스 예언서 같은 책이 우리에게까지 전해질 리가 만무하다. 써야 할 것과 쓰지 말아야 할 것을 정확하게 보여주는 이 책의 저자가 참 예언자의 정신에서 글을 쓴 사람이라 할 수 있다.

제3부
주 석

1. 역사와 예언자
(1:1-5)

1. 만민의 하나님 야웨

아모스는 자유스럽게 말을 한 사람이다. 그의 말은 자기 자신에 대한 얘기를 별로 하지 않고 자기가 살고 있었던 그 시대에 대하여 비교적 크게 관심을 가지고 있다. 그는 본래 유다에 속한 사람이지만 그의 예언은 국적 같은 것을 그다지 중요시하지 않았다. 그가 믿는 하나님은 자기 백성 이스라엘의 하나님이라는 편협한 생각을 하지 아니 한다. 당시 아모스가 살던 중동지방 여러 나라 민족들은 자기들의 나라는 자기들의 신이 다스린다고 여겼다. 따라서 자기들의 신이 다른 나라를 다스리거나 간섭한다는 것을 별로 생각지 아니 했다. 그래서 각 민족마다 고유한 신이 있는 것으로 믿었다. 가나안 사람에게는 바알, 바벨론 사람에게는 말둑, 모압 사람은 크모스, 암몬 사람은 몰렉, 이스라엘 사람은 야웨, 이렇게 고유한 신의 영토를 그 신을 숭배하는 백성이 살고 있는 지역으로 이해하고 있었다. 신과 신들은 신사 협정 같은 것이 있어서 자기들의 지역을 다스리는 것으로 이해되었다.

그러나 아모스는 이러한 일반 종교적 관념에서 자유스러운 생각을 한 사람이다. 야웨 하나님은 세계 만민을 다스린다고 하는 우주신론 사상이 아모스에게는 강했다. 야웨 하나님이 유일한 신으로 그 하나님 이외의 다른 신은 신으로 인정하지 않고 따라서 다른 신들이 점령하고 있다는 그 각 지역도 실상은 야웨 하나님의 통치권 안에 있다고 믿었다. 그래서 그는 비록 유다 드고아 작은 농촌 출신이지만, 시온성 예루살렘에 좌정하고 계신 야웨가 모든 민족의 죄를 심판하시고 모든 민족의 운명을 한 손에 쥐고 계신다고 믿었다.

2. 새 번역

제1장

1절 드고아의 목자였던 아모스가 유다 왕 웃시야의 때와 이스라엘 왕 여로보암의 때, 지진나기 2년 전에 이스라엘에 대하여 계시받은 말씀들이다.

2절 저가 말한다.
시온에서 야웨가 부르짖고 예루살렘에서 그 목소리가 들린다. 목자들의 초장은 타서 울고 갈멜산 꼭대기는 말라버린다.
야웨가 이렇게 말씀하신다.

3절 다메섹이 지은 서너 가지 죄를 내가 벌하지 않을 수 없다. 그들이 쇠도리깨로 타작하듯 길르앗을 쳐부순 죄 때문이다.

4절 그러므로 내가 하사엘 집에 불을 보내어 벤하닷 궁궐들을 태워버리리라.

5절 내가 다메섹 성문 빗장을 꺾고 아웬 들판 주민들을 쫓아내며 벧에덴에서 왕권잡은 자들을 죽이고 아람 백성이 키르로 사로잡혀 가리라. 야웨가 말씀하신다.

3. 텍스트 문제

1장 1-3절까지의 내용은 아모스 예언 전체의 서론에 해당한다. 여기 아모스의 신분에 대한 얘기, 그가 예언자로서 활동한 시대, 특히 남왕국의 연대로 말하면 웃시야 왕의 시대(B.C.783-742), 북왕국 표준으로 하면 여로보암 2세 시대(B.C.786-746)를 밝히고 있다. 그러나 이런 연대를 좀더 구체적으로 백성들의 기억에 남을 사건과 관련시켜, "지진 나기 2년 전"에 아모스에게 하나님의 묵시가 임하여 예언활동을 하게 되었다고 한다.

이 서론부가 아모스 자신의 글이라 할 수 없다. 모든 학자들이 인정하는 대로 아모스보다 훨씬 후대 사람이 아모스의 예언록을 수집한 다음 그의 예언록 서두에 첨부하게 된 것이다. 이런 편집작업은 포로시대 신명기 계통 학파 사람의 손에 의하여 되었다고 포러(Fohrer)는 말하지만 (*Introduction to the O.T.*, London, SPCK, 1960, 437면) 이런 문제는 하나의 가설에 불과하다. 그러나 1장 3절 이하는 아모스 자신이 이스라엘의 하나님 야웨는 이스라엘 민족의 하나님이 아니고 세상 만민, 당시 지중해를 중심하여 북쪽 아람, 서쪽으로 블레셋, 동쪽으로 암몬과 모압 등 여러 나라 역사를 지배하시는 하나님임을 밝히고 있다. 이것은 단순한 우주론적인 신관을 위함이 아니고 모든 민족 중에서 택함을 받은(암 3:2) 이스라엘의 의무와 사명을 중요시했기 때문이라 할 수 있다.

본문의 문제들을 보면 1절 마지막에 "계시를 받은 말씀들이라"고 새로 번역해 보았다. 이는 원문에 사용된 חזה(hazah) 동사가 묵시를 받는 동작을 의미하기 때문에 아모스의 예언이 자기 자신의 시대관이나 역사관 또는 신앙관에서 온 것이 아니고, 그의 예언 전체가 하나님의 묵시에서 온 것임을 밝히려는 편집자의 의도를 살릴 수 있기 때문이다. 특히 아모스 8장, 9장에서 말하는 "환상록"은 이 서론에서 말하는 "계시 받은 말씀"과 일치하기 때문이다. 편집자가 이사야 2장 1절, 미가 1장 1절 같은 곳에서도 예언활동을 "계시의 말씀 전달 행위"로 본 사상과도 일치시킨다고 할 수 있다.

2절에 야웨가 "부르짖는다"고 말한 것은 아모스 3장 8절 "사자가 부르짖은즉 누가 두려워 아니하겠느냐? 주 여호와가 말씀하신즉 누가 예언하지 않겠느냐?" 함과 일치되게, 예언자 아모스의 말씀은 곧 이렇게 하나님이 시온에서 부르짖는 말씀을 소개한다고 이해할 수 있다. "초장은 타서 운다"는 표현은 구역에는 "애통하다"로 되어 있고 KJV은 "mourn", 바이저(Weiser)나 빅(Bic)도 "tränen"(애통하다)로 했지만, 초장의 슬픔은 가뭄으로 타버리는 고통일 것을 말한다. 그러므로 로빈슨(Th. Robinson), 마이스(Mays), NEB 등과 같이 타서, 고갈(枯渴)하여 우는 모습을 말한다고 읽음이 타당한 것 같다.

3절에 "내가 벌하지 않을 수 없으리라"의 원문은 "내가 그것을 돌이키지 아니하리라"로 되어 있어, "그것"이라는 것이 분명히 설명되어 있지 아니하다. 그래서 KJV에는 "the punishment"를 보충했고 NEB은 "I will grant them no reprieve"("내가 그들에게 처형을 연기하지 않으리라")로 되어 있다. 그러나 이 "그것을" 자세히 설명하는 볼프(Wolff)는 호그(H.W.Hogg)의 주장(왕하 19:7, 28에 언급된 앗수르에 대한 야웨 하나님의 진노의 약속이라 함), 유대인 학자들(Raschi, Ibn-Ezra, Kimchi 등)의 주장(암 1장 5절에 있는 대로 포로에서 돌려보내지 않겠다) 또는 벨하우젠

(Wellhausen), 크립(Crips), 부버(Buber) 등의 주장(암 1:4 이하에 말하는 처벌선언을 돌이키지 않는다는 것) 또는 야웨의 말씀을 다시 거두어 주시지 않겠다 등으로 소개하고 있다(H.W. Wolff: *Joel, Amos*, 1975, 160면). 전후관계로 보아 야웨 하나님이 선언하시는 벌을 돌이키지 않는다는 형벌선언으로 읽음이 타당한 것 같다.

4절 "벤 하닷의 궁궐"은 사실 성채로 둘러싸인 궁궐이라는 뜻이다. KJV는 "The palaces of Ben-hadad", "Paläste"(Luther, Th. Robinson, A.Weiser, M.Bic)또는 "stronghold"(J.L. Mays), "Wohnburger"(H.W.Wolff) 등 각양 각색으로 번역되나, 그 원어 'armenoth(ארמנות)는 궁궐이기는 하지만 성채를 구축한 요새화된 궁궐이란 뜻으로 읽을 수 있다. 모든 나라의 주권을 행사하는 가장 안전한 곳으로 지키지만, 하나님은 그 주권을 빼앗아 다른이에게 주고 만다는 심판의 선고가 여기 담겼다.

5절 "아웬의 들판"(mib-biq 'ath-'awen)을 볼프는 "Sündental –죄악의 골짜기" 라고 했고 바이저와 로빈슨(Th. Robinson)은 "bik, áth-awen의 주민들", "아웬의 들판"(Luther), 빅은 "biq 'ath awän의 통치자" 등으로 번역하고 있다. "골짜기"냐 "들판"이냐 함은 판별짓기 곤란하다. 이 양자는 서로 공존할 수 있기 때문이다. biq 'ath란 말은 baqa(=to cleave/둘로 나누다)에서 Cleft(갈라진 금)를 가진 들판 즉 산과 산 사이에 있는 골짜기인 동시 들판인 협곡 같은 것이며, 여리고(신 34:3) 또는 므깃도(슥 12:11; 대하 35:22) 레바논 (수 11:17) 등에서 볼 수 있는 곳이다. "벧에덴"을 볼프는 부버를 따라서 "Haus der Lust" 곧 "향락의 집"이라 했고, MT는 5절 셋째 줄을 5절 첫째 줄과 위치를 바꾸는 것이 좋다고 제의한다. 이 "벧에덴"의 위치는 불명하나 다메섹 북북동쪽 20마일 지점에 있는 Bît-Adini가 아닌가 학자들은 말한다. 이 장소는 다메섹 왕들의 여름궁이 있었던 곳이라 한다(S.R. Driver, *Joel and Amos*, Cambridge Bible, 1901, 228면 이하에서 이 "벧에덴"에 대한 상세한 설명을 한다). 그러나 이곳이 아모스 당시 다메섹 권력의 중심지였던 인상을 주고 있다.

4. 본문 해설

1. 서론(1:1-2)

아모스 1장 2절은 이러한 야웨 하나님의 우주적, 전세계적 통치자로서의 성격을 간단하게 밝히고 있다.

"저가 말한다.
시온에서 야웨가 부르짖고
예루살렘에서 그 목소리가 들린다."

벤첸(Bentzen)은 이 2절을 아모스의 글이라 하지 않는다. 이스라엘 예언자들이 공통으로 사용한 관용구와 같다고 한다. 요엘 3장 16절, 예레미야 24장 30절 같은 곳에서도 발견할 수 있기 때문이라 한다.[1] 이런 구절은 이스라엘 종교 사회가 보존한 제의적인 전통을 반영시키고 있는 관용구로 이해하고 있다.[2] 그러나 이 구절을 양식사적으로 보면 제의적 전통을 가진 관용구(idiom of cultic tradition)라 할 수 있으나, 아모스가 밝히고자 하는 야웨의 우주적인 성격을 논하는 입장에서는 이 구절이 아모스 자신의 말이 되지 않을 수 없다. 예루살렘은 야웨 하나님이 계신 곳이다. 그의 세계 지배는 이 시온에서 시작하신다. 시편 48편 전체의 시가 시온을 중심한 야웨 하나님의 통치권을 노래하고 있다.

"야웨는 크시다.
우리 하나님의 성은 찬송을 받으사이다.
그 거룩한 산
우뚝솟은 터,
거룩한 왕의 도성 북쪽 시온산이
온 세계의 기쁨이 된다"(시 48:1-2).

시온산에서 야웨 하나님의 권능이 만방에 미친다. 그의 권위는 이 예루살렘에서부터 나타난다. 그가 세계를 지배하시고 온 민족을 다스리시는 목소리가 들려지는 곳이다.

이스라엘의 고대 전설 중에 예루살렘의 옛 이름인 세일이 야웨가 계시는 곳으로 알려졌고(삿 5장 여부스 족속의 성소인 이 예루살렘이 다윗에게 점령당하여 그의 성소로 될 때부터 삼하 6장 이하, 24장) 이 시온성은 야웨 하나님의 영광과 권위의 장이 되어 있었다.

---

1) A. Bentzen, "The Ritual Background of Amos I:2-II:16," *OS* VIII, 1950, p.95.
2) A. Weiser, S. 132.

야웨는 이 성소에 자리를 잡고 이스라엘을 깨우치시고 만민을 다스리는 권위를 발휘하셨다. 솔로몬이 예루살렘 성전을 완성한 다음 올린 기도에도 이 권위의 도성 예루살렘이 밝히 알려지고 있다. "땅의 만민으로 하여금 주의 이름을 알게 하시고 주의 백성 이스라엘처럼 경애하게 하옵시며 또 내가 건축한 이 전을 주의 이름으로 부르는 곳임을 알게 하옵소서"(왕상 8:43).

이렇게 2절에 나타난 야웨의 만민통치권을 생각할 때 이것은 아모스 자신의 말이라 할 수 있다. 그의 예언 전체의 모토라 할 수 있을 만치 아모스는 야웨 하나님의 권위적인 존재에 민감했던 예언자였다. 그가 거듭 외치고 있는 심판 선언은 하나님의 현현과 관련되어 있다. 하나님은 땅위 인간들의 죄를 심판하시려 친히 나타나신다는 것이 고대 이스라엘의 사상이다. 그래서 바이저는 "아모스의 전체 메시지가 조화되어 있는 기조를 이 절에 나타난 심판현현(Gerichts-theophanie)에서 찾을 수 있다고 했다."[3] 모든 민족과 온땅은 하나님의 심판 아래서 있음을 이 구절에서 암시하고 있다. 아모스는 그의 책에서 이 하나님의 심판 사상을 여러가지 표현으로 보여주고 있다.

이러한 하나님의 심판의 출처를 밝힌 다음 아모스는 이스라엘 주변에 있는 여러 이방들 — 다메섹, 가사, 두로, 에돔, 암몬, 모압, 유다 그리고 아모스 자신이 친히 그 역사 속에 뛰어들고 있는 북왕국 이스라엘의 죄를 규탄하고 있다.

2. 다메섹의 죄(1:3-5)

아모스는 시리아의 수도 다메섹을 언급하면서 다메섹을 중심하고 있는 시리아 정권이 감행하고 있는 부정과 난폭과 그 죄악을 규탄하고 있다.

이러한 고발과 규탄을 누구의 권위에서 하는가. 이 권위를 밝히는 특유한 말 두 마디를 아모스는 곧잘 쓰고 있다. 그의 예언 시작에는 "야웨가 말씀하시기를"(ko'amar Yahweh)[4] 그리고 그의 예언 마지막에는 "이것이 야웨의 말씀이다"(amar Yahweh). 이러한 형식은 이스라엘 예언 문학의 특징이라 하겠지만, 이는 문학 양식으로서의 의미보다

---
3) A. Weiser, *ibid.*
4) 1:6, 11,13; 2:1; 4:6.

예언자의 말의 권위의 출처를 밝히는 뜻에서 매우 특유한 의미를 가진다. 예언자는 자기말을 하는 사람이 아니다. 하나님이 그에게 하라는 말을 전한다는 예언의 기본 성격을 밝히는 말이다. 예언자는 야웨 하나님의 대변자(Spokesman)임을 말한다.

이런 형식은 물론 아모스의 창작이 아니다. 이스라엘의 제의와 예배에서 하나님의 신탁(oracle)을 제사장이나 예언자가 전달할 때 사용하는 일반적인 상용구다. 예언자의 말이 하나님의 말씀임을 밝혀 그 말의 위엄과 그 말에 대한 복종을 요청하고 있다.

이렇게 말씀의 본질에 관한 서두형식에 이어 하나님의 권위에서 인간이 죄를 고발하는 말이 나온다. 하나님 말씀은 언제나 인간의 행위와 그 삶을 심판하신다. 한 나라의 경우에는 그 나라의 정치의 성격과 그 목적 및 수단을 비판한다. 아모스는 이 비판을 "하나님의 고발"의 형식으로 "다메섹의 서너 가지 죄가 있다"고 말한다. 이러한 숫자적인 표현은 구약성서 자체 속에 여러 번 사용되어 있다.[5] "셋 또는 넷"이란 말은 수효의 애매성을 표시하는 것이 아니고 한편으로는 그러한 수가 많다는 것을 의미하며 또 다른 한편으로는 그 여러번이나 거듭되는 일에 대한 재고와 반성을 촉구하는 뜻도 된다.[6] 이런 형식은 구약 지혜문학에서도 볼 수 있다.[7] 야웨 하나님을 거역한 죄가 셋이나 넷이나 될 만치 중함을 표시한다.

야웨는 이렇게 수많은 범죄를 보시고서 그 죄에 대한 반응을 반드시 하신다는 것을 암시하고 있다. 여기 고발되고 있는 다메섹의 죄는 무엇보다 "다메섹이 철 타작기계로 타작하듯 길르앗을 압박했다"고 함이 그들의 죄상이다. 다메섹을 수도로 한 시리아는 이스라엘과 접경하여 항상 상호간 충돌을 하고 있었다. 오늘 중동 문제도 이 양국의 충돌로 세계의 이목을 끌고 있다.

본래 시리아 사람과 히브리 사람은 아브라함 시대 때부터 상관되어 있었다(창 11:31;24:10,29;27:43). 그러나 히브리 사람은 갈대아 우

---

5) W.M. Roth, "The Numenical Sequence X/X+1 in The O.T." VT12, 1962, pp. 300-311.
6) James L.Mays, p.23.
7) 잠 6:16-19; 30:15,21-23; 29-31; 욥 5-19ff.; 33:14ff; 벤시라의 책 23:16-21; 25:7-11; 26:5f., 28; 50:25f..

르에서 떠나 가나안 땅으로, 시리아의 조상 아람 사람은 메소포타미아 나홀 지방에 잔류해 있었다. 그러나 역사가 흐름에 따라 이 두 민족은 서로 적대시하는 민족이 되었다. 다윗 시대 아람 혈통을 이은 소바의 왕 하닷에셀은 다윗을 가장 크게 괴롭힌 대적이었다(삼하 8:3이하; 10:16이하.). 그러나 다윗은 이 소바를 두 번이나 패망케 하여 그의 영토 일부를 지배했다(삼하 10:13,18). 그후 하닷에셀의 군대장의 한 사람인 르신이 다메섹을 중심하고 나라를 세워 솔로몬 당시에는 이스라엘과 계속적인 싸움을 걸기도 했다(왕상 11:25). 그 이후 다메섹은 아람(시리아)의 수도가 되었다. 아람 나라는 정치적 게임을 하여 한 때는 북왕국 이스라엘과 동맹을 하기도 하고 또 다른 때는 남왕국 유다와도 동맹을 하여 어부지리를 취하곤 했다. 역대 왕 벤 하라드와 하사엘 등이 이스라엘을 괴롭혔다.

여기 아모스 1장 3절에 "길르앗을 압박했다"고 함은, 하사엘이 요단강 동편 므낫세와 에브라임 족속이 정착한 땅을 침공하여 이스라엘을 심히 괴롭힌 사실을 열왕기하 8장 12절에 엘리사의 입을 통하여 다음과 같이 말했다. "네가 저희의 성에 불을 놓으며 장정들을 칼로 죽이며 어린 아이를 베어 치며 아이 밴 부녀의 배를 가르리라." 여기 시리아 사람의 잔혹성이 나타났다. 엘리사가 예언 중에 말한 이 잔인한 사건은 그후 예후 왕(843-816) 말기에 드디어 일어났다(왕하 10:32-33).

그들이 보여준 잔인성을 "타작기계로 타작하듯이"라는 말을 사용했다. 이스라엘 농부들이 사용한 타작기계는 대체로 가나안 사람들이 사용하는 것을 그대로 모방한 것이지만, 도리깨, 작대기, 막대기, 수레바퀴 등이 곡식 타작에 사용되었다(사 28:27,28). 농부가 곡식의 종류에 따라 그 타작기계를 달리하여 곡식을 털듯이, 하사엘이 이스라엘 백성을 극히 잔인한 행동으로 대했다는 것은 여러 곳에 산재했지만, 타작기계와 관련된 것은 열왕기하 13장 7절에서 보는 대로다: "아람 왕이 여호아하스(북왕국 제11대 왕 B.C. 816-800통치)의 백성을 전멸하여 타작마당의 티끌같이 되게 했다."

아모스는 이러한 아람 왕의 잔인한 침략적 죄악을 규탄하고 있다. 침략자를 규탄한다는 것은 유엔 기구 이전에 이미 아모스가 말하고 있다. "시온에서 부르짖고 예루살렘에서 목소리를 내시는" 야웨 하나님의 심판사상에 근거해서 이런 죄악을 규탄할 수 있었다.

이러한 규탄을 받아야 할 사람이 다메섹 성의 시민이냐, 하사엘의 주권 아래 있는 백성이냐, 아니면 하사엘 자신에 관한 것이냐?

고대 이스라엘 사회는 개체와 단체의 구별을 엄격히 하지 않았다. 우리란 일인칭 복수가 종종 "나"라는 단수형으로 표시되었고 또 그 반대 경우도 참되었다. 그러나 아모스가 여기서 고발하고 있는 죄악은 시리아를 다스리는 하사엘이라는 점에 주목해야 한다. 군주의 죄악에 대한 규탄이다. 정권을 가진 책임자에 대한 고발이다.

아모스는 하사엘 개인에게 하나님의 벌이 내릴 것을 여러 가지 말로 기록한 것이 1장 4-5절의 내용이다.

(1) 하사엘의 집에 불을 보내겠다.
(2) 벤 하닷의 궁궐을 사르리라.
(3) 다메섹 빗장을 꺾으리라.
(4) 아웬 골짝의 거민을 끊으리라.
(5) 벧에덴에서 홀 잡은 자를 끊으리라.
(6) 아람 백성이 사로잡혀 가리라.

이러한 표현들은 잔악하게 정치를 한 하사엘에 대한 형벌의 선언이다. 이 모든 선언은 미래형 동사로 표시하여 장차 반드시 하나님의 벌을 받을 수밖에 없다는 것을 선포한다.

여기 아웬이니 벧에덴은 지리적으로 밝힐 수 없는 장소이다.[8] LXX에서는 아웬을 "온"이란 말로 읽어 이 곳이 히에로불리스의 애굽명으로 보며, 따라서 이 곳은 태양신을 섬기는 중심지라 이해되며 아모스가 아람 사람들의 미신적인 생활을 비판하며, 이것은 하나님의 저주를 받기에 합당하다고 생각할 수 있다.[9] 그러나 지나친 추측이라 할 수 있다. 젤린(Sellin)의 주장과 같이 "온"으로 읽을 아무러한 근거가 없다.[10] 바이저의 추측대로 이런 고유명사는 하사엘과 직접 관계 있었던 아람의 어느 지방이라 할 수 있다.[11]

벧에덴은 문자 그대로 "에덴의 집"이란 뜻이지만 그 위치도 지리

---

8) Milos Bic, *Das Buch Amos*, 1968, S. 35.
9) W.R Harper, p.19.
10) E. Sellin, *Das Zwölfprophetenbuch*, KAT XII, 1929/30, S. 203.
11) A. Weiser, p.137.

적으로는 불명하다. 하퍼(Harper)는 벧에덴이 해석될 수 있는 다섯 개의 가능성을 제시하며 그 중 하나가 호프만(Hoffmann)에 따라 시리아 왕들의 지방 "궁궐"이라 한다. 고대나 현대에 있어서 정권을 가진 사람은 그 나라의 수도와 지방에다 각각 자기의 권위를 행세하며 명령을 선포할 장소를 가지고 있는 것이다. 여기 아모스가 하사엘이란 아람 왕의 죄를 규탄하고 있는 전후 관계를 이해한다면, 여기 나온 고유 명사들이 "어디냐" 하는 문제보다 "그 운명이 어떻게 되었느냐" 함을 그의 독자들에게 관심을 가지게 한다. 하나님의 정의의 심판은 한 제왕이 독재를 하고 횡포를 하는 권위의 장소인 수도만 파멸시키는 것이 아니라, 그의 권위와 관련된 모든 장소를 파괴시켜 따라서 그의 횡포와 잔인성이 지상에서 멸절하고야 만다는 것을 암시하고 있다.

여기 "하사엘의 집"은 불에, "벧 하닷의 궁궐도 불 탈 것이고" 수도 다메섹의 대문을 지키는 "열쇠"도 무용지물이 되리라 한 것은 하나님의 심판이 집중적으로 하사엘 왕에게 임할 것을 선언한다. 아모스가 하사엘의 권위가 무너지는 경로를 "성문의 빗장"에서 "궁궐"로 그리고 하사엘이 거하는 그 "집"과 "가족"에게 질서있게 밝히는 데도 주목할 만하다. 하사엘을 멸망시키는 앗수르 군대가 B.C. 732년 수도 다메섹을 침공했을 때, 다메섹의 성문의 빗장은 꺾이어지고, 노도와 같이 밀고 들어온 앗수르 군대는 하사엘의 궁궐을 불질러 태워버리고, 그들의 파죽지세는 하사엘의 피난처를 쳐부수고 그와 그의 가족을 잡아 멸망시키고 말았다. 그 결과 하사엘의 통치 하에 있었던 아람 백성은 전체가 사로잡혀 가게 되었다. 남왕국 유다가 바벨론에 사로잡혀 가기 이전에 이미 앗수르가 그 정복한 나라 백성을 사로잡아 간 사실을 하사엘의 경우에서 볼 수 있다. 그 아람 백성을 키르(Kir)로 사로잡아 갔다는 것도 의미가 있다. 아모스 9장 7절에 의하면 키르는 아람 사람이 본래 역사상에 나타난 최초의 장소이다. 그들은 야웨 하나님의 심판을 받아 그들이 나온 그 본고장 길로 도로 돌아갔다. 성공한 자유의 사람으로가 아니라, 자유를 잃어버린 포로된 민족으로 돌아갔다. 그들이 본래 이 곳을 떠날 때는 미래에 대한 큰 꿈을 꾸고 민족 이동을 했고, 오랫동안 그들은 한 나라를 이루고 역사를 만들고 살았지만, 하나님의 심판을 받음으로 인하여 민족 역사는 종결을 짓고 말았다.

3. 역사의 주재자는 야웨 하나님

아모스는 그의 예언 서두에서부터 그의 예언의 방향이 하나님의 역사 심판에 있다는 것을 분명히 하고 있다. 이스라엘의 지혜자가 갈파한 대로 인간이 자기의 역사의 길을 만들고 창조해 나간다고 해도 그 역사의 발걸음을 인도하시는 이는 하나님이시다(잠 16:9).

이스라엘 예언자의 글을 읽을 때 그들이 어떤 말을 했느냐, 얼마나 담대하게 했느냐, 하는 것도 오늘의 크리스챤들에게 많은 감명과 교훈을 주고 있지만, 실상 그런 것보다 더 중요한 교훈은 예언자의 말은 그 말이나 논리 또는 그들이 발표한 무서운 선언이나 평화에 대한 기대나 고난받는 백성에 대한 위로의 말이 아니라, 인간 역사는 인간 자신에 의하여 운영되거나 지배되지 아니하고 역사의 배후에 계신 하나님이 인간의 역사의 키를 잡고 계신다는 것을 알리기 위한 예언운동을 하고 있다는 것이다. 바이저는 이것을 다음과 같이 말했다. "아모스가 이웃 나라들의 운명에 대하여 멸망의 선고를 한 것은 하나님이 역사의 배후에 서 계셔서 하나님 자신의 질서를 위협하는 어떤 것이라도 이것을 대항하여 자기자신의 질서를 끝까지 세워 가고 계신다는 것을 본질적인 것으로 알려주는 것이다. 그러므로 우리가 역사를 보는 눈은 이 땅 위에서 인간이 하고 있는 그 표면적인 것에 관심할 것이 아니라 인간이 만들고 있는 그 역사적 사건 그 배후에서 하나님이 무엇을 하고 있는가를 주목해야 한다. 정치적인 맞춤(Polistiche Kombination)이 중요한 것이 아니라 인간의 정치 행동과 사건이 어떻게 하나님의 사건과 더불어 연관성을 가지느냐 함이 문제이며, 하나님의 역사적 활동을 예언자들이 보는 역사해석 속에서 찾을 줄 아는 것이 본질적으로 중요한 것이다.[12]

아모스는 역사 이해에서 자기 민족사에만 관심을 가진 것이 아니라, 세계사 속에서의 자기 민족사의 위치를 보려고 한 사람이다. 역사의 주재자는 야웨 하나님이시라는 신앙에서 자기나라 역사를 이해하려고 했기 때문에 그는 자기 나라 역사의 잘못된 방향에 대하여 침묵을 지킬 수 없었다. 그 같은 신앙에서 그는 자기 나라를 둘러싸고 있는

---

12) A. Weiser, S.137.

모든 외국과 그 나라들의 정치에 대해서도 대담한 발언을 했다. 그는 결코 민족주의자가 아니었다. 그렇다고 해서 코스모폴리탄적인 생각을 가진 사람도 아니었다. 다만 이스라엘 하나님 야웨는 인간의 역사를 지배하시는 분이므로 인간들은 자기의 개인 행동이나 민족의 운명을 자기 손에 책임지고 있는 정권을 가진 사람들도 자기의 정치적 고안이나 권위 그것 자체를 심판하고 추궁하는 세계사의 주인이신 하나님이 계시다는 것을 알게 하고 있다. 이런 점에 대하여 메이스의 말은 타당하다.

"국제 역사의 영역까지 언급하게 된 아모스 예언의 범위는 인간 역사가 하나님의 통치의 드라마 속에 있다는 것을 알리며 땅 위에서 자신의 행동의 표현이란 것을 알리고 있다. 야웨는 그 자신이 적극적인 의미에서 역사를 만들어 가시며 이 하나님에게 반역하는 행위에서 만들고 있는 모든 인간의 역사는 이를 거부하고 계신다는 것이다." [13)]

---

13) J.L. Mays, p.31.

2. 예언자와 애국자
(1:6-2:3)

1. 예언자는 애국자

 애국자의 개념이 나라마다 시대마다 다를 수 있으나, 구약에 나타난 이스라엘 예언자들에게 있어서는 그 나라를 다스리는 주권자를 사랑하는 것이나, 그 주권자가 내세운 정책에 무조건 순종한다거나, 그 권력층에 대하여 죽음으로 맹세한 것을 애국하는 태도라 하지 아니했다. 구약에 나타난 애국자의 이해는 예언자 자신과 함께 살고 있는 자기 겨레와 다른 겨레가 서로 불평이나 불만이 없이 피차에 행복스럽게 살고 자기 백성의 슬기와 힘이 뭉쳐져서 자기 나라를 든든하게 하여 어떤 외적의 침범에도 힘을 모아 막아낼 수 있는 민족단결에 이바지할 수 있게 하는 동시에 나아가서는 이웃에 있는 다른 나라 민족에게까지 참인간의 도리와 인간의 공동체 질서에 이바지할 수 있는 사람을 애국하는 사람이라 이해했다.
 충무공 이순신의 애국정신은 백성을 사랑한 것이지 그 당시 나라를 다스리고 있었던 권력층에 아부하거나 그들이 하라는 대로만 하는 것은 아니었다. 그 권력층 일부가 그를 모함하여 "백의종군"하게까지 하는 수치스런 일이라도 그가 용감히 받은 것은 왜적에 시달리고 죽어가는 내 백성을 위해 몸바쳐 섬기고 사랑하는 길이라 생각했기 때문이었다.
 구약 예언자는 위로는 하나님을 사랑하고 아래로는 자기 백성과 다른 나라 사람을 사랑하는 일을 철저히 한 애국자였다. 그들은 결코 홍해바다를 갈라 육지로 만들어 걸어가게 했다든가, 주린 창자에 만나와 메추라기를 몰아와서 배를 불리게 했다는 이적과 기사를 행하시는 하나님만을 선전하고 그만을 무조건 믿고 의지하자는 광신적인 종교선전가는 아니었다. 오히려 그는 이러한 하나님은 억울하게 고통당하는 백성들편에 서서 그 백성의 복지와 평안을 위하여 마음 쓰시고 일하는 분이심을 외친 사람이었다. 그렇기 때문에 구약예언자의 운동은 단순한 신앙운동이 아니라, 그것은 참된 의미의 애국운동을 한 사람들이었다. 나라와 백성을 사랑하기 때문에 자기 나라의 역사적 현실을 냉정하게 비판할 수 있었다. 권력층에 매수당한 거짓 예언자들도 구약에서 많이 볼 수 있지만, 이 사람들은 구약 예언운동의 주류에서 떠난 사람들로 정로를 걷는 참 예언자들에게서 비판만 받고 있었던 가짜 종교인이었다. 그들의 수치스런 발언이나 행동이 간간히 나타나기는 하지만 이스라엘 예언의 정통적 입장을 계승한 참 예언자들은 그들의 예언록이 문서로 남아 있어 오늘 우리가 그들의 말과 행동을 볼 수 있게 되었다. 문서를 남겼다고 해서 그들을 "문서 예언자"(Schriftspropheten)라 부른다.

우리가 연구하는 "아모스"는 이런 문서 예언자의 최초의 사람이며 따라서 그의 애국 정신은 그의 책 전편에 차고 넘친 사람이다.

아모스는 어느 예언자보다도 인간의 죄의 현실에 대하여 비상한 관심을 가진 사람이다. 그는 결코 인간의 죄를 고발함으로 자기의 결백성을 과시한다거나 다른 사람의 죄를 폭로함으로 일종 쾌감을 느낀 사람이 아니라, 그가 생각하는 하나의 이상적인 국가 건설과 아름다운 인간 공동체를 그 밑바닥에서부터 허물고 있는 것이 인간의 죄악이었기 때문에 죄를 고발했다. 그는 그 죄를 짓는 인간이 고위층이건 권력자이건 상관하지 아니하고 하나님이 의롭게 또 평화롭게 건설하려는 민족 공동체를 좀먹고 그 내부에서부터 썩어들어가게 하는 것이 인간의 죄악이었기 때문에 이 병균을 밝혀내었고 인간 상실의 근본적인 원인을 진단한 것이다. 애국자는 죄의 동조자도 동참자도 될 수 없다. 그는 다만 죄의 도전자가 되고 죄와 더불어 싸우는 사람이 되어야 한다. 죄를 묵인한다는 것은 인간상실을 묵인함이요, 사회 질서 파괴를 용인함이요, 국가사직의 붕괴와 그 비극적인 운명을 스스로 초래하는 사람이다. 그렇기 때문에 이러한 히브리 예언자의 전통을 물려받은 히브리서 기자는 "너희가 죄와 더불어 싸우되 아직 피를 흘리기까지는 대항하지 못했다"는 것을 깨우치고 있다(히 12:4).

2. 새 번역

6절 야웨가 이렇게 말씀하신다.
     가사의 서너 가지 죄를 내가 벌하지 않을 수 없다.
     그들이 모든 주민들을 사로잡아
     에돔에다 팔아넘긴 죄 때문이다.
7절 그러므로 가사 성에 불을 질러
     그 궁궐들을 태워버리리라.
8절 내가 아스돗 주민들과
     아스글론의 주권자를 죽이고
     에그론에 손대어 치며
     블레셋의 남은 자들을 멸하리라.
     주 야웨의 말씀이시다.
9절 야웨가 이렇게 말씀하신다.
     두로의 지은 서너 가지 죄를
     내가 벌하지 않을 수 없다.
     형제로 맺은 계약을 잊어버리고
     모든 주민들을 에돔에다
     팔아넘긴 죄 때문이다.
10절 내가 두로 성에 불을 질러
     그 궁궐들을 태워버리리라.
11절 야웨가 이렇게 말씀하신다.
     에돔의 서너 가지 죄를
     내가 벌하지 않을 수 없다.
     에돔은 그 형제를 칼로 쫓으며
     연민의 정을 버리고
     복수심을 끝없이 불붙여
     분노를 항상 가졌기 때문이다.
12절 그러므로 내가 데만에 불을 질러
     보스라 궁궐들을 태워버리리라.
13절 야웨가 이렇게 말씀하신다.
     암몬의 서너 가지 죄를
     내가 벌하지 않을 수 없다.
     길르앗의 아이 밴 여인의
     배를 갈라 그 영토를 넓힌 죄 때문이다.

14절 그러므로 내가 랍바성에 불을 질러
     그 궁궐들을 태워버리리라.
     전쟁의 함성이 터지는 날
     폭풍이 몰아치는 날
15절 왕과 그 귀족들이 함께
     사로잡혀 가고 말리라.
     야웨의 말씀이시다.

제2장
1절 야웨가 이렇게 말씀하신다.
    모압의 서너 가지 죄를
    내가 벌하지 않을 수 없다.
    그들이 죽은 에돔 왕의 뼈를 태워
    재로 만들은 죄 때문이다.
2절 그러므로 내가 모압에 불을 질러
    그리욧 궁궐들을 태워버리리라.
    전쟁의 외침과 나팔 소리와 함께
    모압은 망하리라.
3절 내가 그들 중에서
    주권자와 귀족들을 죽이리라.
    야웨의 말씀이시다.

3. 텍스트 문제

여기 나타난 텍스트의 문장 형식은 일정한 것이 반복되고 있다. "야웨가 이렇게 말씀하신다"로 시작하여 "야웨의 말씀이시다" 하는 끝말로 세계 만방, 여러 민족의 죄를 다스리시는 야웨 하나님의 역사 간섭을 말하고 있다.

이 시작하는 문장과 끝마치는 문장 형식 안에 가사, 두로, 에돔, 암몬, 모압 등 이스라엘 주변 서북・동부에 있는 여러 나라의 죄를 "서너 가지," 많은 죄가 겹치고 쌓인 것을 말하고, 그 죄의 벌로써 "불을 질러 궁궐을 태우고 주민들을 죽이고 그 주권자, 귀족들을 멸한다"는 내용을 거듭 말하고 있다.

번역의 문제로서 다음 것들을 지적할 수 있다.

6절에 "모든 주민들을 사로잡아"는 galuth sh'lemah란 원어 번역인데 문자 그대로는 "모든 포로민들"(Captives in full number)이다. 바이저는 "ganze Dörfer gefangen"(사로잡힌 모든 주민들)로 번역했다. 빅도 이와 비슷하게 "die ganze gefangene Bevölkerung"으로 읽었다. LXX는 שְׁלֹמֹה("전부")를 솔로몬으로 오독하고 있다. 그래서 "솔로몬의 포로들을"이라 했다. 볼프는 "강제노동으로 외국에 끌고 가는 사람"의 뜻으로 읽고 있다. 하여튼 가사가 인신매매의 죄를 범한 것을 말한다. 9절에 나온 두로의 죄도 이와 유사함을 말한다. 여기 가사, 아스글론, 에그론, 블레셋 등 해변지대 권력자들의 횡포에 대하여 하나님의 형벌을 말하고 있다.

4. 본문해설

1. 죄의 고발자

아모스는 대담하게 누가 어떤 죄를 얼마나 범했는가를 지적하고 있다. 그의 예언서 1장, 2장은 위에서도 언급한 바이지만 자기가 살던 유다는 물론, 자기가 예언자로서의 사명을 다한 북왕국 이스라엘의 죄와 이 유다와 이스라엘이라는 신민, 하나님의 백성의 나라를 둘러싸고 있는 모든 나라들의 잘못을 언급하고 있다. 그에게서 외교정책이란 것을 찾는 것은 어리석은 일이지만 그는 유다나 이스라엘이 그 주변 나라와 외교관계, 무역관계 등에서 올 수 있는 국가 이익 같은 것을 생각하지 않았다. 그의 눈에 비친 열국은 하나님의 공의에서 떠났고 인도에서 벗어났고 개인 양심을 아프게 했다. 그렇기 때문에 그는 침묵의 필요성도 인정했다. 소위 신변만 생각하고 말의 결과에 영향에만 생각을 하는 지혜로운 사람, 처세술이 능한 지혜로운 자, 세상을 잘 이용하고 자기 일신의 출세와 영달만 생각하는 지혜로운 사람은 침묵을 지키는 것을 자랑으로 삼는다. 특히 바른말을 하면 곧장 신체적인 피해는 물론, 명예, 재산, 성공에 영향이 있다고 생각하는 지혜로운 자는 침묵을 지킨다지만(암 5:13) 아모스는 말의 결과에 대한 관심을 한 사람이 아니라 무엇이 하나님의 공의 앞에서 잘못되었는가만 말하면 그만이라 생각한 사람이다. 그는 인류를 위한 영원한 검사다. 권력과 출세, 부귀와 영달에 꿈이 관련된 직업적인 검사는 아니다. 대쪽을 가르듯이, 아닌 것은 아니다 하는 정의의 검사다. 그의 눈에 비친 다메섹의 죄를 이미 생각했다.
 그러나 다메섹 하나에만 검사적인 논고를 하지 않는다. 세상을 온통 하나님의 법정으로 보고 있는 심판사상으로써 역사를 보고 있는 그에게는 가사, 두로, 에돔, 암몬, 모압 등 이스라엘 주변 모든 나라가 온통 검사의 논고 대상들이다.
 오늘 우리의 현실에서 친다면 우리가 살고 있는 대한민국은 물론, 북한, 중공, 일본, 소련, 동남아 여러 나라들이 모조리 하나님의 공의의 질서를 문란케 하고 있는 죄를 범하고 있다고 규탄함과 같다. 사실 종교란 슬픈 자를 위로하고 가난한 자에게 소망을 주고 짓밟힌 천민들에게 삶의 의미와 인간의 기본적인 사명을 각성시키는 것은 물론 기본적인 것이지만, 인간이 다른 사람에 의하여 개인적으로 또는 집단적으로 피해를 받고 있음을 볼 때, 그 가해자들의 부정과 불의에 대하여 눈을 감는다는 것, 침묵을 지킨다는 것은 종교의 역할이 아니다. 종교는 역시 개인과 사회를 해치는 악의 요소에 대하여 검사와 같이 논고를 할 줄 알고 그 죄악을 규탄하고 고발할 줄 알아야 한다.

2. 가사의 죄(1:6-8)

여기 "가사"(Gaza)는 이스라엘을 다윗시대부터 괴롭혀 오던 블레셋의 최남방 중요 도시다. 애굽과 가장 가까운 거리에 있는 도시다. 100피트나 높은 구릉 위에 세워진 도시, 해변에서 3마일, 예루살렘에서는 50마일 지점에 있는 도시다. 지대가 비옥한 곳, 애굽에서 수리아로 통하는 교통의 요지, 아프리카 대륙에서 중동 아시아로 들어가는 관문인 도시다. 카라반의 집결소가 많은 곳이다. 따라서 여기는 노예시장이 항상 번창한 곳, 그래서 인간의 값이 물질에 의하여 합법적으로 매매가 되고 있는 가장 비인간화된 도시, 인간상실, 황금만능의 도시의 표준적인 곳이다.
 아모스가 지적하는 가사의 죄는 1장 6절에 있는 대로, "저희가 모든 사로잡은 자를 끌어 에돔에 붙였다"는 것이다. 블레셋이 이스라엘과 국경을 접하고 있음은 다윗시대 이후부터 빈번히 있었던 전쟁으로 알 수 있다(삿 1:19;3:8; 수 13:3). 가사는 대상들의 중심지로서 노예 매매가 성행된 곳이었기 때문에 이스라엘의 취약지구를 습격하여 거기에 살고 있었던 이스라엘 백성 남녀노소를 모조리 사로잡아서 에돔

대상들에게 노예로 팔아버렸다는 것을 암시한다. 이런 사건이 역사적으로 언제 있었는지 불명하나, 그러나 아모스에서는 "그들이 솔로몬의 포로들을 에돔에 넘겼다"고 단언을 하고 있다.

역사적 사실은 밝힐 수 없으나 아모스는 가사에 살던 블레셋 사람들이 이스라엘 백성을 노예상인 에돔 사람들에게 팔았다는 것을 규탄한 것이다. 가사의 죄는 첫째, 평화롭게 살고 있는 한 마을을 습격했다는 호전적인 침략성이요, 둘째, 따라서 장사꾼과 군인과 유흥가로는 그들을 약탈하고 사로잡아 가사에 있는 노예시장으로 끌고간 것이고, 셋째는 그들을 에돔상인들에게 팔았다는 것이다. 이러한 죄는 인간을 인간으로 대접하지 아니하고 탐욕과 욕심의 대상으로만 생각하고 그들의 몸을 물건처럼 팔아 인격적인 존엄성을 짓밟은 일이다. 소위 "경제 동물"이란 바로 "가사"사람과 같은 자들이다.

3. 두로의 죄(1:9-10)

두로는 아모스 당시 중동지방 서북부 지중해 연안에 자리잡은 페니키아(Phoenicia)의 수도이다. 본래 이 종족들도 셈의 자손으로 아람 사람들과 함께 히브리 사람들과 같은 조상을 가졌다. 본래 이들은 시돈을 중심하고 자리를 잡았으나 역사가 흐름을 따라 남쪽 해안선을 거쳐 두로에 정착하여 "시돈의 자매 도시"(사 23:12)라 불리우기도 했다. 다윗 시대에는 강력한 도시국가를 건설하여(삼하 5:11), 아모스 시대에까지 그 위력을 떨쳤다.

아모스가 지적하는 두로의 죄는 첫째 "형제의 계약을 지키지 아니한 것", 둘째는 가사의 경우와 같이 "사로잡은 자를 에돔에 넘겨준 일"이다.

이스라엘과 두로와의 관계는 솔로몬 시대 때에 분명히 드러났다. 솔로몬에게 두로 왕 "히람"이 예루살렘성전 건축재료로 많은 목재와 금을 보내주었고 또 솔로몬을 "나의 형"이라고 부르기도 했다(왕상 9:13). 이스라엘과 두로는 매우 가까운 사이였음이 여러 곳에서 보인다(삼하5:11;왕상 5:1 이하; 16:31). 솔로몬과 히람이 계약을 맺은 일도 있다(왕상 5:12).

두로가 어떤 계기에 어떻게 이스라엘과의 계약을 어겼는지 알 수 없다. 그러나 이것을 죄로 규탄하고 있는 까닭은 두로가 이스라엘과 맺은 국제적 신의를 일방적으로 파기한 것을 지적함에 틀림없다. 국제적 계약과 약속을 자기 나라의 이권 문제로 파기하고 어제는 형제와 같은 두 나라가 오늘에 원수로 변하는 실례를 오늘날도 볼 수 있다. 약소 국가가 당하는 비극의 하나는 항상 이런 국제적 계약관계를 큰 나라가 일방적으로 파기함에서 생긴다. 아모스는 예언자로서 그 나라의 정치 문제 — 국제적 신의의 문제에— 까지 발언하고 있음을 본다. 세계사에 나타난 약소국가의 비극은 종종 대국들이 범하는 국제적 신의를 저버리기 때문이라 함을 예언자는 말할 수 있어야 함에 대해 가르친다.

4. 에돔의 죄(1:11-12)

팔레스타인 동남부 지역, 사해 남단에서 아라바에 이르는 사이에 있는 광대한 지역을 가진 에돔은 이스라엘 백성이 출애굽을 할 때부터 서로 상관되어 있다. 대체로 B.C. 13세기경 세운 왕국으로 국경지대에 있는 여러 지역과 도시들이 한때는 에돔 소속, 또 다른 때는 이스라엘 소속이 될 만치 국경싸움이 가장 많던 나라의 하나이다. 에돔의 자손은 야곱의 형제인 에서의 후손들이다(창 25,19 이하). 에돔 역시 이스라엘의 형제였다(민 20:14;신 2:4;23:7;옵 10:12). 이 두 족속의 긴장관계는 야곱과 에서 사이의 긴장관계로부터 시작한다. 다윗은 한때 에돔에다 자기 영토를 확장했고(삼하 8:13 이하;왕상 11:15-17), 남 왕국 여호람(849-842)시대에는 에돔이 유다의 통치를 벗어나 독립을 되찾은 일까지 있었고(왕하 8:20-22),다시 유다의 지배를 한동안 받기도 했다(왕하 14:7,22). 아모스와 같은 시대에 이스라엘을 다스린 여로보암 2세(785-744) 시대에는 남왕국의 지배를 완전히 받고 있었다.

이렇게 가까운 사이였지만 에돔 사람에 대한 이스라엘 사람의 원망과 저주는 여러 곳에서 볼 수 있다. 구약성서 중 가장 짧은 책인 오바댜는 에돔에 대한 저주와 규탄으로 가득 찬 책이며, 이사야(34:54 이하), 예레미야(49:7 이하), 요엘(3:19), 시편(137:7)등이 강렬한 적대 감정을 표시하고 있다.

아모스는 이 에돔의 죄를 다음과 같이 말한다. "… 칼로 그 형제를 쫓아가며 긍휼을 버리고 노가 항상 맹렬하며 분을 끝없이 품었다"(암 1:11). 오바댜는 에돔을 "네가 네 형제 야곱에 행한 포학"(10절)이라 했는데 이는 칼과 힘을 씀으로 모든 문제를 해결할 수 있다고 생각하는 에돔의 폭력주의를 지적한다. 더욱이 이스라엘과는 "형제"관계인데도 불구하고(신 2:4,23;옵 10-12) 옛날 에서의 보복심을 그대로 발휘하고 있는 것이다(창 27:40-41). 이스라엘이 출애굽 당시 에돔 땅을 지나가려고 했을 때 이를 허락지 않았으므로 이스라엘 백성들이 가나안 땅에 들어오기 전 더 많은 어려움을 광야에서 겪었다(민 20:14-21). 이 때 에돔 왕이 "내가 나가서 칼로 너를 대하리라"(민 20:18) 말함에서도 아모스 1장 11절에 있는 대로 "칼"을 쓰는 것만을 자랑으로 삼고 있음을 알 수 있다. 예수가 "칼을 쓰는 자는 칼로 망한다"고 하셨다.

세계사의 비극은 항상 에돔의 후예로서 "칼"을 쓰는 무리들 때문이다. "무사도"(武士道)하고 큰소리치던 일본 제국주의가 그래서 망했지만 권력과 지배를 탐구하는 자는 자기가 내일 망하는 운명보다 오늘 다스리고 명령하고 권력 부리는 그것을 더 즐거워한다.

자기들이 쓰는 칼을 누가 막으며 누가 빼앗으려 하나, 초현대적인 과학이란 시녀가 만들어주는 정보망을 친다고 해도 역사의 교훈은 역시 "칼을 쓰는 자는 칼로 망한다"는 것이다.

5. 암몬과 모압의 죄(1:13-15; 2:1-3)

암몬과 모압을 함께 생각해 보자. 암몬 사람도 그 근본은 히브리 사람의 혈통을 이어받은 데라족의 후예이다. 모압도 암몬과 같은 기원을 가져 성경에서는 이 둘이 항상 함께 나온다(신 23:4;스 9:1;느 13:1). 그러나 암몬은 밀콤신 또는 몰록신, 모압은 그모스신, 각각 신을 달리하고 있다(사 10:6-7;왕상 11:5,7;왕상 23:13). 그들은 요단강 동편 지방에 자리잡고 의좋게 살다가 서로 분열이 되어, 암몬은 동편, 모압은 남편으로 서로 갈라져 왕국을 세웠다(민 21:26 이하). 현재 요르단이란 나라의 수도가 암만인데, 이 말 자체가 고대 암몬 왕국명을 그대로 유지하고 있다. 오늘날도 이스라엘과 요르단이 불구대천의 원수인데, 그 중요한 관심은 "영토"에 관한 것이다. 땅을 점령하고 빼앗기는 일은 사사시대부터 있었음을 알 수 있다(사 11:13). 암몬 왕이 사사 입다에게 "당신이 내 땅을 취했으니 도로 돌리시오" 요청한다. 그러나 사울로 하여금 구국적인 영웅행세를 하게 한 것은 이 암몬 족속이 이스라엘의 땅 길르앗 야베스를 침범하고 돌아와 이스라엘 사람들의 오른

쪽 눈을 다 빼겠다는 위협을 하며 자기들에게 항복하라고 했다. 이 때 이스라엘은 통분하여 울었다고 했다(삼상 11:4). 그래서 이스라엘과 암몬은 한 때는 화평(삼하 10:2;23:37) 또 다른 때는 적수 관계(삼하 10:3-4,12:26-31)가 되었다.

이러한 역사적 실정에서 아모스가 암몬의 죄를 말한 것은 결코 우연한 일은 아니다. 암몬의 잔학성은 그들이 이스라엘의 임신부들을 잡아 그 배를 갈라 두 생명을 일시에 죽이는 일을 했다고 한다(13절 하반). 이스라엘의 역사는 이러한 잔인성을 여러 차례 말하고 있다(왕하 8:17;호 10:14;13:16;왕하 15:16;사 13:16;나 3:10;시 137:9). 이러한 잔인성을 감행한 이유는 암몬 사람의 영토 욕심이다. "자기 지경을 넓히고자 하기 때문이라"(암 1:13) 했다.

영토를 확장하고자 하는 욕심 때문에 항상 전쟁이 일어나게 됨을 세계사가 증명하고 있다. 본래는 다만 땅에 대한 관심(농경문화의 유물로)밖에 없었지만, 사상적 문화의 영토까지 침범할 목적 때문에 남의 나라를 침범하기도 한다.

예언자는 이러한 침략전을 간단히 보고만 있을 수 없다. 하나님의 공의의 이름으로 그 죄를 고발하고 그들의 죄악에 대한 벌을 선포하지 않을 수 없다.

모압의 죄(2:1-3)는 이스라엘과의 관계보다 "에돔"나라에 대한 복수감정 폭발에 대한 것이다. "에돔 왕의 뼈를 불살라 회를 만든다"는 것은 사람을 산채로 불태워 뼈를 가루로 만들었다고 해석하기도 하고 (Osiander, Gebhard, Maner) 또는 죽은 사람의 뼈를 불살라 가루를 만든 것으로도 해석한다(Jerome, Keil). 언제 어느 에돔 왕을 그렇게 잔인하게 처리했는지 알 수 없다. 이 나라의 적대 관계로 인한 싸움은 열왕기하 3장 37절에서도 볼 수 있다.

아모스는 이 사건이 이스라엘과는 아무 관계가 없는 것이기 때문에 침묵을 지킬 수 있었다. 그러나 그의 예언은 민족적인 관심만이 아니고 세계사적인 관심이었다. 자기 민족의 죄를 규탄하는 경우도 단순한 민족주의 사상 때문이 아니라 세계를 지배하시는 하나님의 역사 간섭이란 폭넓은 위치에서 자기 민족은 물론 다른 민족의 죄악을 규탄하고 있다. 그렇기 때문에 성경에는 편협한 민족주의 사상보다 세계 만민의 복리를 생각하는 책임 의식과 결부된 민족사상을 보여주고 있다. 구약성서가 이스라엘을 하나님의 선민이라 하여 가장 배타적이고 독선적인 민족주의 사상을 보여주기는 하지만, 이것은 권장보다 오히려 비판의 대상이 되어 있다. 하나님이 세계 만방을 다스리니 각 나라 민족이 하나님의 세계사적 경륜과 섭리에서 어떤 역할을 하는가를 문제삼고 있다. 구약성서가 편협한 민족주의 사상을 지양하고 세계 만민의 메시야를 갈망하는 사상을 일찍부터 가져 신약성서의 존재와 그 해설의 근거를 삼게 만든 것도 구약성서가 가진 폭넓은 민족사상을 가르치는 증거이다. 아모스가 각 나라 죄악을 규탄한 것도 세계사의 의미에서 읽어야 한다.

3. 병든 나라 I
(2:4-7a)

1. 긍정을 위한 부정

예언자는 썩어 문드러지는 고기 덩이가 되는 것보다는 한번 찌르고 그 생명이 다해버리는 장미의 가시가 되기를 원하는 사람이다.

이웃 나라들의 죄를 고발한 아모스는 이제 자기의 혈육이 닿아 있는 이스라엘 백성의 죄를 고발하지 않을 수 없었다. 그것은 결코 부정을 위한 부정이 아니라 참 긍정을 위한 부정이었다. 그는 1장과 2장 처음 부분에 이르기까지 장황하게 다른 나라의 이름을 들추게 된 것은 이웃 나라의 주권을 멸시하거나 이스라엘의 결백성을 자랑하고자 함이 아니었다. 오히려 2장 4절 이하에서부터 보여주듯이, 자기 동족 이스라엘의 죄와 악을 밝혀 드러내고 그들의 조국이 그 죄악의 길에서 돌이켜 죄악을 짓고 있는 나라에 대한 하나님의 진노의 손길을 피해 보고자 한 안타까운 조국애와 민족애를 보여주고 있다. 나라의 수치와 허물을 무작정 덮어두는 자는 그러한 수치스러운 일을 하는 자 보다 결코 선하지 않다. 더욱이 자기의 악이 드러날까 염려해서 그 죄악을 고발하는 사람을 핍박하여 말을 못하게 하거나 그를 죽이는 일을 하는 사람은 더 악한 사람이다.

우리들의 인간 역사는 얼마나 많은 애국자를 괴롭혔으며, 또 그들의 입을 막고 그들의 생명을 끊어버렸는지를 보여주지 않는가? 옛날이나 지금이나 세계 모든 나라의 역사는 바른 말을 하는 애국자를 핍박한 역사를 계속적으로 보여주고 있다.

아모스는 결코 스스로 애국한다고 나선 사람이 아니다. 그는 다만 자기가 살고 있었던 이스라엘 민족의 한 나라인 북왕국의 종말을 바라보면서 민족과 국가를 사랑하는 마음에서 국민들의 생활자세와 그 백성을 지도하고 있었던 여러 사람들의 그릇된 생각과 행동을 바른

방향으로 돌려보려고 외친 사람이다. 이 외침 때문에 그는 핍박을 받았지만 그는 바른 말을 외치는 사명을 다한 사람이다. 그가 하나님의 영의 이끌림을 받아 하나님의 뜻을 백성과 지도자들에게 솔직하게 그리고 대담하게 외친 점에서 그는 예언자의 사명을 훌륭히 감당했다고 하겠다. 그러나 이러한 사명은 이스라엘 나라의 패망과 그 비극적인 종말을 보지 않고자 한 생각 때문이라고 볼 때 그는 예언자의 사명을 다한 것만이 아니라 그는 실로 나라를 구해보자는 애국자였다고 할 수 있다. 참 애국정신은 나라의 병이 무엇인가를 바로 진단할 줄 아는 사람이다. 나라가 잘되어 간다는 것을 말하는 것이 국민의 의무인 것과 마찬가지로 자기 나라의 질병을 똑바로 말하는 것도 나라를 사랑하는 일이다. 내 속에 병이 있어 그 결과가 외부에도 나타나는데 나더러 "나는 건강하다," "나는 병이 없다"고만 하라는 것은 자기기만이다.

아모스는 비록 양을 치고 뽕나무를 재배하는 농부였지만, 그의 양심에 비친 이스라엘의 현실은 중병으로 신음하고 있는 것으로 보였다. 더욱이 그 병이 쉽게 치유할 수 있는 것이 아니라 분명히 치명적이란 것을 내다볼 때 그는 견딜 수 없었다. 그러나 아모스는 그 질병이 무엇이라 진단하고 소생할 기망이 없다는 절망적인 외침을 한 사람은 아니다. 어떻게 해야만 그 병을 고치고 살아갈 수가 있을 것인가를 외친 사람이다.

2. 새 번역

4절   야웨가 이렇게 말씀하신다.
      유다의 서너 가지 죄를
      내가 벌하지 않을 수 없다.
      저들이 야웨의 율법을 거부하고
      그 규약을 지키지 않고
      선조들이 범한 그대로
      거짓 신들에게 미혹된 죄 때문이다.
5절   그러므로 내가 유다에 불을 질러
      예루살렘 궁궐들을 태워버리리라.
6절   야웨가 이렇게 말씀하신다.
      이스라엘의 서너 가지 죄를
      내가 벌하지 않을 수 없다.

저희가 의인을 은으로 팔며
궁핍한 자를 한 켤레 신값으로
팔아넘기는 죄 때문이다.
7절 또한 가난한 자들 머리에 덮힌
먼지까지도 탐을 내며
겸손한 자들을 방황케 한다.

3. 텍스트 문제

이 부분은 유다와 이스라엘의 죄를 언급하고 있다. 아모스의 예언은 거의 전부가 북왕국 이스라엘에 대한 것이기 때문에 여기 유다에 관한 예언이 텍스트의 문제로 제기될 수밖에 없다(유다 관계 예언은 이 밖에도 6:1;7:12;9:11 등이다). 이 남북 왕조가 역사상 심각한 대립과 긴장을 나타낸 것은 열왕기상 12장 18, 21,22,26절 이하, 15장 7, 16절 이하, 32절, 열왕기하 14장 8절 이하 등에서 볼 수 있다. 아모스 당시에는 두 나라가 그렇게 심한 적대관계를 표시한 것 같지는 않다.

그런데 이 유다에 관한 형벌선고는 아모스 자신의 것이라 하기 어렵다는 것이 학자들의 생각이다. 그러나 아모스의 전체 예언은 북왕국 이스라엘만을 위한다는 사명보다 아브라함의 후손인 선민 이스라엘 백성전체에 대한 하나님의 묵시를 전하려 한 예언자였기 때문에 그의 예언을 북왕국에 국한한 것이고, 남왕국 관계 내용은 모두 후대에 속한다고 말하기 어렵다. 더욱이 여기 1장에서부터 이스라엘 주변 여러 나라에 대한 하나님의 심판을 말한 아모스는 자기의 조국 남왕국 유다의 죄와 그 벌에 대한 것은 침묵을 지켜버린다고 할 만치 철저한 국가주의자는 아니었을 것이다. 통치자의 권력욕 때문에 남북왕조가 분립되어 있는 이 정치 현실을 아모스와 같은 정의의 예언자는 받아들일 수 없었을 것이다. 그러므로 2장 4절 이하를 비롯하여 그의 예언 속에 있는 남왕국 유다 관계를 모조리 후대 작품이라 해버릴 수는 없을 것이다. 여기 2장 4-5절도 우리는 아모스 자신의 예언이라 할 수 있다.

4절 "선조들이 범한 그대로"의 원문은 "그 선조들의 뒤를 따라" 또는 "선조들이 걸은 길대로"라 번역할 수 있다. 왜냐하면 "거짓 신들에게 미혹한 일"은 신명기 기자들이 더 자세하게 논해 주고 있기 때문이다(신 4:3;8:19;11:28;13:2). 사실 이스라엘의 전역사는 야웨의 율법을 거부하고 그 규약들을 지키지 않고 거짓 신들을 섬기던 역사였고, 또 예언자들의 활동은 이러한 배신적인 이스라엘을 깨우쳐서 야웨의 율법을 지키고 거짓 신을 따르지 않도록 경고한 것이었다. 아모스가 북왕국의 운명이 기울어지고 있다고 경고함도 야웨 하나님의 율법에 대한 배신과 불충 때문이라 함을 그의 예언서에서 분명히 읽을 수 있다.

6-8절까지는 아모스 예언의 대상이 된 북왕국 이스라엘에 대한 죄와 그 죄에 해당한 벌을 선언하는 내용이다.

7a절에, "가난한 자들의 머리에 덮인 먼지까지 탐낸다"는 구절의 동사 "탐내다"의 원문 hash-sho'apîm은 שאף동사 "사모하다", "욕정을 내어 헐떡이다"(렘 2:24;14:6)에서 온 것으로 읽으면, "머리 위에 덮힌 먼지를 탐내다"로 해석할 수 있다.

그러나 많은 학자들은 "탐내다"로 읽기보다 히브리 원문을 השאפים שאף (=짓 밟다. 상처내다)로 읽어 "가난한 자의 머리 티끌을 짓밟는다"로 읽는다. LXX에는 "땅 위에 먼지를 짓밟는다"로 읽고 있다. 그래서 "가난한 자를 땅에 깔고 짓밟는다"의 뜻으로 읽는다. 또는 "땅 위에 먼지"를 생략해 버리고 읽기도 한다. 또 어떤 이는 좀더 부연하여 "이미 땅에 뒹구는 가난한 자의 머리를 부셔 버리다" 또는 "가난한 자의 머리 위에 떨어진 먼지와 같이 가련하게 된 것을 보고자 한다" 등 여러 가지로 읽는다.[1] 문제는 "짓밟는 것이냐?" "탐내는 것이냐?" 위 두 가지 중 어느 하나를 택해야 하겠는데, 나는 후자를 택했다. 히브리 성경 그대로 읽고 싶고 또한 권력가나 부한 사람 앞에 희생당하는 자는 항상, 어느 시대 어느 사회에서나 힘없고 배경없는 '가난한' 사람이기 때문에 가난한 자 머리 위에 있는 먼지가 탐이 나서가 아니라, 가난한 자를 권력가와 부자의 욕망의 대상으로 생각하고, 그들의 부를 위하고 권력을 위한다고 생각할 때 가난한 자의 인격과 인권은 짓밟혀지고 만다. 여기 이 구절은 아모스 당시 가난한 자를 괴롭힌 사회악의 일면을 보여주고 있다.

7절 "겸손한 자"들은 교만한 자와 상반되는 겸양지덕을 갖춘 사람이란 뜻은 아니다. 이 원어 ענוים은 "고통을 받는 자"로도 해석할 수 있

---

1) W.R. Harper, *Amos and Hosea*, ICC, p.50에 이 여러 학설들이 소개되어 있다.

다. 로빈슨과 볼프는 이 말을 "der Elender"(비참한 사람, 불행한 사람)이
라고 읽는다. 문제는 드라이버의 말대로 "야웨를 섬기는 종으로 겸손
한 생각을 가지고 사는 사람"이다. 그러나 이런 사람은 이 세상 권력
을 가진 귀족들에게서 오는 압박과 핍박을 대항하고 자기 갈길을 가
지 못하는 사람이다. 시편에서는 이런 사람이 하나님의 돌보심을 받
을 자격을 가지며 실지로 그런 은총을 받는 사람이라 했다. 이사야 32
장 7절에는 "악한 계획과 거짓을 꾸미는 궤휼한 자"의 압박을 받으며,
이사야 29장 19절에는 '강포한 자'와 '죄악의 기회를 엿보는 자' 로
말미암아 사람에게 죄를 주기 위하여 송사를 하며 의인을 억울케 하
는 권력자들에게서 희생당하는 자라고 했다. 이 '겸손한 자'는 종종
"가난한 자"와 "궁핍한 자"와 나란히 언급되어 있다(사 29:19;32:7; 시
9:19;욥 24:4; 사 61:1; 시 22:26;34:2;37:11;76:9).[2]

4. 본문 해설

1. 나라의 병(2:6)

2장 6절 이하는 북왕국 이스라엘의 질병 중 가장 큰 병 하나를 진단하
고 있다. 하나님의 진노의 손길을 돌이킬 수 없을 정도로 무서운 벌을
받기에 합당한 범죄 곧 나라를 망치는 질병이 있음을 말한다.

이 본문은 아모스가 이스라엘의 병을 진단한 제1의 진단서이다. 여
기 이 진단서에는 병든 사람의 이름이 밝혀져 있지 않다. 다만 "저희
가"라는 제3인칭 복수로서 북왕국에 살고 있는 전체 국민이라기보다
는 지도자들, 나라에서 존경을 받는 실력분자들, 정치적으로나 경제
적으로 사람들의 존경과 신뢰를 받고 있는 지배계급의 사람들을 상대
하고 이 제1 진단서가 떼어진 것 같다. 아모스 예언 전체를 보아서 일
반 대중과 저소득의 사람, 서민층, 막벌이꾼과 가난한 사람들의 죄와
악을 공격함이 거의 없다. 항상 그 나라를 다스리고 사회 각계각층에
서 사람들의 존경과 신뢰를 받고 있는 지도자들에 대한 예언의 말씀
을 전하고 있다. 결국 나라를 망치는 것은 일반 가난한 대중이 아니라
이 대중을 이끌고 가는 지도자 편에 책임이 있다는 것을 분명히 보여

---

2) S.R. Driver, p.149.

준다. 아모스를 읽는 사람은 무엇보다 그의 예언의 대상이 누구냐 함을 아는 것이 필요하다.

여기 제1진단서에 나타난 나라의 질병은 "가난한 자", "의인", "궁핍한 자", "겸손한 자"들에 대한 인격적 대우도, 윤리적 관심이나 도덕적 책임의식이 전혀 없는 이스라엘 사회의 한 어두운 면을 지적하고 있다. 이 네 종류의 사람, "가난한 자, 의인, 궁핍한 자, 겸손한 자"가 각각 딴 사람이라고 보기보다는 이스라엘 사회에서 천대 받고 있는 일반 대중을 네 가지 명칭으로 각각 다르게 불렀다고 하겠다. 그것은 대체로 의인이 가난하고 궁핍하고 또 겸손하여 자기가 차지해야 할 권리를 찾지 못하고 천대와 멸시를 받고 그들의 빼앗긴 인권과 자유 때문에 항상 수난을 당하고 사는 사람들이다.

"의인"(tsadîq), "궁핍한 자"('ebyon), "가난한 자"(dallîm), "겸손한 자"('anawîm) 등 이스라엘 사회에서 천대와 수난을 받고 있는 이 네 종류의 사람은 많은 시편들이 보여주는 대로 서로 나란히 나오는 경우가 많다. 이것은 사회학적으로 매우 의미를 가진다. 이스라엘 사회에서, "가난한 자"는 의롭게 사는 사람이다. 그는 궁핍하게 살아가야 하고 또 대우를 못 받는 천더꾸러기로 살아가야 한다는 것이다. 여기 "겸손한 자"('anawîm)는 겸양의 덕을 보여주는 겸손이 아니고, 이는 권력자와 악한 부유층의 독점의식과 그 욕심의 결과로써 무엇을 갖고파 하나 아무것도 가질 수 없어 인격적으로 천대를 받아 억울한 죄인인 양 고난을 받는 사람을 말한다. 'anaw란 말은 "수난자"와 같이 쓰이는 경우가 대부분이다. 특히 시편에서 그렇다. 겸손하기 때문에 모든 것을 잃어버린 것이 아니고, 자기를 중시하고 모든 것을 가지려는 사람 때문에 대접이나 물질의 부스러기도 차지하지 못한 사회 말단에 처한 찌꺼기 같은 삶을 살고 있는 고난의 인간을 말한다. 대접 못 받고 소외당한 사람이다. 괴롬에서 나고 죽은 사람이다. "가난한 자"(dal-단수)는 비교적 아모스가 많이 사용하는 말이다. 구약전체에서 보면 dal보다 'ani(עני)란 말이 "빈자"를 표시하는 대표적인 말이다. 아모스서에는 이 말이 8장 4절 "이 땅의 가난한 자를 망케 한다"에 한번만 나온다. 그 밖에 2장 7;4장 1;5장 11;8장 6절 등에는 dal(가난한 자)이란 말이 사용되었다. 이러한 히브리어 단어가 얼마나 정확하게 아모스 당시의 사회상을 반영시켜주고 있는지는 의문이다. 성서신학을 이러한 어구

해설을 위주로 한 언어학적 근거에 둔다는 것은 바아(James Barr) 교수가 이미 지적한 바이지만[3] 아모스가 'ebyon 대신에 dal를 더 사용했다는 것은 아모스 자신의 이유가 있지 않겠나 상상할 수 있다. 이 dal이란 명사는 "비천하게 되다"(be low), "도울 여지가 없다"(helpless), "쇠약해지고 파리해지다"(languish and thinout) 등의 의미를 가졌는데 이 말이 나타난 텍스트 중 많은 경우가 사회학적인 이유에서 불가피하게 가난하게 되고 약자가 되고 천대받는 사람이 되어버린 상황을 설명해 주고 있다. 이 dal이 가장 많이 사용된 곳인 잠언서를 보면, 이 "가난한 자"는 항상 부자와 권력자의 압제와 핍박과 착취 때문에 만들어진 빈자임을 보여준다.

학대하는 사람 때문에 가난한 자가 생겼다는 말이다(잠 14:31). "가난한 자를 학대하는 자는 가난해진다"(잠 22:16) "가난한 자가 가난한 자를 학대하는 경우"는 폭우(暴雨)같다(잠 28:4), "가난한 자를 학대하는 악한 관리는 부르짖는 사자와 주린 곰 같다"(잠 28,15)는 구절은 가난한 사람이 어떻게 가난해져서 천민이 되고 약자가 되는가를 설명하고 있다. 부자와 권력자의 학대와 압제가 결국 가난한 자를 만들어 낸다는 것이다.

사울과 다윗의 대립관계 이야기는 성서이야기 중에서도 독특한 것인데, 이 경우 사울은 권력자, 다윗은 목동출신의 약자였다. 그러나 이 약자에게 무한한 가능성이 보여 사울은 그의 장래가 두려웠다. 자기의 지위와 권력을 빼앗을 가능성을 가진 자라 하여 극히 경계하고 심지어 여러 차례 이 젊은 다윗을 죽이려 했다. 그러나 하나님의 공의는 다윗을 약하게 만들려고 한 핍박자인 사울이 오히려 결국에 가서는 약해지고(dal) 다윗이 강해졌다는 역사의 아이러니를 신명기 역사가는 밝히고 있다(삼하 3:1).

아모스가 dal(가난한자)을 많이 쓰게 된 동기는 당시 이스라엘 사회에 있었던 부자와 권력자의 학대와 비인간화의 악 때문에 생겨진 가난한자임을 밝히려 함을 알 수 있다.

아모스는 "가난한 자"('ebyon)도 2장 6절과 5장 12절 두 군데 사용하고 있다. 이 말은 부자와 권력자가 학대하고 착취한 결과 이미 하나

---

[3] J.Barr, *The Semantics of Biblical Language*, Oxford, 1961.

의 사회 계층을 이루고 있는 가난한 대중을 말한다. 개인적인 의미보다 집단적으로 가난한 계층 전체가 부하고 힘센 사람들에 의하여 운명적으로 압박과 착취를 당하고 있는 현실을 말한다.[4] 이 빈자는 이스라엘의 고대법인 "계약의 책"(출 20-23)과 신명기법(특히 신 15장)에서 밝힌 대로 그들의 권리를 변론하고 그들의 억울함을 대변하는 하나님의 정의의 질서에서는 빈자가 권력자, 부자층으로 말미암아 희생 당하고 착취당하는 것을 금지하고 있다. 이스라엘의 고대법은 야웨 하나님이 빈자의 하나님이라고 고백하고 있다. 신약에서 부자가 천국에 들어가기 어렵다는 예수님의 교훈도 이러한 빈자 보호의 전통에서 이해해야 할 것이다.

다음 "의인"(tsadîq)은 결코 절대적인 의미에서 실수와 죄를 범하지 않는 사람을 가리킴이 아니다. 구약에서 말하는 이상적인 인간상을 "의인"이란 말로 표시했다고 할 수 있다. 이 사람은 결코 인간의 개인 관계성에서 지키는 높은 도덕적 표준이나 사회관계에서 보여주는 모범적인 윤리성 때문에 의인이 됨이 아니라, 오히려 하나님 앞에서 옳은 일을 앞세우고 구부러진 길을 멀리하고 피하려는 관심과 노력을 하고 있는 사람을 말한다. 이것은 이미 되어진 Being의 문제보다 되어가는 Becoming의 문제를 윤리와 도덕에 앞세워 항상 하나님의 말씀에 지시된 그 뜻대로 살려고 노력하는 사람이다. "의인"에 대한 이러한 정의를 가장 간단명료하게 말해주는 것이 시편 제1편 1,2절이다.

"악인의 죄를 좇지 아니하고 죄인의 길에 서지 아니하고 오만한 자의 자리에 앉지 아니하고 오직 여호와의 율법을 즐거워하며 그 율법을 주야로 묵상하는 사람이다"고 했다.

의인의 관심은 하나님의 뜻과 원하시는 바가 무엇인가를 앞세우고 사는 사람이기 때문에, 고독과 고통을 경험하게 된다. 그가 살고 있는 사회는 너무도 인간 본위의 제도와 조직과 행사가 우선적이기 때문이다. 그래서 하나님의 뜻과 인간의 뜻, 하나님의 섭리와 인간의 욕망과의 대립과 긴장 관계에서 살고 있기 때문에 의인은 항상 피해자이고 또 사회에서 피해자 축에 가담하여, 그들의 권리와 자유를 위하여 고난도 달게 받는 사람이다. 시편에서는 의인의 윤리성을 그의 신앙과 결부시키고 그의 경건의 토대 위에 선 의를 강조하기 때문에 "의인"과 "신앙인"은 동의어와 같이 이해된다. 하나님 편에 선 사람이 의인이라고 했다. 지혜문학에서 이 "의인"을 "악인"과는 사상과 생활에서 대조가 되는 이상적인 인간으로 표시하고 있다.

아모스는 그 스스로가 이러한 의인이 되고자 노력한 대표적인 사람이다. 구약에서 "정의"를 외친 대표적인 예언자이다. 그가 자유와 인권을 위하여 투쟁한 그 생활 자체가 의인의 삶을 보여준다. 그렇기 때문에 "의인"을 학대하고, "의인"을 멸시하고 괴롭히는 사람들에게 아모스는 정면으로 도전하고 항거하고 있다.

2. 비인간화의 질병(2:6-7a)

2장 6절 이하는 이스라엘 사회에서 수난받고 있는 "의인"의 성격이나 운명에 대한 내용이 아니다. 이러한 "의인"을 인간 이하의 물질과 동등하게 취급하고 있는 이스라엘 지배자들, 부자, 권력자 등 사회 고위층의 죄에 대한 고발의 내용이다. 여기 비인간화의 일이 얼마나 무서운 질병인가 보여주고 있다.

"은을 받고 의인을 판다"고 함은 "의인"이 가진 정신적인 가치와 그들의 윤리와 신앙을 화폐가치 이하로 취급하는 물질주의에 사로잡힌 당시의 지배자들에 대한 공격이다. 아모스가 1장에서 외국의 죄를 규탄할 때는 항상 전쟁과 그 결과에 대한 이방 족속의 비인간성, 침략성, 난폭성, 잔인성을 공격했다. 그러나 여기 이스라엘 자기 동족을 생각하는 애국적인 정열에서 외친 그의 예언은 국내문제, 사회문제, 윤리와 종교의 문제에 집중하고 있음을 주목해야 한다. 그것은 나라가 살고 서는 길은 백성과 지도자의 윤리와 종교에 있다고 확신하기 때문이다.[5] 결국 이것은 하나님을 어떻게 하면 경건하게 잘 믿을 수 있느냐 하는 신앙이 전면에 나오는 것이 아니라, 야웨를 하나님으로 믿고 있는 이스라엘이 어떻게 사람 앞에서, 사람을 위하여 또 그 사람과 더불어 살아야 하는가 하는 인간화의 교훈을 가르치려 하기 때문이다. 이스라엘의 윤리는 인간이기 때문이라기보다 그들 자신이 하나님의 백성이 되어 있다고 하는 계약관계에서 문제가 된다. 하나님의 백성인 이스라엘이 어떻게 다른 사람에게 불의를 행할 수 있는가를 따

---

4) 이 말과 관련된 "빈자문제"는 『신학연구』 14호, 필자의 "구약에 나타난 빈자 연구"를 참조하라.

5) H.W. Wolff, *Die Stunde des Amos*, 1969, S.44.

지고 있다. "이 백성이 어떻게 진실하시고 사랑이 풍성하신 하나님과 맺은 계약을 부진실하게 또 사랑을 배반하는 정신에서 파악할 수 있겠느냐"[6] 하는 정신에서 이스라엘의 지도자를 깨우치고 있다. 그것은 하나님의 백성인 이스라엘은 이미 "계약의 법"에서 "의인"과 "가난한 자"를 변호한 하나님의 의사를 알려주었기 때문이다:"무죄한 자와 의로운 자를 죽이지 말라. 나는 악인을 의롭다 하지 않는다"(출 23:7). 신명기 법전에서도 이 고대 전승을 계속 강조하고 있다.

"재판장과 유사들은… 공의로 백성을 재판할 것이니라, 너는 굽게 판단하지 말며 사람을 외모로 보지 말고 뇌물을 받지 말라, 뇌물은 지혜자의 눈을 어둡게 하고 의인의 말을 굽게 하느니라. 너는 마땅히 공의만 좇으라. 그리하면 네가 살겠고 네 하나님 여호와께서 네게 주시는 땅을 얻으리라"(신 16:18 이하).

이 공의의 정신을 성결 법전(레 19:15)에서도 반복하고 있다.
여기 "의인을 은으로 판다"는 것은 의로운 사람의 말을 금력으로 막아버리는 것이다. 정의가 금전으로 매매당한다는 사실은 부정과 부패의 현상이다. 정의를 은으로 팔아먹는 의인이란 생각할 수 없다. 만일 그렇게 금전에 매수될 사람이라면 그는 절대로 "의인"이란 칭호를 받을 수 없기 때문이다. 여기에 나타난 근본뜻은 한 나라의 사법 질서와 그 권리 행사가 금전으로 좌우되는 경우를 말한다. 결과적으로는 죄를 지은 사람도 그의 금전으로 무죄가 될 수 있고, 반대로 아무 죄가 없는 사람도 그가 뇌물을 요로에 적당히 바치지 못했기 때문에 유죄 판결을 받는 것 같은 경우를 말한다. 소위 살인 청부업이란 것을 듣는다. 의인이 금품으로 매수된 하수인에 의하여 억울하게 죽은 경우도 있다.

조그만 사고가 금품으로 시시비비가 가려지는 사회는 병든 나라의 징조이다. 사직당국이 은으로 좌우되어 의인과 죄인이 구별지어졌다는 아모스의 고발은 결코 옛 날 얘기만이 아니라는 것을 새삼스럽게 느끼게 한다. 이러한 사회이기 때문에 "가난한 자가 신 한 켤레로 매매된다"는 그 다음 구절은 쉽게 이해된다. "궁핍한 자"가 그 가난함

---

6) Milos Bic, S.55.

때문에 신 한 켤레 값으로 인격이 좌우되어 버리는 사회도 병든 나라의 사회적 질환이다. 인간의 가치의 저하를 죄악으로 보여주는 현상이다. 노예제도란 인간을 물질과 같은 소유물로 보는 것인데, 이것은 노예제도가 용납되어 있는 사회에만 있는 것이 아니라, 근대 자본주의 구조 사회 속에서는 인간이 신 한 켤레 값으로 팔리고 있음을 얼마든지 볼 수 있다. 비록 가난한 사람을 위한다는 공산주의 사회에서도 인간의 값이 정치라는 거대한 기계의 한 부속품처럼 취급받고 있음을, 자살할 자유라도 가진 자본주의 사회의 인간대접보다 더 악랄한 것을 볼 수 있다. 이것은 사법권이 완전히 행정부의 지배를 받아 사법권의 독자성보다 그 시녀로 전락했기 때문이다.

이러한 인간가치의 절하(切下)는 사법권의 부당성 때문만이 아니고, 무엇을 가진 부유층의 욕심 때문에 생기는 경우를 아모스는 다음과 같이 말한다.

"가난한 자의 머리에 있는 티끌을 탐낸다."여기 문제는 부자의 탐욕적인 삶이다. 극도의 개인주의다.

여기 "머리 위 티끌"은 무가치성의 의미도 되지만 이 히브리의 표현은 여러 텍스트가 보여주듯이(삼하 1:2;15:32;애 2:10) 비통한 경우 히브리 사람들은 그 머리에 티끌과 재를 덮어쓴다는 의미에서 부자가 가난한 사람의 비극을 이용하여 자기 욕심의 기회로 삼는다는 뜻으로도 해석된다. 또한 "탐내다"라는 동사 shaphîm을 프록쉬는 shaphim(박살낸다. 상하게 하다-창 3:15와 같이)으로 읽어서 "가난한 자의 머리를 땅바닥에 내려쳐 상하게 하는자"라고 읽기를 바라고 있다. 이것은 이사야 3장 15절에 "가난한 자의 얼굴을 맷돌질한다"는 말과 서로 통한다고 볼 수 있다. 이렇게 읽음은 제롬(Jerome)이 시작하여 근대에 와서 벨하우젠이 이를 따르고 있다. 첫째번 의미대로 부자의 횡포의 극치를 표현했거나, 부자가 가난한 자의 비극을 이용한다거나 또는 부자의 잔인성을 표현했거나, 뉘앙스나 강조에 차이는 있어도 다같이 부유층이 자기 물질로 다른 형제를 인간으로 대접해 주지 않는 것을 말함이라 함에 공통된다. 사람의 값을 티끌과 같게 만드는 일이나 가난하고 약한 자의 비극을 자기의 탐심의 기회로 삼고 또 그 물질 때문에 보여주는 잔인성이 모두가 현대 자본주의 사회에서나 공산주의 사회에서 흔하게 볼 수 있는 비인간화의 문제다. 여기 지배하는 세력은 물질과 이데올로기이다. 그러나 인간이 물질을 지배해야 한다. 인간이 물질에 좌우될 수 없다. 인간이 이데올로기를 지배해야 한다. 이데올로기가 인간을 지배할 수 없다. 그러나 물질과 이데올로기가 인간을 지배하고 있음은 곧 그 나라가 병들어 있다는 증거로 보아야 한다. 이 병이 치유될 수 있는 길이 다만 한가지다. 그것은 인간의 값이 최고로 높여지는 공의가 무너지면, 이 병은 죽음에 이르는 병이 되고 만다. 이것이 곧 절망이기 때문이다.

4. 병든 나라 II
(2:7b-8)

1. 성적 타락

옛날이나 지금이나 한 나라가 병든 사실은 국민의 성(性)생활의 타락에서 볼 수 있다. 어느 나라도 그 망국의 역사는 사람들의 삶의 관심이나 말초신경을 자극시키는 일에 있고 철학의 문제, 가치관의 문제를 등한히 한 때부터 시작한다는 것은 역사의 교훈이다. 기본의 로마 멸망사에서도 밝혀진 일이요, 신라의 멸망의 징후도 포석정을 둘러싸고 벌어진 주지육림(酒池肉林)의 연회와 관련된 왕후장상(王侯將相)들의 성생활의 타락에서 시작한 것이다. 역사의 종말을 성도덕과 결부시킴은 결코 경건주의 사상에서 역사를 편벽되고 협소하게만 보는 것이라 비판할 수 없다.

아모스는 북 이스라엘이 망하기 전 20여년 전에 예언자로 활동한 사람이다. 그는 역사의 주인이신 하나님의 심령에 통한 예언자로서 나라의 현실을 보아 능히 나라의 장래를 내다볼 수 있었다.

2. 새 번역

7절 아비와 자식이 한 여인에게 드나들어
　　　내 거룩한 이름을 더럽힌다.
8절 저당잡은 겉옷을
　　　제단 옆에 펴고 누우며 벌금으로 받은 술을
　　　저희 하나님 집에서 마신다.

3. 텍스트 문제

원문에는 "한 사람과 그의 아비"로 되어 있으나 우리 말 번역에는 자식을 앞에 둘 수 없다. 말의 순서를 바꾸어 "아비와 그 자식"이라고 해야 한다. '父子'(부자)라는 표현이 한국적이다. "한 여인에게 드나든다"는 것은 아래 설명하는 대로 종교의 이름을 빙자하고 성행위를 함을 말한다. 이것은 공창제도와 같은 것이 가나안 바알 종교에 있었는데 이스라엘 백성이 이것을 본받았다는 것은 그만치 그들의 윤리의식 특히 성윤리가 타락한 것을 말한다. 여로보암 2세 당시 사치와 향락의 극에 이르러 성도덕의 문란성을 이 본문은 말하고 있다.

"내 거룩한 이름을 더럽힌다"는 구절은 에스겔에게서 30회나 사용된 구절이다(겔 20:39;36:20-22). 또한 '성결법전'에서도 많이 볼 수 있는 구절이다(레 20:3;22:2,32 등). 바이저는 이 7절b의 둘째줄의 위치를 8절과 바꾸고 있다.[1] 그러나 반드시 그래야 할 이유가 분명치 않다.

8절의 "저당잡은 옷"은 가난한 사람의 것이다. 빚을 갚지 못해서 잡힌 서낭물이다. 가난한 사람은 입어야 할 그 옷도 입지 못하고 삶의 필요를 위하여 저당을 잡았는데, 이 요 위에 누워서 음행을 감행한다는 것은 이스라엘 백성들의 타락상을 보여준다.

4. 본문 해설

1. 그릇된 성윤리(2:7b)

2장 내용은 그 백성의 성윤리의 타락상을 가장 구체적인 한 사건으로 설명하고 있다.

"부자(父子)가 한 젊은 여인에게 다녀와서 나의 거룩한 이름을 더럽힌다"고 했다.

원문대로 번역하면 "사람이 그 아비와 더불어 한 젊은 여자에게 출입을 하여 내 거룩한 이름을 욕되게 하고 있다." 여기 아모스가 밝히려는 것은 한 가정의 아버지와 아들이 모두 성적인 타락생활을 하고

---

1) A.Weiser, S.134.

있다는 것이다.

여기 본문 비평의 문제로, 여기서 말하는 젊은 여인이 사창굴에 있는 창녀냐, 아니면 바알 종교에서 일반적으로 유행했고 이스라엘도 가나안의 풍습을 배워 성소 옆에 둔 창녀(kedeshoth)를 말한 것이냐(가령 호 4:14) 하는 문제가 제기된다.

이스라엘 나라에 거리의 창녀제도가 있었느냐 하는 문제는 창세기 38장 21,22절로 보아 있었다고 할 수 있다. 유다가 일시적으로 거리 모퉁이에 있는 창녀와 더불어 성적 관계를 맺은 것을 볼 수 있다. 이 경우 사용된 "에나야"란 고유명사를 어떤 성소에 관련된 곳으로 보기는 어렵다. 문자 그대로 거리의 창녀와 정을 통한 것이다. 그런데 아모스는 2장 7절 하반에서 이러한 성행위를 말함보다 가나안적인 종교습성을 이스라엘 사람이 받아들여 야웨 하나님의 거룩한 이름에 욕돌리는 것을 말한 듯하다.

이러한 창녀제도는 하나의 종교적 행사로서 일반에게 권장되었다. 그 기본개념은 첫째 땅의 주인인 바알 신을 기쁘게 함이고, 둘째는 바알이 여신 아세라 여신과의 성적 교접의 결과로 그 땅에 소산이 풍성하게 된다는 것을 믿는 신도들이 그 예배 행위의 하나로서 성소에 거주하는 여인과의 성교를 함으로 신의 축복을 받는다는 것이다. 이러한 성교를 위하여 남자 여자를 각각 두어 남신도는 성소직원인 여자와, 여신도는 남자와의 관계를 가지는 것이 예배 행위의 하나가 되어 있다. 요시야 왕의 종교개혁에는 이러한 직원의 거처를 흘어버리고 성소 직원을 축출해버린 기사가 있다(왕하 23:7). 신명기 법전은 이러한 가나안 종교의 흔적을 철저히 타파하는 규정을 세웠음을 본다(신 23:17; 대하 15:16). 이런 성행위를 공적으로 할 수 있는 남자(kedeshim)와 여자(kedeshoth) 둘 다 "야웨 앞에 가증한 존재"라 거부했다.

이러한 성행위가 이스라엘 전역에 편만했다는 것을 예레미야는 탄식하고 있다.

"네가 눈을 들어 높은 산을 보라. 너의 행음하지 않은 곳이 어디 있느냐. 네가 길가에 앉아 사람을 기다린 것이 광야에 있는 아라바 사람 같아서 음란과 행악으로 이 땅을 더럽혔도다"(렘 3:2-3).

아모스는 부자(父子)가 다같이 이러한 이교적 악습에 따라 야웨 하나님의 영광을 더럽히고 있다는 것이다. 이는 이스라엘의 고대 법전의 하나인 "성결법전"(Holiness Code=레 17-26장)을 만들게 한 기초가 된 것 같다. 특히 "나의 거룩한 이름을 더럽힌다"는 말은 성결 법전의 법 정신을 밝히는 대표적인 구절이다. 이스라엘은 야웨와 거룩한 계약을 맺은 백성이다. 그들이 이방종교 풍습을 따른다는 것은 야웨와의 계약을 스스로 파기하는 것이다.

아모스는 이 구절에서 일차적으로는 이스라엘 사람들이 야웨 하나님께 드릴 올바른 예배 태도를 떠나 가나안적인 폐습에 젖어 있음을 공격하는 종교적 교훈을 하고 있다고 볼 수 있고, 이차적으로는 아들과 아버지가 꼭 같은 여인과 관계를 갖는 윤리적 타락을 지적한 것이다. 이와 같은 성행위가 종교적으로 용납되었다고 해도 아들이 관계한 여인을 그 아버지가 관계한다는 것은 이스라엘의 거룩한 법에서는 금지되어 있다. "누구든지 그 자부와 동침하거든 둘 다 반드시 죽일찌니라"(레 20:12) 했고 "누구든지 그 계모와 동침하는 자도 죽일찌니라"(레 21:11)는 엄한 규율이 있다. 아모스 2장 7절 하반에 나오는 이 부자는 이 두 개의 거룩한 법전 조문에 다 저촉이 된다. 한 가정의 성질서가 깨어진 것이다. 따라서 죽음에 마땅한 죄를 범했다. 더욱이 이러한 성행위는 그들의 신앙에서 볼 때 야웨의 권위를 무시했고, 야웨 대신 바알을 섬긴 일이기 때문에 제1계명과 제3계명을 각각 범한 것이 된다. 신앙의 이름으로 불륜의 관계를 했다. 이런 행위를 통하여 신의 축복을 기대했으므로, 이것은 은총의 이름 아래 성적 타락을 정당화시키는 것이다(마치 X교주와 그 여신도와의 관계를 "피 가림"이란 말로써 은총을 받는 가장 신비한 체험을 운운하는 우리 나라 어느 사교의 경우와 같다).

또한 우리 나라 어느 부흥사가 깊은 은혜의 체험을 보여준다고 하여 여신도와의 성적 관계를 맺는 것도 역시 종교, 신앙, 은총의 이름으로 육욕을 채우는 것이다.

그러므로 이 일은 하나님의 거룩한 이름을 더럽히는 것이 되고 만다. 원문에는 이 구절을 부자가 함께 종교적 윤리적 타락을 하는 성행위의 결과로 야웨 이름을 더럽히는 것이 아니라, 원문의 뜻은 야웨 이름을 "더럽히기 위하여"(leman hallel) 하는 성적 타락행위의 동기로 보고 있다. 이것은 단순한 종교습관에 따른 것이 아니라 예배자가 의도적으로 그런 행위를 한다는 것을 암시한다. 이는 그들의 타락이 의식적이라 함에 죄가 더 무겁다는 것이다.

이스라엘을 비롯한 중동 아시아의 고대 종교에서는 그 신의 이름이 신의 실체요 그의 권위를 대신하고 있음은 일반적인 생각이다.[2] 이스라엘은 야웨의 이름에 욕돌리는 일을 금지하고 있다(레 18:21; 20:3; 19:12;사 48:11; 겔 20:9,14;36:20-23). 이스라엘 종교에는 예배와 야웨 이름이 밀접한 관계를 가지고 있다.[3] 그러나 여기 아모스는 그들의 예배행위가 곧 범죄의 행위가 됨을 지적하고 있다.

2. 그릇된 예배(2:8)

이러한 그릇된 예배행위를 8절에는 다른 각도에서 설명하고 있다:"모든 단 옆에서 전당잡은 옷 위에 누우며 저희 신의 전에서 벌금으로 얻은 포도주를 마심이니라."

여기 몇 개의 낱말을 설명할 필요가 있다. "모든 단"은 "예배드리는 모든 성소"로 해석되며, "전당잡은 옷"이란 말은 부자가 가난한 사람에게 받아야 할 부채 대신에 가난한 사람이 입었던 옷을 전당물질로 받아 그 채무를 이행할 때까지 받아 두는 법이 있다(출 22:26-27). 성소 안에서 어떻게 가난한 사람을 전당잡느냐? 이는 제도화된 종교에서 볼 수 있는 것으로 예배자가 신에게 마땅히 바쳐야 할 물질을 바치지 못하면, 가난한 사람의 옷을 전당잡는 일이 있었다고 생각된다. 출애굽기 22장 26절에는, 이렇게 잡은 옷은 해가 서산에 떨어지는 대로 옷 임자에게 돌려주라고 규정되었지만 가난한 사람이 그 채무를 이행하지 못할 때는 며칠 동안 잡아 두는 경우가 있었던 모양이다. 성소에 바쳐야 할 예물을 바치지 못한 가난한 사람의 옷을 전당잡아 둔다는 일을 여기서 말한다. "옷 위에 눕는다"는 것은 그 전당잡은 사람들의 옷을 깔고 종교를 빙자한 성적 행위를 한다는 것이다.

"저희 신의 전에서", 이 구절은 원문이 모호하다는 것이 일반 주석가들의 말이다. 이 "신의 전"은 "하나님의 집"이라 번역할 수 있는데, 이것을 "신들의 집"이라 하여 이방 신전을 말하는 것이냐 아니면 야웨 하나님의 집을 말하느냐 함은 두 가지의 가능성을 다 가졌다. 므낫세는

---

2) J. Pedersen, *Israel: Its Life and Culture*, Vol. I-II, 1962, pp.245ff..
3) 김정준, 『이스라엘 신앙과 신학』, pp.135ff..

부왕 히스기야가 채택한 야웨 단일 예배 신앙을 버리고 자기의 정치적 이득을 위하여 예루살렘 성전 안에다 바알 신당과 아세라 신전을 따로 세웠고, 이방신들을 섬긴 여러 제단을 쌓은 기록이 있다(왕하 33:3이 하). 아모스도 사마리아에 세운 여로보암의 혼합주의 신앙(Syncretism) 을 언급하는 것이라 한다면 "신들"('elohim)도 이방 신들을 말한다[4] 할 수 있다. 그러나 이 8절은 문학형식상 7절과 평행법(Parallelism)을 이루는 대구이다. 내용상 7절을 야웨 하나님께 대한 종교적, 윤리적 죄를 범한 것으로 볼 수 있기 때문에, 8절의 의미도 그런 죄의 고발내용으로 보아야 한다. 그러나 "그들의 신들의 집"(the house of their gods)이 아니라 "저들의 하나님의 집"(the house of their God)으로 읽어야 한다.

이 8절에서도 7절에서와 같이 이스라엘의 종교적인 죄와 윤리적인 죄를 함께 규탄하고 있다.

이러한 파렴치한 신앙 행위는 가난한 사람의 옷을 깔고 그 위에서 자행되었다는 것은, 가난한 사람의 인권을 억압하고 그들의 생활권을 착취한 윤리적인 죄를 범한 것임에 틀림없다. 가난한 사람의 생활도구를 빼앗아 둔 것을 오랫 동안 가지고 있을 수 없다. 오래 둘수록 그들은 신께 대한 기록한 의무린 이름 아래 더 큰 죄를 범하게 된다. 8절 하반절도 상반절과 같은 내용이 반복되어 있다. 다만 여기서는 성행위에 대한 언급은 없고, 하나님께 예배드리는 성소를 주막(酒幕)과 같이 생각하는 성소 모독이다. "여기 벌금으로 얻은 술"이란 말을 원문에서 보면 대체로 "벌금을 받는다"(anash)란 동사와 "술"과의 관계가 밝혀지면 이 구절 이해에 도움을 줄 것 같다. 성소에서 언제나 술을 사용하는 경우는 예배행위와 관련되어 있다. 이스라엘의 종교 풍습에도 야웨께 번제와 화목제 제사를 드린 후에 예배 참가자들이 먹고 마시는 예를 볼 수 있다(출 24:11;32:6). 그런데 가나안의 바알 신앙에도 이런 풍속이 있는 것은 사사기 9장 27절에 있는 바와 같다:"그들이 밭에 가서 포도를 거두어다가 연회를 배설하고 그 신당에 들어가서 먹고 마신다."

그런데 이러한 축제가 단순한 예배만이 아니고 남녀의 성적 교섭도 한 의식이 되어 있음이 민수기 6장 2절에 나타나 있다. 여기도 예배

---

4) Luher의 번역에는 "in ihrer Götter Hause"로 했다.

와 남녀의 성행위가 나란히 나타났다. 이러한 타락한 예배와 윤리 때문에 야웨 하나님이 이스라엘에 대하여 진노했다고 했다(민 9:3).

이러한 성경 본문을 보아 아모스가 8절 하반에서 말하려는 뜻은 이스라엘이 성소에서 예배를 드리고 술을 마시고 그들의 성욕을 만족시키는 방법으로 술을 사용했다는 의미로도 볼 수 있다. 이 경우 성소(聖所)가 성소(性所)로 변한 것을 볼 수 있다. 이것은 분명히 예배의 타락이다. 그러나 또 한편 이스라엘의 경건은 그들이 성전을 찾을 때에 술을 들고 간 일도 있다. 사무엘의 어머니 한나는 젖을 뗀 어린 사무엘을 데리고 성소에 올라갔을 때 "포도주 한 가죽부대를 가지고 실로"성소로 간 것을 말했다(삼상 1:24). 제사를 지낸 후 제사장과 예배에 참석한 사람들이 제식(祭食)을 나눈다는 것은 이스라엘을 비롯하여 고대 중동 아시아 여러 나라의 종교적 습관이라 볼 수 있다. 성소에 예배를 드리러 가는 사람이 제주(祭酒)를 가져가는 일은 일반화되어 있었다.

이러한 제주가 정상적인 예배행위의 하나로서 바쳐진 것이 아니고 예배자가 어떤 의무를 불성실히 했을 경우 벌금조(naash)로 바쳐진 경우를 상상할 수 있다. 가난한 사람의 의복이 성소에 저당잡힌다는 사실을 보아 가난한 사람이 자기들의 의무를 감당 못하여 포도주를 벌금으로 바친 것을 상상할 수 있다. 이것은 옷을 저당잡히는 경우와 같이 교권의 남용이라 할 수 있다. 신에게 바칠 것을 바치지 아니하면 천벌을 선언하는 따위에 속한 교권의 행패라 할 수 있다. 가난한 사람은 빚을 내서라도 포도주를 요구할 때 이것을 바치지 않을 수 없었다.

이렇게 가난한 사람은 자기들의 삶에 희생을 당하면서 거룩한 예물로 바친 이 물질이 성소에 있는 직업 종교인에 의해서는 열락의 자료가 되어 소비당한다는 것은 종교적인 죄악인 동시에 윤리의 타락이 아닐 수 없다(이것은 마치 교회 목사가 가난한 신도의 헌금을 받아서 유흥비로 사용하는 현대판 신식 교역자와 같다).

5. 구원의 하나님
(2:9-12)

1. 서론

지금까지 아모스는 심판하시는 하나님으로 이스라엘과 그 주변 여러 나라의 죄악상을 열거하고 그들이 마땅히 받아야 할 벌을 말해왔다. 모든 예언자가 그러하듯이 정의의 예언자 아모스도 일방적으로 하나님의 공의의 심판만 외친 것이 아니다. 구약을 기록한 어느 사람이 보아도 심판을 위한 심판의 메시지를 전한 것은 아니다. 그들이 믿는 하나님은 죄인과 악인을 벌하시는 것을 즐기시는 분이 아니다. 하나님의 구원의 의지가 사람들의 배신과 불복종의 행위로 무시당할 때, 하나님은 부득이 채찍을 들 수밖에 없었고, 그가 이 역사에 펴놓은 구원의 질서가 인간 자신들의 이기심과 교만심, 허영심으로 타락하는 일로 파괴되었을 때, 하나님은 그 구원의 질서 회복을 위하여 심판의 매를 들 수밖에 없었다.

 아모스가 남달리 공의를 강조한 것은 하나님의 심판 사상을 강조함에 불과한 것이지 아모스에게서는 하나님의 구원 사상이 무시된 것은 아니다. 그의 예언은 구원과 심판의 외침이 번갈아 나타나고 있다. 다만 이스라엘이 지은 죄의 본질과 그 정체를 소상히 밝히며, 그들의 죄의 결과가 그 국가와 민족에게 무엇을 가져오는 것인가를 분명히 보여주고 있다. 그러나 이 심판 예언 사이 사이에 아모스는 심판을 행하시는 하나님의 본심을 밝히고 있다. 이스라엘을 하나님이 얼마나 사랑하시고 돌보시고 구원의 길을 열어 그들에게 평안과 번영을 주시려고 하는가를 알려주고 있다. 아모스 2장 9-12절의 내용은 이러한 하나님의 자비와 긍휼을 엿보게 하는 메시지다.

2. 새 번역

9절   나는 저희들 앞에서[1] 아모리 사람들을 망하게 했다.
 그들의 키가 백향목같이 크고
 그들의 힘은 상수리 나무처럼 강하다.
 그래도 나는 위로는 저들의 열매를,
 아래로는 그 뿌리를 망하게 했다.
10절 나는 너희를 애굽 땅에서 이끌어 냈고
 광야 길 40년도 내가 인도하여, 아모리 사람 땅을 차지하게 했다.
11절 그뿐이랴!
 너희 자녀들 중에서 예언자를 세웠고
 너희 청년들 중에서 나시르 사람을 일으켰다.
 아하, 이스라엘 사람들이여
 이것이 사실이 아닌가!
 이는 야웨의 말씀이다.
12절 그러나 나시르 사람에게는 술을 마시게 하고
 예언자들에게는 예언을 하지 말라 한 것이 바로 너희들이었다.

3. 텍스트 문제

이 본문에는 2인칭이 3인칭과 혼동되었다. 그래서 8절과 9절 사이에 어떤 문장이 빠졌다고 생각하는 사람도 있지만[2] 제2인칭과 3인칭의 혼용은 흔하게 있는 일이고 9절에 나온 "저희 앞"을 "너희 앞"으로 고쳐 읽으면 어떤 구절이 생략되었다고 할 필요를 느끼지 아니한다.

이 9-12절까지의 간단한 내용 속에는 하나님의 구원사의 전승이 소중하게 간직되어 있다.[3] 폰 라트가 말하는 6경의 전승 중 가장 중요한 "출애굽 전승", "광야 전승", "정착 전승"을 볼 수 있고, 더욱이 예언자의 전승 중에서도 아주 오래된 나시르 전승에 관한 것이 예언 전승

---

1) 히브리 원문은 "저희들 앞에서"이고 또 이 구절의 위치는 "아모리 사람" 다음에 나왔다.
2) Th. H. Robinson and F.Horst, *Amos*, HAT, 14, 1954, p. 79f..
3) A. Weiser, S.142.

과 나란히 나타나 있다.

서열에서 볼 때 10절에 나온 출애굽전승 기사가 9절에 나온 광야 전승 기사보다 앞서야 하고 또 9절의 얘기를 소개하는 서론적인 말이 없기 때문에 역시 10절과 9절은 서로 위치가 바꾸어져야 한다고 말하지만[4] 후대 사람이 이스라엘의 고대전승을 말할 때 반드시 역사적 서열을 의식하고 말하지 않은 것이 얼마든지 있다. 여기서 아모스는 어느 전승이 역사적으로 앞섰느냐 함보다도 하나님의 구원사의 전승을 열거함에서만 의의를 찾고 있다. 하나님의 능하신 팔에 의한 이스라엘의 구원사를 마땅히 기억해야 할 것인데도 이스라엘이 이것을 잊어버리고 있음이 안타까운 것이다. 이 구원사의 내용은 여기서 다음 세 가지를 언급하고 있다. 광야를 지날 때 이스라엘을 가장 심하게 괴롭힌 아모리 사람을 멸망시켜 주신 일과 출애굽시켜 주신 일, 그리고 예언자와 나시르 사람을 일으켜 주신 일이다.

4. 본문 해설

1. 강적을 물리쳐주심(2:9-10)

하나님의 구원 행동은 그 의지에서 보기보다는 그 결과에서 보는 경향이 많다. 역사적인 구체적인 사건을 통한 경험에서 하나님의 구원을 말하는 것이 구약 기자들의 확신이었다. 아모리 사람을 이겼다는 이 전승은 출애굽 당시의 사건을 기억케 한다.

이스라엘 백성이 애굽을 떠나 광야 40년을 방황하는 동안 많은 방해자와 원수를 만났지만, 그중에서도 이스라엘을 가장 괴롭히고, 또 실제로 이스라엘이 가장 두려워한 사람들은 아모리 사람이었다. 신명기 1장에, 모세가 그 백성들에게 특별히 아모리 사람을 대해서 두려워하지 말고 용기있게 전진하라는 설교를 한 것도 이 아모리 족속에 대한 이스라엘의 선입관을 나타낸 것이라 볼 수 있다.

"우리 하나님 여호와께서 우리에게 주신 아모리 족속의 산지에 너희가 이르렀나니, 너희 하나님 여호와께서 너희 앞에 이 땅을 두셨은즉, 너희 열조의 하나님 여호와께서 너희에게 이르신 대로 올라가서 얻으라. 두려워하지 말라. 주저하지 말라"(신 1:20-21).

) W.R. Harper, *Amos and Hosea*, ICC, p.53f.

그러나 정탐꾼이 살피고 와서 그들 앞에 보고한 것은 아모리 족속이 보통 족속이 아닌데도 자기들로 하여금 "올라가서 그 땅을 취하라" 함은 하나님이 자기들을 궁지에 몰아넣기 위함이라고 이렇게 불평하는 것이었다.

"장막 중에서 원망하여 이르기를 여호와께서 우리를 미워하시는고로 아모리 족속의 손에 붙여 멸하시려고 우리를 애굽 땅에서 인도하여 내셨도다"(신 1:27).

이렇게 하나님의 뜻을 곡해하게 된 것은 아모리 족속에 대한 그들의 공포심을 제거할 수 없었기 때문이다:

"그 백성은 우리보다 장대하여 그 성읍은 크고 그 성곽은 하늘에 닿았으며 우리가 또 거기서 아낙 자손(巨人族)을 보았노라"(신 1:28).

아모스는 이 아모리 사람들의 장대하고 강한 모습을 "키가 백향목 같고 그들의 힘은 상수리 나무 같다"고 했다. 아모리 족속에 대한 육경 전승은 거인족의 대표로 묘사한 곳이 많다. 민수기 13장 33절에는 아모리 사람과 이스라엘을 대조한 기사가 있다.

"거기서 느빌림의 후손 아낙 자손 대장부들을 보았는데, 우리는 그 앞에서 메뚜기같이 보였고 그들도 우리를 그렇게 보았을 것이다"(새번역).

이것은 이스라엘 자손으로서는 아낙 자손인 거인족 아모리 사람을 상대하여 싸울 아무런 자신이 없다는 것이다.

아모스가 그들의 장대함을 백향목으로 비긴 것은 성경의 많은 다른 예와 같이 손댈 수 없이 거대함을 표시한 것이다(왕하 14:9; 사 2:13;시 80:10; 92:13;겔 17:22 이하;31:5; 렘 22:7 등). 그리고 그들의 힘이 상수리 나무 같다는 것도 많이 쓰인 표현이다(사 2:13;슥 11:2;겔 27:6). 그리고 "위로는 열매, 아래로는 그 뿌리"라는 말은 한 나무가 싱싱하게 자라는 모습의 표현으로 많이 사용되고 있다(욥 18:16;사 37:31;겔 17:9;호 9:16). 한 나무가 뿌리로부터 그 둥치와 잎사귀 및 그 열매에 이르기까지 전부를 가리킨다. 아모리 족속을 상수리 나무로 비하여 그들의 패망과 무력함이 극심하게 되어 다시 이스라엘을 대항하여 일어날 수 없게 만들었다는 뜻이다. 시돈의 왕 에쉬무나잘

(Eshmunazar)의 무덤에 새겨진 비석에 그의 무덤을 헤치는 자에게 내릴 벌을 기록한 말 중에 이와 같은 표현이 있음을 주석가들은 지적한다.[5] "무덤을 헤치는 자는 누구나 이 태양 아래서는 아래로 뿌리를 내지도 못하고 위로는 열매를 맺지 못하리라."

이스라엘 백성이 광야를 지나 가나안 땅으로 들어갈 때 여러가지 시련과 시험을 겪었지만, 가나안에 이미 오래전부터 정착하고 있었던 (창 15:16) 아모리 족속과의 접촉이 가장 큰 지장이 되었다. 이들은 요단강을 중심하고 동쪽과 서쪽에 영토를 가진 오래된 왕국이었 다(민 21:13; 수 2:10; 9:10; 24:8;삿 10:8;11:19 이하 등). 그렇기 때문에 이스라엘이 가나안에 첫발을 들여 놓자마자 아모리 족속과 더불어 싸우지 않을 수 없었다. 아모리 왕 시혼이 이스라엘 사람의 행진을 방해했으나 하나님의 도움으로 이 거인족을 이겨 그 땅을 통과할 수 있었고(민 21:21-32) 바산 왕 옥이 역시 이스라엘의 행진을 방해했으나 하나님의 도우심으로 이들을 물리칠 수 있었다(민 21:34-35).

이 역사는 이스라엘의 하나님 야웨가 어떻게 그들의 원수를 물리치고 그들에게 구원과 승리를 주셨는가 함을 대대에 기억할 일이었다. 이 구원은 이스라엘 시인의 찬양이 되있고(시 135:10 이하), 또 그들의 감사 노래가 되었다(시 136:17-21).

아모스는 9절에서 이스라엘의 고대 전승을 밝힘으로 야웨 하나님과 이스라엘과의 관계를 명심케 한다. 과거 역사에 구원을 보여주신 야웨가 현재에 살아 계셔서 그 백성의 역사를 지배하고 계심을 믿게 하려 한다. 하나님의 구원의 은총을 기억하는 이스라엘이 어떻게 하나님을 배반하고 배신 행위를 할 수 있겠냐 함이다. 아모스는 여기서 정착전승(Landnahmetradition)을 깨닫게 하여 이스라엘이 다른 민족과 다르다는 것을 역설하려고 한다. 이 사실은 그 민족을 위한 예언자와 나시르 사람을 일으켜 세운 일에서 더 분명하다.

2. 예언자와 나시르 사람(2:10-12)

이스라엘 민족의 자랑은 그들이 야웨 하나님으로부터 가나안 땅에 이미 자리잡고 살고 있었던 아모리 족속들을 멸망시키고 그들의 땅을

---

5) S.R. Driver, p.152; R.F. Horton, *The Minor Prophets, Century Bible*, p. 1344; W.R. Harper, *ICC, op. cit.*

차지하여 하나님의 백성의 역사를 시작하게 된 것만이 아니라, 그 민족의 역사를 이끌고 나갈 수 있는 지도자를 일으켜주고 그들의 신앙을 어떠한 사회적 변천 속에서도 고수해 나갈 수 있는 신앙 지도자를 일으킨 것도 큰 자랑이었다. 예언자와 나시르 사람은 그들의 민족사를 야웨 하나님께 대한 신앙의 역사로 만들어 나감에 중추적 역할을 한 사람들이다.

아모스 자신이 문서를 남긴 최초의 예언자이기 때문에 그와 동시대 예언자나 그 이후 이스라엘 역사에 나타난 예언자를 생각함이 아니다. 아모스 이전에 나타난 예언자를 생각했음이 사실이다. "너희 아들 중에서 예언자를 일으켰다"는 것은 실제로 누구를 말하는 것일까?

아모스 이전에 나타난 예언자를 든다면 모세와 사무엘을 제외하고도 나단(삼하 7:2), 아히야(왕상 14:2), 예후(왕상 16:1), 엘리야(왕상 17:1), 엘리사(왕상 19:16), 미가야(왕상 22:8), 요나(왕하 14:25) 등이며, 이외에 이름을 밝히지 않은 여러 예언자들이 있었음을 안다(삼상 28:15; 호 4:5; 왕상 13:1;20:35).

이스라엘 백성에게 예언자를 일으켜주신 일은 하나의 축복이었다.[6] 아모스의 신학 형성은 이스라엘의 고대 전승을 이어 받은 사람임에 틀림없으므로[7] 그 이전에 나타난 여러 예언자들을 통하여 야웨 신앙을 배웠고, 또한 그 자신이 야웨의 부르심에 거역할 수 없음을 고백하고 있다(암 3:7). 그가 특히 북왕국에 와서 예언 활동을 했다는 것은, 그의 신학형성이 예루살렘 전승보다 세겜 성소를 비롯한 북왕국 전승에 더 익숙한 사람인 것을 알 수 있다. 신명기 18장에서 밝히고 있는 예언자의 전승, 특히 모세와 관련된 신앙 전승을 강하게 영향받고 있음을 알 수 있다. 아모스 2장 10절의 예언자를 일으킨다라는 말은 신명기 18장 15절과 직결되어 있는 것 같다:"네 하나님 여호와께서 너희 중 네 형제 중에서 나와 같은 선지자 하나를 일으키시리니 너희는 그를 들을찌니라."

이 구절이 종종 메시야 예언으로 인용되지만 신명기 저자는 나사렛 목수의 아들 예수를 지목하고 이 말을 했다고 할 수 없다. 초대 교

---

6) Robinson and Horst, *op cit.*, p.80.
7) R. Rendtorff, *Men of the O.T.*, SCM, 1968, p.73.

회가 이 구절을 메시야 예언으로 해석함은 가능하지만(행 3:22-23;7:37) 신명기 기자 자신에게는 그러한 대표적인 예언으로 말한 것이 아니다. 이스라엘 백성이 가나안 땅에 정착한 후 가나안 원주민들이 가진 이교적인 신앙의 순수성을 잃어버린 사실은 신명기 18장 9절 이하 기록과 같다. 신명기 기자 당시 이스라엘의 신앙은 가나안 종교와의 혼합주의가 극도로 심했다. 특히 므낫세의 친 앗수르 정책으로 말미암아 이스라엘 신앙은 극히 타락했다. 신명기 기자가 모세와 같은 예언자가 일어나야겠다는 것을 말함은 이 타락한 시대에 모세와 같이 야웨 하나님을 알리고 그의 말씀을 전하고 그의 율법과 계시를 올바르게 전할 하나님의 예언자가 나타나야 할 것을 말한 것이다. 이스라엘 역사에는 그 백성과 지도자들의 타락으로 예언자의 목소리가 끊어진 때가 가끔 있었다(삼상 3:1). 그러나 신명기 기자 당시 예언자가 없었던 것은 아니다. 예언자가 있기는 해도 그들은 야웨 말씀을 올바르게 전하는 자가 아니라 당시 권력층과 그날 그날의 빵을 위하여 예언을 하는 타락한 거짓 예언자가 있었기 때문이다. 이것을 신명기 18장 20절 이하가 밝혀주고 있다.

예언자는 야웨 말씀을 대언하는 자다. 이 대언자를 통하여 야웨의 뜻을 알고 따라서 이스라엘이 어떻게 살아야 하는 삶의 지침을 받을 수 있다. 예언자를 통하여 받은 말씀이 이스라엘의 개인적 또는 민족적 삶의 올바른 길을 가르친다. 이 말씀대로 사는 것이 이스라엘의 축복이요 그 말씀에 위배되는 생활은 이스라엘의 불행을 초래하는 일이다. 그러므로 예언자들은 그들 자신이 하나님의 권위를 대신하여 말씀했다.

그러므로 이러한 예언자를 저희 백성 중에서 일으켜 세운 하나님의 말씀을 듣게 함은 이스라엘의 축복의 하나다. 이스라엘 종교의 자랑은 그들에게서 예언자가 나타나서 때를 따라 필요한 하나님 말씀을 듣게 된 것이다. 아모스는 자신이 예언자의 한 사람으로 하나님의 말씀을 대언하는 예언자의 위치를 높이고 그의 사명을 자랑스럽게 생각한 사람이다.

그래서 아모스는 아모리 족속과 같은 거인족을 멸망시키고 이스라엘을 가나안 땅에 정착케 한 것과 마찬가지로 가나안의 많은 종교제도 중에서도 그 유혹과 본을 따르지 아니하고 예언자를 불러세워 하나님의 말씀의 대언자로 삼아 그 말씀을 항상 들을 수 있게 함은 하나님의 특별한 사랑이라 생각한다. 이것은 오늘의 우리 기독교회에 하나님의 말씀을 대언하는 설교자를 주신 것이 얼마나 신도들에게 축복이냐 함을 생각함과 같은 것이다.

다음 "너희 청년 중에서 나시르 사람을 일으켰다"는 것은 무엇을 의미하는가? 나시르 사람이 누구냐 함을 먼저 생각하자.

"나시르"란 말 자체가 "몸을 바쳐 헌신한다"(consecrated), "무엇을 위하여 맹세한다"는 뜻을 가졌다. 이런 뜻이 붙여지게 된 것은 이 사람들이 어떤 종교적인 이유 때문에 자기 몸과 생활을 전적으로 야웨 하나님께 바치는 일부의 특정된 사람을 가리킨다. 민수기 6장은 이 나시르 사람들의 종교적인 계율을 특히 밝히고 있다. 여기 나타난 그들의 성격을 보면 첫째 "그들은 자기 몸을 구별하여 하나님께 바치는 맹세를 한 사람들이다." 둘째 이 사람들은 알콜성 식물을 일체 입에 대지 않는 사람이라 생포도나 건포도, 포도즙까지도 마시지 않는 결심을 한 사람이다. 셋째 자기들의 헌신을 맹세한 기간 동안에는 머리를 깎지 않는 사람이다. 넷째 그들은 시체를 가까이 하지 않는다. 다섯째 야웨를 위하여 몸바쳐 싸우길 맹세한다. 이러한 맹세를 굳게 지킴으로 야웨 앞에 거룩하게 구별된 사람으로 이스라엘 백성의 신앙과 생활의 절조를 보여준 사람들이다.

아이히로트(Eichrodt)는 나시르 사람을 이스라엘 사회에 있어서 카리스마를 가진 지도자로 보며 예언자들과는 다르다는 것을 다음과 같이 설명하고 있다.[8] 이들은 철저한 금욕생활을 하는 사람이며, 그들의 삶의 원천은 육체의 힘이 아니라 성신의 감동으로 받은 힘으로 산다고 생각한다(삿 13:25;14:6 삼손의 경우). 따라서 그들에게는 엑스타시 경험을 가지며 이스라엘 백성이 가나안 땅에 처음으로 들어갔을 때 이러한 생활태도를 가지고 야웨께 헌신하기로 각오한 사람들이 가나안적인 이교적 풍속과 더불어 싸운 대표적인 사람들이었다고 한다. 그들은 이스라엘의 초기 야웨신앙 전승을 가나안 농경문화 속에서도 그 도시문화의 영향을 받지 않고 이스라엘 신앙의 순수성을 지켜온 사람들이었다고 한다.

---

8) W. Eichrodt, *Theology of the O.T.*, Vol. I, p.303ff..

폰 라트는 이들을 "야웨 종교의 가나안화를 적극적으로 막은 사람들이라"했다.[9] 이 나시르 사람들은 야웨께 자신을 바쳐 평생 그를 위하여 사는 여러가지 맹세를 청년시기에 했다는 것이 중요하다. 아모스가 이 전통을 11절에서 밝히고 있다. 그들은 야웨 신앙과 그 예배가 문화의식과 결부되는 것에 대해 항거한 사람들이다.[10]

우리 나라 신라의 화랑도들은 오계를 맹세한 청년 애국자들이었다. 나시르 사람은 화랑도와 같이 세속오계(世俗五戒)는 없다 해도 야웨께 몸을 바쳐 일생을 보낸 신성오계(神聖五戒)의 사람들이라 할 수 있다.

이러한 나시르 사람의 실제적 예는 삼손이라 하겠다(삿 18:5;7:14; 16:17). 사무엘을 그 부모가 하나님께 바친 기사를 보면 그도 나시르 삶의 맹세를 한 것과 같이 보인다(삼상 1:11, 28).

아모스가 예언자 활동을 한 시대는 그 나라 백성의 신앙이 가나안 적인 습관으로 야웨 종교의 순수성을 잃어버리고 있었다. 특히 극기와 금욕 생활에 있어서 나시르 사람들과는 너무도 거리가 먼 사치하고 호화스러운 생활을 하고 있었다. 가나안 농경문화와 도시문화에 대한 저항정신을 완전히 상실해 버리고 여로보암 2세가 만들어준 국가의 안정과 경제적인 성장을 이용하여 "겨울 궁, 여름 궁"등의 별장을 짓고 "비단 방석"위에 앉은 삶을 누리며(암 3:12), "상아 침상에 누워 기지개 켜며"로스구이로 배를 불리고, 대접으로 술을 마시고 가요를 즐기는 삶을 살았다(암 6:4-6). 이러한 말초신경을 중심한 삶은 나시르 사람들의 근실하고 검소하고 금욕적인 생활과는 너무나 대조적이다.

그러기에 과거에 저들의 하나님 야웨가 그들의 젊은이들 중에서 "나시르 사람"을 택하여 세운 것은 얼마나 이스라엘 백성을 사랑하셨는가를 깨닫게 하는 일이다. 본받을 만한 지도자를 모신다는 것은 GNP를 높여주는 지도자보다 나라와 민족을 위해서는 보다 축복이 되는 일이다.

11절 마지막에 "이것이 사실이 아닌가. 이는 야웨의 말씀이다" 한

---

9) G. von Rad, *Theologie des A.Ts.* I, p.71.
10) E.Sellin, *Geschichte des Volks Israels*, p.129.

것은 예언자와 나시르 사람을 그 백성에게 보내주신 분이 그들의 신 야웨가 아닌가 하고 이스라엘 백성이 남다르게 축복받은 백성임을 다짐하고 있다.

그러나 실제로 이스라엘 백성은 이 하나님의 특별한 배려와 은총을 망각하고 오히려 하나님의 뜻에 어긋나는 일을 했다. "그러나 나시르 사람에게는 술을 마시게 하고 예언자들에게는 예언을 하지 못하게 한 것이 바로 너희들이 아니냐!"(2:12)라고 아모스는 이스라엘의 죄를 다시 공박한다. 지금까지 말해 온 구원과 승리의 역사, 예언자와 나시르 사람에게 주신 축복과 인도를 이스라엘 자신들이 부인하고 있음을 말하고 있다.

예언자의 사명은 예언을 하는 것이며 나시르 사람의 자랑은 야웨를 위하여 자신의 욕정을 누르고 절제와 금욕의 생활을 하는 것이다. 그러나 이 타락한 이스라엘은 나시르 사람에게 술을 마시게 하고 예언자의 입을 막아버리고 말았다. 한편에서는 입을 열어 술이 들어가게 하고 또 한편으로는 그 입을 막아 말을 하지 못하게 했다. 시골서 순진한 한국적인 신앙을 가지고 신학교 기숙사를 찾아 온 신입생들을 대포집으로 끌고가서 "이 놈아 눈을 떠라. 교회의 낡은 전통에서 떠나라. 술마시기를 용납하고 있는 다른 교파나 외국 크리스챤들을 봐라. 고리타분하게 절제니, 금욕적이니, 경건하게 산다는 자들의 이중적이요 위선적인 삶을 벗어버리라" 등등의 문화인다운 변설로 술을 마시게 하는 어느 상급반 신학생 선배들과 같은 사정이다. 나시르 사람은 가나안의 농경문화가 술과 축제로 되어 있기 때문에 이 이교적인 강한 유혹에 물들지 않으려고 더욱 굳은 결심을 하고 술을 입에 대지 아니했으며, 가나안의 강한 이교문화에서 야웨 신앙을 지켜 온 사람들이다.

이 보다 더 악질적인 유혹은 "예언을 하지 말라"는 것이다. 아모스 자신은 이런 금지를 친히 당했다. 사마리아 궁전의 권력의 비호 아래 종교적인 의무를 감당하고 있었던 어용 종교가 아마샤는 아모스를 축출했다. "다시는 벧엘에서 예언하지 말라, 이는 왕의 성소요 왕의 궁이다"(7:13). 왕의 비위를 건드려 권력자의 기분이 상할까 염려하여 왜 바른소리를 지껄이느냐. "종교인 주제에 무슨 정치 얘기냐! 입을 닥쳐! 함부로 지껄이다간 어느 귀신이 잡아갈지 모르지 않느냐. 설교를 하지마. 잠잠해!" 아모스가 말하는 것은 바로 이런 사정이다. 한 나라의 도덕 질서가 무너져 가고 그러한 혼돈 아래 비대해 가는 권력 의지가 더욱 강하게 되는 징조가 크지만, 사람들의 입이 막혀져 버리면, 그 나라의 운명은 실로 임종이 가까운 것이다. 이것은 유대 나라가 주전 586년 바벨론 군대에 의하여 망할 때 사정에서 충분한 증거를 찾을 수 있다. 예레미야란 선지자에게 얼마나 그가 하고 싶은 바른 말이 금지되었던가! 그는 금지된 바른말을 하기 때문에 체포되었고 감금되었고 스스로 죽도록 마련된 깊은 진흙탕 우물 속에 던지움을 받았다. 그러나 그의 예언을 금지한 그 임금, 그 신하들 모두가 바벨론으로 잡혀가고 말았다. 수도 예루살렘은 황폐하여 잿더미가 되었다.

아모스도 북 왕국 이스라엘이 망하기 전(B.C. 740년경) 20년 전에 이 예언(바른말) 금지를 받았다. 그러나 그는 항거했다.

"사자가 부르짖을 때 어느 누가 무서워하지 않겠느냐, 야웨가 말씀을 주실 때 어느 누가 침묵을 지킬 것인가"(암 3:8).

6. 심판 선언
(2:13-16)

1. 구원을 위한 심판

예언자는 하나님의 구원과 심판에 민감한 사람이다. 어떻게 이스라엘이 구원을 받을 수 있느냐 함을 말하는 부드러운 말을 하지만 또 경우에 따라서는 그들의 죄와 허물을 볼 때 벌하지 않을 수 없다는 추상 같은 심판을 선언한다.

아모스는 정의의 예언자로 불의를 행하는 이스라엘에게 내릴 벌과 그 패망을 거듭 말하고 있다. 이 부분은 그 어느 심판선언 중에서도 제일 먼저 나타난 것이다. 아모스 책 전체에 이러한 심판은 거듭 반복되고 있다. 이러한 심판 선언에서 우리는 두 가지 사실을 본다. 첫째, 하나님은 죄나 불의를 행하는 백성을 그대로 두지 않는다는 것. 비록 선민 이스라엘이라도 하나님의 뜻에 거스릴 때는 심판을 내리심에 주저하지 않는다는 것이다. 둘째로 하나님의 심판은 횡포가 아니라, 하나님이 이스라엘에 대하여 요구하고 있는 정의를 실천하지 못하기 때문이다. 그러므로 이러한 "심판 선언"이 뜻하는 바는 이스라엘의 멸망을 선언하는 언도가 아니라, 그들로 하여금 정의의 질서를 개인과 국가가 회복하라는 것이다.

우리가 연구하는 2장 13-16절까지의 내용은 이스라엘이 하나님의 심판의 채찍을 피할 수 없음을 말한다. 이것은 결정적인 선언이다. 돌이킬 수 없는 하나님의 역사 계획임을 알려준다. 아모스도 한 나라의 국민으로 자기 나라의 비극적인 운명을 원치 않는 사람이다. 그러나 "하나님의 말씀"이 이 냉혹한 선언을 하기 때문에 이 비극적인 운명의 수레바퀴를 도저히 피할 수 없다고 믿는다. 망국의 산비탈로 줄달음치고 있는 그 나라의 운명을 돌이킬 분은 오직 하나님뿐이라 한다. 그러나 그 하나님은 죄와 불의의 생각과 생활을 시정하지 않음에도 불구하고 그 심판을 돌이키시는 분은 아니다. 그 운명을 바꿀 수 있는 길은 아모스가 외치는 정의의 삶을 회복시키는 것이다. 이 "심판 선언"은 이스라엘의 깨달음을 위한 외침이다. 하나님의 구원 의지는 언제나 심판 의지보다 앞선다.

한 나라의 지도자나 그 국민의 죄를 책망하고 불의와 부정을 들추어 내는 사람의 입을 막는 것은 하나님의 심판 선언을 영원히 돌이킬 수 없는 비극적인 운명으로 몰아넣는 길잡이밖에 안된다. 아모스는 대담하게 자기 나라가 망할 것을 선언한다. 망령된 자라 비판할 수 있다. 나라가 망해도 그만이라는 무책임한 종교인이라 할 수도 있다. 국가의 안정을 위협하는 자요, 유언비어를 조작하여 국민을 불안하게 만드는 자라는 비판을 받을 수도 있다. 그는 분명히 자기나라 영도자에 대한 불신자요, 그 나라 위정 당사자들에 대한 항거자라 할 수 있다. 그러나 아모스에게 있어서 한 가지 분명한 사실은 죄와 불의를 행한 나라와 그 백성은 망할 수밖에 없다는 것이다. 비록 권력에 대한 예의를 지켜 침묵을 지킨다고 해도 역사의 방향은 비탈길로 치닫고 만다는 것이다. 사실 무서운 것은 누가 바른말을 하느냐 하고 개인이나 어느 단체에 대한 사찰을 하는 것이 문제가 아니라, 누가 이 역사의 키를 잡고 억만창생의 생명과 재산을 맡은 청지기이면서도 정의에 어긋나는 정치를 하고 있느냐 하는 것이다. 화무십일홍(花無十日紅)이라는 속담과 같이 한 때에 얻은 권력이 영원히 계속될 수 있다는 망상이나 미신을 가진다는 것이 문제일 것이다. 하나님의 "심판 선언"을 무서워할 줄 아는 지혜만 가진다면 심판이 변하여 구원이 될 수 있는 것이다.

이제 우리는 아모스가 대담하게 "망하고 만다"는 그 선언이 어떻게 표현되었는가 생각해 보자.

2. 새 번역

13절   보라.
             내가 너희를 밟아 누르리라.
             마치 곡식을 실은 수레가 누르듯이,
14절   도피하는 걸음이 빨라도 망할 것이고.

힘센 자라도 그 힘을 내지 못하고
용사라도 자신을 건질 수 없을 것이다.
15절 활을 쏘는 자도 견딜 수 없고
발이 빠른 자라도 빠져나갈 수 없고
말을 달리는 자도 자신을 건질 수 없으리라.
16절 그 날에
힘센 자도 넋을 잃을 것이고
전사들은 옷을 벗고 도망칠 것이다.
이것이 야웨의 말씀이다.

3. 본문 해설

여기에 나타난 용어들은 모두 인간이 당면한 전쟁의 위기에서 건짐을 받을 수 있는 가능성을 가진 것들이다. "도피하는 걸음이 빠른 것" "힘센 자" "용사" "활을 쏘는 자" "발이 빠른" "말을 달리는 자" "전사"(戰士) 등 모두 전쟁 상황에서도 다른 사람보다 자신을 보호하고 피난할 수 있는 유리한 조건을 가진 사람들이다. 그러나 야웨 하나님의 심판으로 내리실 전쟁의 위기에서는 한 사람도 자기 자신을 건질 수 없음을 말한다. 인간의 전적인 무능을 폭로한다.

그런데, 여기 사용된 여러 종류의 사람들이 실지로 누구인가 함은 말하기 어렵다. 본문 비평의 문제가 많이 함축되어 있는 말들이 여기 사용되었다.

13절 "내가 너희를 밟아 누르리라" 한 원어의 해설은 너무도 이론이 구구하다. 벨하우젠의 주장이 히찌히(Hitzig)에 의하여 다소 수정되어 me'îq을 phe'îq으로, ta'îq을 taphû으로 고쳐 읽어 "보라, 나는 너희 밑에서 흔들리리라. 마치 곡식을 실은 수레가 흔들리듯이"로 번역하여 멸망의 상징으로 땅이 "흔들린다"는 상징보다 누르는 압박의 상징을 취한다. 그래서 "Behold, I will press (you) in your place, As a cart presses that is full of sheaves"로 이해하고 있다. 이 13절의 번역이 각양각색이라 해도, 한가지 분명한 것은 "곡식을 실은 수레가 누르듯"이란 말에서 상징되고 있는 하나님의 심판의 엄중성과 불가피성이다. 요즘 표현을 빌린다면, "내가 불도저같이 너를 밀어버릴 것"이라 할 수 있다. 고대 이스라엘 농경문화에서 곡식을 가득 실은 수레가 가장 무거운 것으로

2:13-16

인상준 것이 사실이다. 죄를 지은 나라에 대한 심판이 그렇게 피치 못할 것을 말한다. 이 문장의 주어 "내가"('anokî)가 특별히 사용되었다는 것에 의미가 있다. 심판의 주 하나님이심을 밝힌다. 비록 이스라엘이 다른 나라에 의하여 망한다고 해도 그것이 상대방 나라가 강하기 때문에 패망한 것이라 생각지 말라는 것이다. 어느 나라의 권력에 의해서 망해도 그것은 역사의 주인이신 "나"라고 스스로 선언하신 하나님으로 말미암는 것을 밝히고 있다.

이러한 이스라엘 역사의 종말적인 운명이 어떤 사람의 손에 의해서도 구제될 수 없음을 14절에서 16절까지 계속해서 말하고 있다. 마치 파도가 쳐밀고 오듯이 비극적인 운명을 돌이켜 보려는 인간의 가능한 노력을 생각할 수 있다. 첫째 재난이 오기 전 빨리 피할 수 있지 않느냐 하는 생각이다. 야웨 하나님의 심판이 너무도 신속히 닥치고 말기 때문에 이스라엘의 정치나 경제나 도덕과 신앙이 그 멸망 이전에 자신을 정비해 보려고 해도 절대로 시간적인 여유가 없다는 것이다. 와우 아파트가 삐걱 삐걱 소리를 내고 기울어지고 있는데 그 건물을 바로잡아 볼 여유가 생겨질 수 없다. 아무리 능한 기술자가 신속히 무너짐을 막아보려고 해도 때는 이미 늦었다는 것이다. 피할 길이 없이 당하고 말 것이다. 사실 무너져가는 창천 아파트는 손을 대서 고치기보다는 허물어버리는 것이 낫다는 것이 바로 이 14절의 생각이다. 이스라엘의 죄와 불의는 망국의 운명을 초래할 수밖에 없다.

다음 구절 "힘센 자도 그 힘을 내지 못하고 용사라도 자신을 건질 수 없다"는 것은 이러한 숙명론적인 패망의 역사를 구제할 길이 없다는 단정이다.

"힘센 자"(hazaq)는 많은 경우에 "하나님의 강한 손"의 의미로 사용되었다(신 3:24;4:34;5:15 등;수 4:24; 대하 6:32 등). 그리고 용사(gibbor)는 전쟁에 나간 용사들의 의미로 사용되었다(삼상 16:18; 삼하 1:19,25,27 — 여기서는 요나단과 같은 용감한 병사를 가리킨다). 전체의 문맥은 이스라엘 나라에 소망이 없음을 표시한다. 하나님의 능하신 손으로도 건질 길이 없고, 요나단과 같은 용사의 힘으로 구할 길이 없는 절망적인 상태를 말한다.

다음 또 하나의 절망상을 되풀이한다. "활을 쏘는 사람"과 "발이 빠른 사람," "말을 달리는 자"라도 이 종말적인 재난에는 피할 길이 없다고 한다. 그 재난이 오는 날, 곧 "야웨의 날"(암 5:18 이하)에 "힘센자"('ammits) 원어대로는 "담력을 가진 사람"이라도 혼비백산하고 말 것이다. 전쟁에 가담했던 병사들은 그 무장과 군복을 벗어 버리고 도망치고 말 것이다. 나라를 지킬 방어 태세는 완전히 무너지고 말 것이다. 하나님의 심판 선언에 인간은 완전히 그 무능력을 폭로하고 만다 했다.

이러한 심판의 선언을 어떻게 그렇게 대담하게 또 철저히 말할 수 있었는가, 아모스는 여기 가만히 neum Yahweh, "이는 야웨의 말씀"하고 만다. 예언자는 자기의 지혜로나 지식의 판단에서 말하는 자가 아니고 야웨에게서 부탁받은 말씀을 하는 사람이다. 말씀의 신적인 권위를 여기서 밝혀주고 있다. 그것은 누구나 반드시 그 말씀이 허공을 친 것이 아니라 구체적인 역사 사건으로 일어나고야 말 것을 밝힌다.

7. 예언의 동기
(3:1-8)

1. 서론

구약 예언자의 예언 동기가 무엇이냐? 이 문제는 간단히 대답할 수 없는 것이다. 예언자 자신에게서 또 그가 살고 있는 시대적 상황에서 이 문제를 논할 수 있는 근거가 있다. 그러나 구약 예언자들은 자기 자신으로부터 솟아오르는 어떤 내적 충동이나 느낌 때문이라든가 객관적인 사회적 정세가 그로 하여금 강박감을 주어, 일종의 의분을 일으켜 예언을 하게 한다는 것보다, 예언자를 부르신 하나님에게서 온 동기에서 예언을 하지 않고는 견디지 못한다는 것이 아모스에게서 전형적으로 설명되어 있다.

"사자가 부르짖을 때 무서워하지 않는 사람이 없음과 같이 야웨 하나님이 말씀하심을 들을 때, 아무리 그 말씀을 전하지 않으려고 해도 예언하지 않을 수 없다"는 것을 아모스는 밝히고 있다.

2. 새 번역

1절 이스라엘 자손들이여 들으라,
     야웨가 너희에게 하시는 이 말씀을
     너희 모든 지파들에게 말씀하신다.
     "내가 너희를 애굽에서 인도해 냈다."
2절 나는 땅 위 모든 지파 중에서
     오직 너희와 더불어 관계를 맺어 왔다.
     그러나 나는 너희를 벌하련다.
     너희 모든 악 때문이다.
3절 두 사람의 뜻이 합하지 않고서도
     함께 여행을 할 수 있겠는가,

4절 먹이를 찾지 않고서도
  사자가 숲 속에서 부르짖겠는가,
  잡힌 것이 없는데도
  젊은 사자가 굴 속에서 소리치겠는가.
5절 창애를 땅에 깔아두지 않고서도
  새가 거기 치이겠는가,
  아무것도 잡히지 않고서도
  창애가 땅에서 뛰겠는가,
6절 성에서 나팔 소리를 듣고서도
  사람들이 놀라지 않겠느냐.
  야웨가 시키지 않고서도
  재난이 성읍에 내리겠는가.
7절 자기의 비밀을 그의 종
  예언자에게 말씀하시지 않고서는
  주 야웨는 아무 일도 하시지 않으신다.
8절 사자가 부르짖을 때
  어느 누가 무서워하지 않겠는가,
  주 야웨 말씀하실 때
  어느 누가 예언하지 않고 배기겠는가.

3. 본문 해설

1. 이율배반 (3:1-2)

선택하시고 벌을 내린다는 것은 이율배반의 사실이다. 하나님이 이스라엘만을 택하셨다는 사실을 아모스는 솔직히 인정한다. "나는 땅 위 모든 지파 가운데서 오직 너희와 더불어 관계를 맺어 왔다. 그러나 나는 너희를 벌하련다"(2절). 여기 아모스가 말하는 이율배반이 나타났다. 이 구절을 문자 그대로만 읽으면 "하나님의 변덕"이라고 볼 수 있다. 그의 역사 계획은 얼마나 맹목적인가를 느끼게 된다. 그가 베푸신 은총이란 어느 순간에 형벌로 변할는지 알 수 없는 불안감을 갖게 한다. 아모스는 신명기 신학의 영향을 받은 사람으로 "비록 약하고 수가 적은 민족이지만 야웨가 저들을 사랑하였기 때문에 하나님의 백성으로 거룩하게 구별했다"는 선택사상의 전통(신 7:6,7)을 이어받았다는 것은 "모든 지파 중에서 너희 이스라엘 민족만 특수 관계를 맺었다"(2절)와 일치한다. 특히 여기 사용된 "관계를 맺다"로 번역한 야다(yada)란 동사는 "안다"로 번역되지만, 히브리어 본래의 뜻은 부부간에 성적 관계를 할 만치 피차간에 서로 알고 지내는 깊은 인격관계를 설명하는 말이다.[1] 야웨와 이스라엘과의 관계는 예레미야의 표현대로 "남편과 아내"의 관계이다(렘 3:14). 아모스와 같은 시대 예언자 호세아는 "야웨를 안다"는 것이 가장 깊은 개인적 관계임을 밝히고 있다(호 4:1). 이렇게 깊은 인격적 관계를 서로 맺고 있는 이스라엘을 벌하신다는 선언은 하나님의 사랑의 진실성이 의심되기도 한다.

그러나 아모스는 이 이율배반에서 야웨 하나님의 불신실성을 말하려는 의도가 아니고, 그의 특별한 은총을 받아 선택된 이스라엘의 죄악을 부각시키기 위함이다. 아모스는 철저하게 심판 예언자임을 보여준다. 야웨 하나님의 선택 사상도 그것이 모든 죄를 덮어주는 맹목적인 사랑이 아니고, 그의 사랑 자체도 공의의 원칙에 세워진 것임을 밝히고자 한다. "너희 모든 죄악으로 말미암아 심판의 채찍을 들지 않을 수 없다"고 한다.

그의 선택은 말만이 아니고, 이스라엘을 애굽에서 건져낸 구원사의 사건이 밑받침이 되어 있음을 1절 하반에 밝히고 있다. "내가 너희를 애굽에서 인도해 냈다. 이는 이스라엘이 야웨의 백성이 되었기 때문에 보여주신 야웨의 계약관계의 구체화를 보여주신 것이다. 그렇기 때문에 이스라엘은 배반할 수 없다. 그들에게는 구원사 전승의 특권이 주어졌다(암 2:10). 이 특권은 그들에게 의무를 주었다. 그의 말씀을 듣고 그 뜻에 순종하는 일이다. 그러나 아모스의 눈에 비친 이스라엘은 범죄한 백성이다. 이미 2장 6절 이하에 그 범죄 사실을 폭로했다. 아모스 예언의 전체가 그 구체적인 범죄 사실을 규탄하고 있다. 그들은 야웨의 진노의 채찍을 피할 길이 없다. 3장 2절 하반은 야웨 하나님의 사랑과 은총의 크심에 비해 이스라엘의 죄악이 큰 것을 말하는 3장 9절 이하에 계속되는 죄의 고발과 거기 해당되는 심판 선고의 서론격으로 표시되었다. 이스라엘이 선택되었다는 것은 하나님의 특별한 관용(Nachsicht)을 보여주는 것이 아니라, 이 선택을 통하여 이스라엘은 하나님께 특별한 복종(Gehorsam)을 보여주어야 함을 요구한 것이

---

1) Milos Bic, p.65.

다.[2] 이스라엘이 자신들의 죄의 문제에 대하여 진지하지 못하다는 것
은 그들에게 보여주신 하나님의 선택의 은총에 대하여서도 진지하지
못함을 보여준 것이다. 따라서 그들의 자랑인 구원사의 신앙 전승을
등한시한 것이다. 이 죄가 이스라엘에게 가장 무서운 죄였다. 다른 백
성과는 달리 이스라엘은 항상 자기들의 행동과 그 존재를 다른 백성
들 앞에 밝혀 보여주어야 할 책임이 있었다.[3]

2. 예언의 동기(3:3-8)

예언 운동이 이스라엘의 독특한 것이 아니라 함은 주지의 사실이다.
그러나 이스라엘 예언운동의 특징은 철저하게 다신교의 사고방식과
사상구조를 벗어나, 유일신 신앙에 근거하고 있다는 것과 그의 예언
은 이 유일신 야웨가 주시는 말씀 때문에 예언활동을 한다는 것이다.

물론 샤만들의 예언적 활동이 샤만에 사로잡힌 무당이나 박수의
개인생각이나 욕망 때문이 아님을 안다. 그러나 이 경우, 샤만은 자기
의 의식을 잃고 자기를 부른 그 샤만의 영력으로 인하여 연합적 신비
경험(unio mystica)을 가지는 것이 특징이지만, 이스라엘의 예언자는 야
웨 하나님의 영력에 사로잡히기는 하지만, 그 자신의 자기 의식과 그
의 이성적 기능을 상실하지 아니하고 자기 판단을 통하여 주어진 말
씀에 의지적 결단을 한다. 야웨 신은 인간의 이성을 최대한 살려서 인
간 자신의 결단으로 말씀을 전달하게 한다. 그리고 또 한 가지 특징은
샤만의 예언활동은 인간의 윤리질서를 완전히 무시해 버리는 경향을
가질 만치 샤만의 독재적 힘의 발산을 하지만, 이스라엘 예언운동은
언제나 인간의 윤리관계를 기초로 한 예언을 말한다. 인륜에 벗어나
거나 탈선하는 예언을 말하지 아니한다. 그 나라 사회의 건전한 윤리
와 건강한 사회질서를 위한 예언활동이다. 그렇기 때문에 이스라엘
예언활동에는 인간이 핍박을 당하고 수난당하는 것을 원치 않는다.
인권의 상실과 자유의 유린에 대하여 이스라엘 예언은 항상 민감하
다. 공평과 정의, 자유와 평화의 예언이 이스라엘 예언의 특징있는 테
마로 되어 있음도 이 예언운동에는 윤리적 성격이 불가결의 요소가

---

2) A. Weiser, S.144.
3) Th.H.Robinson, p.81.

되어 있기 때문이다. 아모스가 이스라엘 예언운동의 효시라 불리우는 것도 이상과 같은 이스라엘 예언운동의 특징을 그의 예언 속에 밝혀 주고 있기 때문이다.

여기 3장 3절 이하의 말씀은 아모스 자신의 예언 동기만이 아니라 이스라엘 예언운동 전체 역사에 해당하는 예언 동기의 원상을 밝혀주고 있다고 볼 수 있다.

이 부문의 문장구조가 매우 특색이 있다.

첫째, 1-2절의 주어는 1인칭 단수로 표시되어, 야웨 하나님 자신이 주도적 역할을 하고 있음을 보여준다. 그러나 3절 이하는 문장 형식이 3인칭 형식을 취하여 간접적인 기술을 시도하면서도, 서술문 형식을 피하고 의문문 형식을 취하여 문장 내용의 효과를 인상깊게 시도하고 있다. 그러나 이 3인칭 형식의 문장은 "야웨가 말씀하시기를"하는 서두나 "이것이 야웨의 말씀"이라 하는 이스라엘 예언의 독특한 형식을 사용하지 아니했다.[4] 아모스는 계속하여 의문형을 사용하면서 그의 예언동기가 얼마나 특징이 있는가를 시도하고 있다.[5] 이런 형식은 그 내용을 독자들로 하여금 확실히 알게 하려는 시도임을 볼 수 있다. 특히 여기 사용된 예화는 모두가 이스라엘 생활주변에서 누구나 일상생활에서 보고 듣는 것들이다. "나그네", "사자", "젊은 사자", "창애", "나팔 소리"등 평범한 일상 생활을 통하여 야웨의 말씀을 듣는다.

그러나 이 문체의 특색은 연속적인 의문문이다. "할 수 있겠는가?" "부르짖겠는가?" "소리치겠는가?" "치이겠는가?" "뛰겠는가?" "놀라지 않겠는가?" "내리겠는가?" "무서워하지 않겠는가?" "배기겠는가?"등의 이 "논쟁조의 대화"(Streitgesprach)[6]는 듣는 사람으로 하여금 그 내용의 확실성을 깊이 생각케 한다. 청중들이 제출할 수 있는 반대의사를 일단 인정하는 듯하면서 그 청중의 생각은 잘못이고, 예언자 자신의 말이 사실임에 틀림없다는 것을 인식시키고 있다.

예언자의 예언 동기는, 이 3-8절 사이에 나타난 모든 질문이 사실이라면 아모스가 자기 예언의 동기를 야웨 자신에게 두고 있음은 의심할 여지가 없다고 주장한다. 그러나 3-7절까지 나타난 모든 질문은 8

---

4) Th.H. Robinson, p.82.
5) A. Weiser, p.144.
6) Milos Bic, p.67.

절의 내용을 그의 청중들에게 강하게 인식시켜 주기 위함이다.

첫째 질문

"두 사람이 뜻이 합하지 않고서도 함께 여행을 할 수 있겠는가?" 이 표상(表象)은 사막이나 광야를 여행하는 두 나그네의 사정을 상상시킨다. 이것은 광야를 지나갈 나그네는 서로 뜻을 합하여 동행함으로 목적지까지 피차에 무사히 당도할 수 있다. 만일 서로간에 의견이 대립되거나 뜻이 맞지 않으면, 광야를 지나간다는 것은 피차에 위험한 일이다. 두 사람의 뜻이 합하여야만 어떤 목적을 달성할 수 있다는 이 표상은 무엇을 의미하는 것인가? 이스라엘을 야웨와의 계약관계로 설명할 수도 있고[7] 또는 예언자 아모스와 야웨와의 관계를 상징한다고도 할 수 있다.[8] 첫째 경우, 2절에 나타난 선택의 사상에서 야웨와 이스라엘 관계를 추리할 수 있다. 이스라엘의 계약관계는 야웨와 이스라엘이 서로 뜻이 합한 결과이다. 비록 야웨에게 주도권이 있지만 이스라엘은 그의 선택하심을 받았다. 이 계약관계에서 이스라엘은 역사의 지평 위로 걸어 왔다. 그러나 이스라엘의 일방적인 계약 파기로 인하여 야웨와 동행하지 못하는 위험과 비극을 경험할 수밖에 없다. 이스라엘은 그 역사의 초기부터 야웨 하나님과 동행하는 것을 자랑으로 삼아 왔다. 그래서 야웨가 만일 함께 행하지 않으신다면 차라리 그 백성이 광야에서 죽는 것이 낫다고까지 모세는 생각했다(출 33:3,14 참조). 출애굽의 경험은 하나님이 동행하는 경험이었다. 이 임마누엘의 확신 위에 이스라엘의 역사는 진행했다. 그러나 아모스는 심판의 예언자로서 하나님의 동행의 역사를 버리고 홀로 외롭게 광야길을 걸어가는 나그네의 불안과 위험을 보았기 때문에 그 민족의 역사적 종말이 온다는 것을 예언했다. 야웨와 동행하지 않는 역사는 이 이상 더 계속할 수 없다는 위기를 아모스가 본 것이다. 이런 의미에서 이 상징 "두 사람"은 "야웨와 아모스"로 볼 수도 있다. 그것은 아모스가 선포하는 심판 예언은 아모스 자신의 개인적인 감정이나 의사가 아니고 하나님이 그 백성을 벌해야 하겠다는 의사를 확실히 보았기 때문이다. 심판 선언을 함에 야웨와 아모스는 완전히 의견의 일치를 보았다

---

7) W.R.Harper, p.67.
8) A.Weiser, p.145.

고 할 수 있다. 아모스가 아무리 백성을 생각하여 심판 선언을 사양하거나 중지하려고 해도 할 수 없다. 야웨와 그의 종 예언자의 의사는 최종적으로 일치되었다. 그러므로 아모스의 예언은 야웨의 말씀을 순종함에 그 동기를 가지게 된 것이다.

둘째 질문

"사자가 먹을 것을 찾았을 때 숲 속에서 함성을 지를 수밖에 없지 않느냐?"는 것이다. 사자가 배가 고파서 부르짖는다고 해석할 수 있으나 맹수가 자기 먹이가 앞에 있을 때 그 먹이가 되는 짐승을 놀라게 하고 쉽게 정복할 수 있도록 소리를 지르는 것이다. 그리고 그 먹이될 짐승이 자기에게 잡혔을 때 그는 만족을 표시하는 소리를 지르게 된다.

여기 이 표상은 야웨가 이스라엘을 향하여 부르짖는다는 1장 2절 말씀을 설명하는 것이다.[9] 이스라엘이 하나님 앞에 한 먹이와 같은 존재라는 의미다. 야웨는 이스라엘을 놀라게 하고 토끼가 사자밥이 됨과 같이 이스라엘의 멸망을 상징하고 있다. 아모스가 야인(野人)으로 거친 들에서 생활해 본 경험에서 주린 사자가 그 먹이를 찾아 포효하는 것을 많이 보았다고 상상된다. 이 사연관찰이 곧 그의 메시지에 반영되었다고 하겠다. 여기서도 아모스의 예언이 구원예언이 아니고 심판예언임을 알리고 있다. "사자"와 "젊은 사자"의 표상을 연달아 언급함으로 하나님의 심판은 아주 임박한 것을 말하려 한다. 마치 소리지르는 사자 발톱에 눌려져 있는 동물의 운명이 경각에 있듯이, 아무런 힘으로도 그 발톱에서 먹이를 구해낼 길이 없는 것과 같이, 이스라엘의 패망이 눈앞에 다가왔음을 말하고자 한다.

셋째 질문

여기서 사용된 표상은 "새와 거물"이다. 이 "거물"은 "창애"라고 불리우는 것으로 땅 위에 놓아서 새를 잡는 틀을 말한다. 새가 이러한 틀에 잡히게 될 때, 새는 그 틀 속에서 벗어나려고 안간힘을 다하여 푸득거리는 모습을 연상시켜 이스라엘의 운명이 이렇게 절박함을 말하려 한다. 역시 심판예언을 보여준다.

---

9) 야웨를 사자로 상징하여 말한 것은 구약에 허다하다. 렘 25:30; 호 11:10; 시 104:21; 사 5:29; 31:4 등.

넷째 질문

여기서는 야웨의 심판이 "사자와 새"의 상징에 그치지 아니하고 그 심판이 구체적 사건으로 성문 앞에 있는 적군과 관련시키고 있다. "성에서 울리는 나팔소리를 듣고서 사람들이 놀라지 않겠느냐" 함은 그의 심판이 전쟁 사건으로 구체화된 것을 말한다. "나팔을 분다"는 것은 여기서 전쟁 종료의 뜻보다 전쟁 개시의 뜻이다. 이 표상은 종종 적군의 침입을 알리는 뜻으로 사용되었다(호 5:8; 렘 6:1; 겔 33:3). 아모스는 상징적인 용어에서 직접적인 사건용어로 바꾸어 하나님의 심판의 현실성과 임박성을 말한다.

그러나 이 심판 사건은 적군의 침략욕 때문이 아니고, 야웨 하나님이 시키는 일이기 때문이라는 것을 6절 하반에서 밝힌다. "재난이 성읍에 내리는 것은 야웨 하나님의 역사 경륜이라" 한다. 이는 하나님의 선택 사상에 위배된다고 할 수 있다. 그러나 아모스는 아무 모순 없이 야웨의 역사계획의 타당성을 인정한다. 이스라엘의 죄를 직접 논하고 있는 4장 이하 예언 내용이 그 이유가 된다고 한다. "야웨가 시키는 재난"이란 얼마든지 있다고 생각함이 이스라엘의 신앙 전통이다. 야웨와의 계약관계를 스스로 파기하여 죄를 지을 때 그 죄의 대가로 벌을 받을 수밖에 없다. 야웨의 공의는 인간 역사의 비극을 허락하는 주권 위에 서 있다. 아무도 그 주권 행사를 막을 수 없다. 바이저는 이것을 "하나님의 진실"로 해석하고 있다.[10] 공의로우신 하나님이 자기 자신에게 진실한 길은 죄를 범한 이스라엘을 재앙으로 벌하는 것이다. 이것이 구약에서 가르치는 심판 사상이요, 예언자의 심판 선고는 모두 이 하나님의 "진실"에 근거하고 있음을 알아야 한다. 죄를 범하고도 벌을 받지 않겠다거나, 그것을 피하려는 것은 하나님을 우롱하는 것이다. 하나님은 인간을 사랑하고 아끼지만, 고의로 하나님의 법도를 떠나는 자들에게는 그 죄악의 보응을 받게 함이 하나님의 진실의 표시다. 세상 어떤 권력도 이 하나님의 진실을 피할 수 없다.

이 진실을 알 수 있는 사람은 이 하나님을 무서워할 줄 알고 인간 자신의 진실을 지키는 사람이다. 이렇게 진실히 살고자 한 아모스 같은 예언자에게는 하나님의 역사 계획을 미리 알려주신다는 것이 3장

---

10) A.Weiser, p. 145.

7절 말씀이다: "자기의 비밀을 그의 종 예언자에게 말씀하시지 않고서는 주 야웨가 아무 일도 하시지 않는다."

예언자는 역사를 통찰하는 눈을 가졌다. 시대를 비판하는 능력을 가졌다. 나라의 역사가 재난으로 기울어질지 구원으로 축복 받을지 예언자는 알 수 있다. 시대에 대한 징조를 볼 줄 모르는 종교인은 무종교인보다 더 값없는 존재다. 종교와 정치는 분리되었다는 말 한마디로, 자기가 살고 있는 역사적 현실에 대하여 아무러한 감각도 없고 권력자의 잘못을 비판하는 일을 두려워하여 침묵을 지키고, 나라의 운명이 멸망으로 기울어지는 것을 보지 못하는 종교인은 아모스 3장 7절 말씀에 비춰보면 그는 묵시를 보지 못한다고 할 만치 자기 삶과 신앙에 진실치 못함을 나타낸다. "예"와 "아니오"를 판단 못거나, 그 올바른 판단을 말하지 못하는 비겁성은 종교인으로서 가장 비루하게 자기를 속이는 사람이다.

야웨 하나님은 그 자신의 역사 계획과 비밀을 예언자에게 알려주신다고 했다. 이렇게 알려주는 말씀을 진실히 알릴 수 있는 사람이 예언자의 전통으로 사는 사람이다.

야웨가 말씀하실 때 그 말씀에 침묵지킬 수 없다고 함이 8절 내용이다. 사자가 부르짖을 때 누구나 놀라고 무서워하듯이 예언자는 하나님이 알려주시는 말씀을 전하는 사람이다. 여기 예언의 동기가 있다. 3절 이하 6절까지 사용된 그의 표상은 모두 이 말씀의 절박성에 순종하는 예언자의 모습을 밝혀주는 것으로 읽을 수 있다. 어떤 원인 때문에 반드시 거기에 해당한 결과가 나타날 것을 강조한다. 여기 예언 운동과 관련된 원인은 하나님이 말씀을 주실 때 예언자는 그 말씀을 전달하지 않을 수 없다는 것이다. 이것이 하나님의 진실에 대한 인간의 진실이다.

8. 사마리아의 죄
(3:9-10)

하나님의 백성 이스라엘의 죄가 얼마나 큰지 그것을 이스라엘 주변에 있는 다른 두 나라, 이방 나라로 하여금 증거하게 하는 내용이다.

1. 새 번역

9절 "아스돗 궁궐이여
　　　애굽 땅 궁궐 위에 서서
　　　큰소리로 외쳐라.
　　　너희는 사마리아 산들 위에 모여
　　　그 성 중에 있는 큰 소란과
　　　그들 중에 있는 학대를 보라.
10절 그들은 정직함을 알지 못하며
　　　저희 궁전에서는
　　　폭행과 착취를 쌓기만 한다."
　　　이것이 야웨 말씀이시다.

2. 텍스트 문제

이 본문 중 9절에 있는 "아스돗"은 많은 학자들이 "앗수르"(באשור)로 고쳐 읽는다.[1] 애굽과 대조가 되는 중동 아시아 2대 강국을 표시한다는 뜻에서는 "아스돗"을 "앗수르"로 고쳐 읽을 수 있다. 아스돗은 본래 블레셋 5대 도시 중 하나로서 독립된 도시국가였지만, 유대 왕 웃시야 시대에는 유대 통치 아래 들어가기도 했다. 그러나 다시 독립을 얻었다. 그러나 주전 711년 앗수르 살곤 대왕의 침략을 받아 앗수르

---

1) Th. Robinson, A. Weiser. 참조. LXX, Biblia Hebraica,

치하에 들어갔고, 앗수르는 이 곳을 거점으로 하여 애굽을 공략하는 전략 기지로 삼았다. 그후 중동 아시아의 패권이 애굽의 손으로 넘어 갔을 때는 아스돗이 애굽의 통치 아래 들어간 일도 있다. 그러나 아스돗은 도시국가였지만 항상 자주권 회복을 위하여 싸운 도시다.

그러나 아모스가 아스돗을 "애굽"과 대조시킨 것은 앗수르로 읽든, 독립된 국가로 읽든, 우리 본문의 뜻을 밝혀줌에는 별 문제가 되지 않는다. 앗수르로 읽는 것은 아스돗을 해석하는 것이요, 아스돗으로 읽은 것은 본문을 그대로 읽는 것이다.

3. 본문 해설

아모스는 이스라엘 왕국의 수도 사마리아의 죄악이 얼마나 큰가를 표현함에 있어서 직접적인 서술을 하지 아니하고 간접적인 서술을 하고 있다. 즉 사마리아의 죄를 직접 말하기 전에 북왕국 수도 사마리아가 얼마나 타락했는가를 그 주변 두 나라, 블레셋과 애굽으로 하여금 관람하도록 불러올리는 표현 방법을 사용하고 있다(예를 들어 말하자면, 서울의 도덕적 타락상이 얼마나 큰가를 말하기 위하여 동경 사람과 평양 사람을 서울로 불러들여 서울의 암흑면을 비교해 보라는 것으로 비유해 말할 수 있다).

여기 "아스돗"에 있는 최고 통치자의 궁궐이 얼마나 타락했으며 애굽 바로 땅에 있는 궁궐이 얼마나 부정과 부패에 가득 차 있는가를 전제하면서 이스라엘의 수도 사마리아는 이 두 개의 궁궐보다 더 타락하고 암흑한 도시인 것을 말하고자 한다. 예언자 아모스는 이스라엘의 수도 사마리아의 타락상을 관광시키기 위하여 일부러 아스돗과 애굽으로 사람을 보내 관광객을 불러모으고 있는 상황을 독자들에게 말해줌으로 사마리아의 죄악을 폭로시켜 11절 이하에 나오는 하나님의 진노와 징벌의 선포가 얼마나 당연한가를 백성들에게 미리 알리고자 함이다.

"외쳐라"의 원어 "하쉬미우우"는 모든 사람이 듣도록 큰소리로 외치라는 뜻이다. 히브리어 본문에는 "말하라"는 말이 "외쳐라"는 말 다음에 나타나서 외치는 말의 내용을 독자들로 하여금 주목시키고 있다. 9절 하반절 인용구로 표시된 것이 "사마리아 죄악 도시" 관광객 표정의 포스터의 내용 또는 그 스피커에서 들려나오는 목소리다.

그 광고 모집 내용은 "모여라"와 "보라"는 두 개의 동사로 문장이 이루어졌다. 앗수르 궁궐과 애굽 궁궐에서 사마리아 궁궐으로 관광하러 온 사람들이 사마리아 궁궐이 내려다보이는 "산 위에" 모이도록 요청하고 있다. 높은 산 위에서, 사마리아 궁궐 안에서 되어지는 온갖 죄악을 한 눈에 볼 수 있게 하라는 뜻이다.

다음 "보라"는 동사의 목적물이 무엇인가를 밝히 설명하고 있다. 첫째는 "그 성 중에 있는 소란", 둘째는 거기에 있는 "학대"라고 했다.

"소란"(mehumoth)은 "혼동" 또는 "무질서" 등을 뜻한다. 이는 도덕적 판단을 떠난 단순한 물리학적인 "소란" 또는 "고음"을 말함이 아니라 죄의 의식과 행동이 따르는 혼란과 소요, 윤리적 파탄과 도덕적인 무질서를 말한다. "독한 술은 떠들게 한다"(잠 20:1). "음탕한 여인은 떠들고 완패한다"(잠 7:11) 등이 이 말의 뜻을 설명하고 있다.

이스라엘의 수도 사마리아 도성에서 들리는 "소요"와 무질서는 다만 그들의 죄악에 정비례하여 크다는 것을 의미한다. "歌聲高処 怨聲高 燭淚落時 民淚落"이란 말 그대로, 방성폭소(放聲暴笑)를 짓는 소요의 밑바닥에는 인권과 자유가 유린당한 천하고 가난한 사람들의 눈물이 있다는 것을 말한다. 이러한 도덕적 무질서와 소란을 6장 5절에 구체적으로 말하고 있다. "비파에 맞추어 헛된 노래를 지절거린다"(서울의 밤거리, 고고춤을 추는 환락가의 소란을 한번 생각해 보자. 고급 기생이 있는 요정의 소란, 막걸리 족속과 희희낙락거리며 떠드는 대포집 소란을 생각해 보자). 사마리아 성중 도성과 궁궐 안에서 들리는 소란은 대체로 이러한 도덕적인 무질서와 같은 것이라 생각할 수 있다.

다음 이 궁궐과 도성에서 보는 것은 "학대"라고 했다. 전자의 "소란"이 밤의 부도덕과 타락과 관련되었다고 한다면, 이 "학대"는 낮의 타락과 부도덕한 삶과 관련된 것이라 할 수 있다. "학대"(아슈킴)는 "짓눌러 짜는 것"을 말한다. 백성들의 고혈을 짜내는 악독한 세리 같은 사람들이다. "지렁이도 밟히면 꿈틀한다"는 속담에 있는 대로 권력자나 부자의 손에 인권이 짓밟힘을 당하는 일 같은 것, 포악한 독재자에 의하여 선량한 시민들이 자유를 빼앗기고 종처럼, 짐승처럼 혹사당하는 일 같은 것, 이러한 사회에서 볼 수 있는 부조리와 억울함의 현상이 여기 "학대"란 말로 표시되었다고 할 수 있다.

아모스는 그가 선교하고 있는 사마리아 도성에서 볼 수 있었던 이런 종류의 "학대"를 다음과 같은 말로서 구체적 예를 들고 있다.

"가난한 자를 짓밟고 저에게서 부당한 곡식세금(밀의 세금)을 취하는" 세무관리(암 5:11), "의인을 학대하고 뇌물을 받아먹는 관리"(암 5:12), "궁핍한 자를 삼키고 땅의 가난한 자를 망케 하는" 부자(암 8:5), 특히 자기들의 부와 물질의 힘을 의지하여 가난한 자를 학대하고 궁핍한 자를 압제하며 자기 남편들과 함께 술을 마시며 향락과 사치를 일삼는 유한마담 같은 사람(암 4:1)이 사마리아 도성 안에서 볼 수 있었던 대표적인 "학대"의 주인공들이다.

이러한 이스라엘 왕국 수도 사마리아에서 볼 수 있는 죄악상을 이스라엘의 항구적인 적이 되어 있었던 앗수르와 애굽 사람들을 불러와서 구경을 시켜준다고 생각한 이 예언자의 심중은 여로보암 2세가 이룩한 이스라엘의 물질적 부요는 오히려 이스라엘 나라가 미구에 경험하고 말아야 할 경제적 파탄을 보며, 강한 군대의 힘으로 지켜오는 조국의 안전이란 것도 지도자와 국민의 도덕적 부패와 타락으로 이스라엘을 패망으로 몰아가고 말 수밖에 없는 비극적인 운명을 눈앞에 바라보는 아이러니로 가득 찼었다고 할 수 있다. 아모스는 정의를 외치고 그 나라 사람들의 패륜과 부도덕한 삶을 가차없이 공격하고 폭로시켰지만, 그 나라 사람들은 오히려 이 바른말에 귀를 막고, 그 바른말하는 자의 입을 봉해버리는 안타까움을 이 9절에서 말하고 있다. 전체의 분위기는 "책망의 말"(Scheltwort)이다.[2] 그러나 이 책망은 백성을 깨우치려 함이었다.

이러한 책망을 들어야 할 이스라엘 사람의 죄는 크게 세 가지이다. 즉 "부정직한 행동," "포학" 그리고 "착취"이다. "착취"는 권력으로 남의 것을 약탈하는 강도행위요, "포학"은 폭력의 행사이다. 부정직은 "저들이 정직하게 행할 줄을 알지 못한다"로 의역할 수 있다. 여기 사마리아 시민들의 도덕적 혼란의 원인을 밝혀준다. 사람마다 양심과 법도에 따라 바르게 행동하지 아니하고 그릇 행한다는 것이다.

정직한 말, 정직한 행동을 어느 한 사람에게서 찾을 수 없다(이런 예를 우리 나라에서 얼마든지 본다. 우선 입학시험까지도 부정직하게 행하여 어느 교육감을 자살케 했다. 부정직한 공무원들이 분수 이상의 삶 때문에 치부한

---

2) A. Weiser, p.146.

사람으로 쫓겨나오고 있다. 백성을 속이는 정치를 우리는 언제나 보아왔다. 정치, 경제, 교육, 심지어 예술과 종교 분야에서도 속임수가 통용되고 있다는 실정을 우리는 잘 알고 있다).

사마리아 도성 안에 정직한 일을 볼 수 없다는 사실은 결코 과장은 아니다. 아모스 예언서 전체를 읽어 보면, 이러한 부정직이 가난한 서민층에서보다 지도자 계급, 권력자, 부자층 사람들에게 공통되어 있다는 것을 밝힌다. 이런 상태를 "저희는 부패하고 소행이 가증하여 선을 행하는 자가 없다 … 다 치우쳐졌으며, 함께 더러운 자가 되었으며, 선을 행하는 자가 한 사람도 없다"고 어느 시인이 노래했다(시 14:1-3).

"폭력"(hamas=violence)은 권력자가 자기 의사를 실행하기 위하여 가지는 최선의 방법이다. 권력자의 비행이나 불법이나 그 비밀을 폭로하는 일을 하는 사람을 체포하여 투옥시켜 그의 사회적 활동을 금지시켜 버리는 힘이다. 그리고 자기의 권력을 위태롭게 하는 어떤 반대 세력이라도 이를 억누르고 그 반대세력의 씨앗을 뽑아버리는 힘이다.

영국의 제국주의가 그 거대한 정치력과 군사력을 가지고 무지한 인도를 지배하는 폭력을 휘두를 때, 간디는 "무저항주의"로써 이 폭력과 더불어 싸웠다. 일본의 제국주의 군국주의는 한국을 폭력으로 점령하고 다스렸다. 수많은 동포가 아직도 사할린 땅에 남아서 조국으로 돌아갈 날을 기다리고 있다. 이것은 일본 제국주의의 폭력이 저질러 놓은 죄악의 축적이 아직도 역사적 실재로 남아 있어 하늘과 세계민의 양심에 호소하고 있다. 남미 여러 나라와 동남아 여러 나라에서 쿠데타를 통하여 정권을 잡고 백성을 민주주의 원칙에서 다스림보다 총과 칼로 다스리고 있음을 우리는 얼마든지 본다. "폭력"의 문제는 누가 칼자루를 잡았느냐 하는 것이고, 그 폭력의 주인공의 문제는 또 다른 폭력에 의하여 언제고 망할 것이지만, 다만 이런 폭력배들 때문에 선량한 국민들이 하루도 안심하고 살 수 있는 평안한 날을 가지지 못하고 탄압과 비굴함 속에 살아가야 하는 역사의 페이지가 무력한 사람들의 피의 자국으로 기록되어 가는 것이다.

다음 "착취"(shod=robbery)는 부당 이익을 취하는 행위다. 정당한 방법에 의한 소득이 아니고, 이 말이 종종 "폭력"이란 말과 함께 사용되는 바대로(렘 6:7; 20:8; 겔 45:9; 합 1:3), 남의 것을 자기 욕심대로 갈취하는 것이다. 아합 왕(B.C. 875-853)이 나봇이란 순진한 농부의 포도원을 권력으로 갈취한 바와 같은 것을 말한다(왕상 21:1-10). 정당한 방법에 의하지 아니한 부의 축적, 그것은 권력을 배경으로 한 착취다 (4급 공무원이 1000만원 이상 가는 호화 주택에서 호의호식하며 살아가는 것이 최근 규탄을 받고 있는 사실은 권력에 의한 착취의 현실을 우리 주변에서 보아 온 것이 약간 드러나고 있음에 불과하다. 정직하게 재산 현황을 조사하는 방법이 공포되고 또 그것이 실현될 수만 있다고 하면, 우리는 "착취"란 것이 누구에게서 얼마나 심했던가를 밝히 알 수 있을 것이다. 그러나 이 착취의 죄악이 수박 겉핥기로 그치고 마는 것이 아닌가 염려하는 까닭은 누가 참으로 착취하지 아니했는가를 알 수 없기 때문일 것이다).

사마리아 도성에서 가는 곳마다 찾을 수 있었던 "부정직" "폭력" "착취" 이 셋은 서로 연관되어, 북왕국 이스라엘 나라를 멸망으로 이끌어가는 가장 유력한 길잡이란 것을 아모스는 외치고 있다. 이는 이스라엘의 경우만 아닐 것이다. 인간역사의 현실이다. 이 세 가지 죄악을 그 백성의 지도자와 권력자들에게서 볼 때, 그 나라의 운명은 패망으로 기울어지고 있음을 알아야 한다. 바이저는 이 구절 해석 결론으로 "하나님 없이 또 그를 가까이 하는 일을 하지 않고 사는 삶은 반드시 패망으로 떨어지고 만다"는 것이라 했다.[3] 인간이 가진 온갖 호화스럽고 장한 것은 하나님의 심판의 대상이 되고 만다.

다음 11절 이하가 이러한 심판의 결과를 보여주는 무서운 심판의 선고이다.

---

3) A. Weiser, p.147.

9. 심판과 구원
(3:11-12)

1. 서론

11절은 하나님의 심판이 어떤 것인가를 밝히고, 12절에는 그러한 심판의 날에도 건짐을 받을 사람이 있을 것을 말한다.

13절 이하는 그러한 하나님의 심판은 개인적인 사건이 아니고 이스라엘 전민족의 사건임을 공포한다. 그 심판의 결과 이스라엘의 종교사회와 권력층은 꼭 같이 피해를 입을 것을 말한다. 종교가 권력의 횡포에 대하여 침묵을 지키는 것은 그 권력의 부정을 시인하며 거기에 동조 또는 협조하는 것이기 때문에 나라의 비극적 운명을 몰고 오는 책임을 종교도 져야 함을 말한다.

2. 새 번역

11절 "그래서
　　　주 야웨는 이렇게 말씀하신다.
　　　대적은 너희 땅을 둘러싸며
　　　너희 요새는 무너지고
　　　너희 궁궐은 약탈당할 것이다.
12절　야웨가 이렇게 말씀하신다.
　　　마치 목자가 사자의 입에서
　　　양의 두 다리나 귀 조각을
　　　건져냄과 같이
　　　그렇게 이스라엘 자손이
　　　건짐을 받으리라.
　　　침대 모퉁이와
　　　보료 조각을 건지듯이."

3. 텍스트 문제

이 부분의 본문 비평의 문제는 11절에 "이 땅"보다는 LXX에 따라 "너희 땅"으로 읽어야 하고 또한 12절과 11절이 사상적으로 너무 대조가 되는 것이다. 10절을 이어받은 11절은 이스라엘의 재난의 선포이며, 13절 이하도 그러한 재난의 선포로 연결된다.

그러나 12절 내용은 그 의미로 보아서 재난과는 정반대가 되는 구원을 선포하고 있다. "야찰"(건진다) 동사가 두 번이나 사용되어 있다. 모든 주석가는 이 12절의 본문이 무슨 이유에선가 훼손되어 있다는 것을 시인하고 있다.

여기 새롭게 번역한 "방석 조각"이란 말은 유명한 양탄자를 산출하는 다메섹이란 말로 해석도 하고(KJV)[1] 또는 "비단"이란 말로도 해석한다. 그러나 New English Bible이나 RSV는 "방석 조각"으로 해석한다.[2] 이는 12절 전반부에 나온 양의 "두 다리"와 "귀 조각"과 대조가 되어 전후관계 의미가 통하고 또 이렇게 읽음으로 12절에 나온 "구원"의 뜻이 얼마나 그 민족 전체의 멸망과 관련된 소수의 구원인가를 설명함을 알 수 있다.

이상과 같은 본문의 비평문제를 생각할 때 이 부분은 전체적으로 심판예언임을 이해할 수 있다.

4. 본문 해설

이제 그 내용을 11절에서 보면, 첫째 "누가 그들을 멸망시키느냐?"의 대답으로 "대적"(tsar)임을 알 수 있고, 그들로 말미암는 패망은 어떤 것이냐 하는 문제는 그들의 땅을 둘러싸며, 그 나라를 지키는 요새는 무력하게도 무너지고, 그들의 주권이 자리잡고 있는 왕의 궁궐은 대적들에 의하여 약탈당하고 만다는 것이다. 11절은 대적이 국경에서 침입하고 들어와 그 공격의 화살이 최종적으로 사마리아 왕의 거실까

---

1) A. Weiser, p.148.
2) Th. H. Robinson, *Die Zwölf Kleinen Propheten*. S. & Z.

지 전진하고 있음을 시각적으로 보여주는 듯하다. 즉 제일 첫 공격은 이스라엘 나라 주변을 포위하는 것, 그 다음에는 나라의 중심부를 지키는 "요새"를 하나씩 둘씩 점차적으로 무너뜨리고, 최종적으로는 사마리아 도성을 공격하고 다시 깊숙히 진격하여 왕의 궁전에 까지 침입하여 모든 보물이 약탈당하고, 왕과 왕족들이 쓰던 침대와 보료까지도 다 훼파시킨 것을 12절에서 보여주고 있다. 그러므로 11절과 12절은 이스라엘의 최후 운명을 그림처럼 보여주고 있다.

그런데 12절에 말한 구원은 이스라엘 전체의 구원이 아니고 지극히 소수의 백성이 건짐을 받은 것은 마치 사자가 목장을 휩쓸었을 때, 사자들이 먹다 버리고 간 "양의 두 다리"와 "귀조각"밖에 찾을 수 없을 만치 처참한 침략의 광경을 설명하고 있다. 그러나 그러한 참변 속에서도 다소 살아 남는 사람은 있을 수 있다는 희망을 보여주는 "남은 자의 사상"을 이사야 이전에 아모스가 보여주고 있다. "침대 모퉁이"에서와 "보료 조각" 같이 건짐을 받겠다는 것은 모든 금은보화 귀중품을 다 약탈당하고 그 약탈에서 버려진 침대 모퉁이 나무 조각, 보료 조각 같은 소수의 이스라엘 자손이 건짐을 받겠다는 것이다. 이것은 하나님의 심판 속에 나타날 긍휼을 암시함이다. 아모스가 정의를 외쳤다고 해서 이스라엘 백성의 전체적인 멸망을 선언한 것은 아니다. 그의 심판 자체가 본시 이스라엘의 구원을 위한 것이었음을 이러한 "남은 자"의 사상에서 볼 수 있다. 이렇게 심판과 구원 양극성은 아모스 예언 전체 구조를 이루고 있다.

10. 죄의 보응
(3:13-15)

1. 서론

이 부분에서 아모스는 이스라엘에 임할 심판의 이유를 다시 한번 명백하게 알린다. 죄의 결과는 멸망이라는 것이다. 그 패망이 구체적으로 어떻게 임할 것인가를 종교적인 면에서와 사회적인 면에서 알려주고 있다. 이 두 가지 면에서 4장 이후에 나타날 정의의 외침은 항상 그 초점이 이스라엘의 종교와 사회에 있음을 볼 수 있다. 종교가 종교 구실을 하지 못하면, 그 나라는 희망이 없고, 그 나라 사회가 종교에 무감각해도 그 나라는 암흑과 절망뿐이다. 종교의 한계성이란 규정지을 수 없다. 인간이 이 땅 위에 영위하는 어떤 삶의 순간과 종류에 종교와 절연된 것이 있을 수 없다. 종교는 나라의 양심이다. 종교로 하여금 나라의 현실 문제, 정치, 경제, 문화, 교육, 사회 등 전반에 걸친 문제에 대하여 침묵을 지키고, 종교는 종교 그 자체에만 국한하라는 말은 종교가 뭔가를 알지 못하는 비문화인인 동시에 또한 인간사회를 구성하고 있는 문화 전반에 대해서도 모르는 사람이다. 아모스가 외치는 정의는 어디까지나 종교와 문화전반, 특히 종교와 그 나라의 정치의 관련성을 불가분의 것으로 다루어야 함이 기본적인 성격임을 밝히고 있다. 그것은 정치가 종교를 무시할 때 그 정치는 자기 비판의 소리를 일부러 막아버리는 독재나 학정의 길을 스스로 열어주는 것이기 때문이다.

2. 새 번역

13절 "너희는 들어라 그리고 증거하라.
    야곱의 집에 대하여
    야웨 너희 주
    만군의 너희 하나님이 이르시는 말씀을.

14절 내가 이스라엘의 모든 죄를
문책하여 보응하는 날,
벧엘의 제단을 벌하며
그 제단 머리를 쳐서
땅 바닥에 넘어지게 하리라.
15절 내가 겨울 집과 여름 집을,
그리고 상아로 만든 집을
쳐부수리라.
대궐도 부서지리라."
이것은 야웨의 말씀이라.

3. 본문 해설

13절 본문에 "주" "야웨" "만군의 하나님" 등 다양한 표현을 사용하고 있다. 이는 다음에 소개하는 야웨 말씀의 진실성과 그 급박성을 알리는 것이다. 어느 한 사람도 그 말씀을 듣지 못했다고 핑계할 수 없도록 아모스는 분명히 말하고 있다. 더욱이 여기 소개하는 심판과 그 구체적인 보응의 말씀은 아모스 자신의 감정의 폭로가 아니고, 다만 순수한 하나님의 말씀을 알려주고 있다.

그의 심판의 표현은 "벌한다" "치신다" "넘어지게 한다" "쳐부순다" "부서지리라" 등 파괴 용어가 연달아 사용되고 있음을 본다.

그 파괴의 대상은 이스라엘 왕국의 중심 성소 "벧엘"과 그 안에 설치된 "제단"이며, 그 백성들이 사치와 향락의 본당으로 하고 있는 "여름 별장" "겨울 별장" 그리고 "상아로 만든 집" 그리고 그들이 살고 있는 호화주택 "대궐"이라고 했다(한국의 "도둑촌"이라 별명을 듣고 있는 "호화주택"들이 언제까지 그 웅장한 모습을 자랑할 수 있다고 생각함은 정의의 하나님께 대한 모독이다). 불의한 재물을 축적하여 호화스런 저택을 짓는 경쟁이 백성들 사이에 유행되면, 그것은 그 나라의 운명을 재촉하는 불길한 징조인 것을 말하는 사람이 아모스 예언자다. 남 왕국 유대가 망하기 직전 예레미야도 그 나라에 사는 부호들이 가난한 사람을 혹사하고 국민들에게 돌아갈 재물을 권력으로, 속임수로 독차지하여 집과 다락을 증축하고 크고 넓고 높은 고루거각을 짓기를 경쟁했지만, 그것들이 훼파될 날이 멀지 않을 것을 예언하고 있다(렘 22:13 이하).

3:13-15

 아모스 시대는 주변에 있었던 앗수르 제국과 애굽이 자기들의 내란으로 외향적인 침략전을 전개 못한 기회를 이용하여, 나라의 경제를 융성케 했고 외국 무역을 활발하게 하여 애굽과 인도 지방에서 수입된 "상아"(象牙)와 같은 고가의 사치품이 대량 수입되어 이스라엘의 권력자들과 부호들은(마치 동남 아시아에서 티크재목을 실어 와 사치한 저택을 짓고 있는 우리나라의 급조된 거부들과 같이) 상아로 집을 지었다는 것을 아모스는 말한다.
 그러나 이런 값비싼 저택들도 대적의 침공으로 말미암아 잿더미로 화하고 말 것이라는 예언을 하고 있다. 그러나 여섯 자되는 몸 하나 풍우와 더위 한기를 피할 수 없어 판자촌을 짓고 사는 사람들이 있는 그 같은 도시에 여름을 보낼 별장, 겨울을 보낼 별장을 짓고 있는 부유층이 있다는 사회적 모순을 아모스는 밝히고, 그런 모순된 현실이 하나님의 뜻이 아니기 때문에 그 나라는 재난을 당하고 말리라는 예언을 하고 있다. 물론 불길한 예언이다. 그러나 아모스는 이것이 자기의 말이 아니고 "야웨가 이르시기를," 소개하는 말로 시작하여 "이것은 야웨 말씀이다"하는 말로 끝을 맺으며, 그 심판과 보응의 말씀이 야웨 만군의 하나님의 말씀인 것을 확증시키고 있다.
 그러므로 아모스는 이러한 하나님의 말씀을 주의깊게 들어야 하고, 또 말이 얼마나 진실된가를 증거해 보라는 강력한 명령으로 백성들에게 외치고 있다. "들으라 그리고 증거하라, 야곱의 집이여."
 이러한 재난이 벧엘 성소의 종교적 타락으로 말미암는다는 것을 여기서는 암시만 한다. 그 종교가 어떻게 종교 구실을 하지 못하는가에 대해서는 4장 4절 이하, 5장 21절 이하, 7장 10절에서 구체적으로 말하고 있다. 여기서는 야웨 하나님께 날마다 번제를 드리고 절기와 축제일을 따라 일정한 제사와 예배를 드리는 하나님의 성소 벧엘을 중심한 이스라엘의 종교적 타락은 그 나라를 멸망으로 인도하는 길잡이가 되고 있다는 것을 지적하고 있다(한국 안에 있는 15000여개의 기독교 교회와 성소들이 오늘 대한민국의 국가적 위기를 위하여 종교의 구실을 하고 있는 것이 무엇인가, 심각하게 반성케 한다).

11. 사마리아 여인들
(4:1-3)

1. 서론

4장 이하에 아모스 자신의 말이 단편적으로 수록되어 있다. 그의 말들은 촌철(寸鐵)과 같이 그 시대 사람들의 폐부를 찌른다. 그 위력은 그 시대 사람만이 아니라, 오늘 우리 나라 역사적 현실에서도 이 말씀을 읽는 사람으로 하여금 숙연케 한다. 오장육부를 찔러 쪼개는 말씀이다. 한 나라의 운명이 기울어지는 증거를 여러가지 면에서 볼 수 있지만 여인들이 역사의 배후에서 날뛰는 모습을 아모스도 똑똑히 본 사람이다. 나라의 비극적인 운명을 가져오는 데에는, 그 나라 여인들의 사치와 부패상과 관련되었음을 아모스는 직시하고 있다. 아모스는 그 나라 수도 사마리아의 여인들의 타락상을 다음과 같이 말한다.

2. 새 번역

1절   너희는 이 말을 들으라!
       사마리아 산에 있는 바산의 암소들이여.
       너희는 빈곤한 자를 학대하며
       가난한 자를 짓밟고 있구나!
       너희 남편들에게 하는 말,
       "술을 가져오라, 우리로 마시게 하라."
2절   주 야웨는 당신의 거룩함을 두고 맹세하신다.
       보라! 그 날이 너희에게 임하리라.
       사람들이 너희를 쇠갈쿠리로 끌어가고
       너희 자식들은 낚시로 끌어가리라.
3절   너희 모두가 무너진 성터로 곧장 끌려가면
       하르몬에 밀쳐낸 바 되리라.
       이는 야웨 말씀이시다.

3. 텍스트 문제

히브리 원문에 보면, 3절 하반절이 이해하기 어려우나 대체로 의미가 통하는 본문이다. 다소 설명을 한다면, 1절에 바산에 "거하는"이란 우리말 번역은 '암소'를 "거한다"고 할 수 없으므로 "바산에 있는"으로 족하다. 원문에는 존재를 표시하는 동사가 나와 있지 않다. "가난한 자"와 "궁핍한 자"란 말은 항상 나란히 나오는 말이지만 여기 본문에 "dal"(빈곤한)이란 말보다는 "anî"란 말이 많이 나온다. 그러므로 여기서는 우리말 성경과는 달리 "빈곤"과 "가난"으로 번역했다.

"술 가져오라"의 원문에는 "술"이란 말이 없지만, 우리말 현행 역대로 술을 보충함이 좋았다.

2절의 현행 역에 "너희 남은 자"는 어떤 번역을 따라(NEB; Milos Bic) "너희 자식"이라고 했다(S.R. Driver). 이 말은 "너희 뒷부분" (euren Hintern / Th. Robinson), 'your hinder parts'(Interpreter's Bible)으로 번역되기도 한다. 3절 하반절 우리말 현행 번역은 의미가 통하지 않는다. '하르몬'이란 말은 이 본문에서 가장 이해하기 힘든 말이다. 하퍼는 이 말의 가능성을 일곱 가지로 열거하고서도 만족치 않다고 한다.[1] 이 구절을 "벌거벗은 채로 내다버려지리라"로 번역도 한다.[2] 또는 "인분무더기로 버려지리라"(NEB). 여기서 '하르몬'이라 번역해 둠은 사마리아가 적군에게 약탈당한 뒤 사마리아 여인들이 그 자식들과 함께 당한 어떤 비극적 참사가 있었던 한 장소로만 알면 족하다고 생각한다.

4. 본문 해설

아모스가 사마리아에 살고 있는 여자들을 "바산의 암소들아"라고 한 말이 주목을 끈다. 인간을 인간으로 보지 않고 완전히 동물로 보아버리는 말이다. 인격모독이 이쯤되면, 아모스란 사람이 정상적이 아니거나, 정말 사마리아 여인들이 정상적이 아니거나 한 사실을 솔직하

---

1) W.R. Harper, p.89.
2) K.Marti, *Dodekapropheten*, p.179-180(*IB* 에서 중인).

게 말한다. "암소들"이라 함은 새끼를 낳는 동물로만 여인들을 보아 버린 것이다. 그러나 또 한편 "바산의 암소"라 함에 또 하나 다른 의미가 있다. 바산은 그 말 자체의 뜻 "열매가 충일한" 또는 "돌이 없는 평지"가 의미하듯, 팔레스타인 북부 헤르몬산을 중심하고 남북으로 60마일 가량을 점령하는 1,600-2,000피트의 고원지대로, 이 바산 지방은 밀의 수확이 많은 곡창이라고도 할 수 있으며, 또한 가축을 기르기에 알맞으며(신 32:14; 시 22:12; 겔 39:18), 많은 상수리나무가 자라는 곳이다. 이사야 2장 13절에는 거만하고 자신의 잘난 모습과 아름다운 모습을 자랑하는 유대의 귀인들을 비유하여 "바산의 상수리나무"라 했다(겔 27:6도 마찬가지다). 그리고 힘이 당당한 황소를 "바산의 황소"라 했다(시 22:12). 이것은 세도와 권력의 자랑을 할 수 있는 인간을 상징한다.

이러한 성경 구절에서 암시된 대로 "바산의 암소"라는 말의 뜻은, 사마리아에 사는 이스라엘 여인들의 도도하고 교만한 모습, 건방지고 사치한 모습, 자기 육체의 아름다움과 향락적인 것을 자랑하는 여인을 상징하며 동시에 그들이 가진 사회적 지위와 권력으로 마음에 하고 싶은 일은 무엇이나 할 수 있음을 뜻한다 할 수 있다.

아모스가 사마리아의 여인들을 "바산의 암소"라 함은 인격적인 모독을 받을 만한 그들의 삶의 자세가 문제이며, 이런 자세가 결국 이스라엘 나라를 망하게 하는 직접적인 원인의 하나로, 즉 그 백성들의 윤리적인 타락과 도덕적인 부패의 책임이 남자에게만 있지 아니하고 그 나라 수도 사마리아의 여인들에게도 있다는 것을 말하려고 한다고 하겠다.

이러한 측면에서 여인을 공격한 것은 아모스 이후에 나타난 이사야도, 남왕국 유대가 망하게 될 때 수도 예루살렘의 여인들의 사치와 향락적인 삶이 얼마나 심했는가를 이사야 3장 16절 이하에 아주 자세하게 설명하고 있다. 여기 그려진 여인들의 몸 단장과 사치한 모습은 오늘 서울 거리를 활보하는 부유층 여인들의 사치와 향락적인 삶에 결코 못하지 않다고 말할 수 있다(이사야 3장 16절 이하를 읽어 보라. 여기서는 지면 관계로 인용하지 않는다).

"사마리아의 산"은 사마리아 도시가 구릉(丘陵) 위에 세워졌기 때문에 "산"이 도시 이름에 따라다닌다(암 3:9;6:1). 오므리 왕(6대 왕, B.

C.887-875)이 나라의 수도로 확정하고 아합 왕 시대(B.C. 875-853)에 산 위에 세워진 이 수도는 전부 요새화되었다. 앗수르가 이 수도를 함락시킴에 3년 세월이 걸렸다는 것은 이 수도가 얼마나 난공불락(難攻不落)의 도성이었던가를 알 수 있다.

이러한 지리적 상황에서도 이 도성 안에 사는 권력자들의 아내와 여인들이 얼마나 안전감에 도취할 수 있었느냐를 알 수 있으며, 특히 아모스 당시 나라를 다스린 여로보암 2세의 탁월한 정치와 군사력과 외국 무역에서 얻은 강한 경제력은 이 도성에 사는 귀인들과 그 여인들로 하여금 '자유부인' 타입의 삶을 살게 할 수 있었고, 그들의 육체가 하고 싶어 하는 온갖 사치와 향락을 다 할 수 있었음을 짐작할 수 있다.

아모스가 문제삼은 것이 바로 이 여인들의 타락상이다. 노박(Nowack)은 "바산의 암소"란 말을 "사치스럽고 권력을 남용하는 여인들"로 해석하고 있다.[3] 또는 마르티(Marti)는 "식도락과 환락 이외 아무 것도 생각하지 아니하는 여인들"이라 해석하고 있다.[4] 푸른 초장에 있는 살찐 암소가 하는 일은 먹고 마시고 포식하는 일 이외 아무것도 하지 않는 것처럼 사마리아의 여인들은 먹고 일락(逸樂)만을 일삼고 있는 동물적인 삶을 살고 있다고 아모스는 보았다.[5]

그러므로 이런 여인들이 자기 집에서 하는 일이란 자기들의 남종과 여종을 시켜 폭음과 포식하는 일에 심부름을 시킴에 그치지 않고, 자기 남편까지 이 연락과 식도락의 삶을 위한 수종꾼으로 생각하는 것이다. 그래서 "자기 남편들에게 술을 가져와 마시게 하라"고 한다. 여인들이 스스로 잔을 들고 마시는 정도가 아니라 자기 남편들을 오늘 서울 거리의 고급 요정에 있는 기생의 위치 또는 길가 대포집에 있는 "작부"로 취급하고 있다. 이는 바이저가 지적하는 대로 "남자와 여자가 자연적으로 가져야 할 상호 관계를 가장 나쁘게 뒤집어 엎은 것이라"하겠다.[6]

이 구절을 "술을 가져오라"는 것으로 읽었지만 원문 그대로 "술

---

3) Milos Bic, p.82에서 중인.
4) *Ibid..*
5) Vulgate에서는 이 구절을 vaccae pingues, 곧 "비대한 암소"라 했다.
6) A. Weiser, p.150.

을"보충하지 않는다고 해도 자기 남편들에게 여인들이 먹고 즐길 수 있는 무엇이라도 가져오라는 의미로 읽을 수 있다. 이렇게 되면, 가정의 주인은 남편이 아니고 그 아내가 된 셈이다. 여자가 이만치 기세당당하다는 것은 단순한 남편의 무력만 아니고 가정이 가져야 할 질서는 다 무너졌고 남자의 위신이 사라진 동시에 여인의 횡포가 일을 결정하게 된다. 우리 나라 속담대로 "암탉이 울면 집안이 망한다"는 것은 이런 경우를 두고 한 말이다.

이러한 가정 질서가 파괴되었기 때문에, 그들의 사회에 윤리질서가 올바로 세워질 리가 없다. 이렇게 권력과 부를 의지하여 사치와 열락을 일삼는 사람에게서는 사회정의를 찾을 수 없다. 부정과 부패를 저지르는 사람은 누구냐, 그 집안의 여인들을 보면 알 수 있다. 분수에 지나는 사치를 하고 유흥과 연락으로 즐거운 세월을 보내는 여인들이 많은 나라는 망하는 길로 걸어가지 않을 수 없다. 치마바람에 한 가정도 한 나라도 망한다. "빈곤한 자를 학대하고 가난한 자를 짓밟는 일을 한다." '빈곤한 자'(dal)나 '가난한 자'(ebiyon)는 권력층과 부유층을 의지하고서 그들의 생계를 유지하는 약점을 가졌기 때문에 학대와 압제의 대상이 되며, 그들의 억울함을 변명해 줄 사람도 없다. 천대와 멸시의 삶을 살아야 한다. 문제는 이 천민들의 수난의 삶이 곧 권력자의 횡포 가도를 벗어나, 남자들만의 학대와 압제가 아니라, 그들의 여인들까지도 이 횡포에 가담하고 있다는 것이다. 결국 일반 가난한 대중은 이중 삼중의 학대를 받게 되는 것이다. 구체적으로 이 여인들이 어떤 학대와 압제를 했는지 우리 본문은 밝히지 않고 있다. 그러나 두 말할 것 없이 인권의 유린과 인간 기본권리의 박탈을 말한다. 이러한 악의 장본인들 개인과 그 가정에 항구적인 평안과 만족이 있을 수 없다. 반드시 하나님의 심판을 받아야 한다는 것이 2절 이하 말씀이다.

이 형벌은 반드시 오고 만다는 표현으로 "야웨의 거룩함으로 맹세한다"고 했다. 이 '거룩함'은 무엇을 뜻하는가? 원어의 뜻대로 '구별한다'는 의미에서 야웨 하나님은 다른 신과 구별되게 자기 자신의 하고 싶은 일을 반드시 하신다는 의지의 불변성을 "거룩함으로 맹세한다"고 표시되었다. 이 말의 뜻을 간접적으로 설명하는 구절로서 시편 89편 34, 35절을 말할 수 있다.

"내 언약을 파하지 아니하며 내 입술에서 낸 말도 변치 아니하리라. 내가 나의 거룩함으로 한번 맹세하였은즉 다윗에게 거짓을 아니할 것이라."

여기 하나님이 한번 작정한 뜻은 어떤 일이 있어도 반드시 실행하고야 만다는 표현으로 이 말이 쓰여졌다(참조. 렘 44:26).

그러한 확정적인 하나님의 심판의 날이 올 것을 "보라, 그 날이 너희에게 임하리라"고 했다. "보라"(hinne)는 말은 히브리어가 가진 독특한 말의 한마디이다. 주의를 환기시키는 말도 되거니와 그 주의시킬 사건이 항상 인간의 상상 밖에 돌발적으로 올 것을 표시하는 말이다. 아모스는 그의 후배인 예레미야와 나란히 "보라 그날이 임하리라"는 표현을 자주 사용했다. 이것은 두 예언자가 한 나라의 종말적인 역사 안에 살면서 그 백성의 범죄와 악이 어느 순간에 그 나라의 멸망을 가져올는지 알 수 없다는 종말적 의식이 강했기 때문이다. 그래서 아모스는 이러한 예기치 못한 하나님의 심판의 도래를 "야웨의 날"의 사상으로 표시하고 있다.[7]

여기 이렇게 예기치 못한 하나님의 심판이 사마리아 여인들에게 올 것을 말했다. 그러나 그것이 누구의 손에 의하여 구체적으로 어떻게 올 것인가를 여기서는 밝히지 아니하나 아모스서 전체의 상황에서 판단하면, 이것은 그의 시대보다 한 20년 늦게 나타날 이스라엘 북왕국이 앗수르의 침략을 받아 사마리아 수도가 함락됨으로 그 나라가 망하게 되는 비극적인 사건을 말한다.[8]

그러나 이 비극의 날에 사마리아 여인들이 당하고 말 참상을 여기 밝히고 있다. "사람들이 너희를 쇠갈쿠리로 끌어내고 너희 자식들은 낚시로 끌어내리라." 여기 "사람들"을 보충해서 읽었지만 이는 그 나라를 멸망케 한 앗수르 군대들이라 할 수 있다. 그리고 "쇠갈쿠리"가 사용되는 곳은 거름더미나 썩은 고기더미라 할 수 있다. 사마리아 여인들을 살찐 바산의 암소들이라 할 때, 이 암소 고기들이 먹을 수 없도록 부패하여 그 고깃간에서 쇠갈쿠리로 찍혀 끌려나와 거름더미로 버려진다는 것을 상상하면 그들이 과거 식도락과 환락의 순간들을, 아름다운 옷을 입고 사치스러운 분위기에서 생선처럼 뛰놀던 그들이 썩

---

7) 이 사상이 구체적으로는 아모스 5장 18절 이하에 밝혀졌다.
8) 이 사건은 왕하 15:29 이하에 기록되었다.

은 고기더미로 끌려나간다는 것은 참으로 처참하고 수치스러운 그들의 최후라 하지 않을 수 없다. 더욱이 그들의 몸에 바른 온갖 종류의 향수 내음이 썩은 고기의 악취로 변해버린다는 것은 그들이 사마리아 호화로운 주택에서 생을 즐기던 그들로서는 상상할 수 없었던 일이다. 이사야도 예루살렘 수도의 사치한 여인들의 종말을 말할 때 다음과 같은 말을 했다: "그 때에 섞은 냄새가 향수를 대신하고, 노끈이 띠를 대신하고, 부끄러움이 아름다움을 대신하리라"(사 3:24).[9]

아모스는 이사야보다 그 표현이 간결하고 거칠다. 아름다운 여인의 몸뚱어리가 쇠갈쿠리로 끌려나가는 상상은, 아모스가 전쟁이 만드는 비극을 아주 심층부에서 파헤쳤다 할 수 있다. 그러나 이 여인들이 단순히 칼에 찔려 죽은 결과라고만 상상할 수 없고, 침략군들에게 그들의 육체가 지칠 대로 농락되어 창녀 이상의 성적 희생이 되어 다시 쓸모가 없는 여체로 되어버린 상태에서 쇠갈쿠리로 무더기로 성 밖으로 끌려나온 것도 상상할 수 있다. 그것은 7장 17절이 이런 사실을 뒷받침해 주기 때문이다. "네 아내는 성 중에서 창기가 될 것이요 네 자녀들은 칼에 엎드러지리라." 이런 비극적인 최후는 사마리아 여인들만이 아니고 그들의 자식도 마찬가지 운명인 것을 말한다. "너희 자식들은 낚시로 끌어내리라." 그 어머니들은 쇠갈쿠리로 그 자녀들은 낚시로 끌려나간다는 대조는 이 인간 육체들이 완전히 냄새나는 썩은 생선에 불과하다는 것이다. 멸망과 생선의 상징은 하박국 1장 14절 이하에서도 밝혀지고 있다. "그가 낚시로 모두 취하여 그물로 잡으며 초망으로 모으고 기뻐한다"는 것도 한 나라의 멸망상을 말한 것이다. 그래서 하박국은 하나님께 항변한다. "주께서 어찌하여 바다의 고기처럼 사람을 대접하시나이까?"

스미스(G.A. Smith)는 이 "낚시"의 얘기를 고대 침략자들이 그 포로들의 마지막 사람을 고기 낚시로 걸어서 끌고 가는 풍속이 있다고 하여, 여기 "자식들"은 "남은 자"로 번역하여 쇠갈쿠리로 끌려가는 여인들 외에 남은 자들은 낚시로 끌려간다고 해석한다.[10] 그러나 '여인들'과 "남은 자"는 의미의 평행상 조화가 되지 않는다. '자식들'로 읽

---

9) 사해사본은 이 구절을 이렇게 밝혀주고 있다.
10) G.A. Smith, *The Book of the Twelve Prophets*, Vol.I, p.149.

음이 자연스럽다. 모자가 함께 비극적인 운명을 당한다는 것을 아모스 자신이 7장 17절에 말하고 있기 때문이다.

다음 3절 쇠갈쿠리로 끌려나가는 사마리아 여인들의 참상을 한번 다시 강조하고 있다. "무너진 성터"는 이 여인들의 비극적인 최후가 그들의 집이 아니고, 침략군들이 부수고 들어온 성터라는 것이다. 무너뜨린 성벽으로 말미암아 생겨진 공간에서 이 여인들은 끌려나갔다고 볼 수 있다. 그들의 시체가 너무 많아 성문을 통하여 나갈 필요가 없다. 새로 만들어진 성터 길로 곧장 끌려갔다는 것이다. 그리고 그들이 끌려나간 최후 목적지는 "하르몬"이라 했다. 이는 위에서 지적한 대로 정확하게 알 수 없는 말이다. NEB에서는 "거름더미"로 번역하여 시체를 거름더미처럼 쌓아 두게 된 어떤 장소로 읽을 수도 있다. 그러나 여기 문제는 하르몬의 정확한 위치보다, 사마리아 여인들의 최후 참상을 그린 것이 정확히 우리에게 전달되고 있는 것이다. 고대 주석가들은 이 "하르모나"란 원어를 "알메니아"(armenia)로 읽기도 하고 탈굼에서는 할미니(harmini) "산 건너로 사로잡혀 간다"고 읽기도 한다.[11] 그러나 정확한 이해라 볼 수는 없다. 다만, 시체와 같이, 썩은 생선과 같이 끌려나간 사마리아아 여인들의 비참한 모습이 여기에 상징되었다고만 읽을 수 있다.

이상과 같은 사마리아 여인에 관한 예언은 아모스가 망해가는 나라 이스라엘의 운명이 얼마나 그 나라 수도 여인들의 윤리적 타락과 도덕적 부패와 관련되었는가를 알리고 있다.

그리고 이 중요한 예언이 야웨 하나님이 주신 말씀임을 밝힘에도 주목해야 한다. 우리말 번역에서도 시도했지만, 이 예언의 시작이 "들으라, 이 말씀을"이고 마지막이 "이것은 야웨 말씀이다" 함으로 끝마치는 형식으로 아모스의 말은 철저하게 하나님으로부터 받은 권위있는 말씀임을 밝힌다. 한 나라와 민족의 운명을 판단하고 그것의 미래를 선언하시는 이는 야웨 하나님이시다. 예언자는 다만 하나님의 말씀을 대언함으로 그의 사명을 다한다. 이러한 예언자의 사명을 하지 못하게 하는 인간의 권력은 저주를 받아야 한다. 그것은 나라를 위하여 침묵을 지키라고 하지만, 오히려 그것은 망국의 길을 재촉하는 것이다.

---

11) S. R. Driver, p.165.

12. 종교의 한계성
(4:4-5)

1. 종교와 정치

 종교의 분야가 어디 까지냐 하는 문제는 종교학자, 종교가, 신학자들만의 문제가 아니고 이것은 모든 역사가, 철학자, 문화인 그리고 종교인, 교육자, 예술가, 정치가의 문제이기도 한다. 종교가 인류역사와 더불어 그 기원을 가졌다고 할 때, 우리 인간의 역사가 원시로 거슬러 올라갈수록 종교와 인간의 삶은 분리 할 수가 없다. 우리 나라의 단군신화를 우리 민족의 기원과 그 삶에 관한 문학 이전, 역사 이전 기록이라 할 때, 그것은 곧 종교적인 기록임에 틀림없고 또한 우리 민족시조의 종교가 어떤 것이었느냐를 설명함에 그치지 아니하고, 그 종교가 어떻게 우리들의 시조들의 삶과 깊은 관련을 가졌는가를 보여주는 기록이다. 종교의 한계성이라고 하여 이 단군신화에서 종교만 보고 그 종교와 관련된 삶을 보지 못한다거나 아니한다면 그는 단군신화를 해석할 자격을 갖추지 못한 사람이다.
 인간의 삶은 그 시작부터 종교와 밀접한 관계를 가져왔다. 이것을 부정하는 것은 종교도 역사도 모르는 무식한 사람이라고 해야 할 것이다. 우리 나라의 고대사, 가령 신라사를 보아도 우리 민족의 삶과 종교가 얼마나 서로 불가분의 관계를 가지고 있었는가는 누구나 의심할 여지가 없다. 신라사에서 불교를 빼어버린다거나 이조 역사에서 유교를 제거해 버린다면, 그 역사는 사실이 아닌 허구의 기록이 될 수 밖에 없을 것이다.
 이런 문제를 서양사에서 관찰해 본다면, 종교와 정치가 분리되었던 역사란, 러시아 공산주의가 종교를 민중의 아편이라 하여 법령으로 민중의 삶 전반에서 종교적 요소를 배제해 보려는 유혈의 노력을 한 역사에서는 종교의 한계성이 정치분야에 간섭 못하게 한 대표적인 예가 될 수 있을 것이다. 지금도 공산주의 사회에서 종교를 유물사관의 입장에

선 역사철학에서 강하게 반대를 하고, 북한과 같은 공산주의 지역에서는 모든 종교성을 민중의 생활에서 배제한 것을 자랑할는지는 몰라도 공산주의 자체가 하나의 종교가 되어 있다는 점에서는 민주주의 국가에서 보는 종교는 없다고 해도 그들이 만든 또 하나의 종교(정치철학)에 대한 충성심과 그 충정은 기성종교인 이상, 아니 그 흉내도 낼 수 없을 만치 순교적이라는 것은 누구나 다 안다. 20여년 세월 동안 군목을 지낸 어느 목사의 증언으로는 우리 나라 공산주의자로서 사형을 당하는 자 치고, "김일성 수령 만세"를 부르지 않고 죽은 자는 하나도 없다고 함은 북한 공산주의자들은 기독교의 하나님 대신, 김일성이를 하나님으로 신봉하고 그에게 최대의 충성을 다하고 있음이 사실이다. 그러니 "종교를 아편"이라 하는 자들에게서도 그들의 정치와 종교의 불가분의 관계가 종교 부정의 역사 속에서도 불가피하다는 것을 증명해 주고도 남는다. 그러니 사람은 한순간도 종교와 떠나서는 살 수 없다는 것이다. 비록 종교의 형태, 내용, 그 종류는 다르다고 해도, 현대인이나 원시인이나 차별 없이 종교를 떠나서는 그 삶을 생각할 수 없다.

그런데 최근 우리 나라의 정치가들 가운데나 종교인 일부에서 들리는 말 중에, 종교가는 종교의 분야에서 다 말하고 일할 것이지, 종교인이 건방지게 정치문제를 언급하여 이러구 저러구 말할 수 있느냐는 말을 하는 것을 듣는다. 종교가 인간의 삶, 어느 순간에도 불가분의 관계를 가지고 있다는 이 대진리를 인정하면서도 과거 역사상에서도 종교를 인간의 정치생활과 분리시켜 보려는 사례가 많았다는 것을 생각할 때 종교인들로 하여금 "종교분야"에 국한한 말을 하고 또 행동하라 하는 그 이유를 과거 역사적 사건들이 분명히 밝혀준다. 그것은 첫째, 종교인들이 그 신앙을 빙자하고 정치의 악을 규탄하기 때문에 이것이 듣기 싫은 일이요, 또 종교인들이 그 신앙양심 운운하면서 한 나라의 정치적 체제나 그 주장에 대하여 비판적인 말을 할 뿐 아니라 반대하는 행동까지 하게 되는 것이 불순분자요 반역자와 같은 태도를 취한다고 판단하기 때문이다. 역사상에 비판을 못하는 정치체제가 얼마든지 있었던 것이기 때문에 종교가들의 바른 소리, 정의의 외침 그리고 그들의 신앙의 양심에서 부르짖는 소리를 막아버리는 것은 당연하다고 생각한다. 이 경우 당연성의 이론적인 형태가 종교는 "종교의 분야를 지켜야 한다"는 것이다. 갈릴레오에게 지구가 돌아간다는 말을 하지 말라고 했기 때문에 그러겠다고 했지만 "그래도 지구는 돌아가고 있는데!" 했다고 한다. 종교는 종교의 분야만 지키라 명하니까 그렇게 하겠지만, 종교가 참 종교라면 그 종교를 믿는 사람들의 정치에 대하여 말하지 않을 수 없음을 어찌할 도리가 없다.

또 한편 종교인들 편에서도 "종교는 종교의 분야만 지켜야 한다"는 의견을 내세우고 종교인이 정치 운운하는 것을 심히 못마땅하게 생각하는 사람도 있다. 이런 말을 하는 사람은 역사상에서 살펴보면 대개 두 가지의 타입을 가지고 있다. 하나는 어용 종교인(가령 성경에서 대표적인 사람은 아모스 7장에 나오는 아마샤란 사람일 것이다) 다른 한 사람은 이 세상을 죄악의 고장 그러므로 장망성으로 보기 때문에 세상 정치문제를 논한다는 것은 신성한 하나님을 믿는 사람이 세속적이 되어버려 타락했기 때문이라 한다. 이런 생각을 하는 종교인들은 자기들의 이권이 좌우되는 일에는 세상 권력에 무조건 아부를 하여 이용할 수 있는 대로 이용을 하면서도, 정치인들의 모략과 술수 그 허위와 작당과 당파싸움 같은 것은 악마의 하는 짓이라 더럽고 추하게 생각한다. 그래서 현실 사회는 죄악과 부패덩어리이니, 여기에 대하여 어떤 애착이나 기대를 거는 것은 자기 신앙을 배반하는 일이라 생각하여 하루라도 빨리 이 세상을 떠나 저 높은 곳, 영원한 하늘 나라에 가는 것을 사모하게 된다. 그렇기 때문에 종교인으로서 세속 사회문제나 정치문제에 대하여 발언을 하고 관심을 보이는 사람은 속화된 신앙을 가진 사람이라 규탄한다. 그래서 종교인은 철저하게 종교문제 하나에만 그 정열과 충성을 바쳐야 한다고 한다.

이상과 같이 "종교의 분야"를 엄격하게 구별하는 사람은 종교인과 정치인, 두 쪽에서 다 찾을 수 있음이 인간의 종교사와 정치사에서 볼 수 있는 일이다.

그러나 구약에 나타난 증언자들은 그렇게 생각하지 아니했다. 인간의 정치문제 그것이 곧 종교의 문제라 생각했다. 예언자에게서 이 주장을 제거하면, 그는 종교인되기를 단념하는 것이다. 이 점은 과거 구약 예언자의 사상을 문화사적 입장에서 연구해 온 대부분의 학자들이 일치하게 주장해 온 바다. 가령 1903년 "설형문서와 구약성서"를 쓴 슈라더(E.Schrader)의 논문에서, "구약성서의 예언자들은 세계를 지배하는 큰 세력가들에게 보냄을 받은 일종의 영사(Konsul)들 같은 사람, 즉 정치적인 대리자들이라 하겠다"[1] 했고, 퀴츨러(Küchler)의 "예언자 이사야의 위치와 그 시대의 정치"란 논문에서는[2] 예언자는 역사 문제를 외면한 고용꾼과 같은 사람이 아니고 그 윤리적, 종교적 동기를 천명해야 하며 자극시키는 사람이었으므로 "그들은 정치적인 역사관에서 정치문제를 결정하지 아니하고 종교적인 역사관에서 결정을 지었다." 그리하여 1913년 발표된 빌케(Wilke)의 소책자[3] 에서는 "정치가란 개념은 곧 구약의 예언자들이라"할 수 있었다고 하며, "예언자들이 정치와는 아무 관련이 없는 사람이라"는 것에 대해 반대했다. 트뢸취(Ernst Troeltsch) 같은 사람은 "히브리 예언자들의 품격"[4] 을 논하는 중에서 예언자들의 정치적 태도야말로 순수하게 종교적인 근거에서 된 것이라고 했다. 그렇기 때문에 "예언자들이 가졌던 정치적 견해와 그 요구들에서 이스라엘이 바라보는 순수한 유토피아를 찾을 수 있었고, 이러한 유토피아는 구약 예언자들의 설교에서 볼 수 있었던 과장이나 한계가 아니라, 그들의 깊은 내면에서 그리고 가장 고유한 본질에서 내뿜는 바, 즉 예언자적인 정치의 고유한 본체적인 것 (Substanz)이었다"고 한다. 그들에게 있어서는 정치적인 태도를 취했다는 것이 하나도 이상한 일이 아니었다. 그것은 그들의 행동이란 곧 그들의 종교를 밖으로 표현하는 행동이었기 때문이었다. 예언자란 자기가 신봉하는 종교에 뿌리를 박고 있는 삶을 살아간 사람이기 때문에 정치문제를 그의 관심에서 외면할 수 없었던 것이다. 이 사실은 구약 예언자들 어느 사람보다도 아모스에게서 그 구체적인 사실을 볼 수 있었다고 엘리거(Elliger)는 그의 트뢸취 사상 비판에서 말하고 있다.[5]

이런 입장에서 아모스를 연구할 때 아모스는 단순한 예언자가 아니라 그 나라의 정치문제에 대해서와 그 정치로 말미암은 그 나라 백성들의 사회생활, 그들의 종교적인 삶과 경제적인 삶, 심지어는 유흥적인 삶까지도 자기의 신앙적 소신에서 규탄할 것은 규탄하고, 비판할 것은 비판하고, 심지어 저주하고 욕하는 일, 자기 민족의 파멸과 자

---

1) E. Schrader, *Die Keilinscriften und A.T.*, 1903, S.170-175.
2) Küchler, *Die Stellung des Propheten Jesaja zur Politik seiner Zeit*, S. 46
3) Wilke, *Die Politische Wirksamkeit der Propheten Israels* (1913), S.49.
4) E. Troeltsch, *Das Ethos der hebräischen Propheten*, S.24f..
5) K. Elliger, "Prophet und Politik" in *Kleine Schriften zum A.T.*, 1966, S.123. 위의 인용들은 Elliger의 논문에서 중인했다.

기 나라의 비극적인 종말 운명에 대해서도 과감히 말할 수 있었던 사람이다. 예언자는 침묵을 지키지 못하는 사람, 더욱이 그 나라의 정치 문제에 대하여 침묵을 지키지 못한 사람이 아모스였다는 것을 그의 책을 읽는 사람이면 부정할 수 없다. 그의 종교는 결코 의례적이고 형식화된 교회주의, 교파주의, 또는 교리주의 같은 것에 대해서는 완전히 흥미를 가지지 못할 사람이다. 자기가 살고 있는 자기 자손들이 대대손손 살아가야 할 선조의 약속받은 그 땅이 하나의 유토피아와 같이 잘 살 수 있는 나라가 되기 위하여서는 그 나라의 부정부패 죄악을 규탄함에 주저하지 않던 사람인 것을, 4장 이하에서 그 참모습을 볼 수 있다. 그는 국가 전체의 운명, 국민 전체의 올바른 공의 생활을 관심한 사람이었기 때문에 그가 가진 예언자의 사명 같은 것도 종교의 교리나 그것을 위한 것이 아니라고 선포한다. 그는 그 나라 정치와 경제와 문화와 역사의 핵심부인 종교 자체만은 타락하지 말아야 하고, 형식화되지 아니한 발랄한 생명이 넘치는 것이 되게 하기 위하여 종교 그 자체, 종교인 그 자체들, 또한 종교의 의식이나 형식 등 종교적 행사가 집행되는 성소 같은 것도 대담하게 공격했다. 이것은 그들의 종교가 그들의 삶의 한편 구석에 있어야 할 것이 아니고, 그들의 삶 전체가 종교적인 비판 아래 있어야 한다고 믿었기 때문에, 때로는 그들의 타락한 종교 자체에 대하여 신랄한 비판을 가했다. 4장 4-5절이 이런 종류의 그의 예언의 한 부분이다. 비록 짧은 말로 표시되었지만, 북왕국 이스라엘 종교의 가면을 적나라하게 벗겨버리는 말이다.

종교는 인간의 죄를 속량하는 것이다. 그러나 죄를 없게 하는 종교 그 자체가 죄를 범하게 될 때, 그 벌은 더욱 무섭다는 것을 기대해야 한다.

2. 새 번역

4절   너희는 벧엘로 가라
      그래야 죄를 짓겠지.
      너희는 길갈로도 가라
      그래야 죄를 더 지을 것이 아닌가!
      아침마다 희생제물을 손에 들고
      사흘마다 십일조를 바치면서

5절　누룩을 넣은 떡으로
　　　감사제를 올리며,
　　　특별감사 예물도 바치며
　　　공포하고 선전하려무나.
　　　너희들이야말로
　　　이런 일을 즐겨하지 않는가!
　　　아하 이스라엘 자손들이여
　　　이것이 주 야웨 말씀이시다.

3. 본문 해설

1. 형식종교(4:4)

이 짧은 예언 속에서 부정과 부패의 손으로 드리는 이스라엘 백성의 형식적인 종교에 대하여 조롱적이요 멸시에 가득 찬 분노의 목소리가 야웨 하나님의 말씀으로 선포되어 있다.

　문장상으로 보아 얼마나 종교적인 권고의 사상이 농후한가! "벧엘로 가라," "길갈로 가라." 현대적으로 표현한다면 "예배당에 가라," "교회로 가야지" 하는 표현이나. 그러나 "가라"는 이 말은 "성소로 가야 한다," "교회당에 안 가면 안된다"는 순수 명령형이라보기는 어렵다. 만일 교회당이나 성소에 가는 것을 진심으로 권고하는 명령이라면 왜 "가서 죄를 지으라," "더 많이 죄를 지으라" 할 것인가. 그 보다는 "가서 은혜를 받아야지," "너희 죄의 용서를 받고 너희 영혼을 든든히 하고 배부르게 해야지"하는 것이 논리에 맞을 것이다. 그러나 여기는 그러한 권고는 아모스의 말 속에는 없다. "예배당만 가면 그만인 줄 아니," "그 따위 행실을 하면서 성당에 나간다는 것은 오히려 죄만 짓는 것인 줄 너 모르느냐. 너 감히 그렇게 실제적인 그날 그날의 삶과 너의 종교적 의식 집행이나 교회 출석이란 경건행위가 불일치하다면야, 너는 오히려 교회당 가는 그 일 때문에 더 죄를 짓는 것이 아닌가. 그럴 바에야 교회당에 왜 나가! 성당에 나가는 것이 더 큰 죄를 짓는 것인 줄 모르는가!" 하는 야유적인 말이다. 참으로 무서운 말이다. 종교인에 대한 모욕도 이만하면, 그 비판은 최대의 신랄한 것이라 하지 않을 수 없다. "교회당에 가지 말라," "성당에 다니지 말라!" 하는 금지보다 더 골수에 사무치는 야유와 조롱, 아모스는 "너희는 벧엘로 가라"는 말에서 인간의 내면적인 죄의 근성을 파헤치고 있다. 벧엘에 가서 무엇을 할 것까지도 암시해준다. 그것도 그 성소로 가서 죄를 지으라는 것이다. 이것은 기상천외의 명령이다. 벧엘 성소가 죄의 용서를 받을 곳이 아니라 죄를 지을 장소가 되어 있다는 것을 솔직히 이스라엘의 형식주의 신앙인들에게 밝혀주는 것이다. 이것은 "너희들의 죄가 이런 것이 아니냐!"하고 죄에 대한 직접적인 공박보다 더 무서운 선언이다. 너희 놈들은 성소 밖 어느 장소에서 너희들의 더러운 손과 발이 죄를 짓지 않은 곳이 없으니 이제는 성소 그 신성한 제단 앞이 죄를 지을 수 있는 유일한 남은 장소가 아니냐 함이다.

벧엘은 이스라엘의 모체적인 성소이다. 예수교장로회로 치면 연동교회, 감리교회로 치면 정동교회, 성결교회로 치면 어느 교회가 모체적인 성소일까? 가톨릭 교도들에게 말한다면 명동성당일 것이다. 북왕국 안에 있는 모든 성소의 으뜸이 되는 벧엘 성소가 이제는 이스라엘 사람들의 예배 장소가 아니라 범죄를 저지를 장소이니, 그리로 가라는 것이다.

옛날 야곱은 여기서 하나님을 만나 자기의 운명을 결정했다. 하나님과 더불어 씨름을 했을 만치 그의 종교적 정열을 쏟은 것이다. 이스라엘의 성소 역사에서 보아도 이 벧엘은 이스라엘의 고대전승을 과거에서부터 깨끗하게 전승해 온 곳이다. 문자 그대로 "Beth-el", 하나님의 집이다. 그러나 아모스는 이 아름답고 신성한 이스라엘의 전통을 간직해 온 성소도 이제는 죄악의 장소로 화해버렸다는 탄식을 하고 있다.

길갈도 마찬가지다. "길갈"의 위치는 그 같은 이름의 지명이 많이 나오기 때문에 참 위치가 어디냐 하는 문제는 학자들의 논의가 되고 있지만 길갈은 이스라엘의 암픽티오니의 성소가 있었던 곳으로, 이스라엘의 고대 신앙 전승을 오랫동안 간직해 온 곳임에 틀림없다.[6] 사무엘이 한해 한번씩 찾은 곳이며(삼상 7:16) 사울이 여기서 왕이 된 곳이며(삼상 11:14-15) 또한 항상 중요한 제사 행위가 집행되었던 곳이다(삼상 10:8;11:15b;13:8-10, 15:21). 그러나 이 길갈 성소가 이미 타락한

---

6) H.J.Kraus, "Gilgal — Ein Beitrag zur Kulturgeschichte Israels," *VTI* (1953), S.181-191; J.Muillenburg, "The Site of Ancient Gilgal," *BASOR* 140(Dec. 1955),11-27.

장소였다는 것은 8세기 예언자 호세아나 아모스가 공통으로 인정하고 있는 사실이다(호 4:15;9:15;12:11). 그래서 "길갈로는 가지마라"(호 4:15), "저희의 모든 악이 길갈에 있으므로 내가 거기서 저희를 미워하였노라"(호 4:15;9:15, 12:11). 그러나 아모스는 "길갈로 가라!" 했다. 이것은 길갈 성소에서 그들이 죄를 짓는 일이 상습적이 되어버렸다는 것을 암시한다. 길갈에서는(히브리 원문대로 번역하면) 더 많은 죄를 범하라고 권고하는 뜻이다.

그러면 벧엘과 길갈에서 어떤 일로 그들이 죄를 지었는가? 종교적 행사 이외 딴 짓을 했다는 것인가? 아니다. 이스라엘의 정규적인 예배의 하나로 "아침마다 희생제물을 바치는 일"로 죄를 짓는다는 것이다. 그리고 또한 "사흘마다 십일조를 바침으로 죄를 짓고 있다"는 것이다. 희생제는 1년에 한번씩 드리는 습관이 되어 있는데(삼상 1:3,21) "매일 아침마다" 드린다고 했고, 십일조 예물도 매삼년에 바친다는 규약이 있는 데도(신 14:28;26:12) 매삼일마다 바친다고 하니 여기도 그 해석에 문제성이 있다. 이 희생제란 날마다 드리는 번제인가, 또 십일조를 소득의 십분의 일을 드린다고 할 때 어떻게 그렇게 자주 십일조를 바칠 수 있었던 것인가 하는 등의 문제이다. 그러나 이 문제에 대하여 벨하우젠은 여기 아모스가 말하는 제의 행동은 성소지역에 살고 있는 신도들의 고정적인 제의라기보다는 이 벧엘과 길갈이 북왕국 이스라엘의 지정된 성소이기 때문에(암 7:14) 해마다 많은 순례자들이 각처에서 몰려와서 그들이 이 성소에 도착한 첫 날에는 희생제사를 드리고, 그 사흘째되는 날에는 십일조를 바치는 행사가 아니었는가 상상을 한다.[7]

그러나 여기서 우리가 주목해야 할 일은 이런 제의가 언제 어떤 종교적 행사와 관련되었는가 하는 Kultus(제의) 자체에 대한 생각보다는 그것이 언제 어떤 종류의 것을 드렸건간에, 그들이 이 거룩한 중심 성소에서 행한 일은 성사(聖事)가 아니고 속사(俗事)를 버릇처럼 행했다는 것이다. 종교적 의식을 갖춘 행사라고 해서 그것이 반드시 하나님 앞에 아름답고 향내나는 제사행위가 되는 것이 아님을 말하고자 한다. 종교적 행사 그 자체가 범죄로 화할 수 있다는 것이다. 크리스마스

---

7) S. R. Driver, *Joel and Amos*, 1901, p. 166.

행사 그것이 곧 하나님이 기뻐하시고 원하시는 종교적인 신성한 행사라 함은 오해다. 우리들이 보는 오늘의 크리스마스 행사는 너무도 속화되었다는 것을 우리는 잘 알고 있다.

이 4절에서 아모스가 말하고자 하는 뜻은 이스라엘의 부유층의 사람들이 종교적 행사를 성소에서 드리면서 그것을 하나의 유흥기분이나 오락의 기회로 삼고 있다는 것을 말하려는 것 같다. 때로는 우리의 기도 그 자체가 죄로 변한다는 것을 알아야 한다. "그 기도가 죄로 변한다"(시 109:7). 이사야가 규탄한 예루살렘 성도들의 종교적 행사가 죄악 행위 그것이라 했고(사 1:11-14), 호세아도 그들이 고기를 하나님께 바쳐 제사를 드리건만 그것은 하나님을 위한 것이 아니고 자기들의 식도락을 위한 것이라 비판했다(호 8:13). 그러므로 예레미야 같은 사람은 그 백성에게 "기도를 하지 말라"고 한다(렘 7:16). 그것은 기도 그것이 오히려 죄를 범하는 행위가 되기 때문이다. 생각해 보라! 어느 교회 목사나 장로가 자기들의 반대자나 거역자를 위하여 저주의 기도를 올리고 있는 것을 생각해 보라. 정통주의자들의 신신학자들이 망하기를 간구하는 기도들이 죄가 아닐 수 있는가?

아모스는 아침마다 희생제를 드리는 것이 오히려 죄가 되고, 사흘마다 십일조를 바쳐도 그것이 범죄행위가 된다고 한다. 이렇게 되면 종교란 한갓 해골바가지이지 사람들을 위하는 생명의 환희는 되지 못한다는 것이다. 이러한 형식주의의 죄를 아모스는 5장 21절 이하에서 구체적으로 논하고 있다.

2. 제사의 무의미성(4:5)

5절에도 이러한 범죄행위인 형식적 제사행위를 고발하고 있다. "누룩을 넣은 떡을 먹으며 감사제를 드린다"는 것은 옛날 이스라엘 사람들이 출애굽할 때에 누룩을 넣지 않은 떡을 먹고 하나님의 명령대로 출애굽 행동을 한 것과는 대조가 된다. "희생제사를 누룩넣은 떡과 함께 드리지 말라"고 했다 (출 23:18; 레 2:11;6:17). 그러나 레위기 7장 12-14절에는 감사제를 드릴 때는 누룩넣은 떡과 함께 드리라는 규정도 있다. 그러나 이것을 먹는 자를 구별하라 했다. 누룩넣은 떡은 제사를 드리는 제단 앞에서 먹을 것이 아니라 제사를 집행한 다음 뒤따르는 축제 때에 먹어야 함을 밝혔다. 그러니 신성한 제단 앞과 축제의 장소를 구별하라는 뜻이 있다. 그러나 아모스 시대 이스라엘 사람들은 가나안 사람들의 제사행위를 본받아 제단 앞에서도 그런 식사를 일종 식도락으로 하고 있음을 지적하는 듯하다. 여기 아모스가 지적하는 문제점은 종교적 행사도 부유층 사람들의 도락의 하나로 전락해 버린 것에 대한 고발이다. 성소는 어디까지나 성소로, 거룩한 장소로 생각하고 거룩한 예배행위는 그것이 어디까지나 하나님께 바쳐지는 행사여야지, 예배자 자신들의 축제나 오락이 되어서는 안 된다는 것이다. 하비 콕스(Havey Cox)는 『바보제』란 책에 중세기 기독교회가 가졌던 "바보제"를 오늘 현대인에게도 되살려 엄숙한 종교적 분위기 위주의 종교보다는 생을 어느 곳에서나 즐길 수 있는 축제로 회복시켜야 한다고 한다. 그러나 이것은 아모스 생각과는 반대이다. 인간의 해학과 오락, 축제와 카니발적인 감정의 폭발이 오늘과 같이 각종 긴장으로 살아가는 현대인에게 필요한 것이 사실이다. 그러나 종교적 행사를 인간의 자기 감정본위로 생각함은 잘못이다. 창조주의 위치를 피조물의 죄로 말미암은 긴장된 삶 속으로 끌어내려 절대자와 인간의 차별을 없이해버리고, 신(神)도 현대인의 카메라드(Kamerad)로 동료로 시 같이 춤추고 날띨 파트너로 생각하는 것이 잘못이다.

이러한 축제적인 분위기로서만 종교가 현대적인 삶에 적응할 수 있다 함은 그야말로 종교의 한계성을 모르는 사람이다. 이런 축제적, 식도락적인 종교를 "공포하고 선전하는 것"이 오늘의 종교의 타락상이다. "공포와 선전" 그것은 같은 동감자(同感者)를 구하는 일이다. 이 축제적인 종교행사를 찬성해 달라는 것이다.

아모스 당시 이스라엘 사람들이 "이런 일을 즐겨하지 않는가!" 하고 아모스는 그들을 공격하고 있다. 진실로 "아하 이스라엘 자손들이여!" 하고 5절 마지막 부분에 장탄식을 하고 있음도 알 만하다.

역시 이상과 같은 아모스 자신의 고발이 자기의 말이 아니고 "야웨주 하나님의 말씀이라"고 못을 박아둔다. 자기도 시대의 아들로서 그 시대 사람들과 같이 카타르시스를 위한 신앙을 가지고 싶기는 하지만, 그럴 수 없다는 것이다. 그것은 야웨 하나님의 생각이 그렇지 않기 때문이라고 한다.

13. 자연과 계시
(4:6-13)

1. 피조물인 자연

이스라엘 예언자들은 자연을 다만 심미의 대상으로 바라보고 즐기지 아니했다. 우리 나라 사람들이 아름다운 산수를 바라보고 다만 그 아름다움에 혹하여 술을 마시고 시를 읊고 즐기는 자연관 같은 것은 이스라엘 신앙에서는 찾을 수 없다. 자연이 스스로 있게 된 것이 아니고 창조주에 의한 피조물이란 생각을 철저히 가졌기 때문에 자연을 신격화시켜 그것을 예배의 대상으로 한 일도 이스라엘에서는 찾을 수 없고, 자연을 다만 물질의 총체요 그 에너지의 원본(原本)이라 하여 그것을 다만 인간의 과학의 대상으로 연구하고 이용하고 정복할 것으로만 보아버리는 사고도 이스라엘에서는 찾을 수 없었다. 이스라엘이 가진 창조 신앙은 자연의 기원을 하나님의 창조 의지에다 두고 있기 때문에 자연은 곧 하나님의 하시는 일을 드러내는 기관(器官)으로만 생각했다. 그 대표적인 표현이 시편 19편 1절이다.

"하늘은 하나님의 영광을 선포하고 창공은 그의 손으로 하시는 일을 나타낸다."

근대과학이 발견해 가고 있는 자연의 질서의 오묘함과 위대함은 시대가 갈수록 더 가중되어 가지만 이 자연질서가 하나님의 창조의 질서에 속했다고 생각한 이스라엘 신앙인들은 창조주와 피조물의 세계를 명확하게 구분해 준 사람들이라 하겠다. 성경이 기록된 그 시대는 모든 인류의 지능이 발달되지 못한 고대였지만, 그 당시 다른 민족들이 가지고 있었던 바와 같은 생각, "자연이 곧 신이다"하는 범신론적 생각을 하지 않았다는 것은 참으로 인류의 사상과 신앙의 방향을 올바로 그어준 사람들이라 하지 않을 수 없다.

이러한 사상을 밝혀 보여주는 예언자는 아모스라 하겠다. 4장 6-11

찰까지의 내용은 자연이 인간과 꼭 같은 피조물의 하나로서 하나님의 의지를 알리는 일을 거짓없이 수행하고 있다.

인간이란 피조물은 그런 의지를 읽고 깨달아 스스로 자기의 삶에 그 신의 의지를 반영시킬 수 있지만, 아모스는 당시 이스라엘 사람들이 자연을 통해서 밝혀주는 하나님의 계시에 대하여 반응이 없음에 대하여 탄식하고 있다.

2. 새 번역

6절 "내가 너희 사는 곳곳마다
　　　이에 씹을 것이 없도록
　　　식량이 떨어지게 했건만은
　　　너희는 내게로 돌아오지 아니하였다."
　　　이는 야웨의 말씀이시다.
7절 "추수하기 석달 전에 이미
　　　내가 비를 멎게 하여
　　　한 곳에는 비가 내리고
　　　다른 곳은 가물게 했다.
8절 이곳 저곳 사람들이
　　　물을 찾아 헤매었지만
　　　갈증을 풀지 못했다.
　　　그래도 너희는 내게로 돌아오지 아니하였다."
　　　이는 야웨의 말씀이시다.
9절 "내가 풍재와 깜부기로 너희를 치고
　　　메뚜기가 너희 뜰과 포도원
　　　무화과나무와 감람나무를 먹게 했건만
　　　너희는 내게로 돌아오지 아니하였다."
　　　이는 야웨의 말씀이시다.
10절 "애굽에서와 같이
　　　내가 너희에게 전염병이 퍼지게 하고
　　　너희 젊은이는 칼에 엎드러지고
　　　너희 말들은 빼앗기고
　　　너희 진중에는 악취가 나게 했건만
　　　너희는 내게 돌아오지 아니하였다."
　　　이는 야웨의 말씀이시다.

11절 "소돔과 고모라를 멸하듯
　　　내가 너희를 파멸시켜
　　　마치 불 속에서 꺼낸 부지깽이처럼 되었건만
　　　그래도 너희는 내게로 돌아오지 아니하였다."
　　　이는 야웨 말씀이시다.
12절 "그러므로 이스라엘아
　　　내가 너희에게 이렇게 할 것이다.
　　　내가 너희에게 이렇게 할 것이다.
　　　이스라엘아
　　　네 하나님을 만나는 자세를 가지라."
13절 "진정 산들을 만들고 바람을 창조하며
　　　자기 뜻을 사람에게 계시하며
　　　아침을 어둡게 하며
　　　땅의 높은 곳을 밟으시는 분
　　　그의 이름은 만군의 하나님 야웨이시다."

3. 텍스트 문제

[6절] "너희 사는 곳곳마다"의 원어는 "너희의 모든 성읍들"이다. "이에 씹을 것이 없다"의 원어는 "이를 한가하게 한다" 또는 "이를 깨끗하게 한다"이다. "식량이 떨어지게"는 "빵의 결핍"이 그 원어의 표현이다.

7절. "추수 석달 전"의 원어 뜻은 "아직도 추수까지는 석달이 있다."

8절. "이곳 저곳"은 "두세 성읍"이 원어. "갈증을 풀지 못함"은 "만족하지 못한다"가 원어.

10절. "전염병이 퍼지게 한다"는 "전염병을 보낸다"가 원어.

11절. "소돔 고모라를 멸하듯" 원어에는 앞에 "하나님"이 나와 있다. 이 말 자체가 야웨 말씀이라고 매절마다 밝혔는데, 여기 "하나님이 소돔 고모라를 멸하듯 내가… 멸한다"고 하면 "하나님"과 "내"라는 말씀의 주인인 야웨가 서로 다르게 된다. 그러므로 "하나님"을 안 붙여도 의미가 통하고 또 그것이 자연스럽다. 원어 자체에 대한 본문 비평의 문제는 *Biblia Hebraica*에서 보는 대로 원문 텍스트에 문제성이 많은 것을 알 수 있다.

4. 본문 해설
―심판, 회개, 신앙자세

6-11절까지의 내용은 예언자 아모스가 이스라엘 백성으로 하여금 야웨 하나님의 진노를 통한 심판을 알게 하며, 그들의 회개를 촉구하며 새로운 신앙 태도를 가지라는 내용이다. 예언자의 사명 중 가장 중요한 것 하나가 백성들의 무딘 마음을 깨우쳐주는 경고와 책망을 하는 것이다. 여기 이 부분에서 아모스는 이스라엘 백성이 하나님의 징계를 받고도 깨달음을 가지지 못한 것을 탄식하고 있다. "그래도 너희는 돌아오지 아니하였다"는 말을 다섯 번이나 반복하고 있음은 회개해야 할 이스라엘이 회개하지 않고 있는 그 뻔뻔스런 태도를 책망하고 있다.

이 부분의 열쇠가 되는 말(key word)은 "하나님께 돌아오라"는 말이다. 그릇된 길을 떠나 바른길로 돌아오는 회개, 신약에서 말하는 metanoia ― 백 팔십도의 전환된 새 생활을 말한다. 구약에서 이 회개를 표시하는 말로 슈-브(shûbh)란 말이 가장 많이 사용된다.

아모스는 여기서 다섯 번이나 꼭같은 구절(6,8,9,10,11)을 후렴처럼 반복하고 있다. 그것은 weˈlo-shabhtem ˈaday인데 shabhtem이 shûbh란 동사의 Qal형 제2인칭 복수 과거(Ye have not returned 또는 Ye did not return)이다. 아모스와 같은 시대 예언자인 호세아도 이스라엘의 완고함과 그 반역성을 표시할 때 이 말 shûbh로 표시하고 있다.[1] 이 말에 관한 자세한 연구를 여기에 다 소개할 자리가 아니지만 아모스가 사용한 그 말은 호세아가 사용했기 때문에 두 예언자가 이 말을 그 예언의 중요한 내용으로 하고 있다는 것은, 그 때 이 두 사람의 청중 이스라엘 사람들이 얼마나 하나님과 맺은 올바른 계약관계에서 그들이 떠나 있었는가를 암시해 주고 있다. 특히 두 예언자가 살고 있었던 북 왕국 이스라엘의 역사적 상황은 그 나라의 역사의 종말이 올 것을 멀지 않게 내다보고 있었기 때문에[2] 신앙과 생활의 정도로 돌아오라고 외친 이 예

---
1) 김만우, "호세아서에 나타난 shûbh 사상," 연세대 대학원 1964년 석사논문.
2) 북 왕국 이스라엘이 망한 해가 B.C. 722년. 아모스는 760년경, 호세아는 740년경 활동한 사람이다.

언자들이야말로 참말 애국자라 하지 않을 수 없다. 자기 백성들이 현재 하고 있는 그대로 생활과 윤리, 그 사상과 신앙, 그 정치의 노선과 지도이념, 그 일반적인 관심과 역사의식으로는 도저히 자기 나라와 백성이 망하지 않을 수 없다는 것을 바라본 예언자였기 때문에 그 잘못된 길에서 회개하고 돌아오라는 것이었다. 진실로 야웨와 계약관계 —"야웨는 이스라엘의 하나님이요 이스라엘은 야웨의 백성이라"— 를 맺은 역사의식을 가지고 있었던 예언자는 야웨가 지시한 정로에서 이탈하고 있는 이스라엘 백성으로 하여금 "돌아오라"고 한 것은 당연한 일이었다. 자기 자식이 타락과 멸망의 길을 걷고 있을 때, 그 자식으로 하여금 "돌아오라"고 외치지 않을 부모가 어디 있겠는가! 예언자 아모스야말로 "돌아오라!"는 구호를 가지고 국민운동을 일으킨 사람이라 할 수 있다. 호세아의 경우에는 아모스 보다 자기 나라의 마지막 운명을 "명약관화"로 내다본 사람이었기 때문에 "사랑"과 "인자" (hesed)와 야웨를 아는 "지식"(daath yahweh)을 외치며, 그 백성이 정도로 돌아오기를 애원했다. 자기를 버리고 떠나간 아내 고멜과의 애정관계 경험을 토대하여 그 백성들에게 호소했다.

오라, 우리가 야웨께로 돌아가자.
야웨가 비록 우리를 상하게 하셨으나,
우리를 고쳐주실 것이요.
우리를 치시기는 했지만
어루만져 주실 것이다(6:1)

그러나 아모스의 경우에는 이 사랑의 호소보다 타락한 자식을 경고하는 아버지 또는 불법을 감행한 시민을 경고하는 법관의 심정으로, 정의와 불의가 무엇이며, 어느 것이 정도(正道)요 사도(邪道)냐를 가르치면서 그 백성으로 하여금 돌아오도록 외치고 있다. 아모스에게서는 아버지의 위엄을 보고, 호세아에게서는 어머니의 자애를 본다. 그 방법은 서로 다를망정 그 근본정신은 같다. 타락하고 패역한 이스라엘로 하여금 그 본래의 길로 돌아오라는 호소를 하고 있다. 아모스는 정의의 예언자이다. 이 말은 부정과 불의를 파헤쳐 그 해독이 전국민에게 미칠 것이 얼마나 큰가를 알리며, 이러한 독을 뿌리고 있는 정치가나 국민의 지도자들은 마땅히 하나님의 심판을 받아야 할 것을 외치는 사람이다. 이미 위에서도 말한 바이지만 아모스는 그 나라 지도자와 백성들을 향해 외치는 정의의 목소리 때문에 자기 자신에게 어떤 손해와 수난이 올 것을 개의치 않는 사람이다. 정의를 외쳤기 때문에 자기는 희생당해도 좋다는 것이다. 다만 자기의 이 올바른 양심의 소리와 하나님의 율법에 근거한 정당한 외침으로 곁길로 나간 백성이나 지도자들이 양심의 가책을 받아 정도로 돌아와 그 나라의 비극적인 운명을 저지할 수 있다면 그것으로 족하게 생각한 사람이다. 당시 정권을 얻고 거기에 맹종하고 있었던 아마샤란 종교적 권위의 사람이 "예언 중지명"을 내렸지만 아모스는 오히려 자기는 정권이나 그것이 주는 어떤 혜택 때문이 아니라 "야웨가 말씀하라 할 때 누가 외치지 않겠느냐, 사자가 부르짖을 때 무서워하지 않을 사람이 누가 있겠느냐"하면서 자기의 외침은 불가항력이라 했다.

4장에서 우리는 그의 외침이 무엇인가를 보아 오고 있다. 이 6절 이하 예언은 그의 외침의 내용이라기보다 자기 외침에 대한 백성과 지도자들의 반응을 가리키고 있다. 그것은 아무리 바른말을 외쳐도 마이동풍격이 되어서는 나라의 운명이 슬프게 될 뿐이라 생각했기 때문이다.

여기 아모스의 외침은 과거와 현재의 이스라엘 백성의 반역과 배신 결과로 나타난 여러가지 개인적 공동체적인 불신과 비극을 말함으로 현재의 불의와 부정, 야웨 율법에서 떠난 반역과 배신을 버리고 올바른 길로 돌아올 것을 암시하고 있다. 여기 문장의 시상(時相)은 "돌아오라"가 아니다. "돌아오지 아니했다"는 과거의 일 또는 "현재까지도 돌아오지 아니하고 있다"는 이중의 시상을 암시하고 있다.

여기 사용된 문장구조는 "야웨가 이스라엘을 경계시키기 위하여 이러이러한 벌을 내렸건만, 그래도 너희는 돌아오지 아니했다"는 것이다. 여기 이스라엘을 깨우치기 위하여 내리신 벌은 다음 여러 가지다 — 기근, 가뭄, 농작물의 피해, 전염병, 전쟁, 지진 등 여섯 종류의 재난이다.

이런 재난(Katastrophe)은 자연 현상과 인간이 만든 현상(전쟁) 두 가지로 나누어 생각할 수 있다. 여기서 후자의 경우는 10절 중간에 "너희 젊은이는 칼에 엎드러지고" 함에서 보여주고, 6,7,8,9,11절의 재난은 거의 다 자연의 현상에서 생긴 것이다. 여기 이러한 자연에서 생기는 재난이 단순한 자연의 현상이냐, 아니면 신의 조화와 간섭에서 되는 것이냐,

또는 전쟁과 같은 인간의 정치, 사회, 경제, 문화가 인간 스스로의 관계성의 마찰과 부조화에서 오는 것인가 아니면 역사를 지배하시는 하나님의 간섭으로 생기는 것이냐? 이런 중대한 질문을 하게 된다.

아모스를 비롯 이스라엘의 사상가들은 자연 현상이나 역사의 현상이 모두 창조주 하나님이 하시는 일로 알고 또 그렇게 믿고 있다. 이 점 로빈슨이 이 구절 해석에서도 말하고 있다. "자연에서 일어나는 모든 사건에서 예언자는 하나님의 손의 활동을 인식하며, 인간이 경험하는 불행한 사건들은 인간으로 하여금 하나님께 돌아오게 하는 목적에서 일어나는 것을 알고 있다."[3] 이렇게 자연 현상에서 신의 손을 본다는 것은 이스라엘 주변 여러 나라도 가진 사상이지만, 다만 한가지 다른 것은 이스라엘의 경우는 야웨 하나님 한분만을 창조주로 하는 유일신론이 그 밑바닥에 있고, 주변 여러 나라들은 다신교 신앙이 기초가 되어 있다.

이렇게 자연의 현상이 야웨의 손에서 되어진 것임을 아모스는 4장 13절에서 밝히고 있다.

"진정 산들을 만들고 바람을 창조하며
자기 뜻을 사람에게 계시하며[4]
아침을 어둡게 하며
땅의 높은 곳을 밟으시는 분
그의 이름은 만군의 하나님 야웨이시다."

여기에 아모스는 분명히 자연의 현상은 하나님의 손으로 되어지는 것이라 말한다. 자연법칙은 엄연하게 있다. 이 법칙은 인간이 만든 기계 이상으로 세밀하다. 그러나 이것을 우연이라고 생각할 수 없다. 이 정확하게 돌아가는 자연법칙은 하나님이 창조 때에 배포하셨고 또 계속해서 이 자연법칙을 통제하고 계신다. 바람이 분다는 것이 물론 기압의 유동이라 하지만, 이런 유동이 하나님의 손에 의하여 움직인다고 한다. "산들이[5] 지음을 받은 것," "바람이 부는 것," "소낙비가 쏟

---

3) Th. H. Robinson, S. 87.
4) New English Bible은 "땅에 흡족한 소낙비를 내리시고"이다.
5) 이 어원 harîlm을 hara'am으로 읽어 "번개"라고도 한다(NEB). 이는 LXX과 동일하나 그 이유를 알 수 없다.

아지는 것"또한 "아침이 밝지 않고 어둡게 되는 것"모두가 하나님의 손에 달렸다고 한다. 심지어 지는 태양을 잠깐 정지하는 일도 하나님이 할 수 있다고 한다(수 10:13). 이런 하나님의 활동은 자신의 위력을 과시하려는 것이 아니라, 하나님 자신이 인간을 향해 갖고 계신 뜻이 무엇인가를 알리려는 계시의 행동이라고 아모스는 말하고 있다.

아모스가 자연을 통한 하나님의 계시를 배워야 한다는 주장은 "계시론"을 세우려는 목적에서가 아니라 자연과 인간은 같은 하나님의 피조물로서 서로 운명적인 관계가 있음을 알리려 한다. 창조주, 자연, 인간, 이 삼각관계에서 인간이 자연보다 소중하고 그 인간은 창조주를 더 소중히 여겨야 함을 가르치고 있다.

그러므로 4장 6절에서 말하는 "기근"—이에 씹을 것이 없을 정도의—은 인간이 그 육체를 존속시키기 위해 필요한 양식이 떨어져 영양실조를 일으켜 그 생명의 위협을 가져오는 불행한 일이다. 하나님은 양식을 풍족히 주어 인간을 돌보시기도 하지만, 기근이 오게 하여 생명의 위협을 받게 한다. 구약성서에서는 여러 차례 기근의 경험을 한 기록을 남겼다. 창세기 12장 10절, 26장 1절(아브라함 때), 사무엘 하 21장 1절(다윗시대 3년간 기근), 사무엘하 24장 13절(다윗의 벌 중 하나로 7년 기근), 열왕기상 8장 37절(솔로몬의 기도에서 말하는 기근), 열왕기상 18장 2절(엘리야 시대, 사마리아에 있은 기근), 열왕기하 4장 38절(엘리사 때 길갈에 든 흉년), 열왕기하 8장 1절(엘리사 때 그 땅에 기근이 7년간).

아모스가 말하는 '기근'은 어느 시대 것인지 알 수 없으나, 이런 기근이 일어날 만한 자연의 조건이 있었음에도 불구하고 그것을 단순히 자연의 장난으로만 보지 않고, 하나님이 이스라엘 백성들로 하여금 조물주 하나님이신 것을 알게 하는 징계를 경험했으면, 그 백성이 야웨께 돌아와야 할 텐데 여전히 타락하고 배신의 생활을 하고 있다는 것이다.

다음 '가뭄'도 하나님의 징계로 보고 있다. '가뭄'과 '기근'은 서로 연관되어 있지만, 여기 7절 8절 내용은 '가뭄' 때문에 고통을 받는 농촌보다 도시의 고통을 더 표시하려는 것 같다. '한 도시' '다른 도시' 이곳저곳 사람들이 많이 사는 곳에 물이 없어서 고통을 당하고 있는 모습이다. 팔레스타인에는 대체로 10월 말에서 그 다음 해 오월말까지가 강우기(降雨期)이고 3월 초순부터 10월 중순까지 건조기라 할 수 있다. 곳에 따라 다소 차이는 있지만 4월에서 6월 안에 추수를 하게 된다. "추수기 석달전"(7절)이라면 1월-3월이다. 실상 이 시기에는 비가 흡족이 내리는 것이 정상이다. 이 기간에 내리지 아니하면 도시 사람들의 식수는 곤란을 받을 수밖에 없다. "사람들이 물을 찾아 헤매이지만 만족할 수 없다"는 (8절) 현상이다.

이런 가뭄의 고통도 하나님이 이스라엘을 경고하기 위하여 주시지만 백성들은 야웨께로 돌아오지 아니한다.

9절은 농촌에서 당하는 재난을 말한다. "풍재(風災)와 깜부기 재난"은 종종 나란히 기록된다(신 28:22; 왕상 10:37; 학 2:17 등).[6] 풍재는 창세기 41장 6, 23, 27절 등에서 보는 대로 동풍이 불어와 곡식을 시들게 만드는 재앙이다. 이 동풍은 사막에서 불어오는 열기있는 바람이다. 깜부기는 곡식알이 영양실조에 걸려 그 자체가 썩어버리는 것이다. 히브리 원어 bayeraqon은 "창백하고 불건강하다"는 뜻이다.

메뚜기가 뜰과 포도원과 무화과나무와 감람나무를 먹어치우는 재난은 농부들에게는 치명적인 고통을 주는 재앙이다. 메뚜기(gazam)는 무서운 파괴력을 가진 것이다. gazam이란 말 자체가 칼로 베는 것, 양털을 깍듯이 깍는 것을 뜻한다. 이 재난은 요엘 1장 4절, 2장 25절에 무서운 파괴력을 말해 주고 있다.

이러한 재난도 역시 하나님이 농사하는 사람을 경고하는 것이다. 이 재난을 당하고서도 그들은 야웨께로 회개하고 돌아오지 아니한다고 한다.

10절에는 "전쟁"이 주는 재난을 말한다. 그 재난의 초점을 "청년이 칼에 죽는 것"과 그 시체로 말미암아 악취와 역병(疫病)에 두고 있다. '역병'(deber)은 많은 사망율을 가져오는 유행성 병이다. 많은 시체를 치우지 못하여 부패작용이 생기고 "악취가 발하여 코를 찌를"(10절) 극도의 비위생적인 상태에서 생길 수밖에 없는 전염병이다. 이러한 병은 전쟁과 관련되었음이 분명하다(레 26:25). 예레미아는 야웨 말씀을 듣지 아니하는 이스라엘은 하나님의 징계를 받을 수밖에 없다는 심판의 예언을 말하는 중, "칼과 기근과 역병, 이 셋을 무서운 것으로 선포하고 있다(14:12;21:7,9;24:10;29:17). 에스겔은 예루살렘 사람들

---

6) 우리 말 번역은 각각 다른 말로 번역되었다.

이 이방인보다 더 악을 행하기 때문에 그들은 "온역과 기근과 칼"에 죽을 것을 선언하고 있다. 아모스는 이러한 재난은 과거 "애굽에 내렸던 하나님의 징계와 같은 것이다"고 말한다. 이것은 역사적 사건을 말함으로 하나님의 진노의 확실성을 말한다.

"너희 말들을 빼앗는다"는 "노략해 온 말들과 함께 너희 청년은 …"이다. 전쟁을 할 수 있는 가장 중요한 무기의 하나인 말을 약탈당한다는 것은 패전의 슬픔만이 아니라 다시 싸울 수 없도록 전의(戰意)을 꺾어버리는 것이다. 철저한 패망의 경험이다. 이런 쓰라림을 가졌으면 야웨 앞에 회개하고 돌아와야 할 것이지만, 그렇지 못하다는 것이 아모스의 탄식이다.

11절의 재난은 '지진'으로 볼 수 있는데 이미 1장 1절에 언급한 그 '지진'을 말하는 것인지, 그 밖에 다른 지진을 말하는 것인지, 또는 적군의 침략으로 말미암아 도성이 무너져 황폐하게 됨을 말하는지 알 수 없으나 소돔과 고모라의 파멸과 같은 파멸을 경험한 것을 언급한다. 이스라엘의 역사는 이런 파멸을 국부 또는 전영토에서 늘 경험할 만치 재난이 심했던 것은 잘 아는 일이다. 여기 "무너진다"라는 말 mahpekhah는 산이나 들이 뒤집혀지는 것보다 항상 도시, 성읍의 뒤집혀 엎어진 파멸을 뜻한다(창 19:21,25,29; 렘 20:16; 애 4:6 등). 구약에 '지진'은 열왕기상 19장 11절(웃시야 시대), 아모스 1장 1절(여로보암 시대), 스가랴 14장 5절(스가랴 시대)에 나온다. 이러한 재난 속에서도 전멸당하지 않고 "남은 자"의 축복을 받은 사람이 있다. 여기 아모스는 이 "남은 자"는 마치 "타는 불 가운데서 꺼낸 나무토막과 같다"고 한다. 여기 이런 나무토막은 wûd란 원어가 사용되었는데, 이 말은 실상 부엌에 불을 땔 때 불이 잘 붙도록 들고 쑤시는 데 사용하는 나무때기, 즉 "부지깽이"를 말한다. 이사야가 시리아-에브라임 전쟁 때(B.C. 735-734) 예루살렘을 포위한 시리아와 북왕국의 연합군이란 타다 남은 두 부지깽이와 같다고 했다. 스가랴는 패망한 예루살렘이 부지깽이 같은 꼴이라 한다(슥 3:2).

아모스는 언제 이스라엘이 이런 비참한 운명을 겪었는지 밝히지 않으나, 이런 말이 그 때 사람에게 설명 없이도 통했기 때문에 이런 국한된 표현을 했다고 본다. 그래도, 그들은 돌아오지 않았다는 것을 탄식한다.

솔로몬이 성전을 짓고 하나님 앞에 긴 기도를 올린 내용 중에 아모스가 이 4장에서 말하는 여러 재난을 언급하며 이런 재앙을 당할 때 이스라엘이 개인으로나 민족 전체가 다함께 "각각 자기 마음에 재앙을 깨닫고 이 성전을 향하여 손을 펴고 무슨 기도나 간구를 하거든 주는 … 들으시고 사유하소서…그리하오면 저희가 주께서 우리 열조에게 주신 땅에서 사는 동안 항상 주를 경외하리이다"(왕상 8:37-40)라고 기도하고 있다. 이 기도문이 D의 영향을 받은 사람의 기록이라 하면 아모스 예언자는 D기자에게 영향을 준 사람이라 할 수 있다.

레위기 26장에 나타난 '성결법전'(레 17장-25장)의 부록을 보아도 아모스의 '회개의 권고'가 그대로 반영되어 있음을 본다. 특히 레위기 26장 23절 이하가 더욱 그렇다.

"이런 일을 당하여도(재난을) 너희가 내게 돌아오지 아니하고 나를 대항할찐대 나 곧 나도 너희에게 대항하여 너희 죄를 인하여 너희들 칠배나 더 칠찌라."

신명기 저자의 "축복과 저주" 장(28장)에도 이스라엘이 당하는 재난은 모두 하나님의 율법과 계명을 떠나서 악을 행하기 때문이라 한다. 특히 20절 이하가 아모스가 4장 6절 이하에서 말하는 내용과 서로 공통되어 있다.

"여호와께서 폐병과 열병과 상한과 학질과 한재와 풍재와 썩는 재앙(깜부기)으로 너를 치리니 … 비 대신에 티끌과 모래를 네 땅에 내리리라"(22-23).

이 신명기 기사도 아모스의 영향으로 보아야 할 것이다.

아모스는 과거와 현재 그 백성의 역사의 작고 큰 일 속에서 일반 사람이 느끼지 못한 하나님의 손으로 되어지는 일을 보도록 한다. 정상적인 자연현상이 하나님의 축복의 표현이라면 재난과 같은 비정상적인 것은 하나님의 징계와 심판으로 보아야 할 것을 가르친다. 이 교육의 목적은 다만 야웨의 백성으로 올바르게 살게 하기 위함이다. 죄악의 길에서 떠나 회개해야 할 것이다.

여기 나타난 가장 큰 신학적인 문제는, 야웨 하나님의 주권성 인정의 문제와 그와 맺은 계약관계는 어떤 사정 아래서도 굳게 지켜야 할

인간의 신앙의 문제로, 이 예언의 중심이다.[7]

　이 아모스 예언 속에 "나"라는 하나님의 제1인칭이 각 절에 강조되었음을 주목해야 한다. "내가 … 했는데" 너희는 돌아오지 아니한다고 한다. "야웨가 얼마나 개인적인 관심을 표시하고 있는가를 볼 수 있다."[8] 그러나 이 개인적인 관심에 대하여 이스라엘은 배신적인 반응을 보이고 있음을 아모스는 지적하고 있다.

　그러면 이 배신적인 반응에 대하여 이스라엘이 해야 할 일이 있지 않는가. "그러면 어떻게 하란 말인가?" 하는 백성들의 소리에 대하여 아모스는 친절하게 그 해답을 12절에서 준다.

"그러므로 이스라엘아
내가 너희게 이렇게 할 것이다.
내가 너희게 이렇게 할 것이다.
이스라엘아 네 하나님을 만나는 자세를 가지라."

　여기 간곡한 하나님의 자애로운 음성을 들려주신다. 아모스는 결코 무서운 심판자이신 하나님을 알리고 마는 것이 아니다. 그 심판에 앞서 자애로운 어버이의 사랑의 호소를 들려준다. "이스라엘아!" 두번이나 부르고 있고 과거에 불법한 이스라엘을 벌한 그 벌을 지금도 너희에게 할 수 있음을 두번씩이나 거듭 강조하신다. 여기 하나님의 모순이 드러났다. "이스라엘아" 하고 간절히 찾으시는 사랑의 목소리와 "내가 어떻게 과거와 같이 징계하지 않겠느냐" 하는 심판의 의지, 이렇게 사랑과 심판의 두 의지가 12절에서 충돌을 하는 것 같다. 그러나 "하나님을 만나는 마음의 자세를 가지라" 함에서 야웨는 자기의 정의의 주권을 세우는 동시에 사랑의 축복도 주신다. 그것은 다만 이스라엘이 반역하지 않고 야웨와의 올바른 관계, 만나는 관계를 가질 수 있을 때만이다. 이 "만남"은 이스라엘의 제의 또는 예배의 사정을 상상하고 있다. 4장 4절 이하에서 말한 예배는 형식적일 수 없다. 심판과 사랑을 한손에 쥐고 계신 야웨를 구체적으로 만나는 경험을 하는 것이 예배나 제사 행위가 되어야 한다.

---

7) A. Weiser, p. 155.
8) James L. Mays, p. 79.

"야웨를 찾아야만 산다"(5:6)는 말씀이 그들 삶에 구체화하기 위하여 이스라엘은 언제나 야웨를 만나는 자세를 가져야 한다. 이 "만나는 행동"(hikkon)은 출애굽 당시 모세가 경험했고(출 3장) 또 이스라엘 백성이 하나님의 현현에서 경험한(출 19장) 오랜 전통이다. 하나님이 인간의 현존 속에 의식한다는 '신의 임재'(deus praesens)의 신앙을 아모스는 강조하고 있다. 모든 제의행위는 이 신앙을 현실화시킬 때 의미를 가진다. 이 신앙에서 장차 오는 하나님의 심판을 면할 수 있고 재난을 피할 수 있다.

13절은 아모스의 작품이 아니고 후대의 첨가로서 예배의식에 사용된 송영의 하나라고 한다.[9] 이것은 이스라엘 예배공동체가 하나님의 현현(Theophanie)를 송축한 것이라 한다. 그러나 이것이 비록 후대 제의적 사용 목적에서 삽입된 것이라 해도 아모스의 사상적 영향을 받은 어느 제자의 손으로 된 것임에 틀림없다. 아모스의 신앙 세계에는 자연을 통한 하나님의 계시 사상을 그의 예언에서 쉽게 찾을 수 있기 때문이다. "이런 찬양의 말들이 능력있는 하나님의 창조를 나타내며 인간에게 자신의 본체가 무엇인가를 계시해 주며 그의 초자연적인 힘을 알려주는 것이다.[10] 이러한 아모스의 사상은 후대에 나타난 욥기 저자에게도 영향을 준 것 같다.

"그가 해를 명하여 뜨지 못하게 하시며 별들을 봉하시며, 그가 홀로 하늘을 펴시며 바다 물결을 밟으시며[11] 북두성과 삼성과 묘성과 남방의 밀실을 만드셨으며 측량할 수 없는 큰 일을, 셀 수 없는 기인한 일을 행하시느라"(욥 9:7-10).

아모스가 누구에게서 이 "자연의 계시" 사상을 배웠는지 분명히 말할 수 없으나 야위스트(J문서 기자)가 가진 창조 사상은 모든 피조물이 하나님의 주권적인 지배 아래 존재하며 존속하며 또한 변질과 패망한다는 것을 잘 가르치고 있다.

---

9) A. Weiser, p. 156.
10) *Ibid.*, p. 157.
11) 아모스 4:13(5:1-3)에 "그가 땅의 높은 곳을 밟으신다"와 대조적이다.

14. 만가(輓歌)
(5:1-3)

1. 서론

아모스는 4장 13절에서 축제 무드에 둘러싸인 백성들에게 야웨 하나님의 창조의 위력과 그 신비를 노래한 찬송가를 소개했다.

> "산을 지으신 분
> 바람을 창조하신 분
> 자기의 뜻을 사람에게 계시하시는 분
> 아침이라도 어둡게 하고,
> 땅의 높은 곳을 밟으시는 이
> 그 이름은 만군의 하나님 야웨시다."

여기 하나님 창조의 의지와 그 역사가 자연과 인간에 교차되고 있음을 누구나 부를 수 있는 쉬운말로 노래하고 있다.

그러나 아모스는 이 축제 무드의 찬송을 돌연히 바꾸어 상여를 메고 가는 상여꾼들의 '만가'(輓歌)를 갑자기 소개하고 있다. 어느 한 개인의 죽음을 애도한 것이 아니라 '처녀 이스라엘'이다. 위정당국이나 백성들의 입장에서 볼 때 이것은 분명히 수치스런 비애국적인 망발이다. 아모스는 분명히 불온 사상을 가진 자이다. 국가의 안녕질서를 근거없는 테마를 퍼뜨리면서 파괴하는 자이다. 망하지 아니한 나라를 망했다고 슬픈 노래를 부른 것은 나라의 패망을 기원하는 악담이나 저주와 같은 것이다.

2. 새 번역

1절 들어라. 이 말을,
    내가 너희게 들려주는 만가를
    오호! 이스라엘 자손이여!

2절 처녀 이스라엘이여
　　너는 넘어졌구나.
　　다시 일어날 수 없구나!
　　땅 위에 쓰러졌지만,
　　아무도 일으킬 사람이 없네.
3절 주 야웨 이스라엘 자손에게
　　이렇게 말씀하신다.
　　천명이 나간 도시에는
　　백명이 남고,
　　백명이 나간 도시에는
　　열명이 남겠네.

3. 텍스트 문제

이런 '만가'를 장례 행렬 때 장송곡으로 부르는지, 장례 의식에서 부르는지, 아니면 하관식 때 부르는지 자세히 알 수 없지만 초상이 났을 때 우는 여자를 데리고 와서 유족이나 문상객을 대신하여 곡하는 습관이 있었다는 것은 알 수 있다.

　　너희는 잘 생각하여,
　　곡하는 여자를 불러오라.
　　또 사람을 보내어,
　　지혜로운 여자를 불러오라.
　　그들이 빨리 와서,
　　우리를 위하여 애곡하게 하라.
　　우리 눈에서 눈물이 떨어지게,
　　우리 눈꺼풀에서 물이 쏟아지게 하라(렘 9:17-18).

다윗은 자기의 사랑하는 친구 요나단과 그의 아버지 사울이 전사했을 때 그 자신이 '애가'를 지은 것이 사무엘하 1장 7절 이하에 기록된 "활의 노래"이다. 「애가」란 책은 그 자체가 전부 패망한 나라 "유다"를 슬퍼하여 지은 만가집(輓歌集)이라 할 수 있다.

이런 풍속은 극히 동양적이다. 우리 나라 만가는 상여를 메고 나가는 행렬에서 들을 수 있다. '만가'를 부르는 전문 가수가 상여 앞장 서서 슬픈 노래를 부르면 상여를 멘 상여군들이 "으호, 으호, 으호 넘자 으호"로 그 노래를 뒷받침해 주며 슬픔을 자아낸다. 이스라엘의 경우는 이런 풍습은 볼 수 없는 것 같다.

그러나 슬픔을 애도하는 노래는 이스라엘 민족만이 아니라 고대 모든 민족이 다 가지고 있었던 풍속이다. 구약에서는 개인의 죽음을 애도한 슬픈 노래보다 나라와 민족의 비극적인 운명을 슬퍼한 애가가 많음이 특징이다.

이러한 애가는 이스라엘 시편 중에서도 시운(詩韻)을 독특하게 구성하고 있는 키나(qînâ)조(調)라고 함은 1절에 나온 키나란 말에서 알 수 있다. 역사적으로 키나조의 시는 8세기 이전에는 정형(定型)을 볼 수 없는 불완전한 것이지만 8세기에 본격적으로 발달했다고 보는 스미스(G.A.Smith)의 설을 따르면[1] 이 키나조 시는 8세기 예언자 중에서도 아모스에 의하여 발전된 것이라 상상할 수 있다.

키나조의 시는 그 운(韻)이 3박자와 2박자(박자란 낱말이 가진 악센트)를 가진 것이 정형인데 이 아모스 5장 2-3절은 그러한 박자를 보여 주고 있다. 이 키나조가 보다 완전한 형태에 있어서는 "아하!" 또는 "오호!"('ek,'êka) 등의 탄식어를 앞세우고 있다. 요나단의 죽음을 슬퍼한 다윗의 키나조 시에는(삼하 2:18 이하) 이 3장 2절의 형식을 이용하여 "시의 고매성(高邁性)이 그 구조의 명백성과 투명성을 고상한 언어 구사와 감동적인 감정의 순수성"을 보여준다.[2] 그리고 아이스펠트(Eissfeldt)의 설에 의하면 이 "키나"조 시는 개인 죽음을 애도한 것과 공동체의 죽음(지파, 도시, 민족)을 애도한 두 가지 종류를 볼 수 있는데, 후자를 특별히 "정치적 성격의 만가"(political dirge)[3]라 하며 이러한 만가는 "미래에 일어날 어떤 일을 선포한다."[4] 이것은 예언자가 "아주 무서운 결과가 대중들에게 미칠 것과 하나님의 심판의 두려움"을 알리는 것이라 한다.[5] 이런 종류의 만가는 보다 더 일반적으로 많

---

1) G.A. Smith, *The Poetry of Israel in it's Physical and Social Origins*, *Theshweich Lecture*, 1910, p. 23.
2) O. Eissfeldt, *The O.T.: An. Introduction*, 1966(P. R. Ackroyd 영역), p. 946.
3) *Ibid.*, p. 95. Eissfeldt는 그 대표적인 것이 5:2이라 함.
4) *Ibid.*, p. 96.
5) *Ibid.*

이 볼 수 있는 "예언자적 조롱의 만가"(Prophetic mocking dirge)와는 대조가 되는 순수한 만가(a genuine dirge)라 할 수 있다.[6]

하여튼 아모스 5 장 2-3절은 "짧지만 전형적인 만가"임에 틀림 없다.[7] 여기에서 말하는 죽음은 이미 경험한 것이 아니고 미래에 경험할 죽음이다.[8] 이런 경우, 구약 예언자들이 현재일보다 미래에 일어날 하나님의 심판을 선포할 때 사용하는 문장의 문법은 과거가 아니고 현재 완료형을 쓴다. 이것은 문법상 있을 수 없지만 예언자들의 심판 선언에는 종종 사용하고 있기 때문에 이 문장의 문법적인 설명을 "예언자적인 완료형"(Perfectum Propheticum)이라 한다.[9] 여기 아모스의 표현은 시적인 동시에 현실적이다. "처녀 이스라엘"이 졸지에 죽어 넘어진 표현이다. 이 짧은 시가 한 130여년 후 예루살렘을 수도로 한 유대가 망한 것을 슬퍼하는 "애가" 저작자에 의해서 더욱 선명하게 그리고 감동적으로 읽는 사람으로 비애에 동감시키고 있다. "애가"의 저자가 단순히 방관자로서 민족의 수난을 묘사하고 있음에 그치지 아니하고 자기 자신의 사랑하는 사람의 죽음에서와 같은 슬픔을 표시하고 있음과 같이 아모스도 "처녀 이스라엘"의 패망 속에 자신의 슬픔을 표현하고 있다.[10]

4. 본문 해설

1절. "들어라"이 첫마디는 이 만가를 부르게 된 현장을 상상케 한다. 아무도 없는 광야에서 외친 것인가, 아니면 사람들이 많이 모인 어떤 축제 현장이었을까 하는 두 가지의 가능성을 가지고 있다. 아모스는 자기 예언의 말씀을 전달할 때 그 눈앞에 청중이 있음을 상상케 한다. 3장 1절이나 4장 1절이 꼭 같이 자기 청중들에게 호소하고 있는 형식이며 5장 4절부터 시작하는 예언도 그의 청중을 상상케 한다. 이런 경우는 모두 어떤 축제현장인 것 같다. "기쁨 넘치는 축제로 모인 사

---

6) *Ibid.*.
7) Th. H. Robinson, S. 88.
8) Th. H. Robinson, *ibid.*.
9) Milos Bic, S. 97.
10) James L. May, p. 85.

람들에게 아모스는 돌연히 침울한 어조로 죽음의 슬픔을 외치고 있다."[11] 그 결과 환희의 소리는 침묵으로 바뀌어지고 대중들로 하여금 귀를 기울이고 자기 말에 긴장을 가지고 듣게 하고 있다.[12]

"들어라"(shimû). 이 말은 히브리 사람들의 "쉐마"(shema)의 형식을 갖춘 것이다. 이 말은 명령형이지만 그 속에는 윤리적, 종교적 의무를 밝히는 내용을 한마디도 빠짐없이 다 듣고 이를 생활에 옮기기를 바라는 것이다. 신명기 기자가 사용한 이 "쉐마" 형식도 아모스와 같은 8세기 예언자에게서 배운 것이 아닌가 생각한다. 사람들에게 삶을 선포하는 구원의 메시지를 귀담아 들어야 하지만 멸망을 선포하는 말은 더욱더 주의깊게 들어야 할 것이다. 이 위기를 미리 말해주지 않을 수 없는 것이 예언자의 사명이다. 이러한 경고의 사명은 예레미야와 같은 심판 예언자에게서 찾을 수 있는 특징이다. 삶의 안정에서 온갖 만족을 누리며 생의 즐거움을 누리고 있는 사람들의 관심은 그 향락과 안정의 연장만을 생각한다. 눈앞에 다가온 멸망의 위기를 생각하지도 않으려는 태도는 그들이 이런 종류의 경고를 듣지 않으려는 것이다. 귀를 막거나 이런 경고를 하는 자의 입을 막아버린다.

어느 시대이건 바른소리와 양심의 소리를 하지 못하게 한다는 것은 그 나라의 운명이 불안한 상태에 있음을 증명하는 것이다. 예레미야의 경우를 보면 그 백성들이 예레미야가 말하는 멸망의 경고에 대하여 다음과 같은 태도를 보여주고 있다. "우리는 듣지 않겠노라"(렘 6:17). 자기 백성들이 바른 말을 듣기 싫어하기 때문에 예레미야는 "이방사람이여, 땅이여 들어라" 외치고 있다(렘 6:18,19). "들어라" 하는 예언자의 목소리가 통하는 나라의 운명은 비극과 통하고 있다. 이것을 구체적으로 보여주는 것이 예레미야의 말을 거부한 그 당시 권력층 사람들의 행동이었다.

"이어 그 방백들이 왕께 고하되 이 사람이 백성의 평안을 구하지 아니하고 해를 구하니(바른말을 '들어라' 함을 안녕질서를 해치는 말을 한다고 한다) 청컨대 이 사람을 죽이소서"(렘 38:4).

---

11) Miloc Bic, p. 97.
12) A. Weiser, S. 137.

그래서 예레미야는 감옥에 갇히게 되었다. 그러므로 아모스 5장 1절 처음에 나온 "들어라"이 한마디는 그 나라 백성의 양심을 시험하는 말이다.

다음 이 예언자가 외치려는 말은 "애가"(qináh)라고 한다. 이 '애가'는 위에서 언급한 바와 같이 개인의 죽음을 슬퍼하는 애가(삼하 1:17;겔 28:12;32:2;대하 35:25)가 아니고 공동체와 나라의 죽음을 슬퍼한 노래이다. "이스라엘의 자손"(House of Israel/beth-Israel)이란 말과 (3절에도) 다음 절에 나온 "처녀 이스라엘"(bthulath Israel)이란 말로써 "북왕국"을 표시하고 있다. 그러니 이 애가는 북왕국이 망했다는 내용이다. 이미 이스라엘은 죽어 넘어졌기 때문에 이를 슬퍼하는 노래를 부른다고 한다. "만가를 들려준다"란 원어는 "내가 너희를 거스려, 또는 너희들이 듣기 싫은(against you) 만가를 높이 쳐들겠다"는 뜻이다. "듣게 하다"는 동사가 아니라 "높이 든다"(nasa)란 동사이다.[13] 마치 장례 행렬에 만가를 부르는 사람이 목소리를 높이 세워 많은 사람이 듣게 하는 뜻으로 읽을 수도 있고, 또 상여 앞에 세워 가는 "만장"을 높이 쳐들고 그 죽음의 장본인을 사람들에게 알리는 것도 의미한다. "내가 만가를 부른다"가 아니고 "만가를 들다"는 말을 사용한 데 아모스는 의미를 주려고 하는 것 같다. 이 "만가"는 아모스가 얼마나 이스라엘을 사랑하고 아끼는가를 보여주는 애국심의 표현이다. 망하지 아니한 나라를 이미 망했다고 가정하고 그 장례식을 위한 만가를 부른 것은 그 나라가 망하는 것을 원치 않는다는 심경임을 알아야 한다. 이 심경은 나라를 사랑하는 마음이다. 그러나 그의 애국심은 단순한 민족적 감정이나 정치적인 관심에서 나온 것이 아니고, 정치와 민족을 보다 깊고 높은 차원에서 생각한 종교적인 애국심의 표현이다. "아모스가 자기 백성이 죽었다고 탄식함은 예언자 자신이 가졌던 깊은 동정심이며, 그 동정심이란 자기 동족에 대한 애끓는 심정으로서, 그 멸망을 선포하지 않을 수 없었다. 이것도 곧 이 백성 앞에 죽음을 마련하고 계신 하나님께 대한 외구심이다."[14] 아모스의 만가는 애국심의 표현이요 그 애국심은 민족의 역사를 지배하시고 그 운명을 좌

---

13) 이 말은 "만가"와 관련된 경우를 렘 7:29; 겔 19:1 등에서 볼 수 있다.
14) A. Weiser, p. 157.

우하시는 하나님께 대한 경외심의 표현이다. 여기 종교와 정치는 혼연일치가 되고, 애국(愛國)과 애국(哀國)은 같은 것이며 한 나라와 민족의 역사의 지배를 믿는 올바른 신앙인에게 있어서는 나라의 일이 자기 집안일이나 개인의 일과 같지 않을 수 없으며 따라서 나라가 잘못되어가는 일을 보고만 있을 것이 아니고 올바르게 할 수 있는 어떤 의무감을 가지지 않을 수 없다. 그러나 국사(國事)나 정사(政事)가 다만 선발된 소수의 정치인들만이 관심하고 염려하는 것이라 함은 언어도단이다. 백성은 나라를 잘 다스리는 정치가를 칭찬하고 존경할 의무도 있고 또 반대로 나라와 민족을 잘못된 길로 인도하여 민족적 수난과 국운이 기울어지게 하는 정치가라고 판단될 때는 충고도 할 수 있고 반대의사를 표시할 수도 있다. 엘리야가 아합에게 "네가 스스로 팔려 여호와 보시기에 악을 행하였다"(왕상 21:20)고 말할 수 있었고, 나단이 다윗 왕에게 "당신이 바로 그 사람이라(이것을 현대적 용어로 "그건 너"이다) … 이 일로 인하여 여호와의 원수를 크게 훼방할 거리를 얻게 하였으니 당신이 낳은 아이가 정녕 죽으리라"(삼하 12:7,14). 또한 예레미야가 유다 마지막 왕 시드기야에게 "보라 내가 이 성(예루살렘)을 바벨론 왕의 손에 붙이리라"(렘 34:2)는 불길한 예언을 할 수 있었던 것은 예언자들이 그 나라 역사의 운명을 정치가보다는 더 깊고 높은 차원에서 볼 수 있었기 때문에 왕들에게 이런 충고와 경고, 심지어는 불행까지도 선고할 수 있었다.

그러니 아모스가 북왕국 이스라엘 나라가 멸망당하기 전 40년에 그 나라의 종말이 오고야 말 것을 예언한 것은 그런 종말을 보지 않게 하기 위한 안타까운 부르짖음이었음을 알아야 한다.

2절. 여기 예언자 아모스의 애국적인 만가가 기록되었다. 여기 이스라엘을 "처녀"라고 함에 의미를 찾는다. 이런 표현은 예레미야 18장 13절, 31장 4,21절 등에서 볼 수 있는데 하퍼는 이 말이 가진 세 가지 뜻을 말한다.[15] 첫째 순정, 아무에게도 그 정절을 빼앗기지 아니한 정절있는 상태, 즉 정치적인 순결(political chastity), 아무 나라에게서 침략당하지 아니한 자유 독립의 나라라는 뜻이다. '처녀'란 말과 "딸"이 같이 나온 경우는 애가 4장 22절(에돔), 애가 1장 15절, 2장 1-5절(유다), 예레

---

15) W. R. Harper, p. 107.

미야 46장 11,19-24절(애굽), 이사야 47장 1,5절(바벨론) 등에서 볼 수 있는데, 특히 예루살렘과 관련한 이 같은 표현은 (사 37:22;애 2:13;렘 18:13), 예루살렘이 바벨론 군대에게 짓밟히기 전에 가졌던 종교적 순결성, 다른 나라 신들과 접촉하지 않는 정절의 상태를 말하고 있다. 둘째 '처녀'라는 이 말은 그 백성들의 우아성과 방종성(Self-indulgence)을 말하며 셋째, 백성을 여성으로 표시하는 일반적인 개념의 뜻, 한 나라를 시적으로 표시하는 뜻으로 또한 한 나라의 수도를 표시하는 말로 사용되었다고 할 수 있다.

2절의 문맥상으로 보아 하퍼가 말하는 두번째의 뜻 —아무에게도 침범 당하지 아니한 처녀의 순결성— 에서 이스라엘이 망한다는 것을 처녀성의 상실로 이해할 수 있다.

"너는 넘어졌구나." 원문은 "그 여자는 넘어졌다"이다. 그러나 "처녀 이스라엘이여" 하고 불렀기 때문에 해석상으로 "너는 ··· "이 더 타당하다. 이 표현(naphla)은 다시 돌이킬 수 없는 죽음(삼하 1:19,25,27)을 표시하며 특히 전쟁에서 죽은 상태, 명예나 소유를 다 잃어버린 상태를 표시할 때도 사용한 말이다(삼하 2:10; 시 10:10; 잠 11-28). 한 국가의 패망을 표시할 때도 이 말이 사용되었다(사 21:9; 렘 51:8).

"다시 일어나지 못한다"는 시의 평행적인 대구로서 앞에 나온 말을 받아서 더 적극적으로 긍정하는 말이다. 넘어진 사람이 다시 일어날 수도 있다. 그러나 처녀 이스라엘의 경우는 한번 넘어진 그것으로 그의 운명은 끝나고 말았음을 표시한다. 여기 키나조 시가 가진 내용상의 특성을 전형적으로 보여준다. 3장 2절의 운률에서 처음 3박자 구절의 말을 다음에 나온 2박자 구절의 말이 반복하지만 그 뜻을 더 강하게 표현하고 있다. 그러나 2절 제2행은 제1행을 다시 한번 더 강조한 새로운 키나조의 구절이다. "땅 위에 쓰러졌지만 아무도 일으킬 사람이 없다." "넘어졌다"는 말(naphal)보다 여기 나온 "쓰러졌다"는 말 (nitsha)이 더 강한 표현이다. 넘어지고 땅바닥에 쓰러짐으로 다시 회생하지 못한다. 이는 결정적인 죽음을 의미한다. 처녀 이스라엘의 완전한 패망이다. "일으켜 줄 자가 없다"는 말로써 한번 다시 이 죽음이 결정적임을 말한다.

3절. 이러한 결정적인 패망은 구체적으로 무엇을 말하는가? 여기 1000-100-10 등 숫자가 나온다. 여기 이 숫자는 "도시" 또는 "성읍"의 주민의 수다. 한 도시의 인구를 천, 백 등으로 표시한 것이다. 인구 천 명이 사는 성읍, 인구 백 명이 사는 마을은 비록 수도 사마리아에 비하여 보잘것없는 곳이지만, 아모스 시대 이스라엘 나라는 대도시 형성이 없었고 작고 큰 마을 인구가 불과 백 또는 천 정도의 작은 마을을 각처에 가지고 있었다. 이런 마을들이 결국 이스라엘 국가를 이루고 있다. 그러나 나라의 운명이 기울어져서 외적의 침입으로 말미암아 이런 작은 도시와 마을들이 하나씩 둘씩 무너지고 만다. 아모스 당시 전쟁은 지파별로 또는 가족별로 군인이 전쟁터에 나간 것이 아니다. 마을과 소도시 중심으로 각기 자기 마을을 지키고 막는 일이 곧 전쟁이었다. 그러나 이 마을과 소도시들이 침입하는 외적을 당해 낼 수가 없어서 천 명이 사는 동리가 싸움터에 다 나가면, 겨우 백 명이 남고 백 명이 사는 마을에서는 10명밖에 남지 않는다고 한다. 이는 곧 패전을 의미한다. 하나님의 무서운 심판의 결과요, 전쟁에 능하신 야웨가 그들에게서 이제 자비와 긍휼을 거두셨다는 것이다.

이상의 해석에서 볼 때, 아모스는 북왕국은 이스라엘이 불행하게도 패망할 수밖에 없는 비극을 노래하고 있다. 비록 아직 현실적으로 나타난 종말은 아니었지만, 이미 그런 비극적인 종말이 온 것과 같이 완료형으로 표현하고 있다.

이 땅은 선조들에게 약속해주신 대로 자자손손 축복을 누리고 살 땅으로 주셨지만 이제 죽음의 땅으로 만들고 말았다는[16] 것을 아모스는 슬퍼한다. 특히 아모스가 예언활동을 한 그 시대는 북왕국 이스라엘 역사상 가장 유명한 임금 여로보암 2세를 통치자로 모셨고 국내산업, 외국무역 등으로 나라의 부를 축적했던 시대요, 그의 국방력 강화로 인하여 주위에 있었던 여러 나라들에 대하여 위협적인 존재가 되었다.

이러한 안정과 번영의 시기에 나라의 패망을 예언한 이 아모스야말로 얼마나 국민의 사기를 떨어지게 했으며, 정치 당사자들을 얼마나 불신한 증거이며, 산업전사요 국방전사들에게 얼마나 모욕적인 말을 한 것인가! 그야말로 국민의 이름으로 규탄을 받아야 할 사람이었다.[17]

그러나 아모스는 근거없이 이런 불길하고 수치스런 만가를 부른

---

16) A. Weiser, p. 158.
17) *Ibid.*.

것이 아니다. 그의 예언서 전체가 그러하지만 특히 5-8장 안에서 언급하고 있는 각계 각층에 있는 지도자들과 국민들의 죄와 불의는 이러한 비극을 가져오고 만다는 것이 아모스의 신념이다. 여기 종교인 아모스의 애국심이 있다. 나라가 외적의 침입으로 말미암아 망하기보다는 국민 정신, 양심, 공의심에 병들어 속으로 썩어 무너지고 말 위기를 백성 앞에 경고한 것이다. 소극적인 표현을 한 적극적인 비평이다. "망한다" "넘어진다" "쓰러진다"고 했지만, 이는 "살아야 하는 길," "일어날 수 있는 길," "든든히 설 수 있는 길"을 알리기 위한 안타까운 호소였다는 것을 알아야 한다. 사실 5장 4, 6, 14절 등에 그 민족과 나라가 "사는 길"을 구체적으로 말하고 있기 때문이다. 아모스는 결코 비평을 위한 비평을 한 사람이 아니라 그 나라가 망하지 않게 하기 위한 양심의 소리를 — 권력을 무서워하지 아니하면 누구나 할 수 있는 말을 — 한 사람이다. 아모스는 양심의 소리를 죽음을 무릅쓰고 하는 용기있는 사람을 칭찬할 줄 아는 나라가 복을 받는다고 믿었기 때문이라 할 수 있다.

15. 삶의 노래
(5:4-6)

1. 서론

5장 1-3절에서 처녀 이스라엘의 죽음을 슬퍼한 만가를 들었다. 그러나 이 소극적인 비극의 노래만이 예언자의 목적이 아니다. 8세기 예언자를 저항과 부정의 예언자로만 봄은 잘못이다. 위에서도 언급한 바와 같이 그의 부정은 긍정을 위하여, 그의 소극적인 발언은 적극적인 발언을 하기 위함이었다. 여기 5장 4-6절이 그러한 적극적이고 긍정적인 삶의 노래를 보여주는 부분이다. 아모스의 예언 속에는 그가 비록 정의를 외친 저항의 예언자이기는 하지만, 그 저항의 메시지 사이사이에 긍휼과 자비, 건설과 새 삶의 길을 노래하고 있다. 그의 예언은 "죽음의 노래"와 "삶의 노래"가 교차되어 있다. 어떻게 이스라엘이 그 죽음의 길에서 살 수 있을까 함이 아모스의 관심이다. 예언자의 근본적인 이미지가 여기 보인다. 종교인의 양심적인 소리를 국가의 안녕과 질서나 어떤 기성 체제나 집권층을 멸시하고 부정하는 일이라고만 생각함은 아모스와 같은 종교인이 참으로 나라를 그 역사의 심층부에서와 인간의 모략과 과학적인 계산에서만 나라를 생각하는 피상적인 차원을 넘어서 신의 역사간섭이라는 고차원의 관심에서 나라를 생각하는 그 진심을 몰라주는 것이다. 옛날부터 충신의 말은 귀에 거슬리고 간신의 말은 즐거움을 준다고. 아모스는 망하지 아니한 나라의 패망을 노래한 만가를 부른 바로 그 다음 순간, 어떻게 이 백성을 살릴 수 있는가 하는 '삶의 노래'를 부르고 있다.

2. 새 번역

4절 이제 야웨가 이스라엘 자손에게
     이같이 말씀하신다.

너희는 나를 찾으라.
그리하면 살리라.
5절 벧엘을 찾지 말라.
길갈로도 가지 말라.
브엘세바로도 건너가지 말라.
진정 길갈은 사로잡힐 것이요.
벧엘은 허무하게 되리라.
6절 야웨를 찾으라!
그리하면 살리라.
아, 요셉의 자손이여,
야웨의 불을 받지 않으려거든!
불이 벧엘을 삼키리니,
아무도 이를 끌 수 없으리라.

3. 본문 해설

3절까지 아모스는 이스라엘의 죽음을 슬퍼하는 장송곡을 불렀다. 그러나 4절부터 돌연히 그 환경이 달라져서 "삶의 노래"를 부르고 있다. 원문 맨처음에 나오는 kî라는 접속사는, 본래의 의미대로 이유를 설명하는 문장 앞에 나오는 관계부사나 동사의 목적을 밝혀주는 관계대명사의 역할을 하지 않고 여기서는 "이제"(now)라는 뜻으로 이 말부터 시작하는 문장이 그 앞의 것과는 전혀 다름을 암시한다.

"야웨가 이렇게 말씀하신다." 이는 예언자들이 습관적으로 사용하는 말이다. 항상 야웨 하나님의 심판의 선언이나 구원의 선포를 백성들에게 알릴 때나 사용되는 구절이다. 이것은 예언의 끝 문장에 "이것은 야웨의 말이니라" 하고 맺는 결어형과 반대가 되는, 말씀의 내용이 인간에게서 나온 것이 아니고 야웨에게서 온 것임을 각별히 인식시켜 사람들로 하여금 주목을 끌게 하는 소개형(紹介形)의 구절이다. 그 말씀은 "이스라엘 자손"(House of Israel)들을 상대하고 말씀하심을 지적한다. 그리고 그 말씀의 내용은 다음 몇가지이다.

첫째, "나를 찾으라"(4절과 6절). 이는 이스라엘 백성이 해야 할 적극적인 신앙태도이다. 그러나 이 적극성을 구체화하기 위해서는 하지 말아야 할 두번째 말씀이 있다. 그것은 "벧엘"이나 "길갈"과 같은 성소를 찾아가는 형식적인 종교행사 참예를 그만두라는 것이다. 셋째는 이러한 야웨 하나님의 말씀을 따르는 자에게 내릴 복은 "죽지 않고 사는 것"이요, 그 말씀을 거역하면 불에 살라지는 나무같이 불태움을 받을 것이다. "사는 일"과 "살라지는 일"(없어지는 일) 두 가지 결과 중 어느 하나를 택해야 한다.

아모스는 이 짧은 말씀에서 이스라엘 종교의 기본 과제를 밝히고 있다. 야웨를 찾는 것이 곧 사는 길, 반대로 야웨를 찾지 않는 일은 곧 죽음을 의미함을 가르치고 있다.

"찾는다"는 말의 원어 "따라쉬"(darash)는 본래 세속적인 일을 해결하기 위하여 하나님의 지시와 뜻을 묻는 말로 사용되었다. 상담의 일을 통하여 자기의 문제를 해결한다는 의미에서 예배와 신봉(信奉), 신앙의 뜻으로 발전되었다.

이 말은 아모스 이후에 나타난 예언자들 — 호세아(10:12), 이사야(9:13), 예레미야(10:21), 스바냐(1:6), 제2이사야(55:6), 제3이사야(58:2;65:10), 시편 기자(9:10;34:6;24:10;78:34) — 등에 의하여 "믿는다", "섬긴다", "예배한다"는 말과 거의 같은 뜻으로 사용될 만치 신학적인 의미를 가지게 되었다. 아모스는 "야웨 하나님을 찾는 것"과 "성소를 찾는 것", 현대적인 용어로서는 "교회당을 찾는 것"을 구별하라고 한다. 아모스는 4절에 "나를 찾는 것"과 5절에 "벧엘을 찾는 것"을 상반되는 뜻으로 대조시키고 있다.

아모스가 말하는 "나를 찾으라"는 명령은 이미 4장 6절 이하에서 이스라엘의 죄는 곧 "야웨께로 돌아오지 아니함"(4:6,8,9,10,11)에서 밝혀주듯이 "찾는다"는 것은 곧 야웨를 만나 그와 더불어 생명의 관계를 맺는 것이다. 그렇기 때문에 아모스는 "나를 찾으라"는 말을 하기 이전에 "이스라엘아, 네 하나님 만나기를 예비하라"(4:12) 했다. 야웨 하나님과의 인격적인 사귐이다. 자식과 부모의 경우, 아들이 당한 어떤 어려움을 그 아버지를 찾아 만나서 해결하는 일, 갈길을 알지 못하는 자식이 아버지를 찾아 만남으로 방향을 잡게 되는 일, 죽을 수밖에 없는 위기를 당했을 때 그 아버지를 찾아 만남으로 그 위기를 모면하여 생명을 연장하게 되는 일 같은 부자관계에서도 이 말의 뜻이 이해된다. 그러나 사랑하는 사람들의 관계에서도 더 깊이 이해할 수 있다. 나뉘어 있거나 떨어져 살 수 없는 사람은 항상 상대방을 찾아 만나야 한다.

야웨와 이스라엘의 관계는 서로 찾는 애정관계이다. 야웨는 자기 곁을 떠나 간 이스라엘을, 이스라엘은 그들의 죄와 악 때문에 버리고 간 야웨를 찾는 것이 이스라엘의 경건을 이루고 있다. 시편에 나타난 기도는 야웨와 이스라엘이 서로 숨바꼭질을 하듯이 서로 찾고 서로 만나는 기록이라 하겠다.

"여호와여 어찌하여 멀리 서시며,
어찌하여 환란 때에 숨으시나이까"(시 10:1).

"내 하나님이여 내 하나님이여
어찌 나를 버리셨나이까
어찌 나를 멀리하여,
나를 돕지 아니하시나이까"(시 22:1)

"여호와여 멀리하지 마소서" 왜? "환란이 닥쳐왔습니다"(시 22:11).
"속히 나를 도와주셔야 하겠습니다"(시 22:9).
"나는 주의 얼굴을 찾습니다"(시 27:8).

42편의 시인은 "신에 목말라" 안타까워하고 있다.

"하나님이여 사슴이 시냇물 찾기에
갈급함과 같이 내 영혼은 주를
찾기에 갈급하옵니다"(시 42:1).

이 안타까움은 "주를 찾는 자가 주리지 않기" 때문이다(시 34:10).
하나님이 인간을 심판하시는 표준은 인생들 중에 주를 찾는 자가 있는가 없는가 살피는 일이라 했다(시 14:2;53:2). 그러나, 바울이 인용한 대로 (롬 3:10 이하) 인간은 다 주를 찾지 않고 곁길로 가버려 죄의 실존 속에서 자기 운명을 스스로 망치고 있다고 한다. 그러므로 하나님을 찾는다는 것은 이 멸망의 운명을 구원의 생명으로 바꾸는 유일의 길이라 함이 아모스의 확신이다. 하나님을 찾지 않음은 곧 죄이기(렘 10:21) 때문이다. 그러므로 하나님이 인간에게 알려줄 수 있는 가장 급하고 중요한 일은 이사야가 말하듯이 "하나님을 만날 만한 때에 그를 찾는 것이다"(사 55:6).
하나님이 건설하는 유토피아에 살 수 있는 인간의 자격은 "날마다 하나님을 찾는 것이다"(사 58:2) 했다.

예수께서 "구하라 주실 것이요 찾아 보아라 만날 것이다" 하심도 이러한 선조들의 신앙 전통에서 하나님을 만난다는 것이 신앙의 기본이요, 이 행동은 제사행위나 모든 의식에 앞서야 하기 때문이다. 얼굴과 얼굴을 서로 대하는(시 27:8) 인격적인 생명의 관계가 이스라엘 종교의 기본적인 것임을 아모스는 "나를 찾으라" 한마디에서 밝히려 하고 있다. 위에서 본 바대로 이스라엘 시편에 나타난 경건문학은 아모스가 주장한 이 말 한마디에서 이스라엘 신앙을 꽃피게 하고 있다.

그런데 여기 문제는 "하나님을 찾는다"는 것은 구체적으로 무엇을 말하는가? 성소를 찾아가는 일 ― 현대인이 교회당에 나아가는 것 ― 은 하나님을 찾는 일이 아닌가? "주일날 교회로 가지 않고 교외로 간다"고 할 때 전자는 종교에 관심을 가진 사람이요 후자는 관심을 갖지 않은 것이다.

아모스가 5절에, 이스라엘 고대 암픽티오니(지파동맹)의 중앙 성소로서 이스라엘의 하나님을 만나고 그 하나님의 뜻을 묻고 살아온 그 예배의 장소였던 벧엘, 길갈, 브엘세바 성소로 가지 말라 함은 4절에 말하는 "하나님을 찾는 일"과 모순되는 것이 아닌가?

"벧엘을 찾지 말라" 또 "나를 찾으라"가 어떻게 대립되느냐? 야곱이 벧엘에서 하나님을 만났기 때문에 성소가 되었고(창 27:16 이하) 이 전승이 벧엘로 하여금 이스라엘의 고대 성소가 되게 한 것이 아닌가? 만일 성소를 찾는 일이 하나님을 만나는 일과 모순된다면 이스라엘의 성소 순례의 규약이나(출 23:17;34:23;신 12:5 이하) 시편에 나온 순례의 노래(시편 115-134) 같은 것은 무의미한 것이 아니냐 의심할 수 있다.

여기 아모스의 제의 신학(cultic theology)을 넘어서는 "만남의 신학" (theology of encounter), 의식과 법규에 치중하는 형식의 신학(theology of formality)보다 사귐의 신학(theology of communion)이 주장되는 이유가 있는 '성소'에 가는 일과 "하나님 만나는 일"은 같은 것이 아님을 말한다. "교회 출석"이 곧 "신앙"이라는 것을 부정하는 정신이다. 요컨대 습관적, 형식적인 신앙을 아모스가 거부한다. 아모스는 이미 4장 4절에 벧엘과 길갈 두 성소에 출입하여 희생과 십일조, 수은제, 낙헌제 등의 종교의식이 얼마나 죄를 짓는가를 고발한 바 있다. 여기 5장에 다시 그 형식주의적인 자기 만족의 신앙을 규탄하고 있다.

"벧엘을 찾지 말라"고 했다. 4장에서도 언급한 바이지만 벧엘은 이스라엘 지파동맹의 중앙성소였다.[1] 사사기 20장 "이스라엘 자손이 일어나 벧엘에 올라가서 하나님께 묻자와 가로되 … "(삿 20:18) 한 것을 보면 벧엘이 열두 지파의 중앙성소였던 옛날에는 여기서 하나님을 만나 그의 지시를 받은 것이 분명하다. 26절 "온 이스라엘 자손 모든 백성이 올라가서 벧엘에 이르러 울며 거기서 여호와 앞에 앉고 그 날이 저물도록 금식하고 번제와 화목제를 드리고 여호와께 물으니라." 이 구절을 읽으면 고대 이스라엘이 이 벧엘을 찾은 것은 이스라엘 사람들의 생사 문제가 달렸다고 할 만치 야웨 하나님의 지시가 중요했기 때문이다. 이 때는 그들이 벧엘을 찾아야만 살 수 있었다. 초기 암픽티오니 시대 이스라엘의 신앙은 벧엘을 찾는 것이 곧 "야웨 하나님의 인도하심을 찾는 것이었다."[2] 문자 그대로 하나님을 만날 수 있는 곳 beth(집)-El(하나님)—"하나님의 집"(House of God)이었다.

그러나 여로보암 2세가 북왕국의 중흥을 이룬 아모스 당시 이 전통이 있는 성소 벧엘은 어떠했던가? 왕국을 나누어 가진 여로보암 1세가 이 벧엘을 북왕국 중앙성소로 만들 때, 그곳을 야웨 하나님을 만나는 곳으로 만들지 않고 자기의 정권을 수호하는 마스코트로서 금송아지 상을 안치하고 예배를 드렸다(왕상 12:28-32). 금송아지를 신으로 모신 것은 가나안 종교의 영향이었다. 우가릿 문서로도 소(Bull=tr)를 El(zp)로 모신 것을 흔하게 볼 수 있다. 이스라엘도 이 풍속을 본받은 것을 알 수 있다(출 32:4).

여로보암 2세의 관심은 벧엘 성소가 순수한 종교적인 것이 아니고 정치적인 데 있었다. 예루살렘 성소의 권위를 인정하고 있는 자기 통치아래 있는 백성을 관장하기 위한 정치적 목적을 위하여 벧엘 성소를 중앙성소로 만들었다. 벧엘에서 지키게 된 제의는 새로운 정치적 권위 아래 있는 삶의 질서를 위해 존재하게 된 것이다. "성소도 왕실의 소유가 되고"(암 7:13) 여로보암 자신이 제의의 행사권을 손에 쥐고 제사까지도 올렸다(왕상 12:32).[3] 이것이 바로 벧엘이 어용종교의

---

1) M. Noth, *Geschichte Israels*, S. 91f..
2) H. J. Kraus, *Gottesdienst in Israel*, S. 173.
3) H. J. Kraus, *op. cit.*, S. 178f..

본바닥이 된 것을 나타내 준다.

아모스가 벧엘을 찾지 말라는 이유를 알 수 있다(학교 교사들과 직원들을 학교장이 나가는 교회에 나가라는 명령대로 교회에 나가는 사람, 또는 이 대통령이 나가시는 육군본부 교회에 장성들이 나갔다는 것 ─ 이런 종류의 신앙이 이권과 결탁된 상업적인 종교행위다). 아모스가 "벧엘을 찾지 말라" 한 것은 상업적이요 아부적인 종교행위를 금지한 것이다. 집권자가 교회에 나가면 교회로, 절당을 찾으면 또한 불교도가 되는 아부형의 형식적인 종교인들, 이권을 노리는 장사꾼 타입의 신앙인을 예나 지금이나 볼수 있다.

"길갈로 가지 말라,
브엘세바로 건너가지 말라."

아모스는 벧엘을 찾는 형식주의 종교인들을 질책함에 이어서 "길갈" 과 "브엘세바" 성소 관계도 말한다. 왜 길갈이냐? 4장 4절에서도 언급한 바와 같이 벧엘과 길갈은 북왕국 이스라엘 백성이 자주 찾는 성소다. "왕국 건립 이전, 초대 길갈은 열두지파 암픽티오니 성소였다."[4] 특히 이 성소는 가나안 땅 점령사건과 인연이 깊은 성소다.[5] 여기 법궤도 안치되었던 한 때는 중앙성소 역할도 했다. 사울의 즉위 의식도(삼상 11:14-15), 왕의 자리에서 물러나도록 권고받은 곳도 이 성소에서 였다(삼상13:4-15;15:17-31).

이러한 물려받아 온 길갈 성소는 아모스 당시에도 이 권위를 가졌던 성소로 알려졌는데, 아모스의 입장이나 그와 동시대인 호세아의 주장을 보면(호 4:15;9:15;12:11) 야웨 종교의 순수성을 잃어버리고 바알 종교와의 혼합주의(Syncretism)를 가져 예언자의 공격대상이 되었다. 종교적인 음행을 하는 곳으로 알려졌다(호 4:15). 구체적으로 "무리가 송아지로 제사를 드리며 그 제단은 밭이랑에 쌓인 돌무더기 같다"(호 12:11)고 했다. 길갈 제단의 황폐함을 말한다. 길갈이 과거 암픽티오니 당시 수행했던 민족 성소로서의 임무를 이제 감당하지 못한다고 한다. 그러므로 아모스는 이 성소로 가지 말라 명한다. 신앙의 순

---

4) M. Noth, *op. cit.*, S. 92f..
5) G. von Rad, *Das formgeschichtilche Problem des Hexateuchs*(1938), S. 41ff..

수성을 잃어버린 이 길갈에서 드리는 예배와 제사는 하나님 앞에서 가증한 일이 되고 말기 때문이다. "길갈은 사로잡혀 간다"고 함은 나라가 망하고 여기서 제사행위를 드리던 백성은 포로로 잡혀갈 것을 말한다. 아모스는 여기 "길갈"이란 말이 갈갈(galgal=사로잡혀간다)이란 동사에서 온 명사임을 의식하고 이 구절을 기록했는지는 몰라도, "ki hag-gil-gal gal- yigleh" 그 발음이 굴러넘어지는 인상을 주고 있다.[6] 아모스는 벧엘과 길갈 성소가 아무리 순례자와 제사를 드리는 사람으로 번창한대도(주일날 낮예배를 2부 3부 볼 만치 예배성황을 이루어도)벧엘의 종교가 권력에 아부하고, 길갈의 신앙이 잘못된 예배대상을 가졌다면 벧엘은 허무하게(이 "허무함"의 원어, awen은 '재난'을 의미하기도 한다) 되고 말며 길갈은 굴러 떨어지고 말 것이라 한다. "브엘세바로 건너가지 말라"는 말은 형식적인 종교의 거부다. 브엘세바는 아브라함과 관련된 남쪽 네겝 지방에 있는 성소다(창 21:30 이하). 본래 가나안 사람의 성소가 되어 있던 곳을 유다 족속의 손에 넘어간 뒤부터 야웨 성소로 고쳐진 것 같다. 사무엘의 두 아들, 요엘과 야비야가 여기 사사가 되어 백성을 다스린 곳이요(삼상 8:2) 엘리야가 이세벨의 칼을 피하여 일시 숨은 곳이며(왕상 19:3) 여기서 다시 그는 호렙 산으로 갔다. 그 이름의 뜻은 "맹세의 샘"인데 이스라엘 백성이 자기 신앙과 삶에 관한 맹세를 이 성소에서 한 것을 알 수 있다. 그러기에 아모스도 브엘세바에서 지킨 서약의 의식이 허무하다는 것을 말했다(8:14).

그런데 이 곳의 위치는 예루살렘에서 남으로 50마일이나 떨어진 곳이니 북왕국 이스라엘 사람과는 아무 관계가 없다. 다만 한가지 가능한 설명은 이 곳은 선조 아브라함과 관련된 성소이기 때문에 북왕국 사람들도 경우에 따라 특별한 순례를 했다고 가정할 수 있다 (Jerome).[7] 또 하나의 설명은 사마리아가 함락되었을 때도 이 브엘세바는 남아 있었으니까, 아모스의 예언 대상 밖이라 하여 이 구절 자체를 제거해 버릴 수도 있다.[8]

그러나 후자의 가정은 부당하다. 아모스는 브엘세바로 "건너가지

---

6) 여호수아 5장 9절에 "길갈"의 이름을 짓게 된 연유를 "애굽의 수치를 너희에게서 굴러가게(galgal) 함에서 왔다"고 한다.
7) W. R. Harper, p. 111.
8) Ibid..

말라"했다. 이것은 "강을 건넌다" 또는 "국경을 넘는다"는 뜻의 동사이기 때문에 확실히 이스라엘 사람이 어떤 특수한 경우에 이 남쪽에 있는 오래된 성소에까지 순례를 하러 간 열성을 낸 것 같다. 그러나 아모스는 그러한 종교적 열성과 그들의 일상생활의 진실과 공의의 삶과는 너무 거리가 있기 때문에 그 종교의식 중심의 신앙을 규탄하는 말로서 그 앞에 나온 벧엘과 길갈에 대한 금지와 같은 뜻으로 언급했음을 알 수 있다. 이러한 성소에서 드리는 그들의 습관화된 제의 특히 희생제도의 실시는 엄청나게도 야웨 하나님의 본질과 그 뜻과는 상충되는 것이므로 아모스는 이런 곳에서 야웨를 섬긴다거나 그를 찾는다는 것은 불가능하다고 생각했다.[9]

그러므로 아모스에게는 참 종교, 진실된 신앙은 다만 "야웨를 찾는 것"밖에 없다는 것을 6절에 다시 강조한다.

이스라엘이 하나님을 찾는다는 것은 곧 영적 교제를 말한다. 온갖 제의와 그 행동은 이 영적 교제를 위한 방법에 불과하다. 바이저는 이런 제의 행동은 인간이 자기 자신의 삶의 목적 추구에 치중하기 때문에 참된 영교(靈交)는 가질 수 없다 한다. 제의는 제의를 드리는 인간의 관심이 앞서게 된다. 이런 제의를 통하여 다가오는 해에도 받을 축복을 생각한다. 농경사회에 있어서는 오는 해의 풍성한 추수가 무엇보다도 중요하기 때문이다. 하나님을 찾는 것은 인간의 의지 때문에 찾을 것이 아니라 하나님 자신의 뜻을 찾기 위한 것이어야 한다. 인간 자신의 목적추구를 앞세우지 못하도록 하기 위하여 아모스는 야웨를 찾으라고 명한다. 그것은 하나님 자신이 모든 현존(Dasein)의 근거요 목표가 되기 때문이다. 제의 그것도 하나님을 찾는 방법이 되어야 한다. 하나님과 영적 교제를 가지는 것이 삶의 의미요 인간 실존의 유일한 가능성이다.[10]

여기 하나님을 찾는 것이 "산다"는 것과 관련됨이 설명되었다고 본다. 하나님을 찾지 못하는 삶은 죽음으로 향하고 있는 삶이다. "너희는 야웨를 찾으라 그리하면 살리라"한 말은 형식적인 종교, 매스컴에 좌우되는 종교적 행사가 아니고 살아계신 하나님과 영적 교제를

---

9) Th. H. Robinson, S. 89.
10) A. Weiser, S. 160.

함에서 얻는 생명을 말한다. 이 생명에 접하지 못한 아모스 시대 종교는 오히려 하나님과 인간을 죽이고 만다는 것을 아모스는 통탄하고 있다. "저가 불같이 요셉의 집에 내리고, 종교의식의 중심지인 벧엘 자체가 화염에 싸여 끌 자가 없다"했다. "하나님과 함께 하는 사람은 살고, 하나님과의 관계가 끊어진 자는 죽었다"(Mit Gott das Leben, ohne Gott der Tod ist).[11] 6절에서 아모스는 그 백성으로 하여금 '생과 사'를 스스로 판단해서 취하라 한다. 아모스의 외침은 참 삶에 대한 권고이다. "주저는 죽음을 가져온다"는 괴테의 파우스트의 말이 진리임을 말하는 것 같다.

  참 삶의 길을 노래한 아모스는 결코 심판만 선포하는 예언자는 아니다. 그 민족의 살 길을 '야웨를 찾음'에서 보고 선포한 구원의 예언자이다.

---

11) *Ibid.*, S. 101.

16. 그 이름은 야웨
(5:8-9)

1. 서론

아모스 5장 4-6절에서 아모스는 그 백성이 죽지 않고 살 수 있는 길은 다만 야웨 하나님을 찾는 길이라 했다. 이러한 생사의 문제를 결정적으로 말할 수 있음은 아모스가 야웨 하나님을 올바르게 알고 믿었기 때문이다.

당시 이스라엘 사회는 집권자로부터 시작하여 공무원, 상인, 종교인, 일반 백성 모두가 야웨를 올바로 알지 못하고 야웨 하나님의 공의와 정의의 질서에서는 너무도 거리가 있는 삶을 살고 있었다. 거의 하나님 망각증에 걸렸고, 그릇된 인간 모습을 내세움에 수치를 느끼지 못함을 예언자는 통감했다. 요컨대 그들의 신앙고백은 탈색되고 퇴화되었고 오히려 선조의 신앙에서 이탈되어 있었다. 그의 예언이 "정의"에 집중되어 있음은 아모스 자신이 곧고 정직한 성격을 가졌기 때문이 아니라, 그가 살고 있는 사회가 너무도 야웨 하나님께 대하여 올바른 신앙고백을 하지 못하며 하나님과 그의 공의에서 멀어져 있기 때문이었다.

그러므로 그는 "정의"에 대한 적극적인 설명이나 권고보다는 불의를 파헤치고 그 불의 때문에 피해 받는 약자, 가난한 사람들, 억울한 그 피해자들의 모습을 솔직하게 말해주기 위하여 하나님을 알려주려고 했다.

아모스의 예언은 어떤 것이 불의요, 부정인가를 폭로하고 있다. 이 부정과 불의는 오늘날 인간이 사는 곳 어디서나 적용되고 있는 진리이다. 그러나 이런 죄의 고발에 앞서 야웨 하나님께 대한 올바른 인식을 시키고자 한다.

2. 새 번역

8절 묘성(昴星)과 오리온을 만드시고, 죽음의 그늘을 아침으로, 대낮을
어둔 밤으로 만드시고, 바닷물을 불러 땅 위에 쏟으시는 분, 그
이름은 야웨이시다.
9절 그는 강한 자를[1] 넘어뜨리시고,
요새도 무너뜨리신다.

3. 텍스트 문제

7절은 그 내용상 10절 이하 내용과 일치하기 때문에 위치를 바꾸어서 해석하고자 한다. 그 이유는 전후관계에 있어 6절과 8절이 직접 연결이 되지 않는 독립된 것이지만 10절과는 자연스럽게 의미상 연결도 되고 그렇게 연결시킴이 아모스의 정의와 불의에 대한 메시지를 보다 더 잘 이해할 수 있기 때문이다.[2] 그래서 바이저는 정의의 외침에 관한 5장 7,8,9,10,11절b와 6장 11절 등을 한꺼번에 몰아서 "불의에 항거한"(gegen Rechtsverdrehung) 메시지로 따로 취급하고 있다.[3] 그러나 바이저와 같이 8,9절을 후대 첨가라 하여 괄호 속에 넣고 불의에 대한 구절을 한데 묶어서 생각할 필요가 없다. 예언자는 누구나 그의 책이 어느 때에 같은 청중, 같은 장소에서 전달된 것은 아니다. 그의 예언 사정은 여러 갈래로 나눌 수 있기 때문에 불의에 대한 고발도 여러 차례 할 수 있었다. 그러므로 현 본문이 자리잡고 있는 위치에 두고도 아모스의 사상을 이해함에 부족함이 없다. 여기 7절을 8,9절 다음에 해석하려고 함은 그 텍스트의 위치를 정정하는 시도가 아니고 (구약 각 책속에는 현재의 본문 위치를 바꾸어 읽어야 할 부분이 너무도 많다. 본문비평을

---

1) "강한 자," "넘어뜨리다," "요새" 등 세 말의 모음을 조금씩 바꾸어 "황소자리-Taurus," "산양자리-Caprion," "처녀자리-Virgo" 등 세 개의 성좌로 읽기도 한다. G. R. Driver, "To Astronomical Passages in the O. T." in *JTS*의 1954, 208ff. 그리고 NBE에서 이를 채택 함.
2) 이러한 위치 바꿈은 많은 주석가들이 타당하게 보고 있다.W. R. Harper, p. 118. 주에 여러 학자 이름이 나온다.
3) A. Weiser, S. 163-166.

용인하는 학자에게 있어서는 불가피하다. 만일 이렇게 자리 바꿈을 본격적으로 시도한다면, 아모스 책에서만도 많이 있다. 예언자의 주장을 되도록 논리적으로 이해하고 싶기 때문이다.

4. 본문 해설

이 8,9절은 야웨 하나님의 창조적 능력을 말하며, 인간 세계의 주관자의 모습보다 자연만물, 광대 무변한 우주계를 지배 관리하시는 자로서의 야웨 하나님을 찬양하며, 그 힘을 다 발휘할 수 없는 위력을 가지신 분임을 묘사하고 있다.[4]

문학양식으로는 분명히 4장 13절과 9장 5-6절과 같은 "찬양시"에 속한다.[5] 그 내용이 하나님의 권위와 위력을 찬양하는 내용이기 때문에 "예배의식의 송영"(Liturgische Doxologie)[6] 이라 할 수도 있다. 이렇게 생각되는 까닭은 5장 4절 이하에 나온 하나님의 심판 선언을 아모스가 외침에 대하여 예배대중은 그 대구(對句)로 회답하는 것이 이 송영이라고 바이저는 말한다.

바이저는 이 8,9절을 후대 첨가로 보는 입장에서 이스라엘 예배공동체가 그 예배의식에서 과거 야웨 하나님의 심판을 회중들로 하여금 깊이 깨닫게 함은 회중으로 하여금 일종 참회의 심정을 일으키게 하려는 의도라고 본다. 그것은 이스라엘 역사상 하나님의 위력과 그 심판을 미처 깨닫지 못하고 망동했기 때문에 이스라엘은 많은 수난과 비극을 경험했다. 그런 참회의 심정에는 또한 하나님의 전능하심과 그 위엄에 대한 고백이 동반하지 않을 수 없다고 본다. 이런 표현이야말로 성서에서 찾을 수 있는 하나님 인식의 진실성과 그 넓이를 알려준다. 왜냐하면 인간이 대항할 수 없는 하나님의 심판의 위력을 진실하게 볼 줄 아는 사람은 하나님을 찬양하는 노래를 하지 않을 수 없기 때문이다.[7]

---

4) 이 말은 "He that strengthens," "He that manifests," "He that causes to flash forth," "He that laughs at" 등으로 번역할 수 있다고 한다. W. R. Harpper, p. 16.
5) James L. Mays, p. 95.
6) A. Weiser, S. 164.
7) *Ibid..*

1. 자연지배자(5:8)

이 찬양의 노래를 살펴보면 첫째는 "성좌"에 대한 것, 둘째는 사망을 죄우시는 힘, 빛과 어둠을 지배하시는 힘 그리고 바다와 땅을 지배하시는 힘에 대한 것이다. 하나님이 가지신 창조력, 지배력, 주관권 등을 말하고 있다. 아모스는 어떻게 이렇게 폭과 깊이와 높이를 가진 창조신앙을 가지게 되었는지 알 수 없지만 그의 창조신앙은 욥이 가졌던 것과 별 차이가 없다. 더욱이 묘성(Pleiads)과 오리온(Orion)을 언급함에 있어서 그러하다(욥 9:9;38:31).

아모스는 누구보다도 하나님이 만드신 자연에 대한 심상한 관찰을 한 사람 같다. 그의 예언 속에는 이스라엘 사람들이 일반적으로 볼 수 있는 자연 만물을 열거하여 거기에서 심오한 진리를 캐내고 있다. 로빈슨이 "이 예언자는 모든 자연현상의 사건 속에서 하나님의 손의 움직임을 보고 있다"고 함은 지당한 말이다.[8]

묘성(속칭 좀생이)과 삼성(三星, 오리온 성좌)은 계절과 관련된 성좌로 고대 헬라에서 자주 언급한 별들이며,[9] 우리 나라서도 널리 알려진 성좌다. 사람의 운명과 농사의 흉작, 풍작과 관련된 별로 동양에서도 알려진 별이다.

아모스 당시 이스라엘 사람들도 이 성좌에 관한 농사적 또는 계절적인 관련[10]을 일반적으로 알고 있었던 것 같다. 그러기에 욥기에서도 이 두 개의 성좌가 나란히 나왔다(욥 9:9;38:31-2).

아모스가 "황충이"(7:2), "여름 과실"(8:2) 등 자연만물을 언급하여 자기의 메시지를 전달한 것을 보아, 이 "묘성과 삼성"을 그의 청중은 "그것들이 무엇이냐?" 하는 질문 없이도 커뮤니케이션이 되었다고 이해할 수 있다. 원시인들이나 현대인이 꼭 같이 별을 쳐다보고 느끼는 "조화의 신"에 대한 숙연한 감정을 아모스는 야웨 하나님과 결부

---

8) Th. H. Robinson, S. 87.
9) S. R. Driver, p. 179.
10) "묘성"은 여름 시작할 때 나타나기 시작하여 겨울이 시작할 때 사라진다. 이것은 팔레스타인 농사계절에서 보면 비가 멎는 때부터 비가 오기 시작할 때까지 나타나는 별이다. 그래서 이 별은 비 없는 시절에 나타나는 별이다. Milos Bic, S. 103.

시키고 있다. 이러한 우주지배의 신 개념은 이스라엘 역사 초기에서는 찾을 수 없으나, J기 자가 전해주고 있는 창조신앙(창 2장)은 가나안에 전승되어 있는 바벨론의 우주와 천체에 대한 신앙과 대결하고 긴장하는 가운데서, 그런 성좌 자체를 신의 위치에 올려놓은 가나안적인 문화와 더불어 싸워서 일신교적 신앙을 형성하는 과정에서 야웨 하나님만이 우주만물의 창조자요 지배자인 것을 밝혀준 것이다. 이미 아모스 때에 자연신교(自然神敎)와 다신교(多神敎)는 부정당하고 야웨 하나님의 유일신 신앙이 형성된 것을 볼 수 있다. 가나안 신앙에서 농사를 주장하는 다신교 신앙을 버리고 야웨가 농사를 주장한다는 것을 말하고자 이런 별들의 창조자는 야웨 하나님이시라 한다.

8절은 이 자연지배자 야웨가 무엇을 할 수 있느냐 함을 자랑삼아 내어놓는 것이 아니라 인간이 할 수 없는 것을 야웨는 하신다는 위력을 밝혀 영광과 존귀는 다만 야웨 한분께라는 신앙을 선전코자 함이다. 그래야만 이스라엘의 죄가 무엇인가를 더 분명히 알 수 있기 때문이다.

"죽음의 그늘을 아침으로 만든다"는 말은 절망의 심연을 변하여 희망이 넘치는 아침으로 만드는 하나님의 위력을 말한다. 물론 여기서는 죽음 그 자체를 변화시켜 부활의 아침을 만든다는 신약적인 신앙에까지를 말한다고 할 수 없다. 여기 사용된 "죽음의 그늘"이란 말의 원어 "촬마웨트"(tsalmaweth)는 시편 23편 4절에 "사망의 음침한 골짜기"란 말에서도 표현되듯이 '사망' 그 자체를 말하기보다는 음침함(gloom) 또는 '어둠'(darkness)이 짙은 것을 말한다. 창조 당시에 있었던 '혼돈'(tohuwabohu)을 말함도 아니다. 쉽게 말해서 "밤이 변하여 아침"이 되게 하는 일상적인 일을 말함이다. 왜냐하면 그 다음에 계속되는 말은 "낮을 밤으로 변케 한다"는 것으로 "밤-낮-밤"의 하루가 이루어지는 과정이 우연히 되는 것이 아니고 창조주 하나님의 지배와 간섭 아래 되어진다는 것이다. 이 구절들을 자연의 이상변화, 가령 어두운 밤이 갑자기 낮이 된다든가 또는 대낮이 갑자기 밤이 된다든가 하는 자연질서상의 이변을 말하는 것으로 볼 것이 아니다. 물론 이스라엘 사람들은 "바다도 갈라서 육지가 되고", "해를 서산에 멈추게 하여 하루를 길게 한 일" 같은 것을 믿고 있었지만, 여기 아모스는 반드시 그러한 자연 현상의 돌연변화를 시킬 수 있는 하나님이시니까, 존귀와 찬송을 받으실 분이라 함이 아니라, 밤 하늘에서 언제나 빛나는 별무리로 볼 수 있는 "묘성과 삼성"을 보듯이 밤되고 낮이 지나고 또 밤이 되는 이 정상적인 자연 질서가 다만 야웨 하나님의 손에 달려 운행되고 있다는 것을 말하고자 한다. 이 정상성이 뒤집어지는 돌연변화보다는 이 정상성이 계속되는 것이 하나님이 만드신 인간과 모든 만물에게 얼마나 축복인지 알 수 없기 때문이다.

다음에 나오는 "바닷물을 불러 지면에 쏟는다"는 것도 이러한 자연의 정상성이다. 이 구절은 노아 홍수와 같은 것을 의미할 수도 있다. 그것은 하나님이 물을 하늘로 불러 올려 그것을 다시 땅 위에 쏟아지게 한 일이기 때문이다. 이렇게 해석하면 앞에 나온 구절에서와 같이 자연의 돌연변화만을 하나님의 위력으로 표시하는 경향성을 보여주는 것이기 때문이다. 그러나 비가 하늘에서 내린다는 것은 바다에서 수증기를 빨아 올려 구름이 되게 하고, 그 구름에서 비가 땅으로 쏟아지는 것이다. 욥기 36장 27-28절은 바로 이러한 자연 현상들을 그대로 설명하고 있다.

"그가 물을 가늘게 이끌어 올리신즉 그것이 안개되어 비를 이루고 그것이 공중에서 내려 사람 위에 쏟아지느니라."

이상으로 8절 전체의 의미는 창조주 하나님의 자연 지배의 정상성을 찬양하는 노래이다. 하퍼가 이것을 다음과 같이 요약했다.

"야웨, 그는 세계를 창조하셨고 그의 뜻은 자연의 질서와 조화 속에 나타나 있고 그가 자연 안에서 발하시는 명령은 그것이 은총이 된 것과 마찬가지로 파괴적이 될 수도 있다."[11]

2. 강한 자를 넘어뜨리는 야웨(5:9)

9절은 자연 현상에 대한 하나님의 위력을 나타냄에 대해 8절과는 대조로서 인간 사회에 나타나시는 그의 위력을 표시한다.

"강한 자를 넘어뜨리신다"는 이 구절은 본문비평상 많은 문제점을 가지고 있다. 그것은 위에서 언급한 대로 어떤 주석가들은 8절에 나온 "묘성, 삼성"과 대조가 되는 "황소자리"(Taurus), "산양자리"(Caprion),

---

11) W. R. Harper, p. 116.

"처녀자리"(Virgo) 등의 성좌의 이름으로 읽고 있기 때문이다.

그러나 한가지 생각할 점은 8절에서 아모스가 보통 사람이 흔하게 볼 수 있고 그들의 삶의 계절과 관련이 깊은 "묘성과 삼성"을 언급했을 때에도, 아모스는 결코 천문학적 지식이 풍부한 사람으로 말한 것은 아니었다.[12] 거듭 얘기한 바와 같이 일상 생활의 평범성과 날마다 보고 접하고 느끼는 정상성에서 하나님의 능력있는 자기 계시를 보여 주려고 함이 예언자의 뜻이라고 본다. 만일 이 9절에서 "묘성과 삼성" 외에 또 다른 세 개의 성좌를 언급한 것이라 한다면 우리는 아모스를 천문학자로 보아야 한다. 드고아 언덕에서 뽕나무를 재배하던 농부요 양털을 팔러 다니는 상인이라고도 볼 수 있는 아모스에게 이러한 천문학적 지식을 기대한다는 것은 그의 예언 주석가들의 도가 좀 지나친 망상이라 할 수 있다. 많은 성경주석가들은 자기들의 형이상학적인 지식으로 성서를 이해하려 하기 때문에 Exegese(본문에서 끌어내어 읽는다)의 태도보다도 아전인수격으로 자기의 지식을 가지고 성서를 읽으려 하는 Eisgese(Read into the text)를 하는 실수를 하고 있다.

그러므로 여기서 우리는 다소 본문의 어구가 불분명하여 이런 저런 가능성을 보여줄 수 있다고 해도, 8절에 나온 아모스의 "평범 속에서" 진리를 찾고 "정상성 속에서" 하나님의 위대한 역사를 보려는 그 태도를 이 9절 내용에서도 적용하여 읽을 수 있다고 본다. 8절이 자연계에 나타난 하나님의 위력에 대한 찬양이라면, 이 9절에는 인간이 만들고 있는 이 역사에서 보여 주시는 하나님의 위력을 찬양하는 것이라 해석할 수 있다.

하나님은 권력을 가진 강자 편에 서신 분이 아니다. 왜냐하면 권력자는 자기의 권력을 의지하고 자기를 스스로 민중과 백성의 찬양과 영광을 받고자 하는 신의 위치에 두기를 좋아하는 것이 인간권력의 본질이기 때문이다. 인간이 이 지상에서 혁명적인 방법으로나 세습적인 축복으로 얻은 권력은 항상 자기의 것이 절대적인 것인 줄 착각을 하고, 또 자기의 권력행사가 언제나 선하고 의로운 것인 줄만 생각하고 사람들에게 강요하는 것이다. 어느 한 권력자도 자기 권력이 뜻하

---

12) "산양자리"는 4월말에, "황소자리"는 5월에 나타나고 "처녀자리"는 11월에 없어진다는 지식이다. W. R. Harper, p. 117.

지 않게 자기와 그 하부소속자들에 의하여 부패했다고 인정하고 스스로 다른 사람에게 그 권력을 양보하는 권력자는 참으로 보기 어렵기 때문이다. 한번 권력을 쥐게 되면, 하늘과 땅이 다 자기 권력의지를 찬동하는 것같이 착각을 하기도 하고 때로는 그 권력의 자리에서 물러나기를 백성들이 원한다고 알게 될 때는 수단과 방법을 가리지 않고 그 권력을 지키고 연장하려는 것이 인간 역사의 실상이 되어있기 때문이다.

때로는 이따금 그 현재의 권력자보다 강하고 지혜로운 자가 나타나서 그 권력을 무너뜨리기도 하지만 세계사는 항상 인간의 힘 밖에서 온 신비한 힘이 인간이 고집하는 그 권력을 무너뜨려주어, 백성들은 뜻하지 못했던 해방감을 가진다. 8.15 해방 같은 것은 일본제국주의란 권력이 하늘의 뜻에 의해서, 하나님의 힘의 강타를 받아 무너진 것임을 안다. 인간 역사에는 종종 이런 기적이 일어난다. 그것은 정의의 하나님이 불의를 행하는 인간 권력을 언제까지나 보고만 있지 아니하시고 그 권력을 친히 무너뜨리시기 때문이다.

아모스는 9절에서 이 사실을 말하고 있다. 당시 여로보암 2세가 누린 그 권력에 대하여 하나님이 어떻게 하실 것인가를 그의 찬송 속에 암시적으로 말하고 있다.

"그는 강한 자를 넘어뜨리시고 강한 자의 요새를 무너뜨리신다"고 아모스는 백성들을 가르치고 있다. 특히 9절에는 같은 뜻이 반복되어 있다. 히브리 시의 평행법이 사용되는 것은 의미의 강조를 표시한다. '요새,' 즉 권력의 중심부 또는 권력의 최후 보루의 뜻이다. 그러나 하나님이 인간이 가진 불의의 권력을 무너뜨리실 때는 그 힘의 요새부터 무너지게 하신다. 9절에 "무너뜨린다", "넘어지게 한다"는 동사는 사용되어 있지 않다. "가져온다"는 동사가 사용되었다. 그러나 하나님이 "강한 자"를 치시기 위하여 파멸을 가져온다는 것은 곧 "그가 무너뜨리신다," "넘어지게 한다"는 말과 같다. 강한 사역동사가 사용되어 있다.

8절 마지막에 "그 이름은 야웨다"는 말이 있는데, 이 말은 8,9절 전체 내용에서 본다면 9절 마지막에 오는 것이 바른 위치라 할 수 있다. 4장 13절에 나타난 송영에도 하나님의 창조와 심판의 위력을 노래한 마지막에 야웨 하나님을 밝히고 있다. 그러나 위치의 문제보다 의미의 문제가 더 소중하다. 창조자 야웨는 동시에 심판자 야웨가 되신다는 것, 창조의 위력은 곧 심판의 위력, 이 두 개의 위력은 하나님 안에서 일치되었다는 것을 보여준다.[13]

이방 신들은 이런 일을 할 수 없다는 이스라엘의 신앙고백의 기본적인 표현이다.

우리 말 번역이나 KJV에는 "찾으라"는 말을 8절 초두에 삽입을 했다. 8,9절을 아모스의 설교의 일편으로 본다면, 이 말을 보충하여 "창조의 위력과 심판의 위력을 가지신 야웨 하나님을 찾으라 또는 구하라"는 권고로 읽을 수 있다. 그러나 이 두절을 송영(Doxologie)으로 읽을 때에는 반드시 권고적인 말 "그를 찾으라"(seek him)를 보충할 필요가 없다. 더욱이 이 본문을 예배 의식에 사용한 한 의식문(Liturgie)으로 사용했다면 원문에 없는 말을 보충한다는 것이 오히려 문학의 장르에서는 방해가 된다. "그를 찾으라"가 없어도 아모스가 하고 싶어 한 뜻은 충분히 표시되어 있다.

만일 우리가 5장 4-6절에 반복되고 있는 "찾으라"란 말을 8,9절에서도 보충해 읽는다면, 이 부분을 "찬양시"라고 보기보다는 10절에서부터 계속되는 인간의 죄를 규탄하는 하나님의 고발의 선포 이전 청중들에게 알린 아모스의 독백이라 할 수 있다. 이 독백은 예언자의 고충이 들어 있는 것이다. 야웨 하나님은 이렇게 자연 만물을 창조하고 그것을 지배하는 능력과 권위를 가지셨고, 또 인간이 만든 강한 권력과 그 요새를 순식간에 파괴할 수 있는 데도, 그 백성들은 이 야웨를 배신하고 있다는 괴로운 심경의 표현일 수도 있다. "왜 너희들은 야웨를 모르는 척 하느냐," "그 이름 야웨"란 말은 선조들에게서 물려 받은 가장 귀하고 큰 유산이 아닌가?

그러나 8,9절을 예배 환경과 관련시켜 "송영"으로(무리들에게 하나님의 위력을 고요하게 알려주는) 이해한다면 10절 이하는 아모스의 권위 있는 입을 통하여 불을 뿜듯이 이스라엘의 지배계급과 그 권력자들에 대한 고발의 설교라 할 수 있다.

---

13) A. Weiser, S. 164.

17 자유와 정의
(5:7,10-13)

1. 서론

예언자는 불의를 보고도 못 본 척하는 사람이 아니다. 그것에 눈을 감으면 자신을 속이는 것이요, 그것에 침묵을 지키는 것은 불의와 타협하는 것이다. 그가 믿는 하나님은 공의를 원하시고 사람들 사이에 정의가 실천되기를 원하는 분이다. 이 하나님이 불의에 대하여 침묵이나 묵인을 하시지 않음을 아는 예언자이다. 그렇기 때문에 그는 불의에 대하여 고발하지 않을 수 없다. 그 고발하는 일 때문에 자신에게 미칠 손해도 안다. 그럼에도 불구하고 불의를 질책하지 않을 수 없다. 아모스의 예언 정신은 바로 이러한 고발정신에 나타났다. 여기 우리가 생각하는 구절들이 그 하나이다.

  5장 7절은 그 의미상 8절보다 10절에 직접 연결이 된다는 것은 앞에서 말한 바다.

2. 새 번역

7절 아하[1]
     공의를 사철 쑥으로 바꾸며
     정의를 땅에 던지는 자들이여
10절 성문에서[2] 비판자를[3] 미워하고

---

1) MT에는 "아하"라는 말이 없으나 많은 주석가들이 (Th. H. Robinson, Weiser, Snaith) "화있으리라" (hoi)를 보충한다. 그러나 G.A.Smith와 RSV가 "아하" 감탄사로 시작하는 것이 의미를 더 확실히 한다고 한다.
2) 성문은 마을 어귀로서 히브리인들의 고대 법정이요 또 삶의 지침과 방향을 가르치기 위한 상담의 장소이다. 연로한 사람들이 이런 역할을 해서 공동체의 질서를 유지해 나간다(신 22:15; 룻 4:1 이하; 시 127:5; 잠 31:23; 왕상 22:10; 애 5:14).
3) 원어 Mokhiach는 '책망자'(he who reproves)로 번역되나 잘못된 일, 부정

바른말 하는 자를 싫어하는구나.
11절 그러니, 너희들이
가난한 자를 짓밟고
과중한 곡세를 취하고 있다.
너희가 비록 다듬은 돌로
집을 짓기는 해도
거기서 살지는 못하리라.
너희가 비록 포도나무를 심기는 하지만,
포도주를 마시지는 못하리라.
12절 진정 너희들의 허물이 많고,
죄가 중한 것을 내가 알고 있다.
너희는 의인을 학대하며
뇌물을 받는 일로
성문에서 가난한 자를 억울하게 한다.
13절 그러니
이런 악한 때에야
지혜로운 사람이
잠잠할 수밖에 없지 않은가!

3. 본문 해설

1. 언론의 수난

이 부분은 아모스의 사회고발, 권력자 고발, 부한 자의 고발인 동시에 약하고 가난한 자, 외롭고 정직한 사람에 대한 변호요, 대변을 해 주는 내용이다. 이 부분 마지막에 그 당시 언론이 강한 권력자와 부한 세도가에 의하여 수난을 받고 있음을 솔직히 말한다.

이런 악한 때에 본 대로, 느낀 대로, 들은 대로 또한 양심에서 깨달은 대로, 더욱이 하나님이 주신 말씀이라 하여 함부로 지껄이는 것이 얼마나 어리석은가를 솔직하게 말한다. 지혜로운 사람일수록, 이런 악한 때에는 침묵을 지키는 것이 상책이라 했다. 여기 아모스는 권력에 눌려 할말을 하지 못하는 비겁한 언론인을 책망하는 동시에 이렇

부패를 비판하는 자란 뜻이다. 그래서 NEB에서는 "a man who brings the wrong door"로 읽고 있다.

게 언론의 부자유를 만들고 있는 권력층에 대하여도 강한 고발을 하고 있다. 그것은 아모스 자신의 입은 아무도 막을 수 없다는 것을[4] 그가 담대히 말하고 있는 사회부조리와 죄에 대한 고발에서 보여주고 있기 때문이다. 아모스 예언 전체에서 보여주는 그의 대담성은 자기 소신껏 할말을 하고 있는 것이다. 그 대담한 언론 때문에 권력층에 결탁되어 있는 어용종교인 아마샤에게 추방당하기도 한다(7: 12 이하). 13절의 "이런 악한 때에 지혜로운 사람은 침묵을 지킬 수밖에 없다"는 말은 자기 자신을 생각하고 침묵을 지키는 사람에 대한 비판과 공격보다는 그러한 언론의 자유가 허용되지 않도록 만든 당시 여로보암 2세 정치에 대한 공격이다. 그러나 말할 때와 말하지 않을 때를 구분하고 또한 할말과 아니할 말을 분간할 줄 아는 것은 지혜에 속한다는 의미도 된다. 말을 함부로 할 것이 아니라, 꼭 필요한 말을 골라하고 침묵을 지키는 일도 어렵다. 예수가 빌라도 앞에서 침묵을 지킨 일(요 19:9) 같은 것은 지혜로운 일이었다. 이 지혜는 바른말을 하므로 닥칠 신변의 위험을 겁내는 비겁성에서 온 것이 아니고 역사의 주인이시며, 인간의 하는 일에 대하여 최종의 말을 할 수 있는 분이 누구임을 아는 지혜 때문이다. 빅의 말대로[5] "야웨가 심판자로 강림하실 때는 인간은 아무말도 할 수 없다. 그것은 야웨가 마지막 말을 하실 때는 인간은 후회할 수 없도록 자기 말의 기회를 잃어버리고 말기 때문이다 (후회도 늦다). 그러므로 지혜자의 침묵은 공포나 조심 때문이 아니라, 영원자의 의지 속에다 자신을 무조건 맡겨버린다는 표현이다."

이 13절은 아모스의 말이 아니고 후대 어느 독자의 주(註)로 보는 사람도 있다.[6] 이 부분 전체를 읽고 결론적으로 불법이 성행하는 시대에는 침묵을 지키는 것이 지혜로운 일이라 충고하는 내용이라고 본다.

그러나 아모스 자신이 이 말을 했다고 해도 아무런 무리가 없다. 아모스 자신은 담대히 말하는 사람이었고 그 때문에 손해도 보았지만 이 말을 통하여 자신의 심경을 알림보다는 그 당시의 여건이 "말을 하는 것 보다는 침묵을 지키는 것이 지혜로운 일이라" 할 만치 그 시대가 언론의 자유를 허락한 선한 시대가 아니고 본문에 있는 그대로 "악

---
4) Milos Bic, S. 110.
5) *Ibid.*.
6) A. Weiser, S. 167.

한 시대"였기 때문이다. 이런 사실은 인간의 악이 지배하는 시대에는 언제나 볼 수 있다. 더욱이 독재가 총칼 아래서 시행되고 있는 악한 때 —가령 히틀러의 시대—에는 이런 침묵의 지혜를 누구나 가지고파 했다. 그래서 바른소리가 들려지지 않았다. 그래서 악은 더욱 커져 갔다. 메이스는 올바르게 해석했다.[7]

"법정이 부패했을 때 권력자의 팔이 무제한으로 뻗치게 되는 시대에는 지혜로운 판단을 하는 사람은 불평을 말하거나 그의 하고 싶은 말을 솔직히 한다는 것은 다만 그 자신에게 피해를 가져오는 것임을 알기 때문에 침묵을 지킬 수밖에 없다.".

그러나 문제는 이런 침묵은 지혜가 아니라 악을 협조하는 일도 됨을 아모스는 알고 있었다. 그래서 그는 침묵하는 길에서 오는 평안과 무사주의보다 침묵을 깨치고 말함으로 당하는 고초와 수난을 자처했다. 이것이 엘리야를 비롯한 예언자의 정신이었다. 아모스는 다만 이 예언자의 정신대로 산 사람이라 하겠다.

다음 아모스가 비판한 사회악이란 무엇이었느냐?

2. 악은 쓰다 (5:7)

아모스는 그 당시 사회상을 "사철쑥"(leca na=wormwood/이전 번역에는 "인진")으로 비유했다. "사철쑥" 또는 "인진" 어느 것이 정확한 번역인지는 알 수 없으나 이 풀은 팔레스타인 지방에서 자라는 아주 쓴 풀임에 틀림없다. 구약에는 이 말이 종종 담즙(bile=gall)과 함께 사용되었다(신 29:18; 렘 9:15; 23:15; 애가 3:19 ; 암 6:12). LXX에는 이 말을 식물명으로 번역하지 않고 의역을 하여 "쓰라린 것"으로 했다. 잠언에는 창녀들의 꿀같이 단 말도 나중에는 사철쑥같이 쓰다고 경계했고 예레미야는 하나님의 심판의 쓰라림이 '사철쑥'을 먹듯이 쓰다고 했다(9:15; 23:5). 유다가 주전 586년 망한 비극은 사철쑥을 먹는 것처럼 괴롭다고 애가서 기자는 말하고 있다(애 3:15,19).

아모스는 당시 이스라엘 사람들이 공의를 사철쑥으로 바꾼다고 탄식하고 있다. 여기 공의는 "mis-pat," 보통 '판단'으로 번역되는 말이

---

7) James L. Mays, p. 98.

지만, 다음 구절에 나온 '정의'(tsedaka)와 대조를 이루어 당시 이스라엘 사회 정의에 대한 이상을 말하고자 한다. 공의(justice)와 정의(righteousness)가 독물처럼 되어 버렸다는 상징적 표현인데, 이는 큰 자로부터 작은 자에 이르기까지, 지도자로부터 일반 백성에 이르기까지, 관리들로부터 평민에 이르기까지, 공의라면 쑥처럼 싫어하고 정의라면 땅바닥에 헌신짝처럼 내어버리는 시대가 된 것을 말한다. 사람들이 공의와 정의를 이렇게 기피한다는 것은 불의와 부정이 처세술이요 상식이 되어 있다는 것을 말한다. 공의를 사철쑥으로 바꾼다. 이 바꾼다는 동사 ha-phakh는 손바닥을 뒤집듯이 뒤집는다는 뜻(왕하 21:13)으로 마치 심장이 둘이 있는 듯 딴소리를 하는 것(삼상10:9), 소돔 고모라가 뒤집어 엎어져서 변하듯 돌변하는 모습(창 19:21,25,29), 표범이 그 가죽 빛깔을 바꾸듯이 바꾸는 태도(렘 13:33), 물이 피로 변하듯 돌변하는 것(출 7:17,20) 등을 표시하는 것을 나타내는 말이다. 공의가 사철쑥으로 변하는 것도 이러한 급변과 완전한 변질, 손바닥 뒤집듯이 간단히 변해버린 것을 말한다. 한 사회와 국가를 유지하는 것은 공정한 법과 법을 가진 자가 자기 마음대로 법을 남용하지 않는 데 있다. 집권자의 의욕에 따라 공정해야 할 법이 수시로 바뀌어진다면 그 사회에는 공의가 있을 수 없다. 그런 사회의 공의는 공법을 자기 마음대로 바꿀 수 있는 집권자의 말이나 지시에 좌우된다. 공의의 말도 집권자를 해치는 말이면 불의가 되고, 불의의 말도 그를 돕고 순종하면 정의가 된다는 것이다. 이렇게 되면 공의는 문자 그대로 사철쑥이다. 아무도 거론을 하거나 가까이 하려 하지 않는다. 정의가 땅바닥에 떨어졌다는 말도 정의가 무용지물이 된 것을 말한다.

 로빈슨은 7절 상반을 이스라엘의 법정 질서의 무법성과 불법성을 말한 것이라 한다.[8] 즉 공의(mispat)는 법의 수속절차의 불법성을 말하고 정의(tsedaka)는 법정신의 불법성을 말한다고 했다. 사실 공정한 법이 시행되는 사회에는 법률의 행동을 시작하고 진행하는 법적 절차에서부터 찾아 볼 수 있다. 가령 소송사건 같은 것이 그 절차에서부터 뇌물로 좌우된다거나 재판과정에서 어떤 정치적 이유 때문에 변호인의 심문 절차도 없이 판결이 선언된다고 하면 이런 불법성 때문에 한 나

---
8) Th. H. Robinson, S. 89.

라의 사법은 사람들이 믿고 의지할 수 없는 사철쑥이 되고 마는 것이다. 사람들은 억울하지만 권력에 눌려 그 쑥물을 마셔야 한다.

법정신이 정의에 입각해야 함은 법은 만인에게 평등해야 하기 때문이다. 법이 정권자를 위하여 고쳐지거나 아전인수격으로 해석되어 집행된다고 하면, 그 법은 백성을 위한 법이 아니라, 공법성을 떠난 사법이 되고 만다. 인류역사 이래 법을 고치는 일을 두렵게 생각지 않고 자기 중심으로 바꾸는 사람치고 선정을 한 예는 없다고 보아도 과언이 아닐 것이다.

3. 비판의 죄(5:10)

비판자를 미워하는 시대는 어느 나라 역사에서도 볼 수 있다. 한 나라의 정치가 집권자의 개인 의지와 욕망을 앞세워, 백성의 삶이 도탄에 빠지고 사직의 운명이 풍전등화와 같을 때 충성된 신하는 상감께 나아가 직접 간(諫)하는 말을 아뢰고 또는 지방에 있는 애국지사들은 문서로 알린다. 이러한 충신의 직간(直諫)이나 문서로 올린 간은 나라를 망치려는 파괴적인 정신에서 말한 것은 아니다. 잘못된 것을 시정하여 국가의 기강과 질서를 바로잡고 국태민안의 뜻 때문이다. 이러한 충성된 간하는 말은 오늘날 민주주의 시대 용어로 말한다면 건설적이고 건전한 비판이라 할 수 있다. 비판이 용납되지 않는 곳에서는 민주주의가 수난을 받고 있다. 오늘 세계 역사 속에 국민들의 건전한 비판의 소리에 귀를 막고 있거나 이러한 비판을 엄금하고 있는 독재의 나라에서는 민주주의가 심히 상처를 받고 있음을 본다. 비판의 자유가 용납되는 곳에 민주주의가 살아 있다. 비판이 금지된다는 것은 곧 바른말과 이치에 닿는 말이 금지된다는 것이다. 이러한 금지는 그것이 집권자가 만들어내는 임시법이나 조치 혹은 사람을 위협하고 인권을 유린하는 무력적인 방법으로 하든 그것은 결국 정당한 소리에 귀를 막고 집권자의 일방적인 말만 듣고 그것만 외우고 되풀이 하라는 것이다. 이러한 비판의 자유가 없는 곳은 우리가 너무도 잘 아는 북한의 공산주의 땅이요 그와 닮아가는 아시아 남미 등지에서 볼 수 있는 나라들이라 하겠다.

예언자 아모스는 이미 2600년 전에, 이러한 비판의 자유가 용납되지 않고 비판하는 그것이 곧 죄가 되어 형벌을 받아야 하는 당시 사회를 우리에게 알려주고 있다. 10절 말씀은 주석이나 해석이 불필요하다. "바른말하는 자가 핍박을 받고 비판자가 미움을 받는다"고 했다. 다만 여기 '성문에서'란 말은 본문 주에서 보여준 바와 같이 백성들의 여론이 형성되는 곳이요 그들의 억울한 사정이 청취되고 마을의 장로가 일의 시시비비를 가려 그 공동체의 질서를 유지하고 백성들이 자유스럽게 의견을 교환할 수 있는 장소이다. '성문'의 위치를 구약에서 보면 단순히 통행문에만 그치지 않고 사사들, 장로들 그리고 왕이 백성을 위하여 자기 의지를 전달하기 위하여 자리를 잡고 앉는 곳이며(신 21:19; 22:15; 룻 4:1,11; 삼하 18:24; 사 19:21), 따라서 이는 백성의 사정을 듣고 재판을 하는 곳으로 이해되었다. 아모스는 이 전통적인 고대 재판석을 여기서 말한다. 부정과 부패가 시정되어야 하는 곳으로 성문을 이해하고 있다. 그러나 이 '성문'도 권력자에 의하여 바른말이 배척당하고 비판이 금지되었으니 나라의 장래는 암담하다는 것이다.

4. 가난의 죄와 부한 죄(5:11)

"누구를 탓하겠는고, 가난이 죄지!" 우리 사회에서도 흔하게 들리는 이 탄식, 빅톨 위고는 쟝발쟌의 범죄도 가난의 죄란 생각에서 레미제라블을 기록했다. 아모스 당시 이스라엘 사회에서 가장 수난을 당한 계층은 가난한 사람이라는 것을 11절에서 밝혀주고 있다.

구약성서에 나타난 '가난'(貧困)의 문제는 필자가 이미 밝혀본 대로[9] 아모스 시대보다 더 일찍이 J기자의 글 가운데서부터 하나의 사회문제로 등장하고 있다. 이스라엘 사람들이 가나안 땅에 정착하기 시작한 이래 그들이 농경문화와 도시문화 속에 삶을 살게 될 때 소유권 제도가 발달하기 시작하여 가진 자는 더 가지려 하는 인간의 욕심 때문에 가난한 자는 항상 가진 자에게 인권와 자유를 짓밟히고 살았다. 이스라엘의 고대생활을 반영시켜 주는 '계약의 책'(출 22:23-23:33)은 빈곤의 차이에서 온 인권유린의 현상과 하나님의 형상으로 지음받은 인간이 그 물질 때문에 멸시와 천대를 받게 되는 사회모순에 대하여 항거하고 이것을 시정하려는 법을 제정했다. 출애굽기 22장 25-27

---

9) 『신학연구』 (한국신학대학 연구지) 제14호 (1973), pp. 239ff..

절 말씀이 그 대표적인 규율이다. 여기 있는 내용을 요약하면 (1) 이 스라엘 사회 안에 이미 현실화된 빈부의 차의 사실을 인정하며, (2) 가난한 사람은 그 물질의 결핍 때문에 부한 사람의 신세를 져야 되었고, (3) 그 결과 가난한 사람은 삶의 기본권이나 인권마저 부한 사람에게 희생당하고 있다는 것이다. 이러한 세 가지 사실을 일단 인정을 하고 가난한 사람을 학대하거나, 멸시하지 말고 오히려 그들을 도와주라는 인도정신에서 이 법을 제정한 것을 본다. 가난한 자를 돌본다는 것은 하나님의 백성이 해야 할 신앙적, 윤리적 의무임을 강조하고 있다.

가난한 자에 대한 동정적인 법률은 신명기 법전에서 더욱 구체적인 가르침을 하고 있다. 신명기 15장은 이 문제를 중심한 장이다. 여기에는 "가난한 자"를 도와주지 않는 것은 하나님 앞에 죄를 범하는 것이라 했다(7절). 신명기 24장에는 "가난한 자"와 노임(勞賃)문제까지 언급을 하고 있다. 가난한 자라고 해서 자기 노동의 대가로 받는 노임이 부한 사람에 의해서 부당하게 착취당할 수 없다고 했다(24:15). 이러한 이스라엘의 고대신앙과 윤리의 전승을 알고 있는 아모스는 가장 신랄하게 부한 자의 착취와 가난한 자의 인권을 유린하고 물질로써 양심의 소리까지 막아버리고 있는 그 부정과 부패에 대하여 항거하고 있다.

11절에 "가난한 자를 짓밟는다" 함은 인권을 유린한다는 당시의 부정을 고발하고 있다. 인권유린의 내용이 다음 "과중한 곡세를 취한다"에서 설명되어 있다. 이것은 땅을 가진 부자가 가난한 사람을 소작농으로 하여 일년간 농사를 짓게 하고 그 소작료를 지나치게 받는다는 뜻으로 볼 수도 있다.[10] 그것은 곧 가난한 자들의 생계를 위협하는 일이며, 그들로 하여금 가난하다는 이유로 노예로 만드는 것이다. 자기의 생계를 희생시키면서 땅을 가진 부한 자에게 노동력과 시간과 생 자체가 희생당한다는 것은 물질의 유무로 인격을 무시하고 인간의 기본 권리를 박탈하고 있는 것이다.

그러나 이들을 비인간화시키고 있는 부한 자들은 어떤 사람들인가? 그들은 "다듬은 돌로 새 집을 짓고 땅을 더 많이 소유하여 포도원을 확장하는" 개인 잇속만을 위해 사는 사람들이다. 여기 현대자본주

---

10) Th. H. Robinson, S. 91; J. L. Mays, p. 94.

의의 본질적 요소가 나타나 있다. 가난한 사람의 노동력을 착취하여 자기의 사재(私財)만 증가시키고 자신의 향락과 사치의 삶을 꾸미고 있음을 말한다. 부한 자들이 자기 재산을 증가시키는 길은 집을 짓는 일과 땅을 사는 일이다. 최근 우리 나라에서는 자기 재산을 해외에 도피시키고 있는 예도 심심치 않게 볼 수 있지만, 우리 나라 어느 재벌들이 서울 주변 많은 땅을 소유하고 있다는 풍문도 아모스가 말하고 있는 "부자의 죄"와 같은 것이다. "부자의 죄는 이기적인 관심 때문이다."[11] '다듬은 돌'로 지은 집은 부자의 사치성을 말한다. 청계천 천막에 사는 사람의 '주택'과 서울 변두리 새로 발전되는 곳에 세워지는 신흥부자들의 움막을 비교해볼 줄 아는 마음이 아모스의 정신을 이해하려는 사람이다. 변두리 고급 주택은 '다듬은 돌'만의 사치가 아니다. 천년이라도 그 집에서 살아 갈 듯이 영구주택을 장만한다. 그러나 아모스는 이러한 부자들을 격노시키는 말을 한다.

"아무리 너희가 다듬은 돌로 새 집을 지어도 너희는 그 속에서 살지 못하리라"고 한다. 이것은 그 당사자가 일찍 죽고 말리라는 저주도 또는 이런 호화스런 건물도 전쟁이 나면 하루아침에 잿더미로 화하고 말 것을 예언하는 뜻으로도 읽을 수 있다. 아모스는 그의 예언 속에서 "야웨의 날"의 재난을 말해주는 예언자이기 때문에(암 5:18-20) 이상 두 가지 해석 중 전자보다 후자의 해석이 타당하다고 본다. 마찬가지로 땅을 사서 포도원을 크게 만들지만, 거기서 나는 포도로 술을 빚어 먹을 수도 없을 것을 말한다. 이러한 부자들의 이기적인 벌로 인하여 국가 사직이 망하게 되었는데 어디 개인의 사유재산의 증가와 그것에 의한 호의와 호식과 향락과 사치가 가능할 것인가! 망하는 나라와 함께 자신도 그가 가진 모든 소유와 영화도 망하고 말 것이라는 종말론적 진단을 하고 있다. 어느 시대이고 이러한 예언자의 진단에 귀를 기울이지 못하는 백성처럼 가련하고 비참한 백성이 없을 것이다.

5. 뇌물 정치(5:12)

12절 상반부는 이스라엘의 권력층과 부자들의 죄를 자인케 하는 하나님의 선언이다. "진정 너희 허물이 많은 것과 죄가 중한 것을 하나님은 아시고 계신다"고 했다. 죄를 짓는 사람은 자기들의 죄를 하나님이

---

11) Milos Bic, S. 108.

알지 못한다는 망상도 하거니와 설령 안다고 해도 자기들을 어떻게 할 것인가 하는 대담한 생각을 가지고 온갖 불법과 부정을 자기 마음대로 감행하고 있음을 어느 역사에서도 볼 수 있다.

시편 시인들은 인간의 이 오만성을 고발하는 노래를 많이 남기곤 했다.

> "악인은 교만해서 말한다.
> 야웨가 살피지 아니하신다.
> …
> 그 마음에 스스로 말한다.
> 나는 흔들리지 아니한다.
> 나는 대대로 수난을 당치 않는다.
> …
> 그래서,
> 그는 숨은 곳에서 무죄한 자를 죽이며,
> 의로운 자를 질시하며,
> 굴에 누워있는 사자같이
> 숨은 곳에 엎드려,
> 가난한 자를 기다리며,
> 가난한 자를 잡나이다"(시 10:4,6,8,9).

예레미야가 자기 나라의 패망을 앞두고 백성의 지도자들을 힐책한 말도 그들이 야웨 하나님의 '인간감시'를 무시하고 자기 소욕대로 말하고 행동함이 죄라고 했다.

> "이스라엘 족속과 유다 족속은
> 내게 심히 패역하였다.
> 그들은 야웨를 인정하지 아니하며
> '야웨란 존재하지 않으니
> 재앙이 우리에게 임하지
> 아니하리라' 말합니다"(렘 5:12).

그러나 하나님은 하나님 존재도 인정치 않고, 그가 인간을 비밀리에 살피시는 것을 인정하지 아니하고, 스스로 죄가 없다고 하는 것이 곧 하나님의 심판의 대상이 된다고 말했다.

"그러나 너는 말하기를
나는 무죄이니 그의 진노는
정말 나를 떠났다 하지만
보라
너는 스스로 무죄하다는
이것 때문에
내가 너를 심판하고 말리라"(렘 2:25).

아모스가 12절에서 하나님을 두려워할 줄 모르고 자기 인간의 욕망만을 채우는 권력자, 부한 자에 대한 경고를 하고 있다. 여기 사용된 죄란 말은 '페샤야'와 '핫타아' 둘이 사용되었다. 전자는 '의식적인 반역'(deliberate rebellion)이요, 후자는 '바른 길에서 습관적으로 이탈'하는 것이다.[12] 이 두 가지 죄는 꼭 같이 윤리적인 죄만 아니라 하나님께 대한 고의적인 배신과 부정을 감행하는 종교적인 죄다. 인류 역사가 보여주는 대로 국가 사직이 망하려고 하는 때에는 윤리적인 죄와 종교적인 죄는 차별없이 감행된다. 이것은 법도 양심도 무시해 버리는 오만한 인간의 권력주의가 만드는 무질서의 사회현상이다.

아모스는 그 시대 권력층의 부한 자들이 범하고 있는 이러한 범죄의 구체성을 하반절에 밝히고 있다. 즉 "의인을 학대하는 일," "뇌물을 받는 일로 가난한 자를 억울케 하는 죄"이다. 이 경우 '의인과 가난한 자'는 별개 인간으로 볼 수도 있으나, 아모스는 부패한 사회에서 볼 수 있는 대로 '가난한 자'와 '의인'은 거의 동의어로 사용하고 있다. 그것은 의인은 바른 말을 하고 자기 양심을 지키고 하나님 무서운 줄 알고 불의와 부정을 행하지 않기 때문에 가난하게 될 수밖에 없기 때문이다. "가난은 나라도 구제 못한다"는 우리 나라 속담이 있기는 하지만, 이것은 부가 권력자나 부자 자신들에 의하여 독점되어 있기 때문이다. 사회복지제도를 실시하지 못하는 정치의 부족이요 가진 자의 개인주의 욕심 때문에 '가난'이 생기고 따라서 '가난'에 따라오는 일절의 사회악이 나라의 질서를 어지럽게 한다. 교육의 평준화란 것이 바람직하지만 부의 평준화의 정책이 세워지지 않는 한, 교육의 평준화가 결코 인간을 올바르게 만들 수 없음은 뻔한 일이다. 가진 자와 못가진 자의 차별이 심한 사회에서는 교육의 영향이 크게 나타날

---

12) W. A. Harper, *ibid.*

수 없기 때문이다. 아모스는 이런 현상을 자기 시대에서 보고 '의인을 학대하는' 죄는 용납할 수 없다고 한다. '의인의 학대'는 개인 원한 때문에 생기는 죄가 아니라 사회 구조악에서 오는 정치적 또는 행정의 죄다. 그것은 의인의 목소리를 그대로 용납한다면 정치적인 권력의 남용과 행정적인 부정을 말끔이 씻을 수 있어야 하기 때문이다. 아무리 부정부패를 일소하는 서정의 쇄신을 강조한다고 해도 근본적으로 의로운 목소리가 무엇인가를 판별도 못할 만치 양심이 흐려 있거나, 설혹 그것을 판별한다고 해도 의로운 말(곧 백성 어느 사람이라도 다 공감하는 말)을 그대로 받아들이고 보면 권력자나 부자는 자기의 개인적인 욕심을 채울 수도 없고 이미 가지고 있는 그 기득권을 영구화시킬 수 없기 때문이다. 그러니까 자연히 의인을 학대하는 현상이 나타날 수밖에 없다. 의인이 학대를 받는 사회의 특성으로 뇌물정치가 공공연하게 자행되는 것도 세계 역사가 증명하는 바이다.

관청에 출입해야 하는 사람들의 입에서 '급행료'란 특수용어가 만들어지는 것이 한국적일지는 몰라도 뇌물정치는 세계 어느 나라에서나 찾아볼 수 있는 인간악, 사회악, 정치악이다. 한 조직 속에 사는 사람은 다같이 뇌물을 받아야만 상대방의 오염을 비판할 수 없게 만드는 특수 현상도 따라다니기 때문에 이는 '상납금'이란 문자가 나오지 않아도 구조악, 조직악임에 틀림없다.

아모스는 그 구체적인 뇌물행정을 그 당시 사법행사에서 볼 수 있었음을 "성문에서 뇌물을 받고 가난한 사람을 억울하게 한다"고 했다. '성문'은 위에서 말한 대로 백성들의 억울한 민사소송이 집행되는 재판소와 같은 곳이다. 그러나 신성해야 할 이 재판소가 뇌물로 오염되어 정의와 인도의 원칙에서 탈선하고 있음을 보여준다. 아모스가 이러한 불법을 공격한 첫 사람은 아니다. 이미 이스라엘 고대법의 하나인 '계약의 책'(출 23:7)에서와 '신명기 법'(신 25:1)에서 백성과 위정자를 권고해 온 전통적인 사상이다. 그러나 아모스 시대나 그 후 시대, 오늘에 이르기까지 '뇌물정치'는 사라지지 아니하고 있다. 그렇다고 해서 이것을 묵인하거나 그것을 실천할 수는 없다. 양심적인 지도자와 교사와 예언자는 뇌물정치의 불법을 어느 사회에서나 고발해야 한다. 아모스가 쓰고 있는 표현은 '뇌물'이란 말을 매매행위에서 현금을 받는다, '은을 달아 준다'는 '카팔'(kaphar) 동사에서 온 '코펠'(kopher)을 사용하고 있다. 사회에서 억울하다는 것을 느끼는 계층은 항상 가난하고 약한 사람이다. 그렇기 때문에 이 억울함을 호소할 곳은 "성문 어귀에 세운 재판소"밖에 없다. 그러나 이 재판을 하는 사람이 법에 근거한 공정한 판단보다 무엇을 갖다 바치는 사람을 유리하게 판결하기 때문에 가난하고 약한 자는 재판에서 지게 되고 그의 사정은 더 딱하고 억울할 수밖에 없다. 로빈슨도 "가난한 자가 자기의 적대자를 고발하여 소송을 제기하지만, 그 재판은 일방적으로 처리되어 버린다. 그것은 가난한 사람은 돈으로 좌우되는 판결에 아무 것도 낼 수 없기 때문이다"고 했다.[13] 빅은 이 '뇌물'이란 말을 '묵인의 금전'(Schweigegeld)이라 번역하고 있다. 본래 이 말은 '속전'(Lösegeld) 즉 갇힌 사람이나 팔린 사람을 돈을 주고 빼내는 몸값의 뜻이다. 사법행정은 사람의 목숨을 다루는 곳이다. 생명은 하나님께 속한 것이기 때문에 재판의 사명은 하나님의 심판처럼 공정해야 한다. 그러나 하나님을 무서워할 줄 모르는 대담하고 오만한 인간은 재판의 기본정신을 잃고 돈으로 판결을 해버리는 경우가 있기 때문에 돈을 내지 못하는 가난한 사람은 억울하다는 것이다.

예언자 아모스는 이렇게 가난한 자를 억울하게 만드는 재판이 시행되는 나라의 운명이 장차 어떻게 될 것인가를 염려하여 이 예언을 말하고 있다.

---

13) Th. H. Robinson, S. 91.

18. 사는 길
(5:14-15)

1. 서론

아모스가 보는 이스라엘 역사는 그 종말이 가까워 온 것이었다. 그의 눈은 민족의 죽음이 가깝게 다가오고 있음을 보았다. 한 개인이 망하는 것이 아니라, 한 민족이 망하는 것을 아모스는 보고 있었다. 이것은 결코 그의 소극적인 역사의식 때문이 아니고 그 나라 실정이 이러고서야 어떻게 망하지 않을 수 있겠는가 하는 구체적인 그의 정직한 시대판단과 역사의 현상에서 종국을 내다볼 수 있는 그의 신앙의 눈 때문이다. 예레미야가 남왕국 유다의 세기말적인 범죄와 타락을 바라보고서 "내가 이 일로 인하여 벌하지 아니하겠느냐? 내 마음은 이 같은 나라에 복수하지 않겠느냐?" (렘 5:9,29) 하는 심정을 아모스도 가졌기 때문이었다.

이러한 역사의 종말을 보게 된 아모스는 16-17절에서 한 사랑하는 사람을 잃은 집안에서 슬픈 곡성을 내고 통곡하듯이 이스라엘의 장례식 광경을 묘사하고 있다.

예언자는 민족의 비극적인 종말을 바라보면서도 최후까지 "차라리 망해 버리라!" 또는 "어서 이 나라는 망해야 한다"는 마지막을 말할 수 없다. 망하는 것을 목격하고 비록 만가는 부를 망정, 그 자신이 망해 버리라고 저주하거나 멸망을 재촉할 수는 없다. 그렇기 때문에 그는 끝까지 그 백성이 사는 길을 외치지 않을 수 없었다. 14절과 15절이 구원에 대한 그의 안타까운 심정을 토로한 것이다.

2. 새 번역

14절 선을 구하고 악을 구하지 말라.
　　　너희가 살기를 원하거든,

너희가 이미 말한 바지만
야웨, 만군의 하나님이
너희와 함께 계신다.
15절 너희는 악을 미워하고
선을 사랑하라.
그리고 성문에서는 공의를 세우라.
야웨, 만군의 하나님께서
그래도 요셉의 남은 자를
긍휼히 여기시지 않겠느냐.

3. 텍스트 문제

프록쉬(Procksch)가 H.B.에서 제안하듯이 14절, 15절은 5장 4-6절에 계속되는 것이라 보는 것은 두 개의 본문에 나타난 용어 및 사상의 공통점을 찾을 수 있기 때문이라 할 수 있다. 가령 "찾으라"(דרש)란 동사가 4,5,6절과 14절에 나왔고 "산다"(חיה)는 동사가 4절과 14절에 나왔다. "하나님을 구하면 산다," "선을 구하면 산다"는 '생명'으로의 길을 제시하고 있음은 사상적으로 공통된 내용이다.

하퍼는 14절을 13절 다음에 연속된 것으로 보고 15-17절을 하나의 독립된 구절로 보고 있다.[1] 이렇게 연결시킴은 12,13절에 밝혀진 죄는 죽음의 길로 치닫게 하는 결과밖에 아니니, 그 죽음을 피하는 길은 선을 구하는 길이 첩경이라 해서 연결시킨다.

마르티(Marti)는 13절을 후대 삽입으로 보아 이를 제거해 버리고 5장 6절 다음에 곧 14절을 연결시키고 있다.[2]

바이저도 14절 15절을 5장 6절 다음에 두어 사상적인 통일성을 밝히고 있다.[3]

비록 두 부분 속에서 아모스의 본래적인 예언이 어느 것인지 밝히기는 어렵다고 해도 역시 그 용어와 내용에서 두 부분은 서로 연결된 것이라 상상할 수 있다. 즉 5장 14절에 나온 "선을 구한다"는 것은 결

---
1) W. R. Harper, p. 124.
2) K. Marti, *Dodekapropheten*(1903). Harper가 인용함. W. R. Harper, p. 121.
3) A. Weiser, S. 161f..

국 5장 4절 이하에 나온 "하나님을 구한다"는 것과 같은 것으로 볼 수 있기 때문이라 한다.

메이스는 14,15절을 17절 다음에 두고 있다.[4] 이는 16,17절을 권고 형태의 예언으로 보고, 이 부분의 문장형식은 시편에 나타난 지혜문학 형식의 것(시 34:12-14; 37:3)과 일치한 것으로 보며 잠언에서도 그 같은 형태를 볼 수 있다고 한다(잠 1:22; 9:8; 12:1; 13:24; 4:4; 11:19; 12:28; 15:28). 17절의 내용이 이스라엘이 그 죄악으로 멸망을 자취하고 있기 때문에 이러한 절망적인 이스라엘에게 "삶의 길"을 소개함이 자연스러운 연결로 본다.[5]

이렇게 14-15절 위치 문제에 대하여 상반된 이론을 수긍할 것이냐 할 때 반드시 그럴 필요가 있겠느냐 생각된다. 모든 텍스트 비평은 다 그런 종류의 이론(異論)의 가능성을 인정하기는 하지만, 여기서 우리의 연구 목적은 본문의 위치의 정확성을 찾는 것이 아니고 아모스의 사상을 중심한 오늘의 메시지를 찾는 것이기 때문에 14-15절을 13절 다음에 속하는 현 텍스트를 그대로 시인코자 한다.

다음 14절 15절 각 하반부에 나온 '만군의 하나님'('elohe tseba'th) 란 말을 프록쉬는 후대 첨가로 인정하고 있다.[6] 그러나 이 말을 후대 편집자의 첨가라고 하거나 아모스 자신의 말이라고 하거나 아모스의 근본 사상 이해에는 별 차이가 없다. 위엄을 가지고 이스라엘을 심판하는 야웨를 생각하고 있는 아모스에게는 오히려 "만군의 하나님"이 있으므로 그 의미를 더 강조하는 것이라 할 수도 있다.

4. 본문 해설

"너희가 살기 위하여"(lema' antihyu)란 이 말 한마디가 이 부분의 중심 과제일 뿐 아니라 아모스 예언의 가장 의미심장한 초점이라 하겠다. 아모스는 남왕국 유다 출신이지만, 북왕국의 자기 동포 이스라엘의

---

4) James L. Mays, pp. 99f..
5) Ibid..
6) Procksch는 암 3:13에 나오는 "만군의 하나님"도 후대 삽입으로 보고 있다. B. H. 8. 919, James L. Mays도 14:15의 이 구절은 시의 음율상으로 빼야 한다고 본다. op. cit., p. 99.

비극적인 국가운명을 내다보고 분연히 일어나서 사마리아 거리에 나타나 예언활동을 하고 있다. 아모스에게 있어서는 오늘 우리 나라 집권층의 일부 정치인이나 일부 보수주의적인 종교인들이 종교를 교회당 속에 국한시킨다든가 종교 문제와 정치 문제를 분리시킨다든가 하는 그와 같은 말은 통하지 않는다. 야웨 하나님의 명령으로 성소에서 뛰쳐 나와 부정과 부패와 인권유린과 권력남용으로 인하여 도탄중에 빠져 하나님의 백성다운 삶을 살지 못하고 있는 그 나라 현실에 대하여 외치고 또 외치라는 부탁을 받은 사람이다. 아모스는 이스라엘 백성들에게 닥쳐 올 민족적인 위기, 국가사직의 패망을 눈앞에 바라보고 그는 정치적인 활동을 한 것이 아니라 종교인으로서 하나님의 계시를 알리고 권력자와 피지배자 일반 대중에게 참으로 살 수 있는 길을 알려주고 있다. 아모스는 결코 정치적 활동을 한 것이 아니다. 그는 병든 자식을 바라보는 아버지처럼 이스라엘의 죽음을 보기 때문에 사는 길을 위하여 그는 분연히 일어나지 않을 수 없었다. "사자가 부르짖는데 누가 두려워하지 않겠느냐, 야웨 하나님께서 외치라 하시는데 예언(맡겨주신 말씀을 전하는 일)을 말하지 않을 사람이 누가 있겠느냐?"(3:8)

"너희가 살기 위하여," 백성이 살고, 다스리는 자가 살고, 나라가 살고, 겨레가 살기 위하여 아모스는 종교적인 활동을 하지 않을 수 없다. 아모스는 "권세는 하나님께로부터 온 것이니 복종해야 된다"는 로마서 13장의 말을 모르는 사람이 아니다. 그러나 인간의 주권이란 것이 하나님의 주권을 대행할 때는 이 인간의 권력에 굴복하는 미덕보다 그것의 잘못을 말하는 항거가 오히려 하나님의 뜻을 이루는 것이다. 아모스가 "자기 혀를 자갈먹이는" 법을 몰라서가 아니었다. 여로보암 2세의 권력이 횡포하고(암 3:10) 그 권력에 아첨하는 아첨배들(암 5:12)이 온갖 부정과 부패, 사치와 향락을 일삼고(암 6:4-7) 이 권력의 비호를 받고 타락한 부자들의 자비심에서 살아가고 있는 사마리아의 어용종교인들, 가령 아마샤 같은 인간(암 7:10-13)들에 대하여 입에 자갈을 먹이고 성당 안에서 독경하고 기도하는 경건한 모양만 내고 침묵을 지키고 있는 일을 아모스는 할 수 없었다. 비록 그가 "경건한 모양은 있으나 경건의 능력을 부인하고 있는 자"(딤후 3:5)란 구절을 몰랐다고 해도 아모스는 "너희가 살기 위하여," 너와 내가 살기 위하여서는 할말은 하고 그 한 말 때문에 매도, 갇힘도 당할 각오를 가진 사람이 아모스이다.

"선을 구하고 악을 구하지 말라." 아모스가 그 백성이 망하지 않고 사는 길을 제안한 내용은 "선"(tobh)과 "악"(rʻa)에 관계 된 것이다. 여기 문제는 무엇이 '선'이며 무엇이 '악'이냐 함이다. 바이저는 "하나님과 선은 동일하며," 아모스에게 있어서는 종교와 윤리는 "상관개념이라"고 했다.[7]

아모스는 윤리적 가치의 기준으로서 '선' 또는 도덕적인 무아상태를 말함은 아니다. 여기서 말하는 선과 악은 어디까지나 절대적인 개념일 수 없다. 그것은 사람에게서 하나님과 같이 절대선을 행할 수 없기 때문이다. 오히려 인간은 성악설의 입장에서 보아야 할 면을 일반적으로 가지고 있다. 물론 원죄로 말미암는다 하겠지만, 아모스가 "선을 구하라" 함은 모세의 율법을 완전하게 행한다는 뜻이 아니고 선한 데로 지향한 삶의 태도, 생의 전방향을 선한 쪽으로 기울어지게 항상 노력하는 것을 말한다. 아모스가 살던 그 시대는 사람들의 생각이 악으로 기울어진 때라 할 수 있다. 아모스가 "악한 때"(ethraʻa)라고 했기 때문이다(암 5:13). 아모스의 예언 전체에서 보여주고 있는 개인윤리나 사회윤리는 악으로 기울어진 것을 보여준다 — 학대(3:9), 포악(3:9), 겁탈(3:9), 불의(5:7), 착취(5:11), 뇌물(5:17), 폭음과 폭식(6:6), 사기(8:5) — 아모스의 예언 활동은 이렇게 악한 때에 시작했다. 다스리는 자와 백성이 다같이 악에 사로잡혀 있음을 보았다. 그렇기 때문에 "이런 나라는 지면에서 멸할 수밖에 없다"(암 9:8)고 한다. 여기 아모스가 말하는 "삶"의 의미와 그 필요성이 강조될 수밖에 없다.

그런데 아모스가 말하는 선은 인간에게서 찾아지는 것이 아니다. 시편 기자 한 사람은 선행을 하는 사람이 없다는 단정적인 말을 하고 있다(시 14:1). 이 시인도 "선행"을 도덕적 완전성이나 윤리적 무흠성으로 말함이 아니고, 하나님을 찾아 헤매는 종교적인 관심과 동일하게 선을 이해하여 14편 2절에 "선행자가 없다"는 것은 곧 "하나님을 찾는 자가 없다"고 말하고 있다. 여기 "신앙"과 "윤리"는 같은 차원이며 선 자체이신 하나님에게 양자가 모두 뿌리를 두고 있다는 것이다. "하나님을 찾는다"는 것을 종교적 분위기의 예배환경과 관련시키면

---

7) A. Weiser, S. 161.

그것은 선이라기보다 경건이다. 그러나 성전이나 예배환경을 벗어난 "생의 보다 포괄적인 실재" (die umfassendere Realität des Lebens)[8]에서 말한다면 선은 하나님의 실재와 직결되어 있다. 그러므로 "하나님을 찾는 일"은 곧 '선'이요, "선을 구하는 일"은 곧 "하나님을 찾는 일"이다. 그래서 "믿음 안에서의 삶"과 "믿음으로 말미암는 삶"은 곧 선이 될 수 있는 것이다.

아모스가 "나를 구하라, 그리하면 살리라"(5:4) 한 말이나, "너희는 야웨를 찾으라, 그리하면 살리라"(5:6) 한 말은 곧 "살기 위하여 선을 구하라"하는 14절 말씀과 일치된다. 이것은 "선과 악에 대한 자기 태도 결정은 곧 신에 대한 인간의 태도 결정과 같은 것"이라 함이다.[9]

신앙으로 사는 삶이 선이요, 불신앙이 악이라는 사상은 아모스의 윤리가 하나님을 믿는 신앙을 떠나서는 거의 불가능함을 말한다.

"선을 구하고 악을 구하지 아니하고"(14절), "악을 미워하고 선을 사랑하고 공의를 세운다"(15절)는 말투는 지혜문학 특히 잠언서에서 볼 수 있는 어투이다. 그래서 볼프는 이것을 "지혜문학의 영향"이라 한다.[10] 잠언을 중심한 이스라엘 지혜는 선과 악에 관한 교훈이 반복되어 있음을 본다. 잠언이나 지혜문학의 영향을 받은 시편(가령 1, 9, 10, 37편 등)에서는 "선"과 "악"의 대립보다 "의"와 "악" 또는 "의인"(tsadiq)과 "악인"(reshaim)의 대조를 보여준다. 선과 의가 얼마나 서로 다른 개념이냐 하는 문제도 따로 있지만, 종교적 차원에서 선이나 의의 내용을 따져 볼 때 별로 다른 것이 없다. 두 개의 윤리적 가치가 다 함께 하나님의 공의와 선함에 기인해 있기 때문이다. 그래서 잠언서에는 "선과 악"의 대립도 심심치 않게 보여주고 있다. 가령, "선을 간절히 구하는 자는 은총을 얻으려니와 악을 더듬어 찾는 자에게는 악이 임하리라"(잠 11:27) 같은 구절은 아모스가 14, 15절에서 말하는 내용과 거의 일치한다고 볼 수 있다.

선을 구하는 이유는 하나님의 은총을 얻는 방법이라 생각한 지혜문학은 종교적인 신념이 지혜의 밑바닥에 깔려있음을 보여준다. "선을 행한다는 것은 야웨에 대한 흠이 없는 응답"(the consummate response

---

8) *Ibid.*, S. 162.
9) James L. Mays, p. 100.
10) H. W. Wolff, "Amos Geistige Heimat," *Gesammelts Studien zum A.T.*

to Yahweh)이라 함도 지당한 말이다.[11] 이 선은 하나님과 선을 행하는 사람과의 개인적인 사건이 아니다. 대체로 선을 개인 윤리에서 규정 짓는 경우가 많다. 그러나 이것은 문자 그대로 독선이 될 수 있고 따라서 다른 사람을 멸시하는 교만으로 변질될 수 있다. 아모스는 어느 한 곳에서도 개인 경건이나 개인의 윤리적 가치를 논하지 않았다. 그는 항상 민족공동체 이스라엘 또는 야곱으로 표시된 북왕국 전체 사회를 염두에 두고 예언을 했다. 그렇기 때문에 그가 말하는 선은 사회적 공공성, 그 한 사람의 선이 하나님 앞에서만 가납(嘉納)되는 것이 아니라 인간들이 살고 있는 사회 전체에서 받아들여지는 선이어야 함을 말한다. 사회적 성격이 윤리에서 배제된다는 것은 그 윤리의 참 모습을 드러내지 못한다. '윤리'란 말 자체가 사람과 사람들 사이에 있어야 하는 기본질서의 관계 원칙을 말하기 때문이다.

그러므로 아모스는 "악을 미워하고 선을 사랑하는 것," "성문에서 공의를 세우는 것"이어야 함을 동시에 말하고 있다(15절). 이것은 "악을 미워하고 선을 사랑하는 일"이 자기 집 안방에서나 자기 집 뜰 안에서만 되어지는 것이 되어서는 안된다. 그것은 반드시 성문에 사람들이 모이는 공공의 장소에서 특히 이 '성문'이란 말은 메이스의 해석대로[12] "이스라엘 사회에 있어서 인간관계의 전구조를 표현하고 또 창작하는 법정구실을 하는 곳"이다. 모든 사람의 눈에 공정한 선, 정평을 받는 선이 되어야 하기 때문에 성문에서 공의(mispat)를 세우라고 했다(부유층 사람이 자기 자식이나 그 집안 일가 친척들을 행복스럽게 했다고 할 때 그것이 그 혜택을 입은 사람들에게는 선이 될 수 있다. 그러나 그의 집안이 그의 일가 집 밖에 사람들에게는 선이 될 수 없다. 사회성, 공공성에 어긋나는 이기적인 선이 되고 만다). 아모스는 이 점에 분명한 선을 긋고 있다. 선은 사회성을 띠어 만인이 바라볼 때 선이 되어야 한다.

이러한 선을 구하고 사랑한다는 것은 무엇을 말하는가?

첫째는 "너희가 살 수 있다."
둘째는 "하나님이 너희와 함께 하신다."
셋째는 "요셉의 남은 자를 긍휼히 여기신다."

---

11) J. L. Mays, p. 101.
12) *Ibid.*.

"너희가 산다"는 것은 육체적 생명과 정신적 생명만이 아니라 "정치적 생명"[13] 까지도 포함한 것이다. 한 개인의 삶만이 아니라 민족 전체의 삶이다. 선을 구하지 아니하면(곧, 하나님을 찾아 그 뜻에 복종하는 올바른 생활을 하지 아니하면) 이스라엘 국가의 정치적 생명은 죽고 만다는 심판의 선언이다. 기본이 로마의 몰락의 이유를 그 나라 지도자와 백성들의 도덕적 부패와 타락으로 보았고, 신라가 망한 것도 포석정과 같은 연회장소를 만들고 나라를 지키고 다스린 사람들이 날마다 주지육림(酒池肉林)으로 세월을 보냈기 때문이라 전해지고 있다. 한 민족과 국가가 망해버린 예를 수없이 역사에서 찾을 수 있다. 윤리적인 타락 때문이었다고 간단히 규정해 버릴 수 없을 만치 정치, 경제, 외교, 군사, 교육, 윤리 등 각종의 원인이 얽혀 있는 복합성을 가지고 있음이 사실이다. 그러나 한 문명이 몰락을 한다고 할 때 거기에는 반드시 도덕적 부패, 국민윤리의 타락이 그 으뜸가는 이유가 됨은 역사가 증명해 주고 있다. 하나님 보시기에 합당한 선, 그리고 모든 백성이 보기에 타당한 선한 생활이 없고 악을 나타내는 정치, 경제, 교육, 문화일 때, 그 나라는 병들어 있고 그 병은 불치의 질환이요, 따라서 그 나라의 종말은 비참하게 될 뿐이다. 악이 뭐냐? 그것은 인간악—인간의 기본적인 권리를 유린하고 인간의 양심의 성소를 권력으로 허물어 버리고 인간의 존엄성을 물질력이나 조직의 힘으로 억압하는 일을 양심의 가책도 없이 단행하는 일, 그것이 곧 인간악이다. 이러한 인간악은 언제나 사회악과 결탁되어 있다. 사회악이란 국민에게 공포분위기를 조성하여, 사람들로 하여금 자기의 말이나 명령에 한마디 불평이나 반항없이 무제한 복종하라고 강요하는 것과 그 집권자에게 충성을 하는 목적에서는 부정도 불의도 타당한 것으로 생각케 하여 선과 공의에 대한 양심을 마비시켜, 힘을 가진 자에게 충성을 다하는 것만이 선이요 사는 길이라 하는 윤리가 통용되는 것이 사회악이다.

그러므로 아모스는 이러한 인간악과 사회악이 눈에 보이도록 (현대적 표현을 한다면 언론인이나 지식인들 종교인들이 들추어내어 시위를 하도록) 된 상태는 곧 나라의 종말이 가까워진 것을 말한다. 이렇게 되면 살 길이 없다. 개인도 국가도 살아날 길이 없다. 다만 망한다. 아모스

---

13) W. R. Harper, p. 123.

는 북왕국 이스라엘의 멸망 직전에 나타나 이 국가가 망하지 않도록 정의의 외침과 신앙의 외침, 양심의 외침을 한 것이다. "선을 구하라," "악을 미워하라," "선을 사랑하라"함이 그의 외침이다.

다음 "만군의 하나님 야웨가 너희와 함께 하신다"는 약속을 했는데 이것은 이스라엘 신앙의 가장 기본적인 것을 깨우쳐준 것이다. 임마누엘 사상, 이것은 이스라엘 신앙 수천년 역사 속에서 언제나 높임과 찬양을 받아 온 사상이다. 임마누엘 사상은 이사야 7장 14절에 한 역사적 사건과 관련하여 시리아 에브라임 전쟁(주전 735-734)의 위기에서 예루살렘과 유다를 건지는 하나님의 역사적 구원사와 또한 이 임마누엘 예언이 역사적으로 성취했다고 믿은 원시 기독교단이 메시야의 예언으로 읽음에 충분한 이유가 있는 종말적인 구원사와도 관련된 것이다. 그러나 이러한 역사적 및 종말적인 사건만 관련된 사상이 아니고, 이스라엘 전역사를 통하여 그 민족이 위기를 당할 때마다 야웨 하나님이 그들과 함께 하신다는 신앙을 가져 왔다.

가장 구체적인 한 사건으로 출애굽 당시 이스라엘 백성이 홍해가에서 진퇴양난의 어려움을 당하였을 때 그들의 난국을 해결해 준 힘이 "야웨 하나님이 이 궁지에서도 함께 하시어 구원의 역사를 보여주신다"고 믿은 것이다.

"너희는 두려워 말고 가만히 서서 여호와께서 너희를 위하여 행하시는 구원을 보라 … 여호와께서 너희를 위하여 싸우시리니 너희는 가만히 있을찌니라"(출 14:13,14).

이것을 폰 라드는 "거룩한 전쟁"의 사상으로 이해하고 있지만[14] 구약 속에는 "하나님이 함께 하신다"는 약속과 기원과 또 그런 구체적 경우와 그 임마누엘 신앙의 결과가 너무도 맥맥(脈脈)히 연속되고 있기 때문에 '거룩한 전쟁'의 신앙 제도라 하기보다는 "임마누엘 신앙" 제도라 함이 더 타당하다고 보겠다. 여기 아모스도 이 전통깊은 임마누엘 신앙을 표현하고 있다. 고의적으로 소개했다기보다는 무의식적으로라도 이 신앙을 언급할 만치 이스라엘 신앙 저변에 깔려있음을 보여 준다.

---

14) G. von Rad, *Der heiligs Kriege im Alten Israel*, p. 45f..

특히 이 신앙을 언급함에 있어서 "너희의 말과 같이" (ka' asher 'amarthem)함은 이스라엘의 오랜 신앙전통에서 야웨 하나님이 그들과 함께 하면 못할 것이 없다는 임마누엘 신앙에 대한 확신을 말함이다.

이것은 이스라엘이 상습적으로 말해 온 바다. 이 신앙은 "구원신탁" (Heilsorakel) 형식에서 찾을 수 있는 상용구이다. 이것은 하나님이 함께 하실 때, 함께 하시는 곳에는 야웨 하나님의 구원이 성취된다. 미가는 그 백성들이 "하나님이 우리와 함께 하시니 결코 재앙은 오지 아니한 다"고 말하면서도 법을 가진 자가 뇌물을 받고 부정한 재판을 하며 심지어 제사장까지도 그 '임마누엘'을 방패로 하여 백성을 그릇되이 가르치며 예언자들까지도 금전에 좌우되는 종교적 활동을 하고 있다고 책망하고 있다(미가 3:11).

임마누엘 사상은 면죄부가 아니다. 그의 구원이 은총으로 임한다고 해서 그들의 윤리적 생활이 탈선할 수는 없다. 참으로 야웨 하나님이 함께 하시는 구원의 신탁에 의하여 사는 사람은 "선을 사랑하고 악을 미워해야 한다"(16절).

다음 선을 구하고 사랑하고 악을 미워하는 경우 하나님의 축복은 셋째로 '요셉의 남은 자'(she'arith yoseph)를 "긍휼히 여긴다"는 것이다. '요셉'을 이스라엘 북왕국의 다른 이름으로 말한다(암 5:6; 6:6). '남은 자'의 사상은 이사야 예언자에게 있어서 (사 1:24-26 ; 6:13; 10: 2-3) 이스라엘이 망한 뒤에라도, 그 이스라엘의 거룩한 씨앗으로 새로운 이스라엘을 이룩할 역사적 사명을 가진 창조적 소수라는 뜻을 가졌다. 아모스는 이사야와 같이 미래에 나타날 새 이스라엘의 씨앗으로서의 '남은 자'를 말하기보다는 아브라함의 하나님이 의인 열만 있어도 재앙을 내리시지 않겠다는 약속과 같이(창 17:26-32) 하나님의 심판을 중지시킬 수 있는 선한 사람, 하나님의 긍휼을 받을 수 있는 사람이 약간은 있어야 할 것이 아닌가 하는 뜻으로 이해한 것이다. 미래의 역사를 이룰 소수의 창조자로서의 '남은 자'라기보다 현재 임박한 하나님의 진노의 심판을 멎게 할 소수의 착한 사람의 뜻으로 읽어야만 "선을 사랑하고 악을 미워함"으로 말미암은 새로운 삶을 축복받을 수 있다. 많은 주석가들이 이 구절을 사마리아 수도의 함락 후에도 재난을 받지 않고 살아남을 사람으로 해석한다. 아모스는 자기의 예언에서 하나님의 정의의 심판을 선포하면서도 "이 나라가 망할 수 있겠느냐?" "망해서 되겠느냐?" "망하지 않고 살아야 한다"는 생각을 강렬히 한 사람이다. "그리하면 살리라"(5:4,6,14) 함이 이 긍휼의 표현이다: 여기 아모스의 정의는 호세아가 말하는 헷세드의 사랑이 그 기조가 되어 있고, 호세아의 헷세드는 아모스의 정의 실현을 위한 기본 원동력을 말하는 것이다. "아모스의 예언 속에는 은혜와 심판, 이 둘이 하나님의 본성을 나타내는 본질적인 실재로 새겨진 철저한 의미가 양극을 이루어 병존하고 있음이 사실이다"고 말한 바이저의 해석은 정당하다.[15] 이스라엘 백성의 행한 죄와 악을 보아서는 심판을 받아 멸망하는 것이 당연하지만, 그래도 소수의 사람이라도 선을 사랑하고 악을 미워한다면 하나님의 긍휼을 받아 요셉의 집에 재난이 오지 않을 수도 있다는 희망을 표시하고 있다.[16]

아모스가 북왕국의 정치적, 종교적 지도자들의 죄를 고발하고 그들의 악으로 말미암아 닥치고 말 심판을 선고하는 날카로운 정의의 예언자이지만, 그의 예언 중간 중간에 하나님의 긍휼과 구원을 말하고 있음은 논리의 모순이나 후대 사람의 손으로 된 문장이라 할 것이 아니라 정의와 사랑을 두손에 쥐고 계신 하나님의 성품을 알리고 있음을 말할수 있다.

---

15) A. Weiser, p.163.
16) Th. H. Robinson, S. 11.

19. 통곡의 권유
(5:16-17)

1. 서론

예언자 아모스 눈에 비친 이스라엘 왕국은 비관적인 것이었다. 나라의 질서가 바로 잡혀 국가가 번영하고 민족역사가 자랑스럽게 될 수 있는 가능성은 이미 사라졌다고 생각되었다. 아무도 망국으로 치달리는 역사의 내리막을 붙잡아 올려 구원시킬 수 없음을 분명히 보았다. 이것은 아모스 자신의 소극적인 내적인 성격 때문이었는가? 아니면 그가 살고 있었던 그 시대상황—나라의 정치현실, 국민의 생활의욕의 감퇴, 국민도덕의 부패, 방향감각의 상실, 국가 안보의 불가항력적인 위기 등 객관적인 사정— 때문이었는가? 아모스는 성격적으로 쾌활하고 진취적이고 적극적인 사람이었다. 그가 남쪽 유다를 자기의 조국으로 하면서도 북왕국 이스라엘에 와서 예언 활동을 하게 된 일 그 자체를 보아 역사를 비관적으로만 보는 성격의 소유자라고만 할 수 없다. 그가 나라의 주권자, 부유층 유지들과 지도자들, 그리고 종교적인 권위에 대하여 정면으로 도전하며 사회정의와 인권선언과 부정부패에 대한 규탄을 과감하게 한 것을 보아 그는 국가 사회의 어두운 면만을 보고 눈물만을 흘리고 있을 소극적 센치멘탈한 사람은 아니었다.

그러나 그는 사내답게 울 줄 아는 눈물의 소유자였고, 슬픈 일에 애통하고 잘못된 일에 통탄하고 모순된 일에 의분을 느끼고 무너져가는 사직의 운명과 함께 통곡할 줄 아는 여유있는 사나이였다. 아모스는 5장 16-17절에서 통곡해야 할 이유로서 "하나님이 그 역사 한가운데로 지나가신다"는 말과 더불어 모든 백성들로 하여금 통곡해야 할 때가 임박한 것을 말한다.

"예루살렘의 딸들이여,
나를 위해 울지 말고
너희와 너희 자녀를 위하여 울라"(눅 23:28).

아모스는 이스라엘 북왕국 수도 사마리아 여인들에게만이 아니라 모든 백성에게 "통곡하라"고 권고한다. 그러나 아모스가 말하는 통곡은 이미 그 나라가 적군의 손에 넘어가 황폐케 되었음을 비탄하는 "애가서" 기자의 통곡과는 다르다.

"내 눈이 눈물로 상해졌으며,
내 창자는 끊어졌고,
내 간이 땅에 쏟아졌나이다"(애 2:11).

아모스의 통곡 권고는 이스라엘 나라가 이러한 비통한 운명으로 바꾸어지지 않도록 나라의 부정 부패에 대하여, 집권자에게 밟힌 가난하고 약한 사람의 인권에 대하여, 부유층의 경제적 착취에 대하여, 망국으로 몰아가는 국민윤리의 타락에 대하여, 권력에 아부하는 종교인에 대하여, 역사의식이나 가치관도 없이 향락과 이기심에 도취한 사람들에 대하여, 특히 하나님의 심판이 무서운 줄 모르고 자기를 절대화시키고 있는 권력자에 대하여 통곡할 줄 아는 백성이 되라고 아모스는 권고한다.

2. 새 번역

16절 그러므로
 만군의 주 하나님이
 이같이 말씀하신다.
 모든 광장에는 통곡이
 모든 거리에는 '으호' '으호',
 곡을 하기 위해 장정을 불러오고
 울음꾼을 불러다 통곡하게 하라.
17절 모든 포도원에서도 통곡하리니
 이는 내가 너희 가운데로 지나가리라.
 이는 야웨의 말씀이다.

3. 본문 해설

1. 권유의 근거

16절, "그러므로"(לכן)는 어떤 사정 때문에 반드시 생겨나고 말 결과를 설명하는 접속사인데 15절 상황은 16절 이하에 나오는 통곡할 사정보다는 하나님의 긍휼의 표시를 밝히고 있다. 그러므로 이 "접속사"는 무의미하다든가, 잘못된 접속사라 할 수 있다. 16절 이하의 통곡 사정은 하나님의 심판의 결과로 말미암기 때문에 바이저는 이 '통곡' 구절을 5장 12, 13, 11a, 16,17절의 순서로 본문을 새로 구성시키고 있다. [1] 그 까닭은 이런 본문에서 하나님의 심판을 받아야 할 여러 가지 죄악의 역사를 만들고 있음을 폭로하고 있기 때문이다. 사실 한 개인이 통곡할 일도 있어서는 안 되지만, 한 민족국가가 통곡해야 할 운명에 놓였다는 사실은 역사의 전환점을 예상할 수 있는 대사건이다. 우리나라 이조 말엽 고종이 승하하심으로 전국민이 통곡한 것은 단순히 한 국왕의 서거가 아니고 일본 제국주의로 말미암아 나라가 망하게 되었다는 구체적인 사실 때문에 국민 모두가 통곡한 것이다.

아모스가 여기 소개하는 통곡은 이스라엘 나라의 멸망을 내다본 슬픔이다. 외적의 침입 때문이 아니라 나라 자체내에서 볼 수 있는 각계 지도층의 타락과 부정부패 그리고 국민의 윤리적 타락 때문에 생길 내면적인 붕괴 때문이었다. 이미 여러 차례 이러한 망할 징조를 말해온 바다.

그런데 이 "통곡"의 권고가 아모스 자신의 의사로 발표된 것이 아니고, 야웨 하나님의 권위에서 되어진 것에 주목할 필요가 있다. 여기 하나님의 권위를 표시하는 신명(神名), "야웨 만군의 주 하나님"이라는 무게있는 표현과 "이렇게 말씀하셨다"(כה אמר)는 신탁(神託) 표시 구도 나왔으며, 또 이 부분 마지막에 "이는 야웨 말씀이다"(אמר יהוה)라는 특징있는 표현도 볼 수 있다.

예언자가 자기 말의 권위를 밝히기 위하여 그것을 "야웨의 말씀"

---

1) A. Weiser, S.166ff. 참조. Th. H. Robinson, S. 91; J. L. Mays도 Weiser입장을 따르고 있다. J. L. Mays, p. 96.

이라 함은 구약 예언자들의 일반적인 경향이다. 그래서 빌트베르거
(H. Wildberger)는 "예언자는 단순히 야웨 말씀의 선포자만이 아니라
동시에 하나님 말씀의 해석자(Hermeneut)이다". 그런데 신언(神言)과
인언(人言)을 구별하는 표준은 확실치 않다. 그러나 대체로 "신탁의
전수형식"(Ankündings-formeln), 그 "문장표현형식"(Stilformen) 그리고
"그 문학형태"(literarischen Gattungen) 등으로서 그 표준을 말할 수 있다
고 했다.[2] 따라서 붸스터만은 제1의 표준으로서 iake nko 'amar yawh (16
절 처음 구와 같은 것)을 대표적인 것으로 보며 여러 성구들을 예로
들고 있다.[3] 이런 신탁전수양식은 예언자의 말이 곧 하나님의 말씀과
일치한다는 것을 뜻한다.

이 경우에 그 신탁 내용은 대체로 하나님의 심판을 선포하는 내용
이며, 그 심판은 인간의 죄로 말미암은 벌로 이해되어 있다.[4] 대체로
이러한 벌의 선포는 회개로 말미암는 구원을 기대할 수 있는 것이지
만 여기 아모스 5장 16절 이하 같은 경우는 그 회개도 구원도 이미 불
가능하게 되어 다가오는 멸망을 피할 수 없기 때문에 탄식할 수밖에
없는 통곡이다.

2.. 통곡의 표현

아모스의 경우 그 통곡의 곡성(哭聲)까지를 표현하고 있음에 이 민족
의 비탄이 얼마나 사실적인가를 보여준다.

우리 말 성경에는 "오호라 오호라"라고 표현했는데, 이 원어는
"호오 호오"(הוֹ הוֹ)이다. 이 감탄사가 연달아 두 번 나온 것은 여기밖에
없다. 이 말은 보통 "호이"(הוֹ)로 나온다(왕상 13:30; 렘 22:18;34:5, 사
1:4; 5:24; 17:12; 28:1 등). 이것을 우리 나라에서 사용하고 있는 곡성
과 부합시키려면 "으호" "으호"함이 타당하지 않을까 한다.[5] 구약의
많은 예 중에서 "벧엘의 늙은 선지자"가 이름을 알 수 없는 "하나님의
사람"이 죽었을 때 "으호! 나의 형제여!"했다(왕상 13:30).

---

2) C. Westermann, *Grundformen prophetischer Rede*, 1960, S. 10에서 중인.
3) *Ibid.*, S. 107.
4) *Ibid.*.
5) 우리 나라 상여를 메고 가는 사람들이 만가를 부를 때 導唱者의 가락이 끝난
다음 "으호" "으호" 하며 곡성을 내어 장례 행렬을 슬프게 함을 볼 수 있다.

남왕국 유다 말기 왕의 한 사람인 여호야김에 대하여 그의 정치가 부패하고 국가의 운명이 기울어짐을 보고 야웨 하나님이 그 왕에게 내릴 비극에 대하여 백성들은 통곡하지도 않으리라는 말을 예레미야가 소개하고 있다.

"백성들이 그를 위하여, '으흐 내 형제여!' '으흐 내 자매여!'하고 통곡하지 않을 것이며 '으흐 주여!', '으흐 그 영광이여!' 하며 통곡하지 않으리라"(렘 22:18).

아모스가 말하는 통곡은 국가운명의 비운을 슬퍼하여 "으흐! 으흐! 통곡하지만, 예레미야의 경우는 그 슬픔의 도가 지나 눈물이 나오지 않고 통곡도 할 수 없음을 말한다. 한 나라가 망했는데도 통곡하는 백성이 없다면 이 얼마나 처참한 현실인가! '으흐'란 이 말은 현대 시리아 우르미아 (Urmia) 방언에 그대로 살아 있어서 "u, hu, u, hu"하는 곡성을 내고 있다고 한다.[6]

여기 "통곡" 또는 "곡성"이란 말의 원어는 "싸파드"(saphad)동사에서 온 misphed(מספד)인데, 이 말의 본 뜻은 "슬픔을 못 이겨 몸을 뒤흔드는 것"을 말한다.[7] 이 '통곡'의 행동은 큰 울음 소리와 자기 가슴을 치는 행동을 동반한다.[8] 때로는 이 슬픔이 "굵은 베를 몸에 두르고", "옷을 찢으며," 또한 "금식하는 행동도 따른다"(렘 4:8; 삼하 3:31; 삼하 1:12).

3. 통곡의 범위

다음 통곡소리가 들릴 수 있는 장소로 모든 "광장"(rehoboth- רחבות)과 모든 "거리"(hutsôth- חוצות)를 말한다. 여기 "광장"과 "거리"는 곧 사람이 많이 거주하는 전국 도시에 망국의 비탄과 곡성이 들린다는 것이다. "광장"과 "거리"는 도시를 대표하는 말이다(렘 5:1 외 8회 사용). 북 왕국 이스라엘은 사마리아와 같은 도시만으로 형성된 나라는 아니다. 대부분 땅이 농촌지역이다. 농부와 포도원이 있는 곳도 광장과 거리가 있는 도시와 마찬가지로 망국을 슬퍼하는 곡성이 들릴 것이라 함에 아모스의 예언은 역사적인 가치를 가지고 있다. 북왕국 이스라

---

6) S. R. Driver, p. 183.
7) *Interpreter's Bible Dictionary, K-Q*, p. 452.
8) 우리 현행 구약에는 "농부들"로 되어 있다.

엘을 멸망시킨 앗수르의 살만네셀 대왕은 이스라엘의 모든 땅을 점령한 다음 수도 사마리아 공격을 시작한 지 3년 만에 이스라엘의 비극적인 최후가 오게 했다. 남왕국 유다의 멸망 때에는 '애가서' 기자와 같은 사람이 있어서 그 망국의 슬픔을 노래로 적을 여유라도 있었지만, 사마리아 수도가 3년 동안 적군에게 포위당하여 수난을 겪고 있었을 때는 그 참혹성의 비통한 애가를 적을 사람도 여유도 없었던 것 같다. 다만 그 망국의 참상을 잘 알고 있었다고 생각되는 남왕국 유다의 농촌 예언자 미가가 다음과 같은 사마리아 도성의 무너진 참상을 그리고 있었을 따름이다.

"내가 사마리아로 들의 무더기 같게 하고 … 그 돌들을 골짜기에 쏟아 내리고 그 지대를 드러내며 그 새긴 우상을 다 파쇄하고 그 음행의 값을 다 불사르며 그 목상을 다 훼파하리니 … "(미 1:6,7).

아모스는 이렇게 무너지고 훼파될 이스라엘의 운명을 위하여 도시에서는 넓은 광장과 거리마다 곡성이 들리고, 농촌에는 들에 일하러 나간 "장정들"까지도 집으로 불러와서 통곡하게 하고, 가족들끼리만의 통곡으로는 그 슬픔을 다 표할 수 없어서 직업적인 "울음꾼"[9]을 불러다가 통곡한다고 했다. 아모스의 표현은 철저하다. 들에 나간 농부를 불러와서 통곡을 하게 한다는 것은 생업을 포기한 비극적인 상황을 암시해 주기도 한다. 또는 들에 나간 농부를 불러온다는 이 상황이 비극적이라 함은 적군의 침입으로 말미암아 집에 남아 있던 식구들은 졸지에 다 참변을 당해 죽었기 때문에 아무도 그들을 위하여 통곡해 줄 사람이 없다. 다만 들에 나가서 농사를 짓고 있었기 때문에 그 참변을 면한 사람들을 불러와서 통곡해야 할 일임을 말한다고 상상한다.[10] 그러나 '농부' 또는 '장정'이 그 직업이나 힘에 의미가 있는 것이 아니고 비극적인 국가 운명이 광장과 거리가 있는 도시만이 아니라, 포도원과 농부가 있는 농촌에까지 미치고 있는 전국가적, 전 민족적 비통한 불행을 의미한다고 보아야 할 것이다. 광범위의 통곡을 말한다.

아모스는 여기 이 통곡을 표시하는 말로 misped(3회), 'ebel(אבל) 등을

---

9) 원어의 뜻은 "우는 기술을 가진 사람들," "울 줄 아는 사람"이다.
10) W. R. Harper, p. 126에서 중인.

사용하였다. 이 세 마디 말의 차이는 분간하기 어렵다. 호곡, 통곡 등으로 표시되는 말이다. 단순한 슬픔의 표시가 아니라 비통의 극한 상태임을 말한다. 여기 "울음꾼을 불러온다"는 것은 우리 나라에서도 볼 수 있는 동양적인 상황이다. 예레미야는 남왕국 유다의 종말을 눈 앞에 보고 역시 이러한 직업적인 울음꾼을 불러와서 슬픔과 탄식을 해야 할 역사의 비극이 이스라엘 백성의 죄 때문이라고 다음과 같이 말한다.

"만군의 야웨가 이렇게 말씀하신다.
너희는 깊이 생각하여
곡하는 여인을 불러오라 …
그들이 빨리 와서 우리를 위하여
통곡하게 하라.
우리 눈에서 눈물이 떨어지게 하며
우리 눈썹에서 물이 쏟아지게 하라.
이는 시온에서 통곡하는 소리가 들린다.
아하, 우리는 심한 수치를 당하였구나"(렘 9:17-19).

이 노래도 아모스의 노래와 같이 자기 나라의 비극적인 운명을 내다보면서 이젠 구원 받을 길이 없고 "멸망!" 그 한 길로만 치닫고 있는 것을 단순한 예언자의 직감에 의한 감상이나, 정치, 경제, 교육 등 문화에 대한 과학적인 비판의 결과에서 나온 노래가 아니고 역시 아모스의 노래와 같이 ko 'amar Yahweh(야웨가 이같이 말씀하신다)라는 야웨의 심판 선언의 신탁전수형식으로 시작한 노래이다.

예레미야보다 먼저 나타난 미가라는 예언자도 남왕국 유다의 장래를 내다보며, 특히 그는 흙의 예언자로 농촌 실정을 누구보다도 잘 아는 사람으로 나라의 운명이 기울어지는 것을 보고 탄식했다는 점에서 아모스나 예레미야와 같은 수도권중심으로 선교활동한 예언자와 대조가 되며 동시에 한 나라의 망국의 현장은 도회지만 있고 농촌은 그 운명적인 비극에서 피할 수 있는 것은 아니다. 한 나라의 주권이 백성의 이익과 그 봉사의 정신을 가지지 못하고 권력의 연장과 거기에 이권과 명예와 향락과 생명을 걸고 아부하고 있는 정부관리, 경제인, 문화인, 종교인들이 있는 이상 도시나 농촌이나 마찬가지 운명일 수밖에 없다. 그래서 미가는 농촌에서 이렇게 탄식한다.

이러므로 내가 애통하며 애곡하고, 벌거벗은 몸으로 다니며,
들개같이 애곡하고, 타조같이 애통하리라.
이는 그 상처를 고칠 수 없고 …
복을 바라나 재앙이
여호와께로 말미암아
예루살렘 성문에 임하리라.
(예루살렘 외에 여러 농촌 읍에 대한 이름이 나와 있다)" (미가 1:8-16).

하여튼 비극의 나라 이스라엘은 메이스가 말한 대로 "온 땅이 장례식으로 찼다"[11]고 할 수 있다.

17절은 미가가 말한 것과 같이 농촌에서 들려오는 통곡하는 실정을 묘사하고 그 비탄이 무엇인가를 밝혀주고 있다. 아모스는 이스라엘 농촌의 상징으로 "포도원"을 말하고 있다. 구약에서 "포도원"은 종종 이스라엘 자체를 상징하는 뜻으로 사용되기도 한다. 시편 80편은 이 상징적인 의미로써 자기 조국을 묘사하고 있다.

"당신이 한 포도나무를 애굽에서 가져와
여러 민족을 쫓아내시고 여기 심었나이다.
당신이 미리 마련해 주신 대로
그 뿌리는 깊이 박혀 땅으로 퍼져갔고
그늘에 산이 덮이우고
그 가지는 아름다운 백향목 같았나이다.
그 가지는 바다까지 뻗어 나가고
넝쿨은 유브라데까지 미쳤나이다.
그런데, 주여!
어찌하여 그 담을 허시고,
행인들로 하여금 따 먹게 하였나이까
산돼지가 나와서 상처를 내고,
들짐승들이 따 먹어버렸나이다.
만군의 야웨여 굽어 살피소서.
이 포도나무를 긍휼히 여기소서.
당신의 오른 손으로 심은 가지요
당신을 위하여 뻗어나게 한 가지입니다.
이것이 불에 타버리고

---

11) James L. Mays, p. 98.

작살당하여 망하게 되었사오니,
이는 당신의 진노 때문이 아니옵니까!"(시 80:8-16).

이 80편 시는 시편 중에서도 민족탄식시로서[12] 대표적인 것이다. 여기는 분명히 이스라엘을 한 '포도원'으로 비유하여 하나님 자신이 심고 가꾸신 포도원이 야수들에 의하여 짓밟히고 그 아름다운 과실이 도적당하고 짓밟히게 된 것을 탄식하고 있다. 이 포도원은 본래 보잘것 없는 한 작은 포도원이었다. 애굽에서 포도나무 한 그루를 가져다 심었다고 한 대로 이 민족의 역사는 출애굽 사건을 통한 하나님의 은총으로부터 시작했다. 그렇게 시작한 이 나라는 중동 아시아 세계를 뒤덮고 누를 만치 장하고 자랑스럽게 자랐다. 군사적, 정치적, 경제적으로 인근 작은 민족국가들의 조공을 받을 만치 주권을 행사하기도 했다. 그러나 이 포도원은 이제 들짐승들에게 짓밟히는 패망의 포도원이 되었다. 그 패망이 포도 종자가 잘못 선택된 때문이 아니었다는 것을 예언자 이사야는 그의 유명한 "포도원 노래"에서 다음과 같이 말한다.

"나는 노래합니다.
나의 사랑하는 자를 위하여,
나의 사랑하는 자의 포도원을 위하여 노래합니다.
내 사랑하는 사람에게
한 포도원이 있었읍니다.
땅을 깊이 파고 돌을 제하고
가장 좋은 나무를 구해 심었읍니다.
그 가운데 망대도 세우고
술틀까지 마련해 두었읍니다.
그리고 나는
좋은 포도 따기를 얼마나 바랐는지요.
그러나 들포도[13]를 따게 됨은 웬일입니까"(사 5:1-2).

이사야도 자기 나라의 죄와 불의를 보고 견딜 수 없어서 하나님의 징계를 받아 그 아름다워야 할 포도원이 들포도 밭이 되어버린 것을 탄식하고 있다. 이사야는 예루살렘을 중심한 예언자로서 수도 집권

---

12) H. Gunkel, Einleitung in die Psalmen, 1932, S. 117ff.
13) 렘 2:21. 포도나무 가지가 못쓰게 된 것을 말함과 대조가 된다.

층, 지도층, 부유층에서 볼 수 있었던 온갖 불의와 부정에 침묵을 지킬 수 없어서 이 "포도원 노래"를 환희의 노래라기보다 슬픈 애가로 지어 불렀다. 이사야와 동시대 사람인 미가는 위에서 본 대로 농촌에서 망국의 비운을 노래했다.

시편 80편 저자도 아모스, 이사야, 미가 등의 예언자들의 탄식시 노래에 깊은 감동을 받은 사람으로 예언자들의 환상과 사상에 근거한 자기 노래를 부르고 있다. 그도 역시 그의 통탄하는 원인을 포도나무 자체나 그 땅 때문이 아니라 이 포도원을 가꾸어야 할 책임자인 그 백성들의 죄와 악으로 말미암았다고 말한다. 하나님의 정의의 철퇴를 맞을 수밖에 없다는 것을 이렇게 노래한다.

"당신이 저희에게 눈물로 양식을 삼게 했나이다.
그래서 우리는 많은 눈물을 마셨나이다"(시 80:5).

아모스가 그의 통곡의 노래 중에 '포도원'을 말했다는 것은 "거리와 광장"이 있는 도시에서 찾을 수 있는 비극적인 상징만이 아니고 이사야, 미가, 그리고 80편 시인 등이 자기들의 포도원 노래에서 구체화시킨 그 민족의 비극적인 운명을 포도원에서 들리는 통곡 소리로 표시하고 있다. 본래 포도원에서는 즐거운 노래 소리가 들리게 되어 있다(사 16:10; 욥 24:18). 그러나 포도원에서 통곡하는 소리가 들린다는 것은 단순한 포도 수확의 실패 때문이 아니라 시편 80편 기자의 말과 같이 이 포도원 자체가 짓밟혀 황폐해지고 말았다는 비극이다.

4. 통곡케 하는 신

이제 마지막으로 이 훼파가 무엇 때문이냐 함을 아모스는 뜻이 있는 표현을 사용하고 있다. 이것은 이스라엘 민족 역사에 있었던 과거의 일과 관련시키고 있다. "이는 내가 너희 가운데로 지나갈 것이라" 함이다. 야웨 하나님이 이스라엘 백성의 역사 한복판으로 지나가심으로 생겨질 비극이라는 뜻이다. "너희 가운데"(beqir-beka)란 말은 "인간의 내면성" 또는 "영혼의 깊이"를 말하는 것이다: "내 속에 있는 모든 것들아, 다 그 거룩한 이름을 찬양하라"(시 103:1).

여기서는 오장육부를 말하는 뜻도 되지만 인간의 내면성을 뜻한다. 그러므로 야웨 하나님이 이스라엘 중심부를 통과한다는 뜻은, 그 역사의 중심에 대하여 하나님이 간섭하신다는 뜻이다. 하나님이 인간의 역사를 간섭하신다는 사상은 지극히 구약적이며, 사실 출애굽기 12장 12절에 하나님이 애굽의 역사에 간섭하심으로 큰 재난이 임했다.

"내가 그 밤에 애굽 땅을 지나감으로 사람과 짐승 및 애굽의 처음 난 것의 모든 것을 치고 애굽의 모든 신에게 벌을 내리리라.
나는 여호와다"(출 12:12).

여기 하나님의 역사 간섭의 결과가 한 나라에 비극적인 사건을 만들고 만 것을 보여준다. 이렇게 하나님이 애굽 한 가운데로 지나가심으로 "애굽에 큰 호곡이 있었으니, 이는 그 나라에 사망치 않은 집이 하나도 없었음이라"(출 12:29). 여기 구체적으로 하나님이 역사 한 가운데로 지나가심으로 비통한 사실이 일어났다는 것이다. 여기서 "야웨 하나님이 임하신다는 것은 곧 죽음을 뜻한다"는 것으로 이해되었다.[14] 이것을 바이저는 "하나님의 심판의 성취라"[15]고 보고 있다. 결국 이 심판은 "하나님의 현현(Theophanie)에 나타난 하나님의 현존적인 임재"[16]를 말하며 "인간이 하나님과 대면을 한다는 것은 결국 한 인간이 하나님께 대한 책임성을 감당해야 할 자로서 다른 사람에 대하여 얼마나 진실히 자기의 사회적인 책임을 감당했는가를 물어, 어디에 하나님의 질서가 거부되었으며, 짓밟고 있는가를 밝히는 일이다"라고 말한 바이저는[17] 이 17절 하반절을 가장 올바르게 이해한 사람이다.

궁켈이 "민족탄식시"라는 문학형태를 찾아낸 것은 이러한 아모스의 예언에서 그 타당성을 찾을 수 있다. 특히 이러한 민족탄식시가 정치적 성격을 가진 것이라 함도 그의 탁견이라 하겠다.

아모스가 이스라엘의 정치적 위기를 직시하고 사회정의를 외쳤다는 것은 나라의 비극적 운명을 바라는 마음에서가 아니라 그 망해야 할 최후의 순간에서라도 나라의 운명을 구하고 싶었기 때문이라 하겠다. 그러나 누가 그의 호소를 들어주었는가? 아모스의 마음은 그래서 더 안타까웠다. 다음 18절 이하에서 그는 감정을 폭발시키고 있다.

---

14) J.L.Mays, p. 99.
15) A. Weiser, p. 169.
16) *Ibid*.
17) *Ibid*.

20. 야웨의 날
(5:18-20)

1. 서론

'야웨의 날'이란 말은 구약신학의 특수 문제 하나를 보여주는 것으로 그 내용은 두 가지 면에서 고려된다. 이스라엘의 하나님 야웨가 그 백성을 축복하시기 위하여 친히 백성들에게 오시는 뜻과, 이와는 정반대로 야웨 와 하나님이 이스라엘의 범죄를 심판하시러 징계와 형벌을 가지고 그 역사 속에 오심을 뜻하기도 한다. '축복과 번영'의 낙관론의 "야웨의 날"과 '재난과 형벌'의 비관론으로서의 "야웨의 날"이다.

이 문제는 구약의 설화문학가나 시인들의 문제라기보다도 구약 예언자들의 역사관과 관련되었고, 소위 조직신학의 종말론의 문제와 상관 되었다고 하겠다. 이 "야웨의 날"이 문제가 제기되는 본문은 우리가 연구하는 아모스에는 2회만 나오지만, 이사야 13장 6,9절, 에스겔 13장 5절, 요엘 1장 15절, 2장 1,11절, 3장 4절, 4장 14절, 오바댜 15절, 스바냐 1장 4,14절, 말라기 3장 23절 등 14회가 나오며 "야웨가 진노를 베푸는 날"(the day of the wrath(אף) of the Lord-겔 7:19; 습 1:18), "야웨의 분노의 날"(습 2:2,3;애 2:22), "그의 진노하시는 날"(the day of his fierce anger-애 1:12), "진노 하시는 날" (The day of his anger-애 2:1) 등 여러 가지 표현이 사용되었다. 그러나 이 모든 경우를 다 합쳐서 보면 대체로 이 "야웨의 날"의 사상은 "축복과 번영"의 낙관론보다는 징계와 형벌의 비관론적인 성격이 더 강하다. 물론 이러한 형벌과 징계의 최종 목적은 "이스라엘 백성들의 행복한 날"을 위한 것이라 하지만 "야웨의 날"이 임한다는 것은 야웨 하나님의 심판의 날이 종말론과 밀접한 관계를 가지고 있음이 사실이다. 이러한 날이 종말론과 관련됐다는 것은 이미 그레쓰만(Gressmann)이 금세기 초에 밝혀 준 바다.[1]

---

1) H.Gressmann, *Der Ursprung der israelitisch-jüdischen Eschatologie*, Göttingen, 1905; G.B.Gray, *The Day of Yahweh and some Relevant Problems* 도 같은 입장이다.

에버슨(A. Joseph Everson)은 최근 그의 연구에서[2] 구약성서에 나타난 이 "야웨의 날"의 본문을 숫자적으로 계산하여(18회) 이 말의 성격을 (1) 7개의 본문은 "미래에 나타날 역사적 또는 우주적인 사건"과 관련하며, (2) 다른 6개의 본문은 "가까이 온다"는 말을 첨가하여 "예기된 사건이 임박했다"는 뜻으로 사용되었으며, (3) 나머지 5개의 본문은 "과거에 일어났던 사건을 언급하며 그것을 해석한다."[3] 에버슨 자신은 그의 학위 논문에서 이 "야웨의 날"을 '역사적 사건'이란 각도에서 연구한 것을 말하며[4] 이 논문에서는 제3의 경우만을 취급하여 여기에 속한 본문들[5]을 분석 설명하고 "야웨의 날"의 성격은 첫째, 과거와 미래에 대한 예언자적인 사고가 밑받침이 되어 있으며, 둘째, 그들의 사고를 분석해보면 역사에는 현존하시는 하나님의 위엄과 그의 심판 또는 구원이 분명히 있다는 것을 알리고 있다는 것을 결론으로 말하고 있다.

문제는 "야웨의 날"이란 개념은 그것이 과거 사건이건 미래 사건을 지목하건간에 그 의미가 '시간'에 있지 아니하고 악의 역사, 이 죄악의 역사를 만드는 장본인들과 그들에게 아부하여 그의 정책을 지지하고 수단방법을 가리지 않고 그 정권의 연장만을 획책하는 정치인들과 그들의 손 발이 되어 있는 공무원들과 또한 국가와 민족의 운명을 손에 쥐고 있는 이 책임자의 비행, 부정, 불법, 불의 등에 대하여 고발하지 못하고 비판도 못하고 항거도 못하며 침묵 속에서 자신의 안일과 일시적인 평안만을 생각하고 있는 역사의식이 없는 대중들은 모두 하나님의 심판을 면하거나 피할 수 없다는 역사철학 또는 역사신학의 뜻이 담겨져 있다. 구약의 예언자들은 하나님의 역사 심판에 민감했다. 쉘리는 "세계사는 심판사라" 했다지만, 구약 예언자들은 하나님은 세계를 심판하시는 분임을 믿고 또 이것을 선포하고 있다. 그 모든 예언자들 중에서 아모스가 가장 대표적이다. 그가 대표적이라 함은 이러한 역사심판사상을 그가 가장 먼저 자기의 예언 속에 밝혔고, 또

---

2) A.J. Everson, "The Days of Yahweh", *JBL* Sept, 1974, p. 329ff..
3) *Ibid.*, p. 331.
4) A.J. Everson, The Day of Yahweh as Historical Event (Richmon Union Theol. Seminary 1969), *ibid.*, p. 336.
5) 애가 1장, 2장; 겔 13:1-9; 렘 46:2-12; 이사야 22:1-14.

그의 예언대로 이스라엘 북왕국이 하나님의 심판을 받아 불과 수천년 내에 망하고 말았기 때문이다. "야웨의 날"사상이 이사야, 예레미야, 에스겔 등[6]에 나타난 것도 아모스의 영향이라 할 수 있다.

2. 새 번역

18절 아! 화가 있으리라!
  야웨의 날을 사모하는 자들이여,
  그래 무엇 때문에
  "야웨의 날"이란 말이냐!
  그 날은 빛이 아니라
  어둠의 날이 아닌가.
19절 그 날은 마치
  사자를 피하다가 곰을 만나
  집에 들어가
  벽을 만지다가
  뱀에게 물리는 것이 아닌가.
20절 야웨의 날은
  어둠의 날이지 빛의 날은 아니다.
  밝음이 없는 날이다.

3. 텍스트 문제

이 부분이 "야웨의 날"에 대한 아모스의 시(詩)다. 바이저는 5장 18,19절에다가 6장 9,10절까지 포함시켜 "야웨의 날"을 말하는 부분으로 정리하고 있다.[7] 그 까닭은 6장 9-10절이 "야웨의 날"에 일어날 비극적 재난을 말하는 내용이기 때문에 즉 "심판의 묘사"(Gerichtsschilderung)라는 문장론에서나 심판사상의 내용적인 연관성(inhaltliche Zusammenhang)에서 5장 18,19절과 한묶음을 한 다음 5장 20절로 매듭을 짓는 것이 좋다고 제의하고 있다.[8]

---

6) 사 22:1-14; 2:12-22; 렘 46:2-12; 겔 13:1-9; 7:1-27; 습 1:1-2:3 등 참조.
7) A. Weiser, p. 169.
8) *Ibid.*, p. 170.

그러나 6장 9절에 연결되는 6장 8절 하반절에 "내가 야곱의 영광을 싫어하고 그 궁궐들을 미워하므로 이 성읍과 거기 가득한 것을 대적에게 붙이리라"한 말씀은 야웨 하나님의 심판을 말하는 것이기 때문에 6장 9,10절을 제자리에 두어도 조금도 모순됨이 없다. 아모스의 예언 내용이나 문장 전체에서 우리는 "심판묘사"를 볼 수 있기 때문에 바이저의 제안은 불필요한 일이다.

5장 18절 후반 "그 날은 빛이 아니라 어둠의 날이 아닌가!"한 구절을 MT교정에서 프록쉬는 '후대 첨가'라 했고 하퍼는 이 는 구절이 20절에서 나온 '첨가구'라 하지만[9] 이 구절이 없다면, 18절 전반부의 의미는 다음에 나오는 "야웨의 날"표현들을 분명하게 못한다.

그리고 이 새 번역에서 "말이냐", "아닌가" 등 의문문을 나타냈는데, 이는 질문의 성격이 아니라 "어떻게 그럴 수 있느냐" 또는 "그럴 수 밖에 없다"는 강한 '부정' 또는 강한 '긍정'을 표시하기 위해서다.

4. 본문 해설

"아! 화가 있으리라!"
아모스가 외치고 있는 망국의 운명에 대한 호소는 관리들에게서 별로 호응을 받지 못했다. 오히려 이 '바른말' 때문에 그는 추방을 당할 수 밖에 없었다. 7장 10절 이하에서 고대판 '오글 목사'를 볼 수 있다. 추방당하기 전 그는 대담 무쌍하게 사회 정의를 외쳤다. 18-20절까지 내용은 그의 감정이 극도로 고조된 현상에서 저주의 말이 튀어나온다. "호이"(הוי)는 "호의"가 아니다. "화여!"란 말이다. 아! 이 백성은 이제 화를 피할 수 없다는 것이다.[10] 이 감탄사 "호이"는 심판을 선고하는 예언 처음 부분에 나오는 독특한 말로서 비극적인 사건이라(현재)든가, "였다"(과거), "일 것이다"(미래)의 문장에 각각 사용되어 있다(사 1:4,24;5:8;11:18,20,21,22). 이사야는 남왕국 유다의 현재를 바라보며 도저히 소망이 없는 나라임을 판단하고 이 "호이"의 탄식구를 연발하

---

9) W.R. Harper, p. 129.
10) G. Wanke는 이 hoy를 지혜문학의 형태에 속한 것으로 보나 C.Westermann은 이 말이 저주형태 문장을 소개한다고 한다. J.L. Mays, p. 103에서 중인함.

고 있다.
  권력과 부를 가지고 부동산 매매사업을 하며 거기에 빈틈없이 가옥을 지어 집장사를 하는 사람들에게 저주하는 말을 한다. 이 부유층만 잘살고 남을 생각하지 아니하는 이 나라에 무슨 장래가 있겠느냐는 것이다.

> 집에 또 집을 연달아 지으며
> 토지에 또 다른 토지를 연달아 사 모아 빈 틈이 없게 하고
> 이 땅에서 자기 혼자만 살고자 하는 자들이여
> 그대들에게는 화가 있을지어다"(사 5:8).

  이사야는 아침부터 저녁까지 주지육림에서 사는 자들에게 화가 있고 온갖 사기와 죄악으로 불의를 행하는 자들에게 화가 있고 "악을 선, 선을 악이라 하며, 흑암을 광명으로, 광명은 흑암이라," "단 것은 쓰다, 쓴 것은 달다"하는 이 가짜 전도자와 진리의 반역자들에게 화가 있을 것이라 한다(사 5:11,18,20).
  아모스가 말한 화도 이러한 탄식이다. "부정적인 거부가 아니라 연민의 심정"(Commiseration rather than denunciation)을 폭발시킨 것이다.[11] 소망이 없는 나라의 흑암상이요 구제의 길이 없는 민족의 패망상을 보고 개탄한 것이다. 친한 사람의 죽음을 통곡할 때 사용한 "아하"로 해석함은[12] 잘못되었다고 본다.

> "아하! 화가 있으리라
> 야웨의 날을 사모하는 자들이여."

"사모한다"는 말의 원어(אוה)는 강한 욕망의 표시를 뜻한다. "소원한다"는 뜻이다. "야웨의 날"을 사모한다는 것은 실지로 '결혼의 날'을 사모함과 같은 뜻으로 사용되었다. 만일 "야웨의 날"을 위에서 밝힌 대로 심판과 징계의 날의 뜻으로 본래부터 사용했다면 왜 이 날을 사모했을까! 결혼 날과 같은 행복된 날이면 몰라도.

---

11) S.R. Driver, p. 185f.
12) J.L. Mays, p.103. Mays는 예증으로 왕상 13:30; 렘 22:18; 34:5 등을 들고 있다.

그런데 이스라엘 고대 전통 속에는 야웨가 오시는 날은 승리요, 축복의 날이라는 사상이 있었던 것이 사실이다. 그들이 해마다 지킨 칠칠절(민 8:16), 초실절(출 34:20), 맥추절(출 23:16) 등으로 불리우던 농사배경으로 한 축절 같은 것을 지킬 날에는 야웨 하나님이 그들에게 오시는 날이라 생각했고, 모든 종류의 제사를 행하는 날, 번제, 소제, 속건제, 속죄제 등을 지키는 날에도 야웨 하나님이 그들에게 오시는 것으로 믿었고, 또한 출애굽 사건을 기념하는 계약축제(바이저 주장),[13] 시온에서 다윗이 왕으로 군림하신 것을 기념하는 시온축제(크라우스의 주장)[14] 같은 날에는 야웨가 축복으로 임하시는 날로 생각했다. 그리고 모빙켈 같은 사람은 고대 바벨론에서와 같이 이스라엘도 신년축제(New Year Festival)가 있었기 때문에 이 날에는 야웨 하나님이 그 백성에게 새로운 왕으로 군림하시는 날이라 생각하여 이 날을 가장 고대하는 날이라 말하고 있다.[15]

이스라엘 역사에는 이렇게 야웨 하나님의 오시는 날이 축복과 승리의 날이란 생각을 갖게 된 것이 사실이다. 폰 라트는 야웨 하나님이 오시는 날에는 이스라엘이 전쟁에서 승리한다고 하여, 야웨의 날은 이스라엘 신앙의 고전적인 제도의 하나인 "거룩한 전쟁"과 관련된다고 주장한다.[16] 폰 라트의 주장대로 '거룩한 전쟁'제도와 함께 야웨의 날 사상이 발달하고 유전해 내려온 것이라 한다면 (특히 그의 저서 *Der heilige Krieg in alten Israel*을 상기해볼 때) 출애굽 14장 13절에서 처럼 "야웨의 날"은 승리의 날로 기대되어지는 날이라 하겠다.

아모스 당시 사람들이 야웨 하나님만 오시면 모든 것이 해결되고, 그가 적군을 무찔러 이기고 비록 숫적으로 약한 이스라엘이라도 승리할 수 있다는 이 자신감과 야웨 하나님이 그들과 함께 하면 아무것도 두려운 것이 없다는 임마누엘 사상이 실상 이스라엘 사람들의 도덕적 감각과 윤리적 책임을 무시해버리는 경향을 만들었다 할 수 있다. "우

---

13) A. Weiser, 서론 참조.
14) H.J. Kraus, *Die Psalmen*, Bd.I. *Biblischer Kommentar*, pp. LXIVff.
15) S. Mowinckel, *Die Psalmenstudien* Bd. II, pp. 81ff..
16) A. J. Everson, *op.cit.*, p. 330. 주 5에서 중인; G. von Rad, "The Origin of the concept of the Day of Yahweh," *JSS*' 1959, pp.97-108; J.L. Mays, *op. cit.*, p. 104 중인.

리는 하나님의 백성이므로 우리를 용서해주시리라, 우리를 도와주시리라, 우리를 적군에게 넘기지 아니하리라" 하는 그릇된 신뢰감을 가지게 됨에 이스라엘의 죄가 있는 것이다. 예루살렘을 공격하기 위하여, 강력한 군대로 포위를 하고, 히스기야 왕과 그 신하들에게 항복하기를 권고한 앗수르 왕의 총사령관의 한 사람인 랍사게가 유다 백성을 조롱한 말 중에 이 그릇된 신뢰감의 예를 찾을 수 있다.

"너의 의뢰하는 이 의뢰가 무엇이냐 … 네가 우리 하나님 여호와를 의뢰하노라 하지만 … 네자 어찌 내 주의(즉 앗수르 왕의) 신복 중 지극히 적은 장관 하나인들 물리치겠느냐"(왕하 18:20-22).

이렇게 히스기야 왕을 조롱한 다음 다시 그의 백성들을 조롱하여 이렇게 말했다:"히스기야가 너희로 여호와를 의뢰하라 함을 듣지 말라… 예루살렘을 내 손에서 능히 건지겠다고 생각하느냐"(왕하 18:30-35).
여기 랍사게가 지적하는 바는 어느 의미로 사실이었다. 비록 포위는 당했다고 해도 야웨 하나님이 함께 하시면, 승리할 수 있다는 것이다. 이러한 승리는 이미 시리아 에브라임 전쟁(주전 735-734)에서 경험한 바이기 때문에 반드시 유다백성이 잘못 생각했다고 할 수 없었다. 과연 야웨 하나님은 이스라엘 편에 서신 분, 그들을 모든 위험과 전쟁에서 건져주신 분이다. 이것이 그들의 역사적 신앙이요. 그들의 삶의 원동력이다. 야웨를 의뢰하는 마음, 여기에 잘못이 있는 것이 아니다. 그러나 여기에 문제가 있다.
아모스가 "화 있으리라!" 하고 격앙된 어조로 말함은 이 신뢰감 때문이다. 야웨 하나님은 자기 편에 서신 분이기 때문에 이스라엘 백성은 죄를 지어도 용서해주시고 벌을 내리지 아니하시는 자비로우신 하나님이라 하는 안일한 신앙에 문제가 있다. 죄를 지으면 이스라엘이라도 채찍을 들고 벌하신다는 하나님의 공의를 무시해버린 이 죄를 깨닫지 않으면 안된다. 예레미야도 이와 꼭 같은 책망을 남왕국이 망하기 전에 선고한 일이 있다.

"나는 무죄하니 그 진노가 참으로 내게서 떠나갔다 하지만 보라, 네가 나는 죄를 범하지 않았다 하는 이 일 때문에 심판을 받아야 한다" (렘 2:35).

이스라엘 백성들이 스스로 계약의 백성임을 자만하고 성전에만 출석하고 형식적인 종교생활, 명분을 찾는 신앙으로 만족한다는 것이 얼마나 가증스러운가 말한다.

"너희가 만일 길과 행위를 참으로 바르게 하여 이웃들 사이에 공의를 행하고 이방인과 고아와 과부를 (소외당한 사람들, 약한 사람들)압제하지 말며 무죄한 자의 피를 이 곳에서 흘리지 아니하며 … (현대적 용어로서는 '인권유린의 악을 행하지 아니하며'이다). 적어도 성전에 다닌다는 사람은 이러한 사회정의 실현에 앞장설 수 있는 사람이라야 한다)" (렘 7: 5-6).

아모스의 저주는 바로 이러한 구약서 전체에 흐르고 있는 안일한 종교심에 대한 하나님의 심판 태도를 밝힘으로 이해할 수 있다. 이미 우리가 4장 4절 이하에서 본 대로 형식적인 신앙, 예전적인 종교행사에만 그치고 만 것은 오히려 하나님 앞에 가증스러운 범죄를 행하는 것이다. 그러니 "야웨의 날"이 가진 행복과 승리를 기대하고, 자기들이 선민이니까 하나님의 심판에서 피할 수 있다고 생각하는 것은 근본적으로 잘못되어 있기 때문에

왜 너희들은 야웨의 날을 사모하느냐,
그 날이 너희에게 행복과 승리를 가져다 줄 줄로 아느냐.
그 날은 빛이 아니라 어둠의 날인데
왜 그 날을 사모하느냐.
너희들의 사모는 스스로 벌을
자청하는 것이 아니겠느냐!

18절은 이러한 심정으로 읽을 수 있다. 20절은 18절 후반부 "빛과 어둠의 대조를 다시 한번 강조한 것에 불과하고 19절은 "야웨의 날"을 기다리는 사람이 어떻게 스스로 위험과 멸망 속으로 몰려들어가는 톨스토이의 우화를 연상시키며 아모스 자신이 농촌 출신으로 친히 경험한 일상 생활의 사건으로 말하고 있다. 아주 호소력이 강한 예화이다. 사자와 곰은 집 밖에서 우연히 만날 수 있는 맹수요, 뱀은 집안에서 당할 수 있는 위험물이다. 과거 여러 주석가들은 이 맹수 하나하나를 어떤 정치적 악한 지도자 — 가령 사자는 바벨론의 느부갓네살, 곰은 앗수르의 티글랏필레셀, 뱀은 살마네셀, 알렉산더 대제, 또는 안티

오쿠스 에피파네스 등 — 으로 보았다고 하지 만[17] 의미없는 해석이다. 다만 행악자라고 백성들의 지탄을 받고있는 정치권력가와 지도자들이나 그들과 함께 부정과 악을 행한 백성들은 제아무리 자기의 살 길을 찾아봐도 하는 일, 가는 곳마다 그들에게 치명적인 항거세력이 도사리고 있다는 것을 의미한다. 당장 눈 앞에 닥친 사자 같은 원수를 피하면 또 하나 다른 대적 곰이 나타나고, 곰을 피하여 집 안에서 안전책을 구해보면 거기에는 독사가 기다리고 있다는 것이다. 절대로 야웨의 날이 가지고 오는 위험에서 피할 길이 없다[18] 는 말이다.

아모스는 사람들이 만든 자기 안전책이란 얼마나 믿을 수 없는가를 말한다. 하나님의 공의에서 떠나 악을 행하는 사람의 길은 자신과 함께 백성을 멸망의 길로 몰아가고 만다. 불법과 부정을 행하고도 스스로 살 길과 자기의 권력이나 재물이나 신분 또는 위치를 계속 유지하고자 하는 생각을 가진 사람에 대하여 아모스는 담대히 말한다.

아! 화가 있을 것이다.

이것은 번영과 행복, 국가의 발전과 민족 중흥의 길을 막아버리는 불길한 예언이 아니고 참 행복과 번영을 위하여 아모스의 충고를 받아들여, 다만 공의를 행하고 선을 구하라는 것이다.

다음 장에서는 이러한 심판 사상이 정치가들에게만 주어진 것이 아니고 종교인들, 소위 신앙을 말하고 기도를 하는 사람들도 하나님의 심판에서는 피할 길이 없음을 말한다.

---

17) W.R. Harper, p. 132에서 중인.
18) Th. H. Robinson, p. 93.

21. 종교와 윤리
(5:21-27)

1. 서론

이스라엘 종교와 주변 다른 나라 종교와의 비교연구가 여러 가지 면으로 되어진 것이 사실인데, 그 양자의 가장 큰 특색은 종교와 윤리 양자의 관계성의 문제이다. 종교와 윤리를 별개물로 취급함이 이스라엘 주변각국의 종교의 현상이라 한다면 이스라엘 종교는 처음부터 철저하게 윤리성을 강조하고 있는 종교임을 나타낸다. 윤리성이란 쉽게 말해서, 사람에 대한 올바른 도리를 떠난 종교적 진리는 허무하며 사람에게 덕을 끼치는 일이 없이 종교적 예법과 예식만 의식대로 잘 지키면 그만이라는 사고는 이스라엘 종교에서는 용납되지 않는다. 하나님을 기쁘게 하는 일은 우선 사람을 기쁘게 하는 일이 앞서야 하고 하나님께 올바른 예배를 드리려면 사람이 다른 사람에게 대해서 해야 할 도리를 올바르게 감당해야 한다는 것이 이스라엘 종교의 근본 성격이다.

아모스의 종교는 이 점을 분명히 하고 있다. 종교와 윤리의 일치, 신앙과 도덕의 조화, 이것이 이스라엘 종교의 기본 성격이다. 예언자들은 이 기본성격을 철저히 수호하려 애쓴 사람들이다. 하나님만을 기쁘게 하려는 제의로 만족해버린 무책임한 윤리 생활을 용납하지 않았다. 아모스의 이 정신은 그의 선배 엘리야에게서 받았다고 할 수 있으며, 그의 후배인 이사야, 미가, 예레미야 등이 이 기본 성격을 굳게 지키려 한 사람들이었다.

2. 새 번역

21절 너희 축제를
 나는 미워한다. 나는 싫어한다.
 너희 절기 모임을 기뻐하지 않는다.

5:21-27   249

22절   비록 너희가 번제나 소제를
       내게 드릴지라도
       내가 즐겨 받지 않으리라.
       비록 너희 기름진 짐승을 잡아
       화목제를 바친다 해도
       내가 관심하지 않으리라.
23절   너희 노래 소리를 집어치우라.
       너희 비파 가락도 나는 듣지 않겠다.
24절   공의는 물처럼 쏟아버리고
       정의는 냇물처럼 흘러 가게
       하고 있으니.
25절   아, 이스라엘아!
       너희 광야 40년 세월에
       희생제를 드렸느냐?
       소제를 올렸느냐?
26절   너희는 '식굿'을 너희 왕으로 모시고
       별의 신 '기윤'을 너희 신으로
       만들어 섬겼으니,
27절   내가 너희를 다메섹 밖으로
       사로잡혀 가게 하리라.
       이는 만군의 하나님이라 부르는
       야웨의 말씀이시다.

3. 텍스트 문제

이 본문을 분석하면 21-25절까지는 이스라엘의 형식적인 종교에 대한 비판이다. 그 비판의 근거는 예배와 생활, 윤리와 종교가 서로 분리되어 있다는 것이다. 이 분리는 얼마나 그들이 신앙역사에서 이탈한 것이냐 함을, "광야 40년"간의 제사적인, 형식적인 종교가 없이도 순수한 신앙심을 잘 나타낸 역사에 위배된다는 것을 상기시키고 있다.

그러나 이 본문 둘째 부분 26-27절은 아모스 자신의 기록이라 보기 어렵다. 모든 주석가들이나 마소라 텍스트들이 인정하는 대로 21-25절에 나타난 이스라엘 백성의 형식적인 종교가 얼마나 비이스라엘적인 신앙이었던가하는 후대 편집자의 설명이 본문 속에 삽입되어 버린 것이라 하겠다.

　이 삽입부문에 대하여 하퍼가 여러 학자들의 여러 가지 가능한 해석들을 소개하고 있으나[1] 포스브로크(Fosbroke)의 주장대로 "설명적인 후대첨가가 본문 속에 들어갔다."[2]고 함이 타당하다.

　본문의 문제는 이상과 같은 아모스의 작품과 후대 작품과의 구별의 문제에만 그치지 아니하고 어구나 시상(時相)의 문제도 있다. 가령 21절에 '축제'[3]로 번역한 원어 חַג־גֵּחֶם־חַגִּים(hag-ge-khem-haggim)은 축제의 일반적인 뜻보다 유다인들이 의무적으로 연중 행사로 반드시 지키는 삼대명절(유월절, 칠칠절, 장막절)을 통칭함에 사용되는 말이다(출 23:14; 34:23; 참조. 신 16:16). 이런 명절에는 반드시 남자들이 연 1차씩 성소를 순례하는 일이 동반된다. 그런 의미에서 로빈슨이 '성소순례명절'(Wallfahrtsfeste)이라 제안함이 가장 타당한 번역이라 하겠다.[4]

　또한 '절기모임'(בְּעַצְרֹתֵיכֶם)이란 말도 단순히 '집회'란 뜻도 되지만 (렘 9:2) 이 집회는 종교적인 성격임을 열왕기상 10장 20절(바알종교)에서 볼 수 있다. 그러나 이 말은 무교절 제7일에 모이는 성회(신 16:8) 또는 장막절 제8일에 모이는 성회(레 25:36; 민 29:35; 느 8:18), 그리고 후대 유대교에서는 칠칠절 모임도 이 말로 표시했다고 한다.[5]

　23절 "집어 치우라"의 원문은 "내게서 멀리 떠나가게 하라"는 뜻이며, '비파 가락'이란 말에 있는 '가락'(הֶמְיַת)은 기악의 멜로디보다 성악의 경우가 많이 쓰였다(시 81:2; 98:5; 사 51:3).

　25절 "드렸느냐?", "올렸느냐?"는 두 개의 동사가 사용되지 않고 원문에는 nagash(접촉하다, 가까이 하다)의 히필형 한마디, "가져왔느냐?"이다.

　26절은 위에서 지적한 대로 텍스트에 문제점이 많다. 가장 논란이 되는 것은 "식굿"과 "기윤"이란 신명(神名)이다. 여기 사용된 신명은 "Sak-kut"과 "Kaiwan"이라는 앗수르 신 "Adar"과 앗수르 사람이 부르는

---

1) W.R. Harper, p. 136ff.. Harper는 25-27절을 같은 성격의 것으로 보지만 25절은 오히려 21-24절 부분과 연결시킴이 타당하다.
2) E.W. Fosbroke, *Amos, Interpreter's Bible*, Vol. 6, p. 821.
3) 우리 번역에는 '절기,' Feast days (K.J.V.), Feast (R.S.V. Harper), Feste (Weiser), Wallfahrtsfeste(순례명절-Robinson 제안).
4) Th. H. Robinson, S. 92.
5) S.R. Driver, p. 186.

토성(Saturn)을 말한다고 해석한다.[6] 70인역에서는 "식굿"은 장막(Tabernacle), "기운"은 고유명사로 이해하고 있다. 그래서 KJV에서는 "The Tabernacle of your Moloch"이라 했다. 어느 것이 정확한 번역인지 판가름할 수 없다. 그러나 이 구절에서 이스라엘 백성이 가나안 땅에 들어오게 되자마자 가나안 사람들을 본받아 이방신과 하늘의 별을 신으로 섬기는 버릇을 배워 야웨 하나님께 불충한 역사를 만들었다고 단정함은 사실이다.

26절에서 동사의 시상이 "미래형"으로 되어 있는 것으로 읽고 있다. "you shall take up Sakkuth your king." 우리 말 번역에도 "지고 가리라"로 읽고 있다. 그러나 우리는 쾨니히(E.König)의 해석에 따라 그 원문(Waw+Perfect형)을 "서술의 시상"(Tempus der Erzählung)으로 읽어서 "25절 내용이 이미 미래 시상을 거부하는 내용"이니 "과거 사건적인 서술"(die vergangenheitliche Aussagung)로 볼 수 있다.[7] " … 만들어 섬겼으니"로 읽음이 "섬길 것이다"함보다 본문 전체 연관에 조화를 이룬다. 그렇게 읽어야만 27절에 나온 심판 선언이 그러한 과거 불충 때문에 온 결과로 쉽게 이해된다. 아모스의 이러한 심판 선언은 그의 예언에서 여러 차례 되풀이 하고 있기 때문에, 이 26,27절이 후대 삽입이라 해도 본문과 사상적인 일치를 이룬다.

4. 본문 해설

이 본문 안에는 이스라엘의 중요한 축제와 명절이 나와 있다. 아모스가 이런 명절과 축제를 언급하게 된 것은 당시 이스라엘의 경제적 풍요함을 배경으로 하여 그들의 종교가 얼마나 형식과 의례적인 것으로 흘렀는가를 엿볼 수 있다. 성실하고 의로운 삶을 밑받침함이 없이 드리는 예배는 하나님께 대한 모독이다. 여기 "축제", "절기모임", "번제", "소제", "화목제" 등 이스라엘의 중요한 예배와 희생의 제의들이 열거되었다. 위에서 본 바대로 "축제"란 말은 이스라엘의 삼대명절 유월절, 칠칠절, 장막절을 통틀어 말했다 할 수 있고 "절기모임"이란

---

6) G. A. Smith, *The Twelve Prophets*, Vol. 5, p.177. Mays는 바벨론에서 부르는 토성을 신격화시킨 이름이라 한다. James L.Mays, p.112.

7) E. König, *Geschichte der Alttestamentlichen Religion*, 1915, p. 42f..

말은 이러한 명절이 끝날 무렵에 가지는 성회(민족 페스티발이라 할 수 있는)를 말한다. 그러므로 아모스는 21-22절에서 당시 북왕국 이스라엘의 종교적 행사 전반을 부정적으로 보았다고 할 수 있다.

이러한 축제, 명절 하나하나에 대한 설명은 여기서 피한다.[8] 이런 종교적 행사에 대한 지식의 문제보다 이런 종교의식들의 의미 또는 가치가 무엇이냐 함이다. 아모스와 같은 종교적 대지도자가 종교와 그 의미성 자체를 부정하고 있다는 사실은 아니다. 아모스는 이미 4장 4절 이하와 5장 4절 이하에서 같은 성격의 종교를 거부했음을 이미 보았다. 종교 자체의 부정이라기보다 종교를 신앙하는 태도, 예배를 드리려 모이는 사람들의 윤리와 도덕적인 의식을 문제삼고 있다. 윤리적 책임과 도덕적인 관심없이 살고 있으면서도 종교적인 형식은 갖추고 날마다의 삶은 하나님을 두려워하지 않는 무종교의 속인생활, 인간의 욕정을 금력과 권력에 의하여 만끽하고 다른 사람의 인권이나 인격의 존엄성에 대한 감각없이 공법과 정의를 무시한 삶을 살면서도 종교적 행사와 의식에는 점잖게 참석하고 있는 이 가식과 허위성의 이중적 인격에 대한 비판을 하고 있음이 아모스의 의도이다. 법식에 맞는 각종 축제, 예배, 희생이 북왕국의 중앙성소인 벧엘과 길갈에서 노래와 찬양과 온갖 악기반주에 맞추어 엄숙하게 거행된다고 해도 그것들은 다만 스스로 신을 모독하는 죄를 짓고 있음에 불과하기 때문에, 하나님은 "내가 미워한다," "내가 싫어한다," "내가 기뻐하지 않는다"고 했다. 종교행사에 대한 하나님의 거부가 여기 분명하게 표현되었다. 하나님의 만족과 축복이 아니라, 그의 "분노와 격노"[9] 의 대상이 된 종교다.

"노래 소리도 집어 치우라" 함은 예배 행사에 동반되는 찬송과 찬양의 노래를 말한다. 속가, 또는 대중가요의 거부는 6장 5절에 일반 백성의 사치와 향락과 더불어 거부함을 본다. 그러나 여기 "노래"(shir)는 시편의 제목도 되어 있지만, 하나님을 찬양하는 찬송과 같은 제의 창가("cultic song, the praise of exaltation and joy song to God"[10])이다. 이것은 결코 성가 자체의 거부가 아니다.

---

8) 『성서사전』 또는 『기독교 사전』을 참조하라.
9) A.Weiser, S. 173.
10) J.L. Mays, p. 107.

성소에서 거룩한.노래를 부르는 그 입과 마음들이 이미 하나님을 무서워할 줄 모르는 죄와 악을 저질러 많은 사람의 고혈과 인권을 유린한 비윤리적인 삶을 용납하고 있기 때문에, 그들이 부르는 찬송이 신성할 수 없다는 것이다. 하나님은 그 노래의 멜로디나 화음 또는 성대의 아름다움을 보시는 분이 아니고 그 노래 부르는 사람의 내면 생활을 보시기 때문이다. 일반가요 작곡자나, 지휘자나, 연주자는 그들의 윤리생활이 문제가 안 된다. 이런 노래가 창녀와 동침한 하숙방에서 지은 것이라든가 어느 성악가나 어느 악단 지휘자가 음주와 성적 타락의 생활을 했다고 해도 "예술과 윤리"는 연결시키지 말라는 말로서 오늘 사회에서는 문제도 되지 않을 것이다. 그러나 사실은 국민의 가요가 이렇게 타락된 인격에게서 창조되고 지도된다고 하면, 그 나라의 문화는 결코 건전하게 발전하지 못할 것이다.

그런데 만일 교회의 성가대원이나 그 지휘자가 주일날에는 말쑥한 차림으로 경건하게 나타나고 평소에는 종로나 명동 뒷골목에서 만취된 모양을 보이는 것에 양심적 가책도 없고 자기 생활에 대한 비판과 개선이 없다면, 아모스의 말 그대로 "너희 노래 소리를 집어 치우라" 할 수밖에 없다.

여기 "비파 가락"은 이스라엘의 속된 음악에서도 들을 수 있지만 이 본문에서는 성가의 반주 또는 독주를 하는 하나님 찬양의 음악이다 (삼하 6:5; 시 33:2;144:9). 이스라엘 예배에 어떤 악기들이 사용되었는가는 외스털리(Oesterley)가 상론한 바이지만[11] 시편 150편에는 "나팔, 비파, 수금, 소고, 현악, 퉁소, 큰 소리나는 제금(첼로를 연상), 높은 소리나는 제금(바이얼린을 연상)" 등 악기를 말했다. 이스라엘의 종교음악의 다양성과 풍부성을 잘 보여준다. 그러나 이러한 성가와 그 연주를 하나님은 듣지 않겠다고 했다. 그 이유는 간단하다. 악사와 연극자들의 생활이 그들의 신앙과 일치하지 못하기 때문이다.

이 사실을 24절에 "공의는 물처럼 쏟아버리고 정의는 냇물처럼 흘러가게 하기 때문이라"했다. "쏟아버리다"를 "정로로 가게 하지 않고 곁길로 가게 한다"는 뜻으로도 해석한다.[12] 바이저도 이 "물과 하수"의 상징을 하나님의 심판의 위력 — 홍수의 세력을 아무것도 막

---

11) W.O.E. Oesterley, *A Fresh Approach to the Psalms*, 1937.
12) S.R. Driver, p. 108.

을 수 없다는 뜻에서 —으로 해석하고 있다.[13] 로빈슨도 이 상징을 하나님의 심판과 결부시켜 "한 와디(비가 올 때면 냇물이 되고 보통 때는 건천)가 우기에 물이 넘쳐 흐르듯이 이스라엘 사회 안에 정의와 공정(Ehrlichkeit)으로 차고 넘치게 하라"[14]는 뜻으로 읽고 있다.

그러나 전후 관계를 생각할 때, 특히 21-23절까지 하나님의 예배 거부의 이유를 생각할 때 앞으로 이스라엘 땅에 "공정과 정의"가 하수처럼 차고 넘치도록 하라는 권고형보다는 하나님의 진노의 이유로서 24절을 읽음이 의미상 부합한다. 그것은 아모스의 후배 예언자들이 외치고있는 제의적 행사의 거부는 모두 이스라엘 지도자와 일반 백성의 윤리적 타락이 원인이란 것을 밝히고 있기 때문이다.

이사야의 경우를 보자.

> 너희의 무수한 제물이 내게 무엇이 유익하냐. 나는 수양의 번제와 살진 짐승의 기름에 배불렀고 나는 숫송아지나 어린양이나 숫염소의 피를 기뻐하지 아니하노라 …
> 너희가 손을 펼 때에 내가 눈을 가리우고 너희가 많이 기도할지라도 내가 듣지 아니하리라.
> 이는 너희 손에 피가 가득함이니라. 너희는 스스로 씻으며 스스로 깨끗하게하여 내 목전에서 너희 악업을 버리며 악행을 그치고 선행을 배우며 공의를 구하며 학대받는 자를 도와주며 고아를 위하여 과부를 위하여 변가하라(사 1:11-17).

이와 같은 사상을 예레미야는 7장과 26장에서 "이것이 야웨의 전"이라는 말을 거듭하며 형식적인 종교에 안주하고 자기들의 윤리적인 책임을 돌보지 않기 때문에 국가의 운명이 위태로울 수밖에 없다고 했다(렘 6:20;7:4-7). 미가가 보여주는 종교행사의 거부도 반드시 '공의'의 문제와 연결시키고 있음이 아모스와 공통되어 있다(미 6:6-8).

25절은 이스라엘의 종교의 순수성이 가나안 땅에 정착한 뒤보다 광야시대에 있었다는 것을 말한다. 광야 40년간 생활에는 예루살렘 성전이나 북왕국 벧엘 성소에서 규칙적으로 지킨 각종의 제의 행사가 없었다는 것을 말한다. "희생과 소제" 같은 제의가 이스라엘의 광야 40년간에는 없었다고 한다. 이는 호세아가 이스라엘 백성을 광야로

---

13) A. Weiser, p.172.
14) Th. H. Robinson, p.93.

데리고 가는 것이 그들이 종교적 순수성을 지킴에 더 이롭다고 함과 같다(호 2:14-15). 예레미야는 이 사상을 사랑의 관계개념으로 설명하고 있다. 즉 광야시대에는 하나님과 이스라엘은 순수한 연애를 했다고 한다. 그러나 가나안 땅에 들어와서 이방신을 섬기게 됨으로 그들의 계약사상이 변질되었다고 한다(렘 2:2-3).

광야 40년 전통은 대체로 신명기 계통 역사가도 인정하는 바이며 (신 2:7;8:2;4:29; 수 5:6), P문서도 (출 16:35; 민 14:33;32:13), 시편 95장 10절, 느헤미야 9장 21절에서도 주장한 바이다. 이 40년간 방황하는 생활에서는 성소를 중심한 제의 종교가 아니었고 날마다 경험하는 하나님의 인도와 그 보호에 의한 복종과 경외의 신앙생활이었다. 아모스는 이 종교를 제의종교보다 더 높이 평가하고 있다.

27절은 이러한 종교적 타락 때문에 이스라엘 백성은 나라가 망하고 백성들은 사로잡혀갈 수밖에 없음을 말한 것이다. 왜 '다메섹 밖'이냐? 시리아의 수도 다메섹은 이방 종교의 중심지였다. 아모스 당시 이 시리아 수도 다메섹은 고대 중동 아시아 정치, 문화의 중심지였다. 이 중심지 밖으로 포로되어 간다는 것은 하나님의 심판으로 말미암는 이스라엘의 비극적인 운명을 표현한 말이다. 사도행전 기자는 아모스 5장 23절이하를 인용하는 글에서 다메섹 대신 바벨론으로 고치고 있다(행 7:43).

아모스는 이스라엘의 운명을 이렇게 포로되는 일과 관련시키기를 여러 곳에서 말한다(5:6;6:7;7:11,17). 그러나 포로의 운명을 지명과 관계시킴은 여기 27절뿐이다. "저주 받은 사람들이 사는 땅 끝"으로 이스라엘은 사로잡혀 가리라 하는 뜻으로 이해해도 좋다. 여기 다시 한번 구원의 역사를 주장하시는 야웨는 항상 심판과 형벌의 역사도 주관하심을 알려주고 있다.

27절 마지막에 이상에 말한 이스라엘의 죄와 그 심판 선언과 그 형벌예고는 아모스 자신의 말이 아니고 야웨 하나님의 장엄한 말씀임을 다시 한번 다짐하고 있다. "만군의 하나님"이란 이름을 가진 야웨가 이 역사를 지배하심을 말한다.

하나님의 심판은 악의 역사를 만드는 사람들에게만 있는 것이 아니라 이 악의 역사를 고발하거나 그것의 부정을 말하는 역사의식 없이 자기의 종교적 형식생활에 도취하고 있는 종교인들에게도 오고야 만다는 것을 깨우치고 있다.

22. 망국적 현상
(6:1-7)

1. 서론

예언자 아모스는 이스라엘의 망국의 역사가 오지 않도록 백성과 지도자들을 가르치고 호소한 사람이라 함을 이미 여러 차례 말해 왔다. 아모스는 6장 1-7절까지 내용에서 이스라엘의 망국 현상이 어떤 것인가를 구체적으로 말하고 있다. 예언자가 역사를 보는 눈은 결코 허황한 환상에 의한 것이 아니다. 구체적 사건을 근거로 한 과학적인 판단이라 할 수 있다. 남왕국 유다의 멸망을 예언한 예레미야의 말에 의하면 "이런 짓을 하고서야 어떻게 나라가 망하지 않겠느냐"(렘 5:9,29) 했다. 아모스의 예언은 종교적인 성격만이 아니라 윤리적 판단에 의한 정치 그 자체에 대한 날카로운 비판이다. 한 나라의 생명이 계속되려면 그 나라의 정치적 지도자의 생활이 건전하고 그들의 사는 태도가 백성들이 쳐다볼 수 있게 되어야 한다. 우리는 크메르와 월남의 망국의 비운을 우리 눈으로 지켜보며 많은 것을 배웠다. 국론이 분열되지 않고 통일되어야 함은 두말할 나위도 없다. 그러나 집권자들의 재산이 집권자가 되기 이전보다 부해졌다면 이러한 집권자들의 정치가 과연 나라를 비극에서 구해낼 수 있을까 하는 의심이 가지 않을 수 없다.

우리는 우리 나라 과거역사에서도 나라가 망할 때 백성들의 원망을 듣게 된 것은 나라 지도자들의 윤리와 도덕의 타락에 있었다는 것을 역사적으로 분명히 볼 수 있다.

한 나라가 망하게 되는 원인은 보는 사람에 따라 여러 가지로 말할 수 있다. 그러나 우리와 같은 종교인이나 도덕 위주의 삶을 인간의 기본적 의무 삶의 가치라 생각하는 사람은 한 나라가 역사에서 사라지고 마는 망국의 비극은 그 나라 지도자, 집권층 사람들의 도덕적 부패와 윤리적 타락에 기인한다는 것을 남의 나라 역사에서 그 예를 찾지 않아도 우리 나라 고대사에서 볼 수 있다. 역사는 반복된다는 말은 한 나라가 망하는 원인이나 동기에서도 꼭 같은 현상이 반복된다는 것을 알 수 있다.

우리는 이스라엘 예언자 아모스가 자국의 비극적인 최후를 윤리적인 측면에서 보고 탄식한 것이 우리 나라 과거사에도 통한다 할 수 있다. 과거 역사는 오늘의 역사를 경계하고 있기에, 우선 우리는 백제가 망할 당시의 상황을 우리 사학의 태두가 되는 학자들의 말을 잠깐 인용해보자.

"백제의 국내사정은 … 蒙華遊興의 생활로 인하여 국력을 소모함이 많았다. 武王은 南宮에 큰 못을 파고 물을 끌어넣고 四岸에 楊柳를 심고 못 가운데 島嶼를 쌓을 仙山에 擬하는 工役을 일으켰으며, 그 아들 義慈王은 文王의 風을 많이 承襲하여… 驕傲豪奢의 맘이 자라 정치를 그르치기 시작했다. 多年 전쟁에 피폐한 국력을 가지고 奢麗한 태자궁과 望海亭을 짓는 등 대토목사업이 있었고 궁녀, 妄臣과 더불어 日夜宴樂에 파묻히며 后妃, 妖女들이 정치에 간여하여 賢良한 신하를 모해하는 등 내부적으로 부패자멸의 길을 걷고 있었다.

…백제왕궁의 宴遊淫逸의 風은 일찍부터 당에까지 使聞되었음을 알 수 있다. 삼국사기 김유신전(中)에 태종(무열왕)2년 유신이이 백제에 침입 刀比川城을 쳐 이기었다는 條에 『是時 百濟君臣奢泰淫逸 不恤國事 民怨神怒 …』 그리고 日本世紀에 인용한 고구려 사문 도현의 일본세기에도 "百濟自亡由君大夫人 妖女之無道擊奪柄 誅殺賢良 故召斯禍矣.""1)

이런 사기(史記)를 읽으면 백제의 정치체제군사력의 부족 때문에 망한 것이 아니고 '민원신노'(民怨神怒) —백성들이 원망하는 소리를 들은 신이 진노하여 망국을 자초했다는 것이다. 동시에 이러한 망국의 비애를 눈앞에 보고 충량직신으로 알려진 "佐平 成忠이 의자왕의 荒淫逸樂을 충심으로 간했지만 오히려 그는 옥중에 갇히어 瘦死하였다"2)는 것은 나라를 참으로 염려하는 충신을 그 직언이 듣기 싫어 제거해 버린 대표적인 예이다.

신라가 망한 것도 같은 이유였다는 것을 『한국사』는 다음과 같이 말한다.3)

---

1) 震檀學會편, 『한국사』, 고대편, p.507f..
2) Ibid., p.508.
3) Ibid., p.717.

"… 정치, 경제, 문화의 중심지인 서울(慶州)에는 상하계급을 물론하고 호화, 안일, 안락, 유흥의 습성이 날로 늘어가 그칠 줄 몰랐다. … 金城(王城) 성외에 瓦屋이 즐비하고, 집집이 숯으로 밥을 짓고, 가내, 가외에 음악소리는 잇달이 일어났으며, 상하가 환락을 극하고 … 내부의 부패는 스스로 붕괴의 싹을 트게 하였다.

眞聖王이 즉위하였으니 … 여왕은 內行이 부정하여 수삼인의 소년 美丈夫를 불러들여 음란한 짓을 하고, 그들에게 요직을 주어 국정을 맡기니 정치는 濁亂하여 賄賂가 公行하고 상벌과 임면이 공정치 못하고, 기강이 해이했다 …"

이제 우리는 아모스가 지적하고 있는 북왕국 이스라엘의 망국현상을 그 본문에서 살펴보자.

2. 새 번역

1절 화가 있으리라
시온에서 안일을 누리는 자들이여,
사마리아 산에서 안전을 즐기는 자들이여,
이스라엘 민족이 찾아가는
열국의 주관자들이여,
2절 너희는 갈래로 건너가 보라.
거기서 또한 하맛으로 가 보라.
또 다시 블레셋의 가드로도 내려가 보라.
너희가 이런 나라들보다 잘사느냐!
그들의 강토가 너희 것보다 크냐!
3절 너희는 재난의 날이 아직 멀었다 하지만,
폭력의 권좌는 임박하게 되었다.
4절 상아 침상에 눕고,
그 침대에서 기지개 켜며
양떼에서 어린양을
소떼에서는 송아지를 잡아먹는 자들,
5절 비파에 맞추어 즉흥노래를 부르고(다윗처럼)
노래 가락들을 지어내는 자들,
6절 대접으로 술을 마시며
최고품 향유를 몸에 바르고 다니지만,

아 요셉의 파멸에 대해서는
슬퍼할 줄도 모른다.
7절 그러므로 저희들은 일반 포로인보다 앞서 사로잡혀 가리라.
기지개 켜는 자의 노래도 그치고 말리라.

3. 텍스트 문제

이 부분은 북왕국이 앗수르의 침략으로 멸망하기 전 국가의 위기를 눈앞에 두고도 위기 의식을 갖지 못한 왕국의 지도자들에 대한 경고의 내용인데 이 경고의 첫 부분 1-2절은 상징적으로 말했고, 3-6절까지의 내용에는 국가 위기가 임박했는 데도 그릇된 안보관을 가진 지도층 사람들이 안일과 방종, 연락과 술취함으로 세월을 보내고 있음을 경고하고 있다.

이 부분의 본문에 대하여 이견을 가진 사람들이 많다. 바이저 같은 사람은 이스라엘의 그릇된 안보관에 반대하는 내용으로 보고 1절, 13절, 2절, 3절, 14절의 순서로 본문을 재구성시키고 있다.[4] 13절을 여기에 취급한 것은 이 본문 지체가 여로보암 2세 시대의 군사적, 경제적 강화정책에 자신만만하여 어떤 적군이 침입하더라도 문제 없이 격퇴할 수 있다는 자신감을 보여줌과 일치하기 때문이라 했다.[5] 14절을 여기 연결시킴도 역사의 주관자는 하나님이신데 다른 나라에 멸망의 역사를 보내신 야웨 하나님이 이스라엘이라고 하여 예외를 둘 수 없다는 것을 말하여 이스라엘의 내부적 타락 — 현대용어로 지도자의 부정과 부패를 심판하지 않을 수 없다는 것으로 여기 연결시키고 있다.[6]

그러나 바이저의 본문 재구성은 반드시 필요한 일은 아니다. 현재 구약본문(MT) 그대로도 이스라엘의 그릇된 자신감과 그 부패상과, 그 결과로 맞이할 망국의 운명을 충분히 읽을 수 있기 때문이다. 로빈슨은 1-7절을 한 묶음으로 하여 7절에 나타난 지도자들의 죄와 부정의 결과, 즉 망국에 대한 비극적인 현상을 함께 고려했다.[7] 가능한 본문

---

4) A. Weiser, p. 175f..
5) *Ibid.*, p. 176.
6) *Ibid.*, p. 177.
7) Th.H. Robinson, p. 93f..

이해라 할 수 있으나 7절과 같은 망국예언은 6장 7절 이하가 거의 이러한 재난의 예언으로 구성되었기 때문에 7절만 따로 떼어서 1-6절과 함께 결부시킬 필요가 없다.

다음 내용에 들어가서 아모스가 북왕국에 관한 예언을 한 사람으로 어떻게 시온(남왕국 유다의 수도)에 관한 말을 했느냐는 문제다. 그래서 체이네(Cheyne)는 이 말을 "후대 첨가"라고 하며 따라서 많은 학자들은 이 시온의 본래성을 의심한다.[8] 어떤 헬라 사본과 시리아 텍스트에서는 "안일을 누린다"[9]는 동사 sha'an(שאן)을 "멸시한다"의 뜻으로 읽기도 한다.[10] 아모스라고 해서 자기 조국의 수도 예루살렘의 운명을 잊어버릴 수는 없다. 2장 4-5절에 이미 유다의 운명에 대한 언급을 했다.

1절. 열국의 "주관자들"의 원문은 "처음되는 사람의 귀인들"(The notable man of the first;RSV) 이지만 여러 가지로 해석하여 번역한다. 가령 "처음되는 자의 우두머리들"(Häupter des Erstlings),[11] 또는 "처음된 자의 선택된 자들",[12] 또는 "처음된 자 중에서 걸출한 자들"(The Pre-eminent men of the first),[13] 또는 "첫째되는 자 중에서 표가 나는 사람들"(Men of Mark of the first)[14] 이다. 여기 문제는 nᵉqube(נקבי)이다. "녹명된 자들"(대상 16:41), "지명된 사람들"(민 1:17) 등으로 번역된 것을 보면 백성들에게 그 이름이 알려질 만치 유명한 사람을 가리키는 것 같다. 결국 열국을 다스리는 지목된 최상위급의 사람들이라는 뜻에서 이 말을 "열국의 주관자들"이라 함도 무관할 것 같다. 그것은 이스라엘 민족이 "간다"(원문대로는)고 할 만치 정치적 경제적 연관성을 맞아 맹방을 찾아가는 대상자들이 열국의 주관자들이라 할 수 있기 때문이다.

2절. "잘사느냐?" 의 원문은 "선한 상태"(טובה)의 비교급이 쓰여졌다. "선하다"는 도덕적인 의미보다 생활수준의 우량을 말함으로 볼

---

8) W.R.Harper, p. 143.
9) G.A. Smith, *The twelve Prophets*, Vol. II, p. 179.
10) W.R. Harper, p. 143.
11) Th. H. Robinson, p.92.
12) A. Weiser, p.175.
13) J.L. Mays, p.113.
14) G.A. Smith, *op.cit.*, p.179.

수 있다. 그들이 너희보다 잘살고, 그들의 땅이 너희 땅보다 넓으냐? 함에서 이스라엘의 우수성을 아모스는 말하려 하는 것 같다. 그렇다고 해서 야웨 하나님의 심판을 면할 수 있다고 생각하느냐? 이렇게 나라의 운명에 대한 심각한 반성을 촉구하고 있다.

3절, "폭력의 권좌는 임박하게 된다"의 원문은 "폭력의 자리로 가깝게 이끌고 나간다"이다. 이 "자리"의 원어 שבת를 שנת(=시대)로 읽도록 프록쉬는 제안하고 있다.[15]

4. 본문 해설

1. 화가 있으리라 (6:1)

아모스의 분노는 극도에 달했다. "화 있으리라" 또는 "너희들은 저주를 받아 마땅하다." 이 저주에 찬 탄식은 이미 5장 18절에서 본 바다. 그는 이 "앙화의 선언"을 대담하게 하는 예언자다. 나라의 운명이 그 끝장을 보게 되었다고 탄식하고 있는 이 예언자는 분명히 비애국자요 요즘 문자대로 한다면 "유언비어"를 퍼뜨리는 자다. 막강한 국방력이 있고 확고한 우방의 동맹서약이 있고 경제력이 신장, 그리고 백성의 총화단결로 국난을 극복하기에 안간힘을 쓰고 있는 국가존망지추에 "아, 화가 있으리라," "아, 저주를 받으라" 하는 말은 확실히 중한 처벌로 다루어 그의 요망스런 입을 막아야 할 것이다.

그러나 아모스는 자기의 상식에서 혹은, 잘못 판단한 시국관에서 이스라엘 북왕국의 운명을 점치고 있는 것이 아니다. "이는 야웨 하나님의 말씀이다"를 연달아 계속하고 있는 그는 이 불길한 '저주선언' "호오이"(הוי)를 자기 목숨을 걸고 외치고 있다. 이런 탄식은 아모스만이 아니고 구약 예언자는 대개 나라의 운명을 눈앞에 보고 개탄하고 있다(사 1:4;5:8, 11, 18; 렘 22:13; 합 2:6,9,12,15,19; 슥 11:17).

아모스는 결코 감상주의자는 아니다. 자기의 비위에 맞지 않기 때문이나 자기 주의와 주장에 거슬리는 나라 사정 때문이 아니라 그의 저주의 대상은 "시온에서 안일을 누리는 자들"이다. 여기 시온은 남왕국 유다, 특히 수도 예루살렘 정치가들과 그들의 권력에 직결되어

---

15) *Biblia Hebraica*, p. 923.

있는 부유층을 가리키는 말이다. 아모스는 비록 북 왕국 이스라엘에서 예언 활동을 하고 있지만 자기 조국을 생각하지 않을 수 없었다. 우리의 경제, 우리의 단합된 정치, 우리의 훈련된 국방력, 우리의 폭넓은 외교력에 전적인 신뢰를 하고 "이 나라에 무슨 재난이 올 것이냐!" 하는 낙관론자들과 이렇게 국가 안보가 철두철미 되어 있는 나라에 어떤 재난이 올 것인가? 자기 삶에 안심을 하고 있는 상황을 이사야 자신의 말에서 들어보자. 물론 이것은 아모스보다 늦은 시대에 한 말이지만 이사야 역시 자기 조국의 비극적인 종말을 미리 내다보고 이런 운명에 무관심하고 있는 부유층과 권력자들에게 이렇게 저주의 예언을 한다.

"화 있을 것이다.
집에 집을 연달아 짓고,
전답을 연달아 사 모아
더 살 것이 없게 된 자들이여
너희들만이 이 땅에
홀로 거할 줄로 생각하느냐"(사 5:8).

요즘 우리 나라 부유층 사람들이 땅에 땅을 사 모으고, 아파트를 사 모으고, 그 가진 돈을 처치 못하여 부동산 거래에 바쁜 날들을 보내는 사람들과 다른 것이 뭐냐? 이들은 모두 나라의 운명이나 민족의 장래를 생각하는 바 없이 자기의 재산을 증가시키기에만 혈안이 된 상태 같은 것을, 우리가 연구하는 아모스는 그 시대 자기 나라 수도 사람들에게서 보고 있기 때문이다.

이와 같은 현상이 유다 나라 망국 직전에도 있었다는 것을 비극의 예언자 예레미야도 탄식하고 있다.

"화가 있으리라.
불의한 돈으로 그 집을 짓고,
부정한 돈으로 누각을 지으면서
그 이웃의 품삯을 잘라먹는 자들이여!
그는 말한다.
나는 나를 위하여 광대한 집과
높은 누각을 세워야 한다.

거기에 창을 달고 백향목으로 입히고,
붉은 칠을 하는 구나"(렘 22:13-14).

아모스는 자기 조국 예루살렘 생각을 한 다음 다시 자기의 선교의 현장인 사마리아를 바라본다. "사마리아 산에서 안전을 즐기는 자들이여 화가 있으리라" 하여 북왕국 수도 사마리아의 버리 사실을 파헤친다. "사마리아 산"은 산의 이름이라기보다 수도 사마리아 높은 지대 산기슭에 고루거각을 짓고 삶의 안전을 한없이 누리고 있는 권력층과 부유층에 대한 절규이다. 그 시대에는 높은 지대에, 우리 나라 사정과는 달리, 대개 부유한 사람의 저택이 있었다. 가난하고 약한 사람들의 피와 땀의 대가로 세워진 거각들, 현대식 고급 주택가들을 본다. 아모스의 관심은 그 호화스런 주택이 아니라 그 속에서 세상 염려와 걱정 없이 살고 있는 고위층 사람들에 대한 관심이다. 아모스 당시 여로보암 2세의 정치적 경제적 안정과 군사적 위력을 의지하고 모든 국민들은 태평성대를 만끽한 시대였다. 어느 누가 감히 이스라엘을 침범할 수 있느냐? 사마리아를 공격할 자 누구뇨. 수도 방위는 철통이다. 본문에 "안전을 즐긴다"는 말을 오늘날 우리 나라 사정에서 보면 권력과 부를 가진 사람들에게 타당한 말이었다. '위장 이민' 사건들이 신문에 보도되는 것은 비록 오늘의 안전을 그들의 권력과 부로써 즐기기는 하지만, 그래도 만일의 경우 그들의 안전이 무너질 때 손쉽게 옮길 수 있는 안전한 곳을 마련했다는 지혜가 아니었던가! 사마리아성 고지대에 저택을 짓고 안전하게 살지만 그 안전이 절대적인 것인 줄만 알고 있는 것이 얼마나 어리석으냐! 그들의 안전한 저택은 가난한 노동자들의 피와 땀으로 된 것이지만 그 노동의 대가도 변변히 주지 않고 부와 권력으로 인권을 착취한 결과로 된 것이다. 그러나 그들은 이 가난한 대중을 한번도 인간답게 대우한 일이 없다. 그들의 안전이 비록 철통같다고 해도, 만일 불의의 변이 일어나 그들이 그런 안전한 저택을 버리고 피난갈 때 역시 그들만이 갈 수 있는 길이 이미 준비되어 있는 것도 사실이다. 예언자 이사야는 권력층, 부유층 사람들의 아내들이 굳게 믿고 있는 안전은 결국 나라의 운명과 관련된 것임을 말하고 있다: "안일한 부녀자들아 … 염려 없는 딸들아, … 염려가 없다는 여자들아 …"

이렇게 그들을 부른 다음 이 '안일'의 결과가 무엇인가를 이사야는 말한다.

"너희가 당황하리니 … 떨지어다 … 당황할지어다 … 옷을 벗어 몸을 드러내고 베로 허리를 동일지어다 … 가슴을 치게 되리라"(사 32:9-14).

아모스나 이사야는 꼭 같이 부유층과 권력층 사람들이 만든 그들의 인위적인 안전감이 얼마나 허무한가를 경고하고 있다.

다음 아모스가 화 받을 대상으로 말하는 또 하나의 대상은 "이스라엘 민족이 찾아가는 열국의 주관자들"이다.[16] 이스라엘 나라는 주변에 강대국을 가지고 있기 때문에 외교적 문제는 국내문제와 꼭 같이 중요한 위치를 가지고 있었다. 아모스는 당시 이스라엘이 군사적 안정과 경제적 번영을 가질 수 있게 된 것도 북방에 있었던 강대국 앗수르가 국내 문제로 외방 침략의 기회를 가지지 못했기 때문이다. 이스라엘은 자국의 안전과 번영을 위하여 항상 주변 여러 나라에 대하여 신경을 썼다. 국경을 접하고 있는 애굽 앗수르 등 큰 나라 외에 시리아, 블레셋, 암몬, 모압 등 작은 나라의 신경을 건드리지 않기 위하여 그들의 주관자들을 찾고 외교적 문제를 거론한 것은 당연한 일이었다. 이스라엘의 국력을 신장하고 집권자의 정권 연장을 위하여 필요한 일들이었다.

그러나 과연 이 주변 나라들의 주관자들이 이스라엘에 참 안전을 줄 수 있는 것인가? 이런 나라들과의 관계는 항상 자기 나라의 이익 문제에 결부되어 있었다. 아무리 보호조약이나 공수동맹을 맺었다 해도 자국의 이익에 손해를 끼친다고 생각될 때 그러한 동맹이나 조약들은 종잇장에 불과한 것이다. 그러므로 이들의 조약과 협약으로 이스라엘이 자기 나라의 안전을 기대하고 있다는 것을 언제나 경계할 줄 알아야 한다. 아모스는 이스라엘의 안전을 이런 주변 나라들이 지켜준다고 생각하는 것도 어리석은 짓이라고 말한다. 이스라엘 백성 자신들의 정신자세, 그 나라를 지킬 수 있는 윤리와 도덕 그리고 야웨 하나님께 대한 신앙이 문제였다. 그래서 아모스는 시온과 사마리아

---

16) 가령 "화 있으리라, 원조를 구하러 애굽으로 가는 자들이여"(사 31:1)는 아모스의 화의 선언과 상통한다.

주관자들의 그릇된 안보관을 비평함이 꼭 같이, 이스라엘을 마치 자기들의 힘으로 지켜준다고 생각하는 열국의 주관자들의 생각도 잘못이라는 것을 말한 것이다. 마치 한국의 안보가 일본이나 미국의 동맹조약에 전적으로 달려있다고 생각하는 사람이 있다면 그야말로 우리 나라의 운명을 외세에만 의지하는 사대주의적 망상이 아닐 수 없다는 것이다. 문제는 내 나라가 무엇을 하느냐가 중요하다.

아모스는 6장 1절에서 그릇된 안보관을 가진 이스라엘 백성은 화를 받을 수밖에 없다는 강한 말을 하고 있다.

2. 망국의 이유(6:2-6)

2절은 일견 전혀 전후관계에 들어 맞지 아니 하는 개별의 문장이 삽입되어 있는 듯한 인상을 준다. 2절을 읽지 않고 1절의 계속으로 3절을 읽으면 훌륭히 조화가 되고 의미가 통한다. 오히려 2절 때문에 아모스가 이스라엘 나라의 망국의 이유로 들고 있는 그 나라 고위층의 호화찬란한 사치생활과 연락과 폭음폭식의 망조가 지장을 받는 듯하다. 그래서 스미스는 이 2절을 그의 본문 해설에서 제외해 버리고 각주에서 취급했다.[17] 스미스는 이 2절이 전후관계에서 맞지 않으므로 세서 하는 여러 학자를 들고 있다.[18]

그러나 바이저에 따르면 "아모스는 다른 나라의 운명과 이스라엘의 역사를 비교한다"는 의미로서 이 2절이 필요하다.[19]

아모스는 갈래와 하맛 등 도시국가의 운명을 보며 블레셋 땅 가드의 운명도 보라는 것이다. 아모스의 대중은 역사전문가가 아니었다. 누구나 중동 아시아 판도내에서 일어나고 있는 것을 상식적으로 알 수 있는 평범한 대중을 향해 예언한 것이다. 갈래, 하맛 등이 어떤 역사적 운명을 당했는지, 가드가 또 어떻게 될 것인지 알고 있는 대중을 향하여 예언하고 있다.

"갈래"가 정확하게 어디냐 함은 어려운 일이나 창세기 10장 10절에 보면 이 곳이 고대 바벨론 나라를 창설한 도시임을 알 수 있다. 하맛과 평행으로 나타난 이사야 10장 9절에는 갈래가 아니고 "갈로"로

---

17) G. A. Smith, *The Book of the twelve Prophets*, Vol. II, p.179.
18) *Ibid.*, 즉 Schrader, Kuenen, Wellhausen, Löhr. Marts, Harper, Moffatt.
19) A. Weiser, p. 176.

나타났다. 이곳은 치르라바(Zirlaba) 또는 차리 랍(Zarilab) 등으로도 알려졌으며 표의문자(表意文字)로 표시된 이곳은 쿨루누(Kulunu) 또는 쿨라니(Kullani)란 곳으로 앗수르 왕 티글랏필레셀 3세에게 주전 738년에 망한 도시로 이해할 수 있다고 한다.[20] 오론테스 강을 따라 올라가 북부 시리아 지방에 있었다.[21]

그러나 여기 또 하나의 문제는 갈래가 아모스 시대 이전 또는 그와 같은 시대에 망했느냐 아니면 아모스 시대에도 존속했느냐 함인데 후자를 택하고 주석한 사람은 메이스이고[22] 아모스 시대에 비극적인 종말을 보았다고 하며[23] 로빈슨은 그 비운을 이미 과거지사로 보고 있다.[24]

이러한 여러 해석 중에서 이 2절을 후대 첨가로 본다면 아모스 시대 이후 몰락되었다고 할 수 있고 아모스 자신의 글이라면 그와 동시대나 이미 과거지사로 볼 수 있을 것이다. 필자는 아모스의 글이라 생각해도 무방하다 본다. 그것은 그래야만 1절의 "앙화선언"이 살아나고 3절 이하 망국 현상(現狀)의 현실감이 있다고 보기 때문이다.

"하맛"은 갈래보다 더 북쪽에 위치한다. 정확하게 말해서 다메섹에서 150마일 북쪽 도시로서 이스라엘의 북쪽 경계지점으로도 알려진 때가 있다(암 6:14; 왕하 14:25; 수 13:5; 삿 3:3; 왕상 8:65; 겔 47:20; 48:1; 민 34:8 등). 역사적으로 이 도시는 여러 차례 전화를 입어 패망한 경험이 있다. 주전 854년에는 시리아와 이스라엘 연합군이 앗수르와 대항해 싸웠지만 살마네셀 2세에 의하여 패망하고, 아모스와 거의 동시대라 할 수 있는 주전 740년에는 티글랏필레셀 3세에 의하여 패망하고, 720년에는 살곤(Sargon) 왕에게 패한 일이 있다. 정복자들은 이 도시에 이스라엘 백성을 포로로 잡아 간 사실도 볼 수 있다(사 11:11). 하맛이 한 도시국가를 형성하고 있었다는 것은 사무엘하 8장 9절 이하에서도 밝혀진다. "하맛 왕 도이"가 다윗의 군사적 성공을 듣고 축하 사신을 다윗에게로 보냈다는 것으로 알 수 있다.

---

20) S.R. Diver, p. 192. Harper는 여기에 반대한다. R.W.Harper, p.144.
21) J.L. Mays, p. 114.
22) *Ibid.* Harper는 이 도시가 B.C. 711년 Sargon에게 망했다고 한다.
23) R.W. Harper, p. 144; H.E.Forsbroke, *Amos, Interpreter's Bible*, Vol.6, p.823.
24) Th.H. Robinson, p. 94.

아모스는 그 백성들에게 갈래와 하맛을 기억해 보라 한다. 그들의 나라들이 어떻게 망하고 말았는가를.

다음 블레셋의 가드를 말하고 있는데(이미 1:17,8에도 나온 도시) 이 곳은 거인 족속이 살고 있었다는 증거가 있다(수 11:22; 삼하 21: 18-22). 그래서 다윗의 호신병으로 선발된 기록도 볼 수 있다(삼하 15: 18). 이 가드도 한때 유다 왕 웃시야에게 주전 760년 파멸당한 경험이 있다(대하 26:6).

이상 세 도시국가의 패망을 아모스가 말함은 무슨 이유인가? 하퍼가 지적한 대로 현재 사마리아의 안보문제에 자신만만한 백성들을 경고함이다.

"만일 옛날 강했다고 자랑하던 이런 도시들이 오늘에는 황폐한 곳들이 되었다면 이와 같이 이스라엘도 파멸될 것이 아닌가?" [25]

아모스는 "너희가 이런 나라들보다 더 잘사느냐?" "그들의 강토가 너희 것보다 크냐?" 하는 질문을 2절 마지막에 얹으며 이스라엘이 이런 나라들과는 달리 영구히 그 역사를 보전할 이유가 없다는 부정적인 대답을 그의 질문 속에서 하고 있다. 바이저는 이 부분을 아모스보다 후대 사람이 첨가한 부분이라 하지만[26] 이 2절 하반부가 가진 뜻은 "이스라엘에게는 이런 나라들보다 더 나은 조건들이 없으며 어떤 특별한 희망을 말할 권리가 주어진 것도 아니라"고 했다.

그 이유가 무어냐? 그 답이 3-6절 내용이다. 여기 이스라엘 상류계급의 망국현상을 노골적으로 고발하고 있다.

(1) 망국의 첫번째 이유(3절)

그것은 "폭력의 권좌" 때문이라 한다. 당시 왕 여로보암 2세 (주전785-744)가 41년간이라는 긴 세월 동안 정권을 쥐고 있으며 과거 다른 왕들이 할 수 없는 훌륭한 치적을 많이 쌓아올렸으며 누구나 알 수 있는 군사적, 경제적 성공을 하여 위에서 본 대로 백성들의 삶을 안정하게 했다. 그러나 아모스가 활동한 그의 말년의 정치는 초년의 성공을 기

---

25) W.R. Harper, p. 144. Harper는 이 견해에 많은 학자들이 동조하고 있음을 밝힌다. *Ibid.*, 각주 참조하라.
26) A.Waiser, p. 176.

반으로 하여 정권이 할 수 있는 횡포가 자행되어 백성들의 인권이 유린당했고 '부익부 빈익빈'의 사회적 모순이 드러나게 되고 가난하고 궁핍한 자들은 권력과 금력의 희생물밖에 되지 못했다. 진실과 양심이 피해를 입게 되는 힘의 정치가 성행해 갔다. 그래서 공의는 짓밟히고 의인은 학대를 받고 궁핍한 자가 억울함을 당했다. 이러한 때에는 바른말이나 정의의 외침을 한다는 것이 정권의 안정을 해치는 일로 수난을 받을 수밖에 없었다. 그래서 "이런 때(불법이 성행 되는 때)에는 침묵을 지키는 것이 지혜로운 일이라"(암 5:13)는 속언이 일반에게는 먹혀들어 갔다. 정의의 법과 공의의 질서 대신, 힘 — 권력과 금력 — 이 지배를 한다는 것은 나라의 불행이 아닐 수 없다는 것을 아모스가 말하고자 한다. 하퍼의 말대로 "이는 당국의 하는 일이 정의 대신에 폭력이 판을 친다"[27] 는 뜻이다. 이미 아모스 3장 10절에 이 사실이 밝혀졌다. "자기 궁궐에서 폭력과 겁탈을 쌓는 자들이 바른일을 행할 줄 모른다." 아모스는 이것이 망국의 현상의 하나라 한다. 이러한 폭력 행사의 근거로 아모스가 지적하고 있는 것은 의미심장하다. "너희는 재난의 날이 아직 멀었다." 즉 "우리가 살아있는 한 우리의 모든 사정은 좋아진다"[28]고 하는 절대적인 안도감, 이 나라는 어떤 적에게 침략을 받아도 모든 대항의 준비가 되어 있다고 자신만만한 정권자의 오만성을 말한다. 가장 쉬운 예로 김일성은 이미 완료된 전쟁준비에 안도감을 가지고 있다고 한다. 아모스의 말대로 "우리에게는 재난의 날이 멀다." 다만 승리와 안정만이 저희들을 기다리고 있다고 한다. 그러나 아모스는 말한다. "폭력의 권좌는 이미 가까운 것이 아닌가?" 그 자 만치 폭력을 휘둘러 정치를 하고 있는 자가 또 어디 있는가! 이러한 폭력을 마구 쓰는 정치가가 김일성만이 아니라는 것도 우리는 안다. 우리는 아모스의 말을 우리의 현실에서 깊이 음미해 보자. 우리의 자유와 양심, 정의감과 불법과 부정에 대한 고발정신이 폭력에 희생당하고 있음이 없는가 있는가? 아모스는 우리에게 묻고 있다.

(2) 망국의 두번째 이유(6:4-6)
(4절) 다음 아모스는 이러한 폭력을 쓰는 사람들과 그 힘에 굴복하여

---

27) W.R.Harper, p. 146.
28) Th. H. Robinson, p. 94.

안정과 안전을 누리는 사람들의 일상 생활이 어떤 것인가 고발하고 있다. 이스라엘 나라가 망하기 20년 전후한 북왕국 수도 사마리아 도시의 찬란했던 삶의 모습이다. 그러나 아모스는 이것이 망국의 현상이라 통탄하고 있다.

"상아 침상에 눕고
그 침대에서 기지개를 켠다."

이 말은 사마리아 수도 고위층 사람들의 사치와 성생활의 문란상을 보여주는 것이 아닌가? 여기서는 바이저의 말대로[29] 국가 지도자들의 "민족적 정치적 영역"(politisch völkischen Sphäre)에 관한 예언이 아니고 그들의 "사적인 생활태도의 호화판"(Privaten Lebens-führung)이 얼마나 사치한 가를 보여주고 있다.

"상아 침상"은 상아로 만든 침상이 아니라 "상아"를 입혀 장식한 침대라고 할 때 그것이 일반 대중의 생활 도구와는 얼마나 가격과 품위에 있어서 격차가 있으며, 또 이것은 얼마나 사치성을 말해 주는가! 최고급품을 쓰지 않으면 — 우리 나라 같으면 가정 도구와 의류에 이르기까지 외산물을 쓰고 입고 — 스스로 격하된 삶이라 생각하는 이 사치성의 정신구조가 고위층 지도자들에게 있을 때, 그것은 곧 한 나라를 망하게 하는 비극과 직결되었음을 아모스가 말한다. 여로보암 2세 당시는 그 나라가 어느 때보다도 경제적 부흥을 한 때다. 그것은 수출이 수입을 능가했고 외화획득이 가장 잘된 때였다는 것은 외국제품이 금력과 권력을 가진 사람들에게는 손쉽게 구할 수 있었다는 것이다(우리 나라의 실정을 이런 점에서도 비교해볼 수 있다). 상아와 같은 외국산 특수물질은 호화주택을 짓는 사람에게 필요한 것이다. 건축재 일체를 외국 것으로 사용한 것을 자랑하는 사람들이 오늘 이 땅에도 있다는 것을 생각하면 아모스 당시 금력과 권력을 가진 사람들이 상아로 장식된 침상을 가졌다는 것은 자연스러운 일이다.

이러한 사치스런 침대 위에서 기지개를 켠다는 다음 구절의 뜻은 침대 위에서 잠자는 행동만이 아니다. "기지개 켠다"는 영어의 "Stretch oneself", 독어 "sich rekeln"는 "버릇없는 짓을 하다"로 번역되기

---

29) A. Weiser, p.178.

때문에 침대에 누워 잠을 자는 이외의 동작을 뜻한다고 할 수 있다. 단순히 기지개를 켠다는 것은 포식과 연락의 결과 생기는 생리적 현상이라 하겠으나 아모스와 같은 농촌 출신 예언자가 화려한 침대 위에서 이런 동작을 한다고 함은 시간의 여유와 육체의 욕망을 채울 수 있는 권력층과 부유층의 자유롭고 문란한 성생활을 말한다고 볼 수 있다. 하퍼가 기지개 켠다는 이것을 "그들의 행동의 방종과 지나친 낭비적인 것"이라 함도 이런 뜻으로 읽는 것이라 할 수 있다.[30]

다음 4절 하반부는 포식과 영양식에 관한 것이다. "양떼에서 어린 양"을 잡아 먹고 "소떼에서는 송아지"를 잡아 먹는다는 것은 '주지육림'(酒池肉林)이란 말의 "육림"에 관한 것이다. 자기 "양떼"를 가지고 있다는 것은 부유층인 것을 표시도 하거니와 기름지고 맛있는 선택된 고기만을 골라서 먹는 특권층, 부유층의 사치스럽고 호화스런 연락과 파티를 암시한다. 바이저는 4-6절까지를 6장 1-7절에서 따로 떼어내어 또 하나 다른 '저주 선언'으로 보고[31] 본문의 위치를 바꾸고 그 첫머리에 "그들에게 화가 있을 것이다"(Weh-denen)를 첨가시켜 읽고 있다. 그러나 6장 1-7절 안에서 읽어야만 이스라엘 망국의 이유로서 권력자 부유층의 사치와 호화스런 연락의 삶이 크게 부각됨을 알 수 있다. 아모스는 정의의 예언자로서 누구보다도 가난하고 약하고 짓밟히고 억압당하고 있는 사람들의 인권을 대변하기 때문이다.

5절 상반절은 호화스런 식생활과 한정이 없는 성생활에 대한 예언이라고 한다면 5절은 배부르게 먹을 수 있는 사람들이 할 수 있는 일인 노래를 부르는 연락을 말한다. 요즘 우리 나라 사람들은 TV나 라디오를 통하여 들을 수 있는 "가요"에 혹해 있다고 할 수 있다. 그 노래가락을 자세히 들어봐도 어떤 의미를 가지는 것은 아니다. 필자부터라도 "한번 보고 두번 보고 자꾸만 보고 싶네"를 나도 모르는 사이에 흥얼거리고 있다.

작사자나 작곡자가 모두 즉흥적인 노래를 만든 것 같다. 다만 사랑을 즐기고 만나고 헤어지는 사랑의 달고 씀을 즉흥적으로 노래하고 있다. 이것이 세기 말적 풍조가 아닌가!

---

30) W.R.Harper, p. 148.
31) A. Weiser, p. 177.

5절에서 아모스는 이스라엘 중산계급 이상 사람들이 즉흥적으로 흥얼대고 있는 것을 그대로 실감나게 묘사하고 있다. "다윗처럼"이란 말에서 경건한 다윗의 모습을 아모스가 왜곡하고 있지 않나 생각되지만 다윗은 하나님의 찬양을 위하여 즉흥 노래를 짓고 악기를 썼지만 아모스 시대 사람들은 속된 노래, 육체적 향락을 위한 노래를 즉흥적으로 부르고 있다고 함이다.[32] 대폿집에서나 서민들이 출입하는 비어홀에서나 식당 및 고급 요정에서 방성대가 흥겨운 노래가 흘러나오는 것을 우리는 이 나라에서 보고 알고 있다.

아모스는 6장 5절에서 자기 시대 사람들 특히 고위층 지도자들의 밤의 연락을 자기가 보고 느낀 대로 말하고 있다.

6장 5절에서 볼 수 있는 즉흥적인 노래는 술과 관련되었음을 말한다. "대접으로 술을 마신다"는 우리 나라 대폿집 풍경을 연상시키나 일반적으로 따라 먹는 작은 술잔이 아니고 큰 대접으로 마신다는 것이다. 여기 사용된 "대접"이란 말의 원어 zaraq(זרק)는 제단에 피를 부을 때 사용하는 큰 대접 또는 '대야'를 가리킨다(출 27:3; 왕상 7:40; 왕하 12:3; 슥 9:15 등). 한잔 두잔 따라 먹기보다는 대야로 마신다는 뜻이다. 신라 망국 때 포석정에서 술이 냇물처럼 흐르게 하고 마음대로 퍼먹고 만취한 그 망국의 현장이나 다름없다.

다음 이러한 주지육림에 빠져 있는 사마리아 고위층 사람들은 자신을 품위있게 하고, 상대하는 여자를 기쁘게 하기 위하여 최고품 향기를 몸에 바른다. 부유층에서 이런 고급향품을 사용한 것은 열왕기상 10장 10절, 에스겔 27장 22절 등에서 볼 수 있다.

이상과 같은 사치, 연락, 만취(漫醉), 성적 문란 등이 북왕국 이스라엘의 망국의 이유가 될 수밖에 없다. 그러나 6절 마지막 부분은 이러한 국가적 위기를 그 지도자들과 백성이 알지 못하니 답답하다는 것이다. "요셉의 파멸에 대하여 슬퍼할 줄 모른다"고 했다.

3. 망국의 예언(6:7)

(7절) 아모스는 망국의 사실로 사치와 연락과 만취한 국가의 지도자들이 일반 백성보다 먼저 사로잡혀 갈 것을 말한다. 한 나라의 비극적

---

32) W.R. Harper, p. 148.

인 종말이 올 때 그 나라를 다스리던 지도자급 사람들이 자기 사생활의 호화판만을 꾸미고 가난한 백성 대중의 원성과 불평을 듣지 않고 부패와 부정으로 권력을 강행할 때 비참한 최후가 일반 백성들에게 보다 그 지도자 권력층과 부유층 사람들에게 먼저 오고 만다고 말한다. 아모스의 말은 크메르 루즈가 과거 론놀에게 충성했던 모든 고관, 장교들의 부인까지 총살을 시켜버렸다는 현대적인 상황에도 적중한 예언이라 할 수 있다.

침상 위에서 기지개를 켜며 성적 향락과 호화스런 주연과 파티를 즐기던 그 사람들의 노래소리는 그치고 통곡과 애가로 변해버린 상전벽해(桑田碧海)의 역사적 변천을 아모스의 신앙의 눈은 북왕국 이스라엘 역사에서 보았다는 것에 우리는 놀란다. 공포의 생각을 가지고 읽지 않을 수 없다. 여기 우리는 자문한다.

오늘의 아모스는 누구냐? 이렇게 역사의 미래를 대담하게 말할 자가 누구냐? 또 이런 말이 이 시대에 통하기나 할 것인가?

23. 민족 수난
(6:8-11)

1. 서론

6.25 사변을 회고할 때마다, 근세사에 우리가 경험한 가장 비통하고 처절한 민족 수난사의 사건이라 하지 않을 수 없다. 이 수난이 북한공산당의 남침야욕 때문에 생긴 일이긴 하지만, 침략을 당한 대한민국의 정치와 경제의 도덕적 표준과 윤리적 원칙에 어긋나는 자체 내부의 부조리가 있었다는 것도 시인할 근거가 있다.

예나 지금이나 한 나라가 수난을 겪는 그 배후에는 단순한 물리적 힘의 부족만이 아니라 윤리적 타락과 도덕적 부패가 심할 때 스스로 민족 수난을 불러오기도 하는 것을 다른 나라 역사에서도 볼 수 있다.

이스라엘의 예언자 아모스는 북왕국 이스라엘의 수난을 정치적 또는 경제적 또는 군사적 차원에서 생각하지 아니했다. 이런 것들의 부정이 아니라, 이런 것들의 당연성을 이해하면서도 창조주 하나님, 역사의 주인되신 하나님의 뜻을 거스르는 도덕적 부패와 윤리적 타락을 민족 수난의 이유로 전면에 내걸었다. "이러니까, 망하리라" 하는 공식(公式)의 예언이 그의 예언 전체를 지배하고 있다. 그는 북왕국 이스라엘이 하나님의 벌을 받아 망하지 않기 위하여 그들의 죄악성을 폭로하고 살 수 있는 길을 제시해 주었다. 정의와 공평, 쉬운 말로 "선을 구하는 것이 사는 길"(암 5:14)이라는 대전제 아래 그는 대담하게 국가 지도자들과 국민을 비판했다. 이 비판에 귀를 기울이지 않고, 싫어하고 그를 미워하여 그의 예언 활동을 금지시키기까지 했지만(암 7:13) 그는 솔직하게 이러한 부정의 정치를 하면 나라가 망하고 이렇게 타락된 생활을 하는 국민은 "적군에게 사로잡혀 갈 수밖에 없다"고 외치고 있다. 이러한 외침이 그의 예언에는 반복되고 있지만, 여기 우리가 읽는 6장 8절 이하는 그 수난이 어떤 것인가를 말하고 있다. 그의 말은 "대적에게 붙인다," "다 죽는다," "시체를 치울 자가 없다," "큰 집이나 작은 집이 모두 망한다"고 한다. "나라가 망한다"는 비극적인 말을 하는 자의 입을 봉해 버리는데 이것이 사회안보에 관련된 문제다. 그러나 아모스 당시 이스라엘 당국은 그렇게까지 엄격한 조직적, 구조적, 정치적, 통제력을 가지지 못한 것 같다. 그래도 아모스는 곧잘 자기 위치를 떠나 때로는 법과 권위를 무시하고 자기 할말을 했다. 비록 그의 목회 현장에서 축출당한 소위 "선교자유수호"를 몸소 실행하면서까지.

2. 새 번역

8절 주 야웨께서 자신을 걸고 맹세하신다("야웨, 만군의 하나님이 말씀하신다").
나는 야곱의 거만을 싫어한다.
그 궁궐을 미워한다.
그래서 이 성읍과 거기 있는 것들을 대적에게 넘겨 주리라.
9절 한 집에 열 사람이 남는다해도 그들도 모두 죽으리라.
10절 죽은 사람의 친척들
그 시체를 태울 사람이 와서
그 뼈를 집 밖으로 치우면서
그 집 골방에 있는 사람에게 물어 볼 것이다.
"거기 또 시체가 없소?"
"없소"라 대답하는 다음 순간
"쉬, 조용하시오. 우리가 어찌
야웨 이름을 함부로 부르겠소?"
11절 보라!
야웨가 선언하신다.
큰 집은 산산이 갈라지고
작은 집은 부스러져 조각 나리라.

3. 텍스트 문제

8절, "야웨 만군의 하나님의 말씀이시다" 한 구절은 괄호 속에 넣어도 좋은 말이다.[1] 8절 내용이 아모스 자신의 말이 아니라 야웨 하나님의

---

1) RSV가 괄호 속에 넣었고 J. L. Mays(*op. cit.*, p. 117)와 LXX는 생략했다(Th. H. Robinson, A. Weiser 등).

말씀이라고 주를 달았다. 이는 후대 사람의 손으로 되어진 것이다. 모두가 야웨 말씀인데, 이것만 유별나게 그렇다는 것을 밝힐 필요가 없지만 이런 형식의 문장은 이스라엘 예언자의 특징있는 문장이다. 의미를 따진다면 다른 모든 경우에서와 같이 8절 말씀에 권위를 주어 누구나 헛되이 듣지 말 것을 경고하는 것이다.

"미워한다"의 원어 mᵉ tha'ebh(מתאב=사모한다)은 me tha 'ebh(מתעב=싫어한다)로 읽어야 함이 학자들의 주장이다.[2] א와 ע의 차이다. 사모하다가 극도의 미움의 표시도 될 수 있지만, "거만"(geôn-Excellency-출중한 것, Pride-교만, 거만)은 아무 실속은 없으면서 당당하게 자기 위세나 부요를 보여주는 행동을 말한다. 아모스는 이 경우 이스라엘의 처세보다는 어느 정도 군사, 외교, 내무, 산업과 경제에 있어서 여로보암 2세의 공로로 말미암아 당시 근동 국가들을 위압할 정도가 된 자기 만족 때문에 하나님의 구원이나 그 은총, 그를 의지하는 신앙, 또 그 앞에서 두렵게 살아야 하는 경건 따위를 무시해 버린 당시 이스라엘 전체 국민의 교만한 행동을 하나님이 미워하심을 말하고 있다.

'대적에게'는 원문에 없으나 "넘겨주다"로 쓰인 sagar(סגר)의 히필형은 원수에게 모든 소유권을 넘겨주는 뜻으로 사용된다. 그러므로 "넘겨주다"란 말을 보충시켜 "대적에게"를 넣을 수 있다.

9절에 나온 첫 말 wehaya(and it shall come to pass)는 문장 초두에 나오는 관용구로 우리 말로는 번역할 필요없다. 여기서 말하는 한 가정에 열 명은 상당히 대가족을 말한다. 한두 사람으로 된 작은 가정이 파괴됨은 물론 열 사람이 함께 사는 대가족이라도 이 변란에서는 살아남을 사람이 한 사람도 없을 것이라는 전쟁의 비극을 예상시키고 있다.

10절 원문은 많은 문제를 가지고 있다.[3] 대체로 아모스 자신의 예언이라기보다 후대 사람의 손에 의해 8절을 설명한 주석의 일부가 여기 본문 속에 들어 왔다고 생각한다.[4]

"친척"(dôd-דוד)은 아버지 계통의 친척, 다음에 나온 mesarep(משרפו)

---

2) W.R. Harper, p. 153 주 참조.
3) A. Weiser, p. 178에서 보는 대로 10, 11절을 완전히 생략했고, Harper는 9, 10절을 후대 삽입으로 보고 있다(W.R. Harper, p. 151).
4) *Ibid..*

는 어머니 계통의 친척이라 해석하는 학자도 있다.⁵⁾ 그러나 이런 전쟁으로 말미암아 가정 파괴에 모계(母系), 부계(父系)를 따진다는 것은 우스운 일이고 필자가 반드시 그럴 함축성을 넣을 필요도 없다고 본다. 참변을 당한 친척은 누구나 관심할 수 있는 일이므로 사돈의 팔촌이라도 좋다. 무너진 폐허 자리에 와서 죽은 시체들 속에서 한 사람이라도 더 구하면 다행한 일이다. 죽은 사람의 시체라도 올바르게 찾음은 위로가 되는데 아직도 생명이 남아있는 친척 한 사람을 어느 흙무더기 속에서 찾아낼 수 있다면 얼마나 다행한 일이겠는가! 시체를 찾는 목적이 그 시체를 불태워 없애기 위함이라는 것으로 보는데 이렇게 되면 히브리 사람은 화장(火葬)을 하지 않는다는 일반적인 규례와 위배가 되나, 경우에 따라서는 화장이 용납된 때도 있다(레 20:14;21:9; 수 7:15,2b). 그러나 시체를 태워 하나님을 기쁘게 한다는 제의적 성격을 고려했다고 함은 지나친 추측이다.⁶⁾

그런데 여기 시체를 찾는 사람들의 처절한 부르짖음이 갑자기 "쉬 조용들 하시오" 하는 다른 한 사람의 말로써 그들의 비참한 회화는 중단이 되고 만다. 이 구절을 읽는 사람에게 이상한 감을 준다. "죽지 않고 살아남은 사람이 혹시나 있소." 서로 그런 처참한 한마디 생명의 절규를 부르짖는 것을 찾고 있는 이 엄숙한 순간에 왜 야웨 이름에 대한 금지가 나왔을까? ICC에서 하퍼는 여러 사람의 상상을 소개하고 있지만 결국 이런 처참한 피비린내나는 캄캄한 방 속에서 아직도 산 사람을 찾으며, 죽은 자의 시체를 찾고 있는 인간의 입에서는 자연히 하나님께 대한 불평과 저주가 나올 수 있다. "하나님 맙소서!" "야웨가 살아 계신다면 이런 꼴을 왜 당해야 하나!" "야웨가 우리를 지킨다는 것도 헛된 소리가 아닌가?" 정직하게 이런 소리가 그 어두운 골방 속을 헤매는 사람들에게서는 나올 수 있다. 아니 이미 이 가공할 불평이 터져나와 버렸는지도 모른다. 그러기에 "쉿" "잠잠하라" "제발 야웨 이름을 들추는 일만은 그만 두자" 한 것이 10절 말씀이다. 바이저는 이 말을 완전 삭제해 버렸고⁷⁾ 로빈슨은 후대 사람의 첨가라 했고⁸⁾

---

5) J. W. Mays, p. 119; Th.H. Robinson, p. 94.
6) S.R.Driver, p.197; W.R.Harper, p.154.
7) A. Weiser, p. 179.
8) Th. H. Robinson, p. 95.

대체로 귀찮은 군더더기로 보고 있다. 70인역이 구차한 번역들을 사용하고 있다. 본문의 정확한 회복을 위하여 생략도, 자리 바꿈적 상상적인 변어도 다 용납할 수 있으나 아모스 자신이 한 역사적 비극을 역설하고 있는 본문의 사정을 이해한다면 우리는 문장의 리듬이나 장르나 후대 사람의 주석적인 수정 첨가 또는 개작에 별로 관심할 필요가 없다. 다만 아모스가 내다보는 이스라엘의 역사적 현실은 10절과 같이, 죽음 속에서 동료를 찾고 죽은 인간들에게서 산 사람을 찾으면서 그 구원의 하나님을 저주한 현실을 말하고 있음을 생각할 때 우리는 본문 비평에 너무 구애받지 않음이 좋을 것이다.

4. 본문 해설

이 부분은 아모스가 거듭 말하고 있는 바대로 이스라엘 민족 수난의 모습을 보여준다.

이 수난은 8절에서 밝힌 대로 예언자 자신의 정치적 판단에 의한 결론이 아니다. 예언자를 정치인으로 보는 것도 그 정치 비판의 근거에 따라 소위 정치 철학에 의한 것이 아님을 강조하고 있음에 주목해야 한다. 현대 정치 철학가, 소위 역사적 상황 판단에 익숙한 사람은 정확한 삼단논법을 가지고 있다. 즉 지배계급의 사람이 자기의 정권 연장만을 위하는 독재 정치를 하고 있으니 나라가 망할 것이라든가 기업, 사업, 경제, 재정 정책의 불균형 때문에 올 수밖에 없는 국가위기, 또는 국민들의 정신적 도덕적 생활의 타락과 부패로 인한 민족 생활관과 역사관의 저질적인 경향 등에서 민족의 위기가 올 수 있었음이 역사의 교훈이다. 그러나 아모스는 이러한 논리와 물증을 앞세우기 전에 야웨 하나님의 의지 판별에 누구보다도 예민한 사람이었다. 그는 계속 민족 위기와 국가 패망의 불행을 말하는 불길한 예언자이다. 백성의 지도자로부터 시작하여 어느 한 사람의 지지와 칭송을 받지 않고 오히려 미움, 질시, 저주의 대상이 되고 있음을 자각하면서도 계속 "민족수난"을 말하고 있다. 불법하고 오만한 이웃 나라 앗수르의 오판 때문에 역사적 수난이 올 것을 말하지 않았다. 그는 다만 "야웨가 이렇게 말씀하신다," "자기가 믿는 하나님이 이스라엘을 망하게 하시리라"는 확신 위에서 말하고 있다. 아모스에게서 이 신앙적인 확신을 제거해 버리면 그는 사실 할말이 없다. 야웨가 자기자신을 걸고 맹세하며 이스라엘의 패망을 말하기 때문에 이것은 브레즈네프나 김일성 같은 강력한 인간 의지로도 막을 도리가 없다는 것이다. 야웨가 자신을 걸고 맹세하신다는 것은 창세기 22장 16절, 민수기 14장 22절, 예레미야 51장 14절 등을 보아 야웨 자신의 결의를 강하게 표시하는 말이다. 북왕국 이스라엘은 반드시 민족적인 대수난을 받을 수밖에 없다는 것이다. 사실 이미 역사가 그렇게 보여주었지만 하나님의 결단이 한번 그렇게 서 버리면 이 결의를 후퇴시키거나 변경되도록 하는 인간의 정치적 노력이란 무용한 짓이다. 역사는 하나님의 심장부에서 결정지어진 대로 진행되어 가는 것뿐이다.

아모스가 이때 앞으로 다가올 주전 722년 북왕국의 멸망을 선언하고 예견하고 있었던 것이 결코 그의 망상은 아니었던 것이다. 다만 이러한 결과를 갖고 오도록 만든 그 나라의 죄악, 불의가 문제였음을 미리 알았어야 할 것이다. 공무원을 모아 놓고 부조리를 철두철미 뿌리를 뽑는다고 하는 경고나 외침은 이미 나라가 멸망으로 기울어지고 있는 경우에는 다만 만시지탄밖에 되지 못한다. 그것은 이미 권력을 이용하거나 법망을 빠져나갈 수 있는 기회를 가진 사람들은 다 요즘 생기는 부조리 단속에 빠져나갈 구멍도 만들어 두고 스스로 법 저촉을 피할 수 있어 안심이 되어 있으니까!

아모스와 같은 사람이 지금 나타나서 "이것이 야웨 말씀이다" 해봤자 그는 미친놈밖에 될 것 없으니 하루 세끼 입에 밥이나 들어가거든 "자네를 먹여 주는 조국은 얼마나, 고마우냐"하는 것만이 올바른 국민정신이 되어가고 있으니 그렇지. 역사참여, 사회참여 운운하는 것들은 예수도 올바로 믿지 못한다는 교회 자체 안의 비판도 이제는 강해졌으니 아모스는 역시 위대했어! "지혜로운 사람은 시절이 악할수록 침묵을 지킨다"(암 5:13)고 했으니. 그러나 우리의 예언자 아모스는 결코 침묵을 지키지 아니한다: "야곱의 거만을 싫어한다. 그 궁궐을 미워한다."

6장 8절에 계속 하나님 이름을 빙자하여 미운 소리를 하고 있으니 믿음이란 이 대담성이다. "야곱의 거만," 이는 이스라엘 북왕국의 자랑이다. 그 경제적 발전상이 외국 사람에게는 물론 국내 모든 백성들, 특히 자기들의 정치를 과소평가하거나 항상 민의에 위반된 잘못만 저지르고 있다고 비판하고 있는 사람들에게는 기어이 그 발전상을 보여 주어야 한다는 심리는 옛 날 정치나 지금의 정치나 꼭 같다. "야곱의 거만"이라고 말한 아모스는 이스라엘 여러 왕 중에서도 가장 성공적인 왕국을 만든 여로보암 2세의 정치적 거만심을 말한다. 과거에 누가 이만한 일을 했는가? 여로보암이 건설한 산업시찰을 한번 해야만 이 나라의 진정한 발전을 알겠단 말인가! 여기 본문에 말하는 "야곱의 거만"이란 이러한 자기의 정치적 공로와 업적에 대한 자랑하고 싶은 심정을 말한 것이다. 더욱이 아모스가 "그 궁궐을 미워한다"(8절)고 한 것은 사마리아 수도의 물리적인 발전상이다. 한 나라의 수도가 초라하지 않고 공공 건물이나 시설 등이 눈부시게 발전되어 있는 것은 자랑스런 일이다. 시골의 소, 중학생들의 "수학여행" 대상이 된다. 사실 국민으로서는 이런 발전을 자랑하고 싶다. 마치 영국, 독일서 온 친구를 데리고 남산 또는 북악 스카이웨이를 달려 올라가 팔각정에서 조국 수도 서울을 내려다보게 하는 일은 통쾌한 일이기도 하지만, 그렇지만 아모스는 그런 발전상들을 미워한다고! 얼마나 정나미가 떨어지는 말인가? 그러나 아모스는 이런 독설을 한다.

자랑스런 건설이 후진성을 면하려는 의도에서민 아니라 보통 인간으로서는 알 수 없는 어떤 정치적 의도가 이 건축자들에게는 있었기 때문인지 아니면 이런 것들을 건축한 기업가들의 도덕적인 사업 계산을 아모스는 성령으로 알고 있었기 때문인지도 모른다. 큰 공사 하나를 맡는 데 오고간 프레미엄이란 요물이 그땐들 없었겠느냐 하는 심정인지도 모른다. 자랑스런 발전상은 잠자코 할렐루야 해야만 할 것인데 그것을 못하니 말이다.

아모스는 그 자신으로서 이유가 있었다. 그 자랑스런 야곱의 건설과 수도의 궁궐이 — 임금님이 거하는 곳과 정치가 이뤄지는 장소 — 대적에게 파괴되고 말리라는 그 자신의 확신 때문이다. 동양 최대의 국회의사당이라 자랑하는 우리의 여의도 돔집이 공산당의 오판 침략전 때문에 파괴되리라고 생각한다는 것은 너무도 비극적인 일이다. 그래서 그들의 남침을 최대로 막아야 한다는 오늘의 안보집념은 백번 잘하는 일이다. 다만 아모스의 경우는 그렇지 않았다. 여로보암 임금에게 안보에 관한 모든 소리를 다 했어도 여로보암 2세는 자기 정권의 절대화를 확신하고 있다가 결국 당하고 말았으니, 사마리아 수도를 중심한 경치 좋은 산간과 강변에 세운 겨울 궁, 여름 별궁 등은 다 훼파되고 말았으니 말이다.
　이러한 파괴가 임할 때 국가 주권자나 정치가들의 선견지명으로 사두고 준비한 별장과 고대광실도 — 도둑촌 같은 것들도 — 예외없이 당한다. 무너지고 파괴되고 집집에 살고 있었던 생명들이 모조리 죽임을 당한다는 것이 9절 내용이다.
　한 집에 열 사람이 사는 대가족이라도 죽음의 바다로 화한다고 한다. 그래서 전쟁은 하지 말아야 한다. 침략은 사전에 막아야지. 이런 무참한 침략을 미리 막아야 한다고 국외 국내에 우리의 태도를 밝혀 둔다는 것은 칭찬할 만한 나라 정책이라 할 것이다.
　10절 내용은 전쟁으로 파괴된 어느 한 집안의 경우를 구체적으로 알려주는 것이다. 어구해설에서 충분히 설명되었기 때문에 더 할말은 없고 전쟁 후 집집에서 살아남은 친척들이 찾아다니면서 인간적인 친절을 베푸는 것은 가장 아름다운 인정이라 하겠다.
　11절,'큰 집','작은 집'이 갈라지고 부스러지고 조각 난다는 것은 한 나라가 망하면 그 모습이 얼마나 비참한가를 개개인에게 보여주는 것이다. 평안할 때는 '큰 집','작은 집'의 차별이 있지만 적군의 침략으로 조국이 폐허가 될 때 크고 작은 집의 차별이 없다. 모든 것이 파괴된다. 이는 우리가 6.25때 너무도 잘 본 일이다. 아모스는 이런 파멸의 비참성의 회고보다 그 원인의 내용을 우리들에게 깨닫게 하고 있다.

24. 공평과 정의
(6:12-14)

1. 서론

 이스라엘 예언자에게서 놀라는 것은 그들의 대담하고 심오한 사상이나 목숨을 각오하고 나서는 대담한 증언만이 아니고, 그들의 자유자재로 구사하고 있는 문장력이다. 사람의 폐부를 찌르는 듯한 설득력이 있는 힘찬 문장도 그들의 자랑이지만 보통 사람이 전혀 생각할 수도 없는 우화적인 표현으로 인간의 당면한 현실을 똑바로 보게 함이다. 소위 예언자의 상징주의(Symbolism)라는 학문적 명칭 아래 전혀 비현실적인 것을 말하면서도 거기서 눈이 있는 사람으로 하여금, 역사와 신을 볼 줄 알고 인간과 그 참된 의미를 볼 줄 알고 개인의 운명과 역사의 운명을 볼 줄 아는 사람으로 하여 눈이 번쩍하게 새로운 세계 내지 낡은 세계 질서에서 찾는 새로운 의미와 가치를 깨달아 스스로 기뻐 뛰게 하는 것이다.
 우리가 연구하는 예언자 아모스는 호세아와 함께 문장으로 기록한 예언자 선배를 갖지 않는 기록 예언자의 대선배이면서도 이스라엘 예언에서 사용할 수 있는 심볼리즘을 자유자재로 사용한 최초의 사람이다.[1] 포러(Fohrer)가 "예언자의 상징주의적 취급은 마술적인 것으로서의(als magisch) 특징밖에 있을 수 없다"[2] 한 말은 전적으로 공감할 수 없다. 그런 성격이 여러 예언자의 상징주의에서 찾을 수 있음은 사실이지만, 상징주의 사용의 기조는 하나님의 계시의 표현문제에 관련된 것이 가장 우선적인 문제이다. 어떻게 무엇으로 표현하느냐 하는 문제보다도 왜 이렇게 표현해야 하느냐, 즉 직접적인 말로 하나님의 뜻

---

1) G. Fohrer, *Die Symbolishen Handlungen der Propheten*, 1953, Zwingli Verlag, Zürich, S.9. 이 문제의 문헌도 Fohrer가 제시해 준다.
2) *Ibid*, p.108.

을 전달하지 못하고 그 뜻이 뭔가 보통 사람으로 알아볼 수 없는 신비한 마술적인 방법을 쓰게 되는가? 그것은 포러가 지적한 바와 같이 "하나님의 뜻을 전달하기[3] 위함이다."

예언자 아모스는 여기 기상천하 일품이 될 만한 상징주의적인 표현을 문맥 처음에 소개했다. 결국 전체를 종합해 보면, 어떤 새로운 말을 하려고 함이 아니다. 지금까지 연방 되풀이해 온 이스라엘의 국가적 운명에 관한 것이다. "그것은 망하리라"는 저주이다. 이러고서야 어떻게 새 나라를 볼 수 있겠느냐? 나라는 망한다. 이 멸망의 길에서 돌이킬 가능성은 없다.

사실 이런 불길한 국가 운명을 예언이란 명칭 아래 지껄이고 있는 그 입을 열어 두게 할 수 없었을 것이다. 말하자면 대표적인 '유언비어'를 퍼뜨리는 자다. 그러나 그는 다행히도 '유언비어'가 죄라는 것을 규정짓지 못한 정치적으로 어두운 시대에 살던 사람이다. 아니면, "미친놈 지껄일 대로 지껄이라고 내버려 두면 될 것 아닌가?"라고 한 아량 깊은 위정자 아래 밥을 먹고 살았는지도 모른다. 그러나 우리가 아모스 7장을 보면 결국 이 광인 같은 말쟁이도 그를 가장 잘 이해할 수 있을 것 같은 종교인의 고발과 반발에 의하여 국외로 축출당하고 마니, 국토 밖으로 추방해버리는 일은 후환이 없는 일이라 생각한 모양이다.

이제 아모스의 상징주의가 사용되기 시작하는 본문을 살펴보면

2. 새 번역

12절   말들이 어찌 바위 위를 달리며
       소가 어찌 바다를 갈(耕) 수 있겠느냐?
       그런데 어찌 너희는
       공평을 독액으로 변케 하며
       정의의 열매를 독약으로 만드느냐?
13절   허무한 것을 기뻐하며
       자랑스럽게 말하는구나
       우리의 힘으로 우리가 강해지지 않았느냐고.

---

3) *Ibid.*, p. 109.

14절 아하 이스라엘 집이여
  내가 한 나라를 일으키리라.
  그들이 너희를 압제하리라.
  하맛 어귀에서부터 아라바 시내까지,
  이는 만군의 야웨 말씀이시다.

3. 텍스트 문제

여기 12절에서는 아모스의 문학적인 재능이 탁월하게 빛난다. 예언자가 사용한 상징주의가 가장 아름답게 사용되고 있음도 사실이다. "말"과 "소" "바위" "바다" 그리고 "달린다" "간다" 등의 대조적인 문구 사용이다.

주석가에 따라서,[4] 12절 자체의 존재 또는 위치가 문제가 되기도 하지만, 위치가 이 자리에 있거나 바이저의 주장과 같이 아모스 5장 "정의 탄식송"(Weherupe)[5] 으로 보나, 그 위치문제는 그다지 중요한 것 같지 않다. 불의한 백성은 망한다는 아모스의 주제가 여기 한 독특한 상징주의로 나타났다는 것으로 족하지 않나 생각한다.

그런데 이 12절 자체 안에 사용된 한마디 말 "빺콰님"(בבקרים)이 란 말은 종래 해석대로 "바위 위를 소가 어떻게 밭갈 수 있느냐?" 함에는 학자들이 의문을 던지고 있다. 그래서 이 말을 "브바콰르얌"(בבקרים) 으로 모음을 달리 붙여 "바다를 밭간다"로 읽게 되었다. RSV 이후 대개의 번역과 주석들은 MT 본문 정리를 책임진 프록쉬의 추천에 따르고 있다. 사실 "소가 어떻게 바위 위를 갈 수 있느냐?" 함도 본문에서 주장하고자 하는 아모스의 정신에 모순은 없다. 그러나 아모스의 뜻을 더 생생하게 살리기 위해서는 원문 한자의 모음을 고쳐 "바다를 갈겠느냐?" 함이 더 나은 해석을 준다고 하겠다.

다음 "공법을 쓸개로", "정의의 열매를 인진으로"라고 되어 있는 우리말 번역을 "공평을 독액으로," "정의의 열매를 독약으로"로 고쳐 봤다. '공법'이란 말의 원어 "미쉬팥"(משפט)은 그 본문에 따라 다양하게 번역된다. 그러나 현재 번역의 "공법"(公法)이란 말은 너무 약하고

---
4) A. Weiser, p. 163.
5) 암 5:7-17과 6:11-14을 같은 성격의 문장으로 본다(*Ibid.*).

이 말 자체의 연구도 여러 가지로 구약 자체 안에서만도 심판, 공판, 공의, 공법, 공정 그리고 공평(公平)등 다양하게 이해되고 있다. 여기서 아모스는 5장 7절의 사회부조리를 되풀이하고 있기 때문에 5장 7절과 같이 "공법"이라 함을 타당하게 본다. "공법과 정의," 이들은 국가의 사법 책임자들의 부조리에만 공격함이 아니고 일반 백성의 공중도덕 및 사회 전체의 유익이나 그 편리와 덕을 조금도 생각지 아니하는 극도의 이기주의가 저지르는 죄를 탄식하고 있다. 그렇기 때문에 지도자의 정의나 백성의 공중도덕이 완전히 파괴되고 만 한 나라의 종말론적인 위기를 아모스는 생각하고 있다.

다음 '쓸개'를 "독약"으로 "인진"을 "독액"으로 고쳐보았다. '인진'은 향(香)의 이름이고 '쓸개'는 쓴 담집을 담고 있는 "담낭"이니 식물은 아니다. '인진'같은 풀이 독초라면 쓸개는 독물의 액체다. 그래서 "독액과 독약"으로 대가 되어 "공법과 정의"의 상실은 결국 인권과 공동체에 독초적인 역할밖에 못함을 나타낸다.

13절은 주석자들의 의견이 일치하지 않을 만치 문제가 텍스트 자체 속에 있는 것 같다.

우선 위치 문제에 있어서 HB를 책임 교정한 프록쉬는 5장 6절 하반 속에 넣으라 한다. 바이저는 6장 1절과 2절에 들어야 한다고 한다.[6]

그러나 우리 본문의 "허무한 것"(lo-dhabhar=לא דבר)을 사무엘하 9장 4,5절과 17장 27절에 있는 '로드발'이란 장소 곧 길르앗 동쪽에 있는 갓사람의 성읍 "드빌"과 동일시하기도 하며[7] 포스브로크도 그렇게 따르고 있고[8] 스미스도 Lo-Debar이란 지명으로 이해하며 하반절에 나온 "우리의 뿔"로 번역된 것을 지명으로 해석하고 있다.[9]

이렇게 "허무한 것"과 뿔을 대체로 지명으로 이해하여 "로드발과 카르나임(Karnaim)"으로 보고 이런 도시들을 우리 힘으로 취한 것이 아니냐 하는 말에서 여로보암 2세, 그 백성 자신들이 자신들의 능력으로 국가영토를 점령하고 확고한 공로를 자랑하는 것으로 본다. 그래서 이러한 자랑스런 거만을 말하는 6장 처음에 가야 할 구절이라 생각한다.

---

6) *Op. cit.*, p. 175.
7) J.L. Mays, p. 123.
8) H.E.W. Fosbroke, "Amos," *Interpreter's Bible*, Vol. 6, p.827.
9) G.A. Smith, *The Twelve Prophets*, Vol. I, p. 182.

그러나 우리는 현 한국번역이 결코 잘못되었다고 볼 수도 없다. 최근 영국의 구약 신약의 새 번역이 (NEB) 대체로 KJV을 따르고 있다.[10]

아모스의 예언은 저주나 탄식이나 애원이나 권고의 말을 거듭 거듭 하고 있기 때문에 위치의 문제에서도 바꿀 필요가 없고, 문제가 되는 두 말의 번역도 현재대로 충분히 그의 뜻을 전한다 할 수 있다. 나는 "뿔"이란 말 대신 "우리가 강해지지 않았느냐?"로 의역을 했다.

다음 14절의 문제는 "이는 만군의 야웨의 말씀이시다"는 구절이다. 프록쉬도 불필요하게 들어간 것으로 보며[11] 바이저는 무의미하게 들어가게 된 "거짓된 자리"(anfalscher Stelle)라 했고[12] 편집자의 불필요한 실수로 보고 있다.[13] 하퍼는[14] 이 구절 중 '만군'이라고 번역되는 말의 정관사(ה)는 구약에 많지 않은 예라 한다. 그 네번 중 세번이 아모스에 나타났다고 한다. 그렇다고 해서 어떤 특수한 의미가 있는 것은 아니다. 편집자가 첨가한 구절임에 틀림없으나 한 나라를 일으켜 이스라엘 역사를 망하게 한다는 이 예언을 어찌 '만군의 야웨'의 말씀이라 하지 않겠느냐. 종교인이 불의를 규탄한다고 해서 그 나라의 멸망을 기원하고 축수하는 사람은 없다. 다만 그가 믿는 하나님이나 나라가 이렇게 되어가고 있고 회개할 마음도 개전의 생각이 전혀 보이지 않고 자기의 악을 오히려 선으로 연장시키려는 정치적인 과욕을 가진 사람들, 특히 애국 애족이란 미명 아래 백성을 쥐어짜는 듯한 불안한 삶을 도처에서 느끼게 할 때 예언자는 하느님의 의도를 전달할 책임이 있다. 하나님의 중심에 민감하지 못한 사람은 이런 말을 감히 할 수 없다. '예언자'는 대신 말하는 사명을 가진 사람이기에 만군의 야웨, 역사를 지배하시는 야웨는 한 나라를 일으켜 다른 나라를 멸망케 할 수 있다고 할 수 있다.

그러므로 이 마지막 절에 본 자연스러운 위치를 차지한 "만군의 야웨"운운은 그것 대로 의미가 있음을 인정해야 한다.

---

10) 물론 난하에 다른 해석을 소개하고 "뿔"(horn) 대신 "세력"(power)으로 번역하고 있다.
11) G. k. Smith도 LXX 중 A와 Q를 따라 이 구절을 생략해 버렸다.
12) A. Weiser, *op, cit.*, p. 175. 이 말은 대체 문장초나 문장끝에 있는데 여기서는 중간에 나왔다.
13) J. L. Mays, *op cit.*, p. 121.
14) W.R. Harper, *Amos and Hosea, ICC*, p. 158.

4. 본문 해설

이 부분의 내용은 북왕국 이스라엘의 교만과 비신앙적인 지도자와 국민들에게 단순히 한번 다시 야웨 하나님의 권위, 능력 그리고 역사의 전진과 후퇴가 야웨 하나님의 손에 달려있음을 예언자로서 알리는 간단한 내용이다.

이 내용이 비록 간단한 글줄로 이뤄졌지만 아모스가 언제 어느 군중 또한 어떤 경우에 이런 말을 전달했는지 알 수 없다. 7장을 보면 그는 일정한 설교장소도 갖지 못한 것 같다. 참말을 전달하는 것이 겁이 나거나 그 참말 때문에 사회 혼란이나 안보가 위험시될 때에는 이 참말을 하는 입을 막지는 못하지만, 그 참말을 할 수 있는 장소가 잘 얻어지지 않는 것이 세계 역사상 어디서나 볼 수 있는 일이다.

아모스가 여기서 말한 내용은 결코 일반에게 환영받을 수 있는 공개된 말을 한 것이 아닐 것이다. 아모스의 참 뜻과 정신을 이해한 소수의 사람들이 — 소위 종교적 군중이 아니고 — 아모스 시대에는 2부 예배, 3부 예배를 볼 만치 집단화된 종교도 아니었고 수십만을 불러 모으고 현대 매스콤의 총 기술을 동원한 대중운동도 할 수 없던 때였다.

그가 입을 연 첫마디는 질문이다. 군중에게 말을 해주는 형식이 아니라, 그 앞에 나온 소수의 사람들의 의견을 오히려 묻고 있다. 대화식 설교라 할까.

그 물음은 하나의 상식에 관계된 일이다. 사람이나 사회문제 또는 과학적 지식에 관한 것이 아니고 동물에 관한 것이다. 사람들이 길거리서나 들판에서 쉽게 볼 수 있는 동물에 관한 것이다. "우마"(牛馬)에 관한 것은 아모스가 어디까지나 도시 사람이 아니고 농촌 출생임을 말해 준다. 말과 소와 더불어 살던 이 촌사람이 왜 이제 화려한 사마리아 도시에 뛰어들어 어리석은 질문을 하고 있는가? 그 질문 내용이 너무도 황당무계하다.

"말들이 바위 위를 어찌 달리겠느냐?" 사마리아에도 옛날 경마와 같은 스포츠가 있어서 부유층 사람들의 주말을 즐기게 했고 또한 물질주의에 매인 그 사람들이 일확천금을, 고도로 발달되었다는 이성의 힘으로 판단하는 버릇으로, 손에 쥘 수 있었던 사회였는지 알 수 없다.

그러나 아모스는 여기 경마와 관련해서 말함보다는 오히려 순박한 것 같다. 그것은 그 다음 구절 "소가 어떻게 바다를 갈 수 있느냐"하는 물음에서 농촌의 삶이 그대로 부각되기 때문이다. 바위 위로 달리는 말은 넘어질 수밖에 없고, 바다를 땅이라 하고 갈려고 들면 그 소는 빠져 죽을 수밖에 없다. 이 두 가지 질문은 아주 문학적인 상징주의를 가지고 있다. 우리 나라 한시에서 말하는 '대구'를 훌륭히 가지고 있다. 그러나 그가 내어뱉는 질문은 얼마나 비현실적인 우문인가? 물음을 받는 사람이 대답하기 전 질문자의 의식을 의심할 정도의 일이다.

　그러나 이 질문은 아모스의 주제를 가장 구체적으로 일반적인 경험에서 알게 함에 목적이 있다. "바위 위를 말들이 달릴 수 없다"면 왜 정의를 집행해야 할 나라의 지도자들이 그 일을 하고 있지 않느냐? "소가 만일 바다를 이랑으로 갈 수 없다고 하면 북왕국 지도자들은 어찌하여 그런 있을 수 없는 일을 하고 있느냐? 따라서 일반 백성들은 그러한 불가능한 정의의 모습과 공평에 위배된 사실을 마치 바위를 달리는 말이나 바닷물을 갈고 있는 소를 보듯이 볼 수 있게 되었느냐? 이야말로 이성의 정상성으로 생각할 수 없을 만하게 저주스러운 일일 뿐만 아니라 미친 증세가 아니겠는가?"[15] 공평과 정의의 질서를 완전히 무시해 버린 불법과 불의만이 이스라엘 사회를 지배하고 있다는 것을 의미한다. 이는 부자연스럽고 불합리한 일임을 말한다.[16] 이러한 정의의 상실과 공평된 삶의 파괴 때문에 "이스라엘 공동체의 전체 삶은 독소화되었고 따라서 파괴되어 있음을 말한다."[17] 진실로 불행한 예언자의 말이기는 하지만 나라를 사랑하는 탄식 소리로 받아들여야 한다. "말과 소"가 그런 일을 할 수 없는 것이 당연하다면 "그런데 너희는 어찌하여 공평을 독액으로, 정의의 열매를 독약으로 만드느냐"고 한 다음 구절이 충분히 이해가 된다. 백성들에게 공평한 길 대신 사사로운 위정자의 욕심에 의해 움직이는 정치를 하고 공평을 싫어하고 자기 개인의 사리 사욕만 취하여 "박영복 사건", "박동명 사건" 같은 것이 일어나는 일을 볼 때 공평이 무시당한 그 사실 자체가 곧 국민의

---

15) Th. H. Robinson, p.96. "Das ist nicht nur verrucht, sondern auch verrückt."
16) W.R. Harper, p.155.
17) Milos Bic, p.138.

생활 감정과 활동을 일시에 정지시키는 독액을 뿌리는 일이라 하지 않을 수 있느냐! "정의의 열매"소위 민중을 올바르게 지도하고 가르친다는 정의의 결과가 모든 사람의 인권과 생존권을 질식시키고 독약 구실을 하고 있음을 세계 역사가 증명하는 실례는 얼마든지 있지 않는가.

아모스에게서 이 불가능성이 역사적 사실로 예루살렘 거리에서 보이게 될 때 예레미야는 이와 비슷한 "격언적인 질문"[18]을 했다.

> "구스인이 그 피부색깔을
> 표범이 그 반점을 변할 수 있느냐
> 만일 그것을 할 수 있다면
> 악에 익숙한 너희도 선을 행하리"(렘 13:23).

정의의 열매가 그대로 열려지는 사회란 약한 자라고 해서 그의 바른소리가 무시당하지 않고, 비천하고 가난한 고아나 과부와 같은 소외층에 사는 사람이 바른말 때문에 매를 맞거나 갇히거나 억울한 죄목을 뒤집어씌움을 받는 사회가 아니고 그 사회는 부정과 부패가 있을 수 없음을 말한다.

아모스의 탄식은 바로 이런 억울함에 대한 것이다. 억울해도 말도 할 수 없는 것에 대한 탄식이다.

다음 13절은 "공평을 독액"으로 "정의 열매"를 독약으로 만드는 장본인들의 교만에 대해 공격하는 내용이다. 힘의 대립이 인류 사회를 이루고 있다는 실정을 아모스는 너무도 잘 알고 있다. 원문 해석에서 "허무한 것"을 "로드발"이란 지명으로, '뿔'을 '가르나임'이란 도시로 보건 상관 없이 여기 아모스는 역사를 지배하시는 하나님의 주권을 무시하고 인간 자신들의 정치적 성공과 행운을 자기의 공로와 힘에다만 돌리는 인간교만에 대한 일침을 가하고 있다. 아모스 당시 집권자 여로보암 2세가 이스라엘의 중흥을 일으킨 것은 사실이다. 그러나 그는 중동 아시아 큰 나라들이 자기들의 내부적인 문제로 밖으로 정신을 기울이지 못할 때였다는 시대적인 행운을 그의 정치, 군사,

---

18) R.B.Y. Scott, "Folk Proverbs of the Ancient Israel," in: *Translation of the Royal Society of Canada* 55, 1961, p.52f; J.L. Mays, *op cit.*, p.120 중 인.

외교의 성공과 함께 고려해야 한다. 그는 누구보다 나라의 영토를 확장시켰다. 그는 산업을 흥왕시켰다. 외국물자가 떼를 지어 들어오게 했다. 국가 재정은 여유가 있고 백성들의 GNP는 올라갔다. 따라서 백성들은 이미 위에서 여러 차례 언급한 대로 사치를 할 수 있었고 근대 자본주의가 가질 수 있는 밝은 면, 어두운 면을 다 가지고 있었다. 이러한 풍요 속에서 그들이 공통으로 부르짖는 구호는 "우리 손으로" 또는 "우리 힘으로" 하게 되었다. 이것은 당연한 말이다. 자랑스러운 말이다. "외국 딸라의 힘으로 우리는 잘 산다"는 말을 우리가 수치스러워할 수 있다. 우리 힘으로 우리 새 나라를 건설하고 있다. 이것은 당연한 말이다. 그런데 아모스의 경우는 이런 민족 자존심을 공격한 것은 아니다. 그는 역사를 인간의 힘의 결과로만 보지 않기 때문에 역사를 지배하고 이끄시는 하나님이 무시당하고 인간만이 존귀와 영광을 받으면 신앙인 아모스는 노발대발 하는 것이다. 그 백성이 "허무한 것"(원문 lo-dabhar은 일이 아닌 것, 또는 말도 되지 않는 것으로도 해석할 수 있다)을 기뻐한다는 것은 삶의 가치를 잃어버린 현상이다. TV에 나타난 코메디를 보고 즐기는 것과 같은 인생이다. "웃으면 복이 와요" 하지만 정의와 공평이 말살되어 있는 사회는 이제 사람들로 하여금 '가치'에 대한 생각을 심각하게 하도록 하기보다 순간순간을 웃고 즐기는 환락적인 삶을 보내게 한다. 허무한 것이라도 거기서 기쁨만 준다면 거기로 쏠리게 삶을 지도한다는 것은 건전한 나라의 생태는 아니다. 그야말로 실없이 웃는 사람을 "허파에 바람 들었다"고 말하는 것처럼 참된 삶의 의도와 가치에서 멀어진 것이다. 아모스는 이것을 경계한다. "우리 힘으로 이것도 저것도 다 한다"는 능력에 찬 삶의 자랑보다 인간의 호화로운 삶이나 천하를 무섭게 하는 세도있는 삶도 역사의 주이신 하나님이 한번 진노하시면, 그 영화와 세도가 어디로 날아가버릴 것인가를 생각하는 백성이 되라는 탄식이다.

왜냐하면 14절 말씀대로 한 나라를 불러 일으켜 교만한 나라를 쳐부술 것이니, 다 이것이 인간 역사에서 반복된 흥망성쇠의 역사이기 때문이다. 이러한 멸망의 날이 올 때 "하맛 어귀에서부터 아라바 시내까지" 광범위한 지역이란 것이 문제가 아니라는 것이다. 아모스가 말하고 있는 이 북쪽 한계선과 남쪽 한계선은 옛날 솔로몬이 한번 그 위세를 떨쳐 본 광범위한 지역이요, 그 후 여로보암 2세만이 그의 위신을 떨쳐볼 수 있었던 유다나라 최대의 판도이다.

아모스는 이런 판도라 해도 이스라엘 사람, 사회 자체 안의 평화와 정의의 소멸은 곧 국가적 멸망과 연결되어 있음을 말한다. 아모스의 관심은 정치가 아니고 백성과 그 지도자들의 평화와 정의에 관한 것이다.

물질적 부, 군사적 견고성, 산업의 추진성, 문화의 발달 모두가 중요하지만 아모스는 철저하게 정의를 부르짖는다. 정의가 죽으면 나라는 망할 수밖에 없다고.

25. 제1의 환상: 메뚜기 재난
(7:1-3)

묵시문학의 시작

 정의의 예언자의 활동이 언제까지나 계속될 수 있는 것은 아니다. 육체적 생명의 임종으로 말미암아 그 마지막이 올 수도 있지만 아모스의 경우 그런 육체적 생명의 마지막이 왔기 때문에 그의 예언자적 활동이 끝난 것이 아닌 것 같다. 아모스는 다른 문서 예언자와는 달리 자신의 전기적 부분을 예언서 서두에 두지 아니하고 그의 예언 활동이 권력에 의하여 금지당한 후 자신의 삶을 돌이켜 살펴보고 그의 내적 고민과 진심을 하나님과 더불어 독백하고 있으며, 그가 어떻게 예언자로 출발하게 되었는가 하는 자신의 소명경험까지도 노골적으로 밝혀주고 있다. 그가 그렇게 대담하게 이스라엘 민중과 지도자들의 죄를 고발하고 불의를 규탄하고 패륜과 부도덕한 현실을 비탄과 격분으로 울부짖던 아모스는 이 7장 이하에서 갑자기 그의 그 고발의 대상을 당분간 잊어버리고 그렇게도 엄한 명령을 하신 하나님과 얼굴과 얼굴을 대면하고 비교적 제1인칭 문장으로 자기 자신의 내적인 깊은 경험을 기록하고 있다. 8장 일부와(5-14) 9장 일부에 나타난 아모스 이후 사람의 추가적인 기록(7-15)을 제외하고는 대체로 설교체의 문장보다 전기적 고백 또는 하나님의 독백적인 기록이 지배적이다.
 이렇게 설교, 즉 대중을 향하여 예언자 자신의 소신을 말할 수 없었다고 함은 그의 예언 선포도 커다란 장애에 부딪치게 된 것을 7장 10절 이하에서 보여준다. 예언활동이 규제 내지 탄압 또는 금지를 당했기 때문이다. 6장까지 대담무쌍하게 외치던 아모스는 여로보암 2세의 권력의 보호 아래 궁정 제사장, 요즘 말로 한다면 "어용 종교가" 아마샤를 통하여 그의 정의 선포와 불의 규탄의 예언 활동은 이제 종지부를 찍을 수밖에 없었다. 나라와 민족에게, 권력자와 그 추종자들, 국왕과 대신들, 모든 지도계급에 있는 사람들과 그들의 비호 아래 평온한 삶을 유지하고 있는 일반 백성들에게 들려주어야 할 올바른 소리는 사실 6장까지 그의 예언 속에서 거듭거듭 되풀이되었다. 그렇기 때문에 백성의 안녕 질서를 뒤흔들고 국민의 총화 단결을 해치는 아모스란 예언자는 여로보암 2세 왕권 아래서 가장 저주를 받아야 하는 사람으로 낙인 찍히게 되었다. 왜냐하면 남방 유다 출신 아모스는 번영해 가는 북왕국 이스라엘의 안보를 가장 위태롭게 하는 불경스럽고 앞으로 또한 고도로 전진만 해가는 여로보암 2세의 통치 아래 일심단결해 나가는 백성들에게 "적국의 침략으로 이스라엘 나라를 망케 한다," "백성들은 사로잡혀 가리라," "어둠만의 망국의 날이 오고야 말리라" 는 등 유언비어를 정의니, 인권이니, 양심이니, "선"이니 "신앙적 충성"이니 하는 말로서 마구 퍼뜨리고 있었기 때문이었다.

여기 아모스의 예언운동은 방해를 받지 않을 수 없었고, 그의 "선교 자유"를 아무도 감히 수호해 주려고 하지 않았다. 그의 정의의 외침을 지지하는 성명서 한장 만들어낼 수 없었다.

아모스라 이름하는, 국가 안보를 위태롭게 하고 국민의 총화단결을 방해하는 유언비어의 장본인은 권력의 제재를 받지 않을 수 없었다. 그러나 그의 선교자유의 방해는 국가 사찰력의 동원으로 되어진 것이 아니고, 그와 꼭 같이 야웨 하나님을 위해 일생을 선조의 종교에 충성한다고 자부한 같은 종교인 아마샤라는 벧엘성소, 즉 북왕국의 영도자와 그 신하 그 백성의 안녕질서를 위하여 모든 종교적 책임을 지고 있었던 국가 중앙성소, 남왕국 예루살렘의 권위를 북왕국 최초의 군주 여로보암 1세로 말미암아 세워진 성소(왕상 12:25-33)의 최고 책임자에게 붙잡혀 와서 아모스는 직접 면책을 당한 것이다. "목숨을 부지하려거든, 유다 땅 남왕국으로 꺼져"라는 힐책을 당한 7장 10절 이하의 기사는 아모스가 예언자로서 받은 최대의 치욕적인 기사이다. 로베트 (Sidney Lovett)[1]가 지적한 대로 이상과 같은 7장 1절-9장 7절까지의 배후 사정을 염두에 두고 7장 1절 이하에 연달아 나오는 환상록을 읽어야 한다. 7장 1절 이하에 기록된 환상 이야기는 결코 사마리아의 군중을 상대하고 외친 설교가 아니고[2] 선교의 자유가 막힌 아모스가

---

1) *The Book of Amos, The Interpreter's Bible,* Vol, 6 p.829.
2) G.A. Smith는 이 7장에 기록된 환상은 아모스 선교 초기에 벧엘 성소에서 얻은 것이라 한다(*The Twelve Prophets,* p. 104). 하지만 이 환상 이야기 때문에 벧

다만 하나님 한 분을 상대하고 얻은 묵시를 기록에 남긴 것이라 볼 수 있다. 7장, 8장에 다섯 개의 "환상기사"가 나오고 제7장에 있는 네 개, 8장에 있는 한 개의 환상록, 그리고 같은 7장에 있는 환상록도 처음 제1,2 환상과 제 3,4의 환상의 성격이 각각 다르기는 하지만, 그 내용을 자세히 검토하면 또 단순한 꿈 얘기가 자기가 이미 선포한 메시지 내용과 관련을 맺고 있으며, 언론의 자유가 허락되지 않았던 세계 여러 역사에서 볼 수 있는 대로 "환상"을 통하여 하나님에게서 받은 자기 메시지를 백성들에게 전달하는 상징주의의 시작이 아모스로부터 시작하여 후기 유대교 문학에 그 절정을 이루고 있다고 할 수 있다. 이런 의미에서 본다면 아모스는 유대 묵시문학의 조상이라고도 할 수 있다.

그러나 이 환상의 부분은 아모스가 예언자로 부름을 받기 이전 하나님과 자신의 만남에서 얻은 영적 체험이었고, 이러한 체험의 결과로 그는 예언자로 나서게 되었으니 이것들은 이사야 6장 1절 이하, 예레미아 1장 1절 이하 등과 같이 예언자의 소명경험록으로 보는 학자도 있다고 한다(Wellhausen, Budde).[3] 물론 그 가능성을 인정은 하지만, 과연 소명경험에 속한 기록인가 함은 로빈슨의 말과 같이 "불획실히다."[4] 아모스는 분명히 다른 예언자와 같은 소명 경험을 말하지 아니하고 오히려 "나는 예언자가 아니요 예언자의 아들도 아니다"(암 7:14)라고 말함으로 직업적인 예언자, 세습적인 예언자의 권위와 그 위치를 부정하고 있다. 다만 야웨 하나님이 불러내시기에 끌려나온 것밖에 없다고 한다.

7장 10절 이하에 나온 이런 전기적인 기사는 소명감의 기록이라 할 수도 있지만 그것도 그의 초기에, 그가 예언자로서 활동할 때에 사람들 앞에 공개한 것이 아니다. 야웨 하나님의 강제에 붙잡혀 예언을 하다 보니, 그의 말이 권력자, 부자, 공무원, 백성들의 지도자들과 그들의 추종자들의 무딘 양심을 찔렀고, 공의와 정의에 대하여 무감각해

엘 성소의 아마샤에게서 추방됐다는 것은 근거가 약하다.
3) Th.H. Robinson, p. 97에 이것을 언급 함. Milos Bic, p. 141에서도 중인, A. Weiser, p. 182. H. P. Smith는 이 환상들은 아모스 예언 초기 벧엘 성소에서 본 것이라 한다. 그의 책 *O.T. History* (1903), p. 211.
4) Th.H. Robinson, p. 97.

버린 위정자들과 백성들의 잠자는 의식을 깨우쳤다. 그러나 이 양심의 찔림을 받아들이거나 그의 말대로 새롭게 깨달은 일을 의식하여 생활에 옮길 때, 그들은 모든 환락과 만족과 모든 소유와 인간적인 자랑과 권위를 포기해야 했다. 그렇게는 할 수 없다는 반발 대신에 이 정의의 입술을 막아 버리기 위하여 북왕국 밖으로 축출하지 않을 수 없었다. 그리하여 그는 말하는 자유를 잃고 하나님과 대면하는 고독한 생활을 하게 되어 환상과 묵시가 연달아 보여진 것이다.

그러므로 7장 이하의 기록은 소명 관계 기사가 아니고 그가 자기의 예언을 문서로 정리하면서 자기가 외친 말을 역사에 남기기 위하여 기록을 하는 여유를 가지고, 반드시 찾아오고야 말 나라와 민족의 종말적인 비극을 피하도록 하자는 간절한 기도를 드린 그의 예언 말기에 이 7장 이하가 기록되었다고 보는 것이 무리한 추측인 것 같지 않다. 그의 환상록 속에 그의 기도가 나온 것을 주목하자. 백성을 위한 기도다. 모세가 백성을 대신하여 기도한 대도(代禱)의 전승이 아모스에게서 다시 살아난 것이다. 비록 죄를 지은 백성이지만 망해서야 되겠느냐, 야웨 하나님은 자비하고 은혜스럽고, 노하기를 더디하시고 자기의 계획을 변경도 하시는 분이 아니신가! 그는 이 환상이 망국과 관련된 것이지만 "이런 비극"이 일어나지 않게 해주십사 하는 간절한 기도를 드리고 있다. 여기 참 예언자의 모습은 나라가 망하고 민족역사가 중단되는 것을 원치 않는 사람이다. 정의를 외치고 바른 말을 하고 국가의 지도자들이나 우둔한 백성이 망하고 말 것이라는 저주를 외치면서도 그의 중심은 자기 나라를 살리고 영원히 그 역사가 빛나게 하고자 함임을 우리는 오해해서는 안된다. 나라나 백성을 위하여 수난과 핍박을 무릅쓰고 바른말을 하는 예언자가 참 애국자라 함은, "원하옵니다. 야웨 하나님, 야곱은 미약하옵는데 어찌 하나님의 징계의 채찍을 맞아야 하겠읍니까?"(7:2)라고 기도할 수 있기 때문이다.

아모스를 참 애국자라고 말한 것도 이런 기도를 그의 중심에서는 밤낮으로 할 수 있었던 사람이었기 때문이다.

1. 서론

7장 이하에 나온 다섯 개의 환상록은, 제5 환상을 제외하고는 거의 같은 형식임을 알 수 있다. 다음은 일목요연하게 그 다섯 개의 환상록 구조를 볼 수 있게 해준다.

아모스의 환상표

	시작하는 말	神 名	하나님의 첫마디 말씀	환상의 내 용	아모스의 반 응	야웨의 改 心
제1환상 7:1-3	koh hir'anî 이렇게 그가 내게 보이셨다.	ádonai yahweh 주야웨	hinne 보라!	생 략	주 야웨, 용서 하소서, 야곱이 미약하온데 어찌 서리이까!	뜻을 돌이켜 이것이 이루 어지지 아니 하리라
제2환상 7:4-6	동 상	동 상	동 상	생 략	동 상	동 상
제3환상 7:7-9	동 상	동 상	동 상	생 략	하나님의 질문 "아모스야, 네가 무엇을 보느냐?"	아모스의 대답 "내가 대답하되 …입니다."
제4환상 8:1-14	동 상	동 상	동 상	환상의 내용에 대한 하나님의 선언 "내가 다시는 저를 용서치 않겠다."		맺 는 말 "이는 주 야의 말씀이다."
제5환상 9:1-6	제1-4까지의 형식과는 완전히 다르게 아모스의 말로 시작하여 야웨가 이스라엘을 완전히 파괴하심을 보는 환상이다. 내 (1) 벧엘 성소의 완전 파괴. 부 (2) 주가 보내시는 파멸에서 피할 자 아무도 없다. (3) 이스라엘은 결국 그 죄 때문에 완전 멸망할 것이다.					

아모스는 주 야웨가 직접 보이신 것으로 말했지만, 에스겔의 경우에는 "야웨의 손(또는 권능)이 내게 임했다"고 함과 대조가 된다.[5] 그런데 에스겔의 경우는 예언자가 엑스타시(Ecstasy / 황홀상태)를 경험함이 드러나지만 아모스의 경우에는 그런 엑스타시 경험을 통한 환상이라기보다 그 자신의 이성적 판단력이 뚜렷한 것을 볼 수 있다. 그리고 이사야의 환상에는(사 6:1 이하) '성전'이란 특수 장소가 지시되어 있으나, 아모스의 경우에는 제5 환상은 '주의 단'에서 본 환상임을 말하며 그 나머지 네 환상은 아모스가 일상 생활을 하고 있는 생활 주변에서 본 것이다. 제1

---

5) 겔 1:3; 3:14, 22;8:1; 37:1; 40:1.

환상은 완전히 농촌 풍경을 상상시킨다. 뿐만 아니라 아모스의 환상들은 일반인이 다 볼 수 있는 것들임도 하나의 특성을 가졌다고 하겠다.

아모스는 자기가 본 환상과 "야웨의 손(또는 권능이)이 내게 임해서" 어떤 환상을 보게 되었다고 말하는 에스겔의 문장보다는[6] 훨씬 간단하다. 또한 에스겔의 경우는 일종 엑스타시를 경험한 것을 볼 수 있으나, 아모스의 경우는 엑스타시의 경험에까지 관련된 것 같지 않다. 아모스의 환상에서는 누구나 볼 수 있는 일상생활의 사건을 말하고 있다. 그는 평범한 일상 생활에서 하나님의 계시를 보고 듣는 영적인 깊이를 가진 사람이라 할 수 있다.

2. 새 번역

1절 주 야웨가 내게 보여주신 첫은 이런 것이었다. 그가 메뚜기를 불러 모으셨다. 그 때는 둘째번 풀이 움돋기 시작한 때였다. 그런데 보라, 임금님께 바칠 마초를 바칠 때였다.
2절 그것들이 마침 땅의 풀을 다 먹어 버리려 할 때, 내가 아뢰었나이다.
오호 주 야웨여!
이제 용서하시옵소서.
어느 뉘 감히 살아남을 수 있사오리까?
야곱은 진실로 미약하옵니다.
3절 야웨는 동정하시면서,
"이 일은 일어나지 않으리라"
야웨는 말씀하셨다.

3. 텍스트 문제

1절. "주"란 말 아도나이는 Biblia Hebraica의 주(註)에서 와(Procksch) 칠십인역[7]에서 생략하고 있다. 그러나 대부분의 주석가들은 "주"를 그대로 두고 있다.

1절 원문에는 환상이란 말이 나오지 않는다. "내게 보여준다"는 동

---
6) 1:3; 3:14, 22; 8:1; 37:1; 40:1.
7) Aquilla Text에서

사 hirani(הראני)가 환상을 기록하는 때 사용된 말이기에[8] 1절에서 "그러나 보라 임금 …"이라 한 마지막 구절은 메뚜기가 나타난 때를 설명하기 위한 후대 사람의 손으로 첨가된 것이라 하여 바이저는 이 구절을 생략해 버렸다.[9] 70인 번역에서는 "보라 곡(Gog)이란 임금의 모충(毛蟲)을"이라 했고 "동쪽에서 온 메뚜기"라고 하여 메뚜기의 출처까지 밝히고 있다. "왕께 마초를 바칠 때"라고 새로 번역한 것은, 열왕기상 18장 5절에 의해서 추리할 수 있는 대로 왕이 자기 군마들을 위하여 풀을 베게 함을 알 수 있다. 첫째번 풀이 돋아날 3-4월에도 이 작업을 하고, 가을 추수 때, 새로 나서 자라게 된 풀도 같은 목적으로 벤 것 같다. 그러나 이 두번째 마초(꼴)를 베어야 할 때에 메뚜기 떼가 달려 들어 초원을 망치게 되는 환상을 아모스가 본 것으로 이해된다. 이 두번째 새싹이 돋을 때 실패를 하면 군마들의 식량에 큰 손실을 보아 마병의 위기를 초래한다. 아모스는 이스라엘 나라의 운명을 메뚜기가 갉아먹고 망한 초원과 같을 것이란 환상을 본 것 같다.

2절 텍스트 문제에는 그렇게 복잡한 문제가 없다. 다만 "풀을 다 먹어 버렸을 때"(RSV)로 완료형으로 해석할 것이냐, 아니면 "먹어버리려 할 때"(NEB)이냐 하는 문제가 있으나 필자는 NEB(최신 영국 구약번역) 편을 따른다. 그리고 모든 주석가는 mi(מי)를 '뉘'(who)보다 "어떻게"(how)로 이해하고 있다. 그러나 나는 "뉘?"로 읽으며 "설 수 있겠느냐?" (Wie soll Jakob bestehen)[10] 했지만 "선다"는 것은 이 경우 생사의 문제에 걸렸다고 볼 수 있기 때문에 좀 의역을 하여 "살아남을 수 있아오리까?"로 했다. 이렇게 사용된 경우가 구약 중에도 상당히 많다 (수 7:12,13[JE], 나 1:6; 애 1:14; 시 1:5; 24:3; 욥 41:18 등).

3절에 "후회한다"로 번역된 것은 נחם동사의 피엘형이므로 "동정한다"로 해석할 수 있다.

---

8) 렘 24:1; 슥 3:1. "보다" 동사의 강한 사역동사형이다. 역시 왕상 22:17, 19; 사 6:1; 겔 1:1,4; 8:2; 슥 1:18; 2:1 등에서 그 예를 볼 수 있다.
9) A. Weiser, p. 180; R.W. Harper, p. 160에도 생략했다. Procksch, BH에서 이것을 후대주석(glossa)으로 보고 있다.
10) A. Weiser,p. 180; Robinson은 "Wie kann Jakob bestehen"으로 했다. Th. H. Robinson, p. 96.

4. 본문 해설

1-3절에 나타난 환상은 메뚜기 환상이다. 중동 아시아에서는 이 메뚜기 떼로 말미암는 피해를 항상 경험하고 있기 때문에 아모스가 이러한 재난을 보았느냐 하는 물음은 성립 안된다. 그는 이러한 재난을 친히 본 사람으로, 그 재난이 주는 피해를 자기가 부름받아 하나님 말씀을 전하는 북왕국 역사에서 보는 눈을 가졌기 때문에 이것은 이스라엘 역사적 종말에 대한 환상이다. 그러나 이 환상은 북왕국이 이렇게 처참하게 망해서는 안 된다는 생각, 아무리 그들의 죄와 악으로 인하여 이 파멸을 초래한다고 해도 그가 예언자로서 외침은 이 망국의 종말을 보지 않고자 하는 거룩한 염원 때문이었다. 그의 심정에는 아무리 벌을 받아 망하고 말아야 할 이스라엘이라도 하나님의 자비와 긍휼하심을 받아 그런 종말이 오지 않기를 빌던 사람이다. 3절에 "하나님이 뜻을 돌이켜 후회한다"는 말 나함(naham, 원 뜻은 "…때문에 슬퍼한다")은 피엘형에서는 "동정한다"는 뜻으로 사용된다.[11] 아모스는 이런 환상을 자기 거처에서나 고독한 들판에서나 밤의 꿈 속에서 본 것이 아니고 9장 1절이 보여주는 대로 "주의 제단 곁"에서 진지하게 나라와 민족을 위한 기도와 명상 속에서 본 환상이다.

그가 이스라엘 역사의 비극적인 종말을 이미 4장에서(6-11절) 기근, 가뭄, 깜부기, 염병과 칼 그리고 지진 등으로 견주어 백성들에게 전한 바 있다. 여기 7장 이하에서는 4장에 나타난 그의 거룩한 애국적인 염려가 비록 웅변으로 대중들 앞에 표시된 것은 아니지만, 그의 선교 부자유의 생활에서 오직 몸바쳐 드린 기도 속에서 환상을 보고 있다. 이런 환상을 야웨가 보여주시는 줄 알면서도 그의 중심에는 이 망국의 비극이 없어졌으면 하는 생각을 계속하고 있는 사람임을 보여준다. "야웨 주여, 야곱은 미약하옵니다. 당신이 보내시는 이 장차 올 재난을 받기에는 너무도 지쳐 있는 약한 백성입니다" 하는 국민을 사랑하는 마음을 금치 못하고 있다.

어느 나라 역사에서도 진정한 애국자는 하나님의 정의와 사랑의

---

11) 창 37:35(J); 대상 19:3=삼하 10:3; 시 66:21 등.

질서에 어긋나는 일을 하는 정치가나 재벌이나 관공리나 일반 평민들의 양심을 찌르는 의로운 말, 바른 말하기를 주저하지 않는다. 그러나 의인의 바른말은 언제나 수난의 조건이 되어, 신체적인 부자유 또는 정신적인 탄압, 또는 그의 생명의 위협을 받게 된다. 말 한마디 잘못했기 때문에 축출과 제명과 거기에 따르는 온갖 피해를 계속 받아야 한다. 아모스의 경우가 그랬다고 할 수 있다. 그러나 아모스와 같이 하나님의 정의와 진실을 추구하는 사람은, 비록 자기의 바른말 때문에 육체적, 신체적, 인격적, 또는 인권상으로나 사업상으로나 치명적인 타격을 받아도, 그의 중심은 나라를 혼란케 하려 하거나, 적을 이롭게 하려하거나, 나라 역사의 방향을 바꾸려는 혁명적인 사상 때문이 아니고, 다만 나라와 민족을 참으로 사랑하기 때문이란 것을 양심이 성한 사람은 알아준다.

우리가 아모스의 환상을 읽을 때에 그 비극적인 상징들이 모두 하나님의 마음, 죄지은 나라와 백성을 벌하려는 하나님의 뜻을 돌이키게 하려는 애국적인 생각이 배후에 숨어 있음을 알아야 한다.

여기 제1환상은 메뚜기 떼가 습격하여 나라 안에 있는 모든 푸른 채소와 곡식과 심지어는 마초까지도 싹 깎아 먹어버리는 전멸의 상태를 말하고 있다. 메뚜기 재난은 많은 사기(史記)와 예 중에서 출애굽 당시 애굽에서 경험한 출애굽기 10장 4절 이하에서 볼 수 있다.[12] 아모스의 경우에 이 재난이 실재가 아니고 나라의 운명과 백성의 생활이 메뚜기와 같은 어떤 불가항력적인 악의 세력으로 말미암아 처참하게 망하여가고 있는 것을 환상 중에서 즉 기도하는 눈에서, 하나님과 직접 대화하는 중에서 보고 들은 것이다. 아모스는 분명히 죄와 악, 불의와 부정으로 가득찬 민족의 장래가 어떻다는 것을 본 것이다.

그러나 역사적 비극이 실제로 일어나기 전에 보고, 그것이 속히 오라는 심정이 아니고 오히려 하나님께 이런 재난을 막아주십사 하는 간절한 기도를 드리고 있다. 백성을 위하여 대신 기도를 드리는 이 일은 이미 이스라엘 민족의 대지도자 모세에게서 온 전통이다(민 14:11 이하). 대도(代禱)를 할 수 있는 권한은 아무에게나 주어지는 것이 아

---

12) 그 밖에 신 28:38,42; 요엘 1장; 암 4:9 등 참조. 특히 *Interpreter's Bible Dictionary* III, pp. 144ff. 참조.

니다. 정말 백성의 아픔을 자기 아픔으로, 민중의 비극을 자기 비극으로 생각할 만치 백성을 사랑하는 마음이 있어야 한다. 야웨 하나님의 대능으로 집행하려는 역사의 방향을 180도로 전환시켜 보려는 모험이다. 이러한 모험은 예언자의 특권인 것 같다.[13]

"오 주 야웨여,
이제 용서하옵소서."

멸망에서 구원함을 받는 길은 하나님이 그 백성의 죄를 용서해 주시는 길 밖에 없다. 그는 그 마음을 돌이키지 않는 하나님이란 말을 1,2장에서 거듭 되풀이하고 있다(1:4,6,9,11,13;2:1,4,6). 이렇게 "그 벌을 돌이키지 않겠다"는 야웨 하나님이시지만, 아모스는 자비와 은총의 하나님은 멸망보다 사는 것을 더 원하시는 것을 알고 있다. 위협적인 말은 다만 죄지은 백성을 깨달아 회개케 하는 하나님의 자비의 다른 한 면이다. 정의는 벌하지만 사랑은 용서한다. 야웨 하나님은 벌하시는 하나님이 아니라 용서하고 사랑하고 축복하기를 더 즐기시는 하나님이시다. 이것은 이스라엘 신앙을 처음으로 기록한 J문서 기자가 밝힌 것이다(출 34:6).

아모스는 이 자비의 하나님을 생각하고 그의 긍휼하심을 구하지 않을 수 없다. 아무도 그의 형벌에서 피할 자 없기 때문이다.

"뉘 감히 살아남을 수 있사오리까?" 야웨가 한번 벌하시기로 작정하시면 반드시 이루어지고 만다. 그러나 아모스는 하나님의 계획에 브레이크를 걸자는 심정 같다. 대담한 일이라 하지 않을 수 없다. 그러나 하나님께 기도를 한다는 것은 항상 이런 모험이다. 그러나 아모스의 기도하는 태도는 겸손하다: "야곱은 진실로 약하옵니다."

이스라엘 역사상 여로보암 2세처럼 강한 군주가 어디 있었는가! 주위에 있는 적은 나라들에게 조공을 바치도록 하고 그의 국토를 "하맛 어귀에서부터 아라바 시내"(6:14)까지 확대하지 않았는가! 그리고 그는 외국과의 무역 그리고 동쪽 앗수르 제국과 남쪽 애굽으로 내통하는 대상들의 통관세금으로 얼마나 나라가 부하고 산업이 융성했던가? 집권자나 당시 정치인, 부한 사람들 입장에서는 "야곱이 미약하

---

13) 창 20:7; 왕상 13:5f.; 17:20ff.; 왕하 4:33; 사 37:4; 렘 7:16; 겔 13:4f. 등.

다"는 말은 국력을 스스로 저하시키는 불온한 발언이다.

그러나 아모스는 나라의 물질적 융성과 막강한 군대와 북왕국 당시의 GNP의 높음을 보지 못한 사람이 아니다. 그러나 그들이 가진 이 물질적 부에서 생겨진 온갖 불의와 부정, 뇌물제도와 공공연한 부정행위의 정당화를 보고 있었던 아모스는 북왕국 이스라엘이 도덕적으로 타락했고, 선조의 신앙전통에서 이탈했고 양심은 약화되어 선한 생각과 의로운 정신은 병들고 있었다. 이것이 그의 기도의 말이다. "야곱은 진실로 미약합니다." 하나님의 징계에 견뎌날 수 없었다. 메뚜기 떼에 먹혀가는 새로 돋은 풀과 나무순들처럼.

이 기도의 응답은 야웨 하나님의 동정심을 유발케 했다. 다른 번역대로 하면 "야웨 하나님은 자기의 벌을 계획한 것을 후회했다"고 했다. 하나님이 후회한다는 것이 하나님에게 있을 수 있을 것이냐 의심이 난다. 그러나 하나님이 자기 계획을 거둘 만치 그 마음에 동정심을 일으키게 한 것은 아모스의 간절한 기도라 할 수 있다. 그래서 "이 일은 일어나지 아니하리라"고 하셨다. 하나님은 메뚜기 재난과 같은 비극이 이스라엘에 나타나지 않을 것이라 말씀하신다. 이것은 아모스의 기도의 응답이었다. 그 응답이 그대로 실현되었느냐? 아니다. 이스라엘 역사는 하나님의 약속과는 반대로 주전 721년 앗수르 왕 살마네셀 2세에 의하여 망하고 말았다. 그렇다면 "이 일이 일어나지 않으리라" 하신 하나님의 말씀은 거짓 약속이 아니었는가 할 수 있다. 그러나 이것이 아모스의 환상 중에서 되어진 것이라는 점에 주목해야 한다. 아모스가 백성을 대신해서 기도한 응답으로 벌을 중지시킨다고 한 것은 아모스의 기도에 역점을 둘 것이지, 백성들이 실제로 아모스의 말에 귀를 기울여 그의 예언을 받아들인 것은 아니다. 아모스가 "용서해 달라"고 간구한 것은 백성의 회개를 전제한 사죄의 기도이다. 아무리 아모스가 그런 간구를 했다고 하더라도 그 백성이 여전히 악과 불의에 치우치고 있을 때(8장 4절 이하 죄 규탄에서 보는 대로) 하나님이 벌을 중지하겠다고 한 약속이 무효될 수밖에 없다. 하나님이 백성의 죄를 용서하고 그 죄에 해당한 벌을 중지하신다면 그 백성은 관용과 자비심을 받을 만한 자기 반성과 자기 개변이 있어야 할 것이었다. 그러나 실제로 그들은 아모스의 정의의 외침에 귀를 기울이지 아니했다. 때문에 그들은 스스로 망국을 초래하고 말았다. 하나님이 그의 벌을 거두어 가신다는 약속을 해주었음에도 불구하고.

이 환상에서 우리는 아모스의 기도가 이루어지지 아니했다는 것을 문제삼을 것이 아니라, (1) 나라의 운명이 메뚜기떼와 같은 죄악과 불의의 세력으로 망하게 된다는 역사의 원리를 밝혀주며 (2) 예언자, 하나님의 뜻을 알고 그대로 살려는 사람은 하나님의 징벌 아래 있는 나라와 민족의 역사에 망국의 비극이 오지 않도록 기도하는 사람이 되어야 함을 가르치고, (3) 정의의 하나님은 언제나 벌하시는 일보다는 그들이 죄에서 떠나 회개함으로 벌을 면할 수 있는 가능성은 언제나 열려 있다는 것, 이 세 가지를 가르쳐주고 있다. 그러기에 환상경험은 이스라엘의 실제 생활과 직결되어 있는 신앙의 한 표현이라고 할 수 있다.

26. 제2의 환상: 불의 재난
(7:4-6)

1. 서론

하나님은 자기 자신의 뜻을 여러 가지 모양으로 계시하신다. 아모스에게는 이미 말한 바와 같이 '환상'(vision)을 통해서 자기의 뜻을 전달하고 있다.

그가 본 두번째 환상은 "불"에 대한 환상이다. 환상은 상상이 아니다. 주관적인 동기에서 일어나는 현상이 아니고, 타자에 의한 객관적인 현상이다. 히브리어에 '환상'이란 말이 독립되어 있지 아니하고 "본다"는 동사 ראה의 히필형으로, 보여줄 목적이 밖으로부터 오는 상태를 말한다. 그러나 객관적인 현상은 아무나 볼 수 있는 것은 아니다. 다메섹 성문 밖에서 사울이 본 환상은 옆에 있던 동행자는 볼 수 없었다. 그것은 보이는 현상이 밖으로부터 왔지만, 보여주는 사람이 깊은 내적 경험에서 보기 때문에 환상이란 것은 "객관적인 주관적 현상"이라 하겠다. 그러니 어디까지나 보는 사람의 내면적 경험이다. 아모스의 하나님 야웨가 그를 예언자로 부르신 목적을 달성하기 위하여 그에게만 주시는 현상이다. 그러므로 이러한 환상을 꿈이나 환각으로 무시해 버릴 수 있지만, 이 환상이 하나님으로부터 온 것이기 때문에 아모스 자신의 취사선택권 아래 있는 것은 아니다. 우선권을 가지신 하나님이 환상에서 자기의 뜻을 예언자에게 분명히 보여 주시는 것이다. 그래서 이 '불'은 자연 현상에서나 인공적으로 일어나는 불이 아니고 '거룩한 불', 또는 '신의 불'이라 할 수 있다.[1]

이스라엘 신앙역사는 '불'이 하나님의 계시와 관련된 것이 많다. 가령 모세가 하나님의 소명을 받을 때도 불은 붙으나 타지 않는 가시

---

1) J.L. Mays, p. 131.

덤불에서 하나님이 그를 부르시는 뜻을 전달코자 했다(출 3:2-3). 엘리야의 경우도 하늘에서 내려온 불이 나무더미에 붙으므로 하나님의 위력을 나타내었다(왕상 18:38). 여기에 분명히 '야웨의 불'이라 했다. 신약에 와서 성령이 '불혀'로 내렸다는 것도 구약에 나타난 "하나님의 불"의 전승을 이어받은 것이다.

그러나 이러한 '신화'(神火)는 인간의 죄를 벌하는 도구로 사용한 경우가 많다. 가령 소돔, 고모라 두 성이 하늘에서 내려 온 "유황불"로 인하여 망한 것은 이런 성격의 불을 보여주는 대표적인 것이다(창 19:24). 이 기사가 J문서이므로 어디서 이러한 벌의 사상을 가져 왔는지 알 수 없으나 대체로 이스라엘 신앙에서 "불과 형벌"은 이 소돔·고모라 기사가 대표적이라 할 수 있다. J 이후 기자들에게서 하나님의 진노의 사상과 불을 연결하도록 발전함을 본다. 가령,

"언제까지나 주의 진노가
불붙듯 하시겠나이까?"(시 89:46)

"나 여호와께 속하라.
그렇지 아니하면 너희 행악으로 인하여 나의 분노가 불같이 발하여 사르리니 그것을 끌 자가 없으리라"(렘 4:4).

아모스는 J기자가 밝힌 "형벌의 불"의 사상을 이어받아 범죄한 이스라엘 백성을 징계한다는 것을 둘째번 환상에서 강조하고 있다. 그러나 이 경우 아모스는 소돔과 같은 어떤 도시를 밝히지 아니하고 "큰 바다와 육지"를 삼키려 한다는 우주적인 범위를 말하고 있다.

2. 새 번역

5-6절은 제1환상에 나타난 말씀과 (7:2b-3) 거의 동일함은 이미 언급한 바다.

4절 주 야웨가 내게 보여주신 것은 이런 것이었다.
보라!
주 야웨가 화염을 불러일으켜 큰 바다를 말리시며
들판을 태우신다.

5절   그래서 내가 아뢰었나이다.
     오호 주여!
     이제 그만 멈추어 주십시오.
     어느 뉘가 감히 살아남을 수 있사오리까.
     야곱은 진실로 미약하옵니다.
6절   야웨는 동정하시면서
     "이 일은 일어나지 않으리라."
     야웨 주는 말씀하셨다.

3. 텍스트 문제

제2의 환상의 독특한 내용은 4절 한 절 속에 담겨 있다. 그중에 가장 중심되는 말은 "불" 또는 "화염"[2]과 그 "화염"이 작동하여 만든 결과에 대한 환상이다.

"불러 일으킨다"의 원문은 "부른다"(קרא)의 분사형(=calling)으로 나왔지만 "화염을 불러 일으킨다"고 함이 전체의 뜻을 살린다고 본다.

"큰 바다"는 "바다"(ים)란 말이 아니고 "tehôm"(תהום)이란 "원시의 깊음" 또는 심연(Abyss)을 말한다. 우리말 성경은 "바다"라 했지만 같은 말을 시편 42편 8절에는 '깊음'이라 했다. 그러므로 이 말은 실제 어떤 바다를 말함이 아니고 그의 환상 중에 나타난 "큰 물" 또는 대해를 의미한다. 그리고 여기 "말리다"로 번역된 말의 원어는 "삼키다, 먹는다"로 쓰이는 אכל 동사이다. 불이 무엇을 "사른다," "태운다," "삼키다" 등은 동양적인 표현의 공통성이다. 다만 여기 큰 깊음을 삼킨다는 것이 무엇을 말하는 것인지 정확히 밝히기는 어렵다. 우리 나라 애국가에 "동해물을 말린다"는 표현과 서로 통하는 하나의 시적인 표현이다. 엘리야의 갈멜산 사건 때 "큰 불이 하늘로 내려와 물을 잔뜩 부은 제단과 제물을 순식간에 태워버렸다"는 고사(古事)를 아모스

---

2) Th. H. Robinson과 Weiser는 "Feuerflamme"(불꽃 또는 화염), Mays는 "불의 비"(a rain of fire), Harper, Milos Bic은 단순히 '불'로, NEB는 "a flame of fire"(불꽃, 화염) 등이다. 그래서 필자는 화염으로 따른다. "테흠"은 창세기 1장 2절에 나타난 신화적인 메아리를 가진 말이다. 이 말에 대한 것은 졸저, 『이스라엘의 신앙과 신학』(1967), p.270 이하를 보라.

가 생각하여, 하나님의 위력 앞에는 큰 바닷물도 순식간에 말라 버릴 수 있음을 뜻한다 하겠다. 그런 위력 앞에는 "들판"을 순식간에 불태워 버린다는 것은 쉬운 일이다. 여기 "들판"의 원어 heleq(חלק)가 우리 성경대로 "육지"라 해야 할 것인지 NEB처럼 "all Creation"(모든 피조물)로 해야 할 것인지 단정하기 어렵다.[3]

전체로 하나님의 불은 순식간에 "바다를 말리우고 육지를 불살라 버리는" 위력을 가진 것을 표시하여 죄지은 이스라엘을 징계하신다는 하나님의 심판사상이 여기 나타났다 할 수 있다.

5,6절은 이미 7장 2-3절의 반복이기 때문에 텍스트의 문제는 위에서 언급한 것임에 여기 다시 되풀이할 필요가 없다.

4. 본문 해설

여기 나타난 중심사상은 1-3절에서와 같이 예언자가 그의 책 전체에서 주장하려고 하는 주제를 다시 한번 다른 환상을 빌려 강조함에 불과하다. 그가 주장하는 정의는 심판사상과 관련되어 있다. 심판행위는 항상 파괴를 전제한 새로운 창조를 의미하고 있다. 바다를 말리우고 들판을 소각해 버리는 일은 우주적인 혁신을 의미한다. 야웨 하나님의 상대는 이스라엘 민족이나, 여로보암 2세가 다스리는 작은 정권과 국가가 아니고 세계와 인류와 우주이다. 우주의 혁신은 세계의 혁신으로, 세계의 혁신은 인류의 혁신, 인류의 혁신은 민족의 혁신, 민족의 혁신은 개인의 혁신, 이러한 상관관계를 가지고 있음이 하나님의 역사경륜이다. 아모스는 1장에서 그의 예언이 이스라엘 한 나라에 국한하지 않음을 밝혀 보여주었기 때문에 여기 그의 심판 사상을 전 우주적인 것으로 확대시킴은 무리가 아니다. 그러나 그의 주안점은 하나의 새로운 우주론(cosmologie)을 구상하기 위함이 아니고, 우주라도 당신의 진노의 불길로 태워 없애버릴 수 있는 '종말적인 사건'으로

---

3) 원래 חלק은 "몫," "한 부분"(portion), '조각' 등을 뜻하는데 야웨가 아브라함을 통하여 약속한 땅은 지구의 한 부분으로(신32:9) 특히 이스라엘이 차지할 몫이었다. 이런 의미에 땅이라 할 수 있다. 그러나 여기 '들판'이라 한 것은 Weiser나 Robinson을 따라 가뭄에 불타는 "들판"을 아모스가 환상 속에 보았다고 추측할 수 있다.

볼 때[4] 하물며 "미약한 야곱"쯤이야 어찌 파괴시킬 능력이 없겠는가 함에서 이스라엘의 죄와 타락상을 경고하고 그 비참한 종말을 깨우쳐주려는 것이다.

"큰 깊음"을 불태운다는 것을 이러한 우주적인 관련에서 보지 아니하고 모든 샘과 강을 이루게 하는 "지하수"로 보는 학자들도 있다.[5] 그러나 아모스는 드고아 농촌 출신의 사람이다. 그는 중동지대 특유한 기후, 비가 내리지 아니하는 여름철,[6] 사막에서 불어오는 열풍으로 모든 시내와 들판들이 초토로 화하는 것을 어릴 때부터 보아온 사람이다. 그는 자기의 경험에서 이스라엘의 운명을 생각함은 당연하다. 그러나 로빈슨이 한 작은 마을에 살고 있는 농부가 자기의 소유로 있는 작은 농장이 여름 가뭄에 타 없어지는 비극을 종말적인 우주의 참상과 관련시키고 있다고 말함은[7] 지당한 해석이다. 그러므로 단순히 "지하수"를 말린다는 데 그칠 것이 아니라, 지하수며 모든 하천이며 심지어 바다(= 큰 깊음 תהום רבה)까지도 말려버리는 위력을 가지신 야웨 하나님 앞에 이스라엘의 작은 나라의 심판과 징계를 이 환상에서 본 것이다.

그러나 제1 환상에서와 같이 그는 이러한 하나님의 징계와 심판이 이스라엘에 내리지 않기를 빌고 있다. 이 환상은 우연히 꿈 속에 주어진 것이 아니다. 그가 예언자로서 "어떻게 해야만 이스라엘이 받아야 할 심판의 불을 피할 수 있을 것인가?" 이스라엘을 위한 간절한 기도 가운데서 본 환상이다. 그의 기도는 자기의 기도가 아니라 바이저의 말대로 대도이다.[8] 그의 기도를 드라마화 한다면.

야웨: 나는 이스라엘을 징계하련다. 그들의 죄와 악, 부정과 부패 때문에 나는 이 나라를 불로 태워버리리라. 바다를 말리우고 들판을 다 살라버리는 맹렬한 화염으로 없애버리리라.
아모스: 주여, 어찌 그럴 수 있습니까? 이 땅과 이 백성을 당신이 지목하여 아끼고 사랑한 것이 아닙니까. 당신의 위력 앞에 이 나라는 참으로 미약

---
4) J.L. Mays, p. 131; Harper, p. 164.
5) Th. H. Robinson, p. 98; Milos Bic, p. 144.
6) A. Weiser, p. 183. 아모스는 이 환상을 여름철과 관련시키고 있다.
7) Th. H. Robinson, p. 99
8) A. Weiser, p. 183.

합니다. 그러나 주여, 당신의 진노를 거두어 주소서. 당신이 그 죄대로 벌하실 때, 도저히 설 수 없습니다.
"악인은 심판에 견디지 못하리라"(시편1:5).
주 야웨 하나님
당신의 뜻을 돌이켜주소서.
당신이 심판의 불을 보내지 마옵소서. 주여, 간구하옵니다.
야웨: 내 본심이야 어찌 이스라엘이 망하는 것을 원하겠느냐? 너의 간절한 기도로 뜻을 돌이키리라. 그 무서운 "화염"을 보내지 아니하리라. 그러나 이스라엘 백성들이 그 죄악의 길에서 돌이킬 것인가? 그들이 과연 나의 진노의 불길을 무서워하겠는가?

이러한 기도 속에서 대화를 상상할 수 있다. 문제는 "하나님의 벌"이 아니고 이스라엘의 회개, 그 나라 정권을 가진 자, 모든 경제인, 모든 종교적 지도자, 또 그들과 함께 예배를 드리는 일반 백성이 야웨 하나님을 무서워할 것인가 함이 숙제로 남아 있다고 암시하고 있다.

27. 제3의 환상:다림줄의 심판
(7:7-9)

1. 서 론

제1, 제2의 환상은 자연 현상을 통한 심판의 경고였다. 그러나 제3의 환상은 도시문화와 관련된 심판경고이다. 이 셋째번 환상의 중심은 "다림줄"이다. 이 말, "다림줄"(אנך)은 여기만 나오는 말이지만, 담벽이나 기둥이 수직으로 세워졌는가를 보는 목수들의 도구이다. 이 "다림줄"의 정확성대로 기둥을 세운다거나 담벽 또는 성곽을 친다는 것은 그 집과 성벽을 안전하게 세우는 것을 의미한다. 이 줄이 측량해 준 수직선을 무시하면 그 집과 성벽은 설 수 없고 무너지고 만다.
　예언자 아모스는 이스라엘 나라가 계속해서 존립할 수 있는 근거가 무너졌다는 것을 백성들에게 가르치려 한다.

2. 새 번역

7절　다시 내게 보여주신 것은 이것이었다. 내가 보니, 주께서 다림줄을 손에 들고 한 성벽에다 다림줄을 내려뜨리고 서서 계셨다.
8절　야웨가 내게 물으셨다.
　　　"아모스야 너는 무엇을 보는가?"
　　　"다림줄이옵니다" 내가 대답했다.
　　　주께서 다시 말씀하셨다.
　　　"보라, 나는 지금 내 백성 이스라엘 한가운데 다림줄을 드리웠다. 내가 다시는 그냥 지나가지 않으리라."
9절　이삭의 신당은 무너지고
　　　이스라엘의 성소는 파괴되리라.
　　　내가 여로보암의 나라를 치려
　　　칼을 들고 일어나리라.

3. 텍스트 문제

7절에 "주 야웨"(אדני יהוה)를 첨가시켜 이 절의 주어를 명백히 함을 학자들은 권장한다.[1] 그러나 첫째, 둘째 환상에 "야웨"란 주어가 나와 있기 때문에, 그 연속되는 부분으로 볼 때 "주"나 "주 야웨"를 보충하지 않아도 본문을 읽음에 아무 어려움이 없다. NEB는 "a man"을 보충했다.

여기 "내가 보니"는 원문에 없지만 "보라!"(הנה)란 원어를 이렇게 번역함이 문맥에 잘 통하는 것 같다.

7절 다음 부분은 여러 가지로 번역된다. "다림줄"(אנך)는 LXX와 Vulgate 그리고 다른 셈어 계통에서 여러 가지로 번역되지만[2] 원문대로 직역을 하면 "보라! 그가 다림줄로 지은 벽 곁에 서 계셨다"로 된다. 그러나 "다림줄로 만든 벽"(חומת אנך) 은 벽의 재료를 말한다면 어불성설이고, "담이 다림줄의 측량으로 곧바르게 지어졌다"하면 의미가 통한다. 그러나 후자의 경우도 야웨가 이제 막 새로운 담을 짓기 위하여 다림줄 측량을 한다는 의미가 아니고, 이미 만들어진 담이 본래대로 곧바로 서 있는가를 살피기 위하여 "다림줄을 손에 잡고 계신다"는 뜻이니 많은 말을 보충해야 뜻이 통한다.

그런데 메이스는 "다림줄로 지은 벽으로"라고[3], 그리고 바이저는 "벽에다 다림줄을 놓았다"[4] 로, 빅(Milos Bic)은 "다림줄의 (도움으로) 지은 벽 곁에 그가 서 계셨다"고 하며[5] 로빈슨은 "다림줄의 벽"이란 원문에서 "다림줄"을 생략해 버리고 있다.[6] 포스브로크(Fosbroke)는 "벽에 대고 있는 '다림줄'을 보았다"고 해석한다. 8절 "야웨가 내게 물으셨다"의 원어는 "야웨가 내게 말씀하셨다"이다. 문맥상 "물었다"고 함이

---

1) *Biblia Hebraica* (O. Procksch의 수정), A. Weiser, J. L. Mays, 그러나 Robinson은 "Der Herr", NEB는 "The Lord"를 보충하고 있다. Milos Bic은 제3 인칭(Er)만을 보충하고 있다.
2) *Interpreter's Bible*, Vol. VI, p. 833 참조.
3) J.L. Mays, p.131; A. Weiser, p. 180.
4) Milos Bic, p. 148.
5) Th. H. Robinson, p.98.
6) Hughell E.W. Fosbroke, *Amos, Inter. Bible.* VI, p.833.

났다. 아모스가 "대답했다"도 원문은 "말했다"이다. 그런데 8절 마지막 구절은 "내가 다시는 그들을 지나가지(עבר) 아니하리라"가 원어이지만, 이것을 "용서하지 아니하리라"[7]로 이해하기도 한다.

"이스라엘의 중심부"에 "다림줄"을 드리운다는 것은 이미 기울어져가는 담벽 같은 이스라엘을 "그냥 지나가지 않겠다"함으로써 야웨의 심판의 각오를 한번 다시 밝혀주고 있다.

4. 본문 해설

농촌 출신 예언자 아모스는 이 부분에서 도시문화로 말미암은 이스라엘의 비극을 묘사하려 한다. 그는 제1, 제2환상에서 농민들의 삶의 경험을 통하여, 즉 "황충"과 가뭄 같은 뜨거운 "불"의 피해로 농촌사회가 비참해진다는 사상과 대조적이다. 사마리아 수도가 어느 정도 소위 요즘 말로 근대화되어 고층건물들이 있었는지 알 수 없지만, 도시는 건축가로 인하여 확장되고 많은 집들이 지어지고 "궁궐," "상아궁," "큰 궁," "여름 궁," "겨울 궁" 같은 아름다운 건물, 웅장한 건물들이 세워진다. 그의 환상은 도시문화의 근거를 문제삼고 있다. 다림줄 하나로 건물이 서고 넘어진다. 건축가의 모든 기술, 그가 사용하는 모든 값비싼 재료들도 다림줄 하나가 가지고 있는 원리에서 어긋나면 모든 건물은 세워질 수 없고 또 세운다고 해도 넘어질 수밖에 없다.

아모스는 여기서 하나님이 건축가란 사상을 묘사한다.[8] 지금까지의 환상에는 그에게 보여준 환상은 자연현상의 이변이었다. 그러나 이 제3의 환상에서는, 야웨 하나님 자신과 그가 하시는 일을 직접 보게 한다. 야웨로 말미암는 사건을 보여주지 않고 그 사건을 일으키시는 야웨 자신을 보게 한다. 이 점도 전자의 두 환상과 대조가 된다.

그가 서신 곳은 담이며(실상은 예루살렘을 사면으로 둘러싼 성벽으로 "코마아"[כומה, 담의 원어]가 사용되었다[9] 왕하 25:10), 그의 손에는 건축가의 가장 중요한 도구 "다림줄"을 가지고 계신다고 했다. 이는 북왕국

---

7) Robinson, Weiser, M. Bic.
8) W. R. Harper, p. 165. 시 127:1에 분명히 이를 말함.
9) 유다가 B.C. 586년에 망할 때에 느부갓네살이 "야웨의 성전"과 왕궁을 불사르고, 예루살렘 사면을 둘러싼 성벽을 파괴했다고 했다.

이스라엘의 수도 사마리아 사면을 둘러싸고 있는 성벽의 안전성을 시험하신다고 한다.
　이사야가 예루살렘의 비극적인 종말을 영안(靈眼)으로 내다보았을 때 "공평으로 줄을 삼고 의로 추를 삼겠다"(사 28:17)한 말씀은 아모스의 영향일지는 모르지만 여기 아모스가 묘사한 "다림줄 환상"을 잘 설명해 준다. 야웨 하나님은 "이스라엘 중심부"에 오셔서 그들의 사고와 생활이 공평과 정의의 척도에서 어긋나지 않았는가를 살피신다는 것이다. 이는 공의의 예언자 아모스가 북왕국의 이스라엘의 수도 사마리아와 그 백성들의 역사적 운명이 하나님의 공정한 정의의 심판대 앞에 놓였다는 것이다. 여기 우리는 서울 "와우 아파트" 붕괴사건을 연상할 필요가 있다. 그 지반이 잘못되어 무너졌다고 할 때, 그 비극 이전에 어느 건축가가, "다림줄"을 드리워 건물의 수직선을 조사했더라면 주민의 인명과 재산의 피해는 보지 않았을 것이다.
　이스라엘 나라의 건축가 야웨 하나님은 수도 사마리아 성벽을 다림줄로 재어 수직선을 조사함을 아모스가 보았다는 것은 이스라엘 나라 운명이 이미 기울어져 있어 어떻게 장차 올 비극적인 운명을 피할 수 있을까 기도하는 가운데서 이런 환상을 보았다 할 수 있다. 여기서도 야웨 하나님은 이스라엘의 부정과 부패, 불의와 타락 때문에 성벽이 무너지는 심판을 받을 수밖에 없다는 것이다.
　제1과 제2 환상에는 야웨 하나님이 자기의 징계의 뜻을 돌이키겠다고 했지만, 이 제3 환상에는 "하나님의 용서"의 뜻이 나타나지 아니했다. 두 번이나 이스라엘을 용서해 보겠다고 했지만, 이제 더 용서하실 마음이 없다는 선언을 한다. "내가 다시는 그냥 지나가지 아니하리라"는 새로운 결의의 표시다. 용서할 수 없다는 선언이다. 따라서 이스라엘은 절망적이다.
　아모스의 고통은 자기 영혼 깊이로 들어간다. 8절은 하나님과 백성 중간에 위치하여 하나님을 기쁘게 하는 동시에 그 백성의 평안과 번영을 생각하는 예언자의 내적인 경험이 적나라하게 표현되었다. 야웨가 말씀하고 아모스가 응답하고, 야웨의 관심, 또 그 관심에 보답하는 아모스의 말, 이렇게 아름다운 대화가 펼쳐지고 있다. 예언자는 하나님의 대화의 상대자란 모습, 하나님이 자기 결의를 먼저 그의 사랑하는 종에게 알려주는 광경, 야웨와 예언자의 최종적인 관심은 계약의 백성, 이스라엘의 구원과 평강이다. 그러나 이제 이 관심의 목적은 수포로 돌아가고 만다. 여기 하나님의 강경책 즉 이스라엘을 벌하려는 그의 초지를 이제 굽힐 수 없다는 것이다.[10] 5장 17절 말씀대로 포도원으로 비유된 이스라엘 위에 파멸의 수레바퀴는 지나가고야 만다.

9절에는 야웨 하나님의 무서운 최종 심판이 "이삭의 산당"과 "이스라엘의 성소"와 "여로보암의 나라," 그의 정권 위에 임할 것을 밝힌다. 이것을 줄여서 말한다면 이스라엘의 종교와 정치의 불의를 그냥 묵과해 버릴 수 없다는 것이다.[11] 여기 한 나라의 비극적인 운명은 첫째 그 나라 종교의 타락, 둘째는 그 나라 정치의 불법성 때문에 온다는 역사 철학을 말한다. "산당"(bamah-במה)은 예루살렘 중앙성소 또는 북왕국의 중앙성소인 벧엘 성소가 아닌 지방성소를 말한다(왕상 14:23; 왕하 17:10-11). 대체로 이런 성소들은 그 땅의 토착민인 가나안 사람들의 바알 숭배의 성소들이다. 왕국시대는 대체로 이런 성소들이 매우 중요한 역할을 했다(왕상 22:43; 왕하 12:3;14:4;18:30). 사무엘도 이런 성소에서 드린 제사를 축복했고 또 인도하기도 했다(왕상 3:4; 18:30). 그러나 신명기 저자는 그가 주장하는 "중앙성소" 정책에 의하여 이런 곳에서 드리는 제사를 부당한 것으로 생각했다. 열왕기상 하는 이 신명기 계통 신학자에 의하여 편집되었기 때문에 대체로 이 "산당"(High Places)제사를 부당한 것으로 간주했다.

"이삭의 산당"에 "이삭"이란 말은 이사야 33장 2절에서와 같이 이스라엘의 시적 표현이라 하겠다. 7장 16절에도 같은 뜻으로 "이삭"이 사용되었다.[12]

"이스라엘의 성소"(מקדש ישראל)는 북왕국의 주 성소인 벧엘과 단 등을 가리킨다(7:13; 왕상 12:25-33, 여로보암 1세가 남왕국 유다성소 예루살렘에 필적한 왕국 성소로 지정함).

북왕국의 종교는 "지방 산당"과 왕권으로 세운 이러한 주 성소가 야웨 하나님께 진실한 예배를 드리지 못했음은 아모스 5장 4절 이하와 5장 21절 이하가 잘 보여준다.

---

10) J.L. Mays, p.133.
11) Th. H. Robinson, p.99.
12) 이삭의 원어 ישחק는 시 105:9; 렘 33:26에서 יצחק로 되어 있다. 이는 지방 사투리로 본다. Harper, p.167.

아모스가 이스라엘 정치의 중심이 "여로보암의 집"에 있다고 함은 아모스 예언서에서 말하고 있는 정치적, 사회적 부정과 부패, 불의와 악이 여로보암의 정권과 관련되어 있음을 누차 지적해 온 바다. 여기서 이러한 정치의 권좌는 반드시 무너지고 말 것을 야웨 자신이 선언하고 있다. "야웨 자신이 칼로 친다"고 말한다. 물론 이것은 6장 14절에 있는 대로 "한 나라를 일으켜" 이스라엘 모든 땅을 치겠다는 말과 일치된다. 7장 11절에 아모스는 여로보암의 정권만이 무너지고 말 것이 아니라, "여로보암 자신이 칼에 죽겠다"고 선언하고 있다.

이스라엘의 비극적 운명은 야웨의 벌로 말미암는다고 할 수밖에 없다. 이 하나님 자신이 "땅의 모든 족속 중에서 너희만 알았다"고 한 이 특권의 백성이 왜 이 재난을 받아야 했던가? 그러나 이것은 역사의 수수께끼가 아니라 아모스와 같은 예언자, 하나님과 직접적으로 대화를 할 만치 정의와 선함에 투철했던 하나님의 종이었던 아모스는 장차 올 이 비극적인 운명은 그들의 역사적 현실이(그들의 종교, 정치, 경제, 문화 등 그 전부가) 하나님의 공의에 어긋났기 때문임을 밝히 본 사람이다. 이렇게 나라와 민족의 비극을 미리 내다보고 정의를 부르짖는 사람은 항상 정권에 눌리고, 같은 종교인들로부터 시기와 미움을 받아 모든 자격이 정지되어 드디어 축출을 당하고 마는 것이 역사의 진실이라 함을 7장 10절 이하에서 보여준다.

그러나 한 가지 아모스의 경우가 후세에 오고 오는 모든 인류역사에서 가르치고 있는 것은 정의의 목소리가 권력에 의하여 막혀져 버리면, 그 나라와 민족의 비극적인 운명은 더 빨리 오고 만다는 것이다.

28. 직업종교인과 예언자의 대결
(7:10-17)

1. 서론

예언자는 자기 자신의 이익이나 권리나 명예를 위하여 살지 아니한다. 그를 부르신 하나님의 부름에 따라 순종하는 삶을 보내는 사람이다. 그렇기 때문에 자신만을 위하여 사는 사람의 생활철학과 다르다. 그 철학은 존경을 받음에 자만하지 아니하고, 멸시와 천대를 받아도 굴하거나 후퇴하지 아니한다. 그는 거짓을 말하거나 아첨을 하지 아니하고 진실만 말한다. 불의와 짝하거나 부정과 타협하지 않는 사람이다.

지금까지 우리는 아모스가 불의와 부정에 대하여 어떤 말을 했느냐 함을 그의 예언에서 보았는데, 이제 여기 이 본문에서는 그의 말과 모순되지 아니한 인격적인 결단을 볼 수 있다. 그가 예언자로서 이스라엘의 역사적 현실을 바라보고 참을 수 없어서 하나님이 주시는 말씀대로 외쳤다. 그가 한 예언은 결코 여로보암 2세가 이룩해 놓은 북왕국의 위신을 추락시키고자 했던 것도 아니며, 또한 여로보암 2세와 그의 정부를 뒤집어엎을 반란죄를 범하려 한 것도 아니다. 다만 그의 눈에 비친 권력자의 타락과 그 권력들을 둘러싸고 있는 사람들 특히 부한 사람들의 횡포, 사치, 법을 다루는 자들의 불법, 상인들의 사기, 남다른 행운을 가진 사람들의 향락, 음란 등 도덕적인 부패, 윤리적인 타락에 대하여 하나님의 말씀대로 고발했다. 우리가 보아 온 아모스 4,5,6장은 집중적으로 이러한 어두운 사회면과 부패해가는 정치면 그리고 율법대로 예배를 드리나, 의식화, 형식화하고 생활화, 인격화하지 못한 종교에 대하여 신랄하게 공격했다.

여기 우리가 생각하는 7장 10절 이하는 아모스의 공격을 받은 종교인의 반발을 보여주는 본문이다. 사직이 아무리 기울어지고 민족의 운명이 아무리 풍전등화와 같다고 해도 최후까지 실망하지 아니하고 어두운 역사 다음에 새 아침이 올 것을 알려주며 백성을 격려하고 소망을 갖도록 함은 신앙인의 할일이다. 그러나 이럴 수 있는 종교인은 보통 사람보다는 차원이 높은 곳에 발을 붙이고 그는 남이 듣지 못하는 신의 영음(靈音)을 들으며 역사의 내막을 드려다 볼 수 있는 별을 그 마음 속에 지녀야 한다. 이런 사람의 말은 진실을 먹고 사는 사람들에게 통하고, 그의 행동은 의를 추구하는 사람들의 발걸음에 용기를 준다. 신앙인이라 불리우는 사람은 종교적인 행사나 의식이나 종교언어를 사용하는 것보다는 그 자신에게서 하나님을 보게 하고 또 그의 말씀을 대변해 주는 일을 한다. 비록 그가 침묵을 지킨다고 해도 그 침묵은 종교적인 관습에 매이고 종교가 준 권위만 자랑하는 형식적인 종교인의 웅변보다 더 감명을 준다.

우리는 아모스 7장 10절 이하에서 한 종교인과 한 신앙인이 어떻게 서로 다르며, 또 그 다름 때문에 피차간에 대결이 생기고 만 것을 볼 수 있다. 그러나 그 대결은 신앙인 편에서 시작하는 것이 아니고 종교인으로부터 공격되어 온 것이다. 그래서 권위만을 내세우는 종교인은 언제나 공격 자세에서 살고, 양심과 말씀에 의지해 사는 신앙인은 항상 수동적이고 따라서 피해를 보기 마련이다. 이런 피해가 신앙인의 고난이요, 또 그것은 그를 순교에까지 몰아간다.

여기 우리가 생각하는 7장 10절 이하에서 아마샤라는 종교인과 아모스라는 신앙인 사이에 있었던 대결을 볼 수 있다.

2. 새 번역

10절 벧엘의 제사장 아마샤는
이스라엘 왕 여로보암에게
사람을 보내어 아뢰었다.
아모스가 이스라엘 집
한복판에서 임금님을 모반하고 있사와
이 땅은 그의 모든 말을 듣고 참을 수 없사옵니다.
11절 이것이 아모스의 말입니다.
"여로보암 임금은 칼에 맞아 돌아가실 것이며,
이스라엘은 정녕 사로잡혀서

이 땅 밖으로 나갈 것이다."
12절 아마샤는 또 아모스에게 말했다.
"이봐! 선견자 아모스여,
유다 땅으로 피신하여 가서
거기서 밥을 먹고
거기서나 예언하라.
13절 그리고 다시는 벧엘에서 예언하지 말라.
여기는 임금님의 성소요, 왕가의 성전이다."
14절 아모스는 아마샤에게 대답했다.
"나는 예언자도 아니며 예언자의 아들도 아니다.
나는 목자요, 돌무화과 나무를 가꾸던 사람이다.
15절 나는 양떼를 쫓아 다니다가
야웨에게 잡혔다.
야웨는 내게 말씀하셨다.
너는 내 백성 이스라엘에게
가서 이렇게 예언하라..
16절 이제 너 아마샤는 야웨의 말씀을 들으라.
너는 이스라엘을 상대하여
예언하지 말라,
이삭의 집을 상대하여 예언하지 말라 하지만,
17절 야웨는 이렇게 말씀하신다.
'네 아내는 이 도시 안에서
몸을 팔게 되고 네 아들과 딸들은 칼에 쓰러지리라.
네 땅은 남의 소유지로 측량될 것이며
네 자신은 더럽혀진 땅에서 죽으리라.
그리고 이스라엘은 반드시 사로잡혀 자기 땅에서 떠나가리라.'"

3. 텍스트 문제

이 7장 10-17절까지는 지금까지 제1인칭 형태의 예언과는 달리, 3인칭 형태로 예언자 아모스에 대한 얘기를 해주고 있다. 특히 지금까지 (7장 9절까지) 아모스의 환상을 말해오다가 갑자기 "아모스 대 아마샤"의 대결 기사가 나오고, 8장 1절 이하에 다시 환상 예언이 계속된다. 환상에 관한 전체 기사에서 본다면 이 "대결 기사"는 괄호 속에 든 것과 같다. 그래서 이 부분은 본문비평의 문제가 된다. 이런 경우 대개는 편집자가 가지고 있었던 다른 자료에서 여기에 삽입했다 할 수 있다. 바이저는 이 "대결기사"(7:10-17)를 9장 5-6절 다음에 두고[1] 이 부분은 아모스가 벧엘 성소에서 활동한 그의 생의 마지막 시대에 속한 것을 여기 첨부했다고 한다.[2] 그러니까 이 부분은 아모스 자신의 기사가 아니라고 한다. 편집자의 손에 의하여 첨부된 이 자료는 아모스의 삶과 그의 예언의 일치를 보여주는 훌륭한 전기적 작품의 일부라 하겠다. "본래 아모스의 활동을 기록한 어떤 긴 문서"에서의 발췌라 할 수 있다.[3]

그러나 이 부분을 바이저에 따르지 아니하고 현 위치에 둘 수 있음은 7장 9절에 아모스가 '여로보암 집'에 관한 예언을 했기 때문에 아마샤와 아모스의 대결은 결국 여로보암과의 대결임을 보여줌에도 아무러한 무리가 없기 때문이다. 그것은 아마샤란 종교인은 여로보암의 권력에 결탁되어 있는 타락한 종교인이었기 때문에 아모스는 바로 이러한 어용종교가를 사회 부정의 장본인과 꼭 같이 하나님의 말씀으로 비판함이 예언자의 책임이었다.

10절(1) "보낸다"는 동사 앞에 목적어가 나와 있지 않다. 아마샤가 여로보암 왕에게 '상소문'을 올렸는지 어떤 사람을 직접 보냈는지 알 수 없다. 왕의 성소라 할 수 있는 벧엘의 제사장이라는 신분에서는 왕과 더불어 직접 대화를 할 수 있었던 신분이라 하겠다. 또는 어떤 서장(書狀)을 왕에게 보낼 수도 있었을 것이다. 그러나 필자는 "사람"을 보냈다고 읽는다. 문제는 보냄을 받은 사람이나 서장이 아니고 무슨 말을 왕에게 고하는가 함이 중요하기 때문에 이 '사람을' 보충해 보았다. New English Bible 에는 "Amaziah reported to Jeroboam"했다.

10절(2) 원문에는 "너를 모반한다"로 되어 있으나 임금께 아뢰는 말에 "너"나 "당신"을 쓸 수 없어 "임금님을" 삽입했다.

10절(3) "듣고"를 보충했다. "말을 찾을 수 없다" 또는 "말을 견딜 수 없다"로도 의미가 통하지만 아모스가 하는 "모든 말을 듣고 참을 수 없읍니다" 함이 낫다고 생각된다.

---

1) A. Weiser, p. 159f..
2) *Ibid.*, p.130,190; J.L. Mays, p.134.
3) H.E.W. Forbroke, *Amos, Interperter's Bible*, VI, p. 834; Th.H.Robinson, p.99.

10절(4) 여기 "임금님"도 문맥상 보충했다.

12절(1) "거기서나"라고 하여 아모스가 말하는 예언은 유다 땅에서나 할 것이지 감히 어떻게 이스라엘 땅에서 할 것이냐 하는 멸시의 태도가 들어 있음을 나타낸다.

13절(1) "왕가의 성전이라"는 원문대로는 "황실의 집"(bêth mallaka)이지만, "왕가의 집"(royal house)으로 함이 좋겠다. 벧엘은 왕의 성소가 있는 곳이며, 임금이 거하는 궁전도 있고, 국가 종교의 본부가 있는 곳이다.[4]

14절(1) 여기 시상(時相)을 현재(I am not)로 함보다 "나는 … 였다"(I was)로 번역된 곳이 많다(Mays, S.R.Driver, KJV. Th. H. Robinson은 am 보다 was가 낫다[5]고). 그러나 현재 과거 두 가지가 다 가능하다. 본래 원문에는 여기 해당한 동사가 나타나지 않았으니까!

(2) 구역(舊譯) 뽕나무는 우리 나라에서 보는 것과 다른 무화과나무의 일종이다. 그러므로 이 말의 원어는 돌무화과로 번역함이 타당하다(Mays, 앞의 책, 138면).

15절(1) "잡혔다"의 뜻은 신체적인 의미보다 "소명감을 받았다"는 정신적인 의미이다. 야웨 하나님의 강제에 못이겨 잡혔다고 하는 예레미야의 소명경험과 같다(렘 23:9).

15절(2) "너 아마샤"는 원문에 없지만 여기 삽입했다. "너는 들으라 야웨 말씀을!" 원문의 직역이다. 그러나 15절과 16절의 제2인칭이 누구를 가리키는지 혼동하기 쉽기 때문에 "아마샤"에게 들려주는 말씀임을 이렇게 삽입하여 밝혔다.

16절(2) 이 말은 그 앞에 나오는 "예언하지 말라"의 원어(tin-nabê)와는 다른 말(natap의 Hiphil 2인칭) "tat-tîp"(תטיף)이다. 이 말(נטף)은(물방울을 떨어뜨리다, 흘린다) 하늘이 빗물을 떨어지게 한다(시 68:9), 향수를 떨어뜨린다(아 5:5) 등과는 달리 말을 입에서 떨어지게 한다는 변론과도 연결되어 사용된다(욥 29:22). 그래서 이 말은 예언행동과도

---

4) W.R.Harper, p.171.
5) Th. H. Robinson, p.98. 이 문제는 아모스의 예언자적 신분과 활동이 과거에만 국한하는가 현재도 포함시키는가 하는 논란의 대상이 된다. 자세한 것은 H. H.Rowley, "Was Amos a Nabi?" Eissfeldt의 회갑논문(1947), pp.194ff.; E. Würtwein, "Amos-studien", *ZAW* (1950), pp.10-40 참조.

관련시켜 사용하고 있다(겔 21:2;5:7).
17절(1) 이 말의 원어는 "창녀," "음녀"가 된다고 되었지만, 여기서는 "몸을 판다"고 해서 말을 부드럽게 하면서도 비참상과 타락상을 더 나타낸다고 하겠다. 자기 아내가 창녀가 된다는 일처럼 지독한 저주가 없을 것이다.

4. 본문 해설

아마샤와 아모스와의 대결은 신학적으로 분명한 근거 위에 서 있다. 적어도 아모스와 같이 하나님의 정의를 앞세우며 하나님의 공정하신 심판에 관심을 가지고 있는 신앙인에게는 아마샤와 같은 형식적 직업 종교인을 용납할 수 없다. 또한 반대로 국가의 권력의 비호를 받으며 비판적인 태도보다는 아첨과 맹종을 일삼는 직업적인 종교인에게는 하나님의 계시대로 그의 말씀이 지시하는 대로, 바른말을 하는 참 신앙인을 용납하기보다는 항상 시기와 질투를 일삼으며, 이런 신앙인의 말에 귀를 기울임보다는 거기에 반발하는 법이다. 이 사실은 오랜 교회사가 증명해 주는 바다. 이 대결은 그러므로 단순한 신앙의 차이에서 온 것이 아니라, 신학적인 이유에서 생기는 대립이다.

우리는 여기 처음으로 나타난 벧엘의 제사장 아마샤란 사람에 대하여 생각해 보자. 그와 같은 이름을 가진 사람은 2,3명이 있으나 그가 어떻게 여로보암 왕 시대에 제사장이 되었는지 알 수 있는 자료는 없다. 그의 이름은 아모스 7장 10절 이하에만 나온다. 그의 집안이 대대로 제사장 집안이었는지 모른다. 가령 다윗시대 성전 봉사한 사람 중에 같은 이름을 가진 사람이 있다(대상 6:45, 30).

우리는 그의 내력을 알 수 없지만 여로보암 2세 당시 이 아마샤는 북왕국 이스라엘 종교의 최고 권위를 가진 사람으로 왕실에 직속되어 왕실 성소에서 봉사하는 최고 종교인이라 할 수 있다. 그의 지도와 관할 아래 있었던 이스라엘 국가 종교는 이미 아모스 5장 21절 이하에서 밝힌 대로 "성회," "번제," "소제" 그리고 "화목제"와 같은 모든 예배행위를 법도대로 지켰지만, 그들에게는 "성전 안의 종교"만 알았지, 성전 밖에 있는 사회적인 부정, 부패, 불의 등에 대해서는 아무러한 관심을 못가졌다는 것을 아모스는 5장 23절에서 공격하고 있다. 그래서 이러한 "형식적인 종교행사를 다 집어치우라"는 말을 하고 있다. 그것은 이런 율법적이며 형식주의 종교가들에게는 공의와 진실, 하나님의 명령과 양심의 소리에는 귀를 막고 있었기 때문이었다. 어떻게 예물을 많이 드릴까? 어떻게 성회에 잘 참석할까? 어떻게 기도를 잘 드릴까? 함에만 관심을 가진 종교인은 그가 신앙인으로서 해야 할 사회적인 책임과 공동체에 대한 관심을 소홀히 하는 잘못을 범하는 것이다.[6]

"종교인은 종교에만 전념하라. 종교인이 정치에 관여함은 탈선이다" 하는 사고방식이 아마샤와 같은 종교지도자가 가졌던 것이다. 같은 종교인인 아모스는 그렇게 열을 내어 나라와 민족의 운명을 하나님의 말씀으로 염려하여 죄와 불의, 도덕적인 부패와 윤리적인 타락에 대하여 고발하고 있었지만, "성소 안에서만의 종교"를 생각한 아마샤는 아모스의 말이 귀에 들어갈 리 없고, 더욱이 아마샤의 종교적 지도이념을 5장 21절에 있는 대로 신랄하게 비판함에 대하여 격분했을 것이다. 자기는 눈을 감았던 일을 아모스는 들추어내고, 자기는 묵인한 일을 아모스는 고발하고, 아마샤는 시세의 흐름대로 종교생활을 하고 있어도 양심에 가책이 없는데 아모스는 그 무감각성을 비판하고 있으니 아마샤가 아모스를 미워함은 당연한 일이다. 더욱이 여로보암의 비호를 받고 있던 아마샤가 7장 9절에 나타난 아모스의 말, 즉 여로보암 집에 대한 예언은 그로 하여금 자기의 불만과 원한을 표시할 수 있는 절호의 기회가 되었다. 옛날이나 지금이나 권력을 의지하여 다른 사람에게 자기 질투심이나 불만을 보복하기 위하여서는 어떤 "물적 증거"를 잡아야 하는 것이다. 정당한 말로 공격받는 사람은 정당한 답변으로 자기 잘못을 시인하기보다는 자기의 복수심을 풀어줄 수 있는 길을 권력에서 얻고자 하는 것이다. 즉 권력이 상대방을 두들겨 주기를 원한다.

아모스 7장 10절 이하의 아모스에 대한 아마샤의 처사는 이상과 같은 직업 종교인의 심리에서 반드시 그럴 수밖에 없을 것이라는 납득이 간다.

(10절) 아마샤가 여로보암 왕에게 사람을 보냈다. 그 자신이 말하

---

[6] Th.H.Robinson, p.100. "이스라엘의 예언사에 보면 예언자는 그 나라의 정치에 관심을 언제나 표시한" 사람으로 고대에 있어서 민주주의 이상을 왕국에 실현하려고 애쓴 사람이라고 했다.

기는 창피했던 모양인지, 차마 자신이 상대방을 "모반죄"를 지었다고 직접 아뢰기 까지는 할 수 없는 실낱만한 종교인의 양심이 있었던 모양인지 사람을 왕에게 보냈다. 아마샤는 아모스에 대한 고발이 직효를 발할 수 있는 방법으로 "아모스가 왕을 모반했다"는 말을 할 수밖에 없었다. 절대로 "아모스가 종교인으로 정치참여했습니다" 하는 점잖은 말을 쓰지 않았다. 임금 님께 "상감마마를 모반하고 있습니다"고 해야 가장 효과가 있음을 아마샤는 잘 알고 있다. 법치국가에서 "국가 모반죄," "반란 음모죄" 또는 "국가 원수에 대한 모독"이라면 최대의 고발 효과를 발할 수 있음을 아마샤는 잘 알고 있었다. 역사상 이러한 예는 얼마든지 볼 수 있다. 바른말하는 사람을 처치하는 길은 이런 방법이 가장 효과적이다. 이것이 또한 백성들에게서 오는 비난을 피할 수도 있는 것이다. 백성은 누구나 "국가모반"이나 "군주에 대한 모반"죄라면 동정을 하기 때문에.

 아모스는 사실 여로보암의 정권을 전복시킬 모의나 행동을 한 일이 없다. 그는 하나님의 영에 붙잡혀 바른 말을 한 것밖에 없다. 불의를 저지르는 군주나 권력에게는 바른말하는 사람이 제일 골치거리가 된다. 아모스는 개인적 감정이 있어 여로보암이나 그의 집이 망한다고 한 것이 아니다. 나라의 도덕적인 무질서와 백성들의 윤리적인 무책임성에 대한 불감증이 사직을 위태롭게 한다는 말을 한 것뿐이다. 이 상태로 오래 가면, 여로보암과 그 나라는 망할 수밖에 없지 않느냐 염려를 한 것뿐이다. 나라를 염려한 마음에서 한 직언이었다. 이것은 그의 하나님 야웨가 그렇게 말하도록 명령한 것이었다. 물론 이런 예언은 국가안보를 해치는 것이라 할 수도 있다. 그러나 참으로 나라를 염려하는 사람은 외적의 침입을 경고함과 꼭 같이 부정 부패로 나라를 사랑하는 양심의 소리로 받아들여야 한다. 아모스의 예언은 이권이나 권력에 탐함이 없는 순전한 애국심의 발로였다. 이러한 애국과 우국(憂國)의 지사가 언제나 수난을 당하는 것이 또한 역사의 실증이다. 아모스는 결코 헛된 예언을 한 것이 아니다. 그의 예언은 그 후 20여년이 지난 주전 722년에 슬프게도 적중되어 북왕국 이스라엘은 앗수르 군대에 의하여 망하고 말았으니, 이것 또한 역사의 실증이 아닌가?

 그러나 이 망국은 아모스로 말미암지는 않았다. 그 망국의 징조는 아모스 때에 있었기 때문에 이를 경고한 것이다. 그러나 경고의 말이 아마샤에게는 반란죄에 해당한다고 모함하고 고발한 것이다.

"이스라엘 집 한복판에서"는 북왕국 수도 사마리아에서로 해석할 수 있지만, 그의 예언활동이 이스라엘 왕의 성소요, 왕가의 성전이 있는 벧엘에서 된 일이기에 북왕국 가장 중심부에 들어와서 활동한 것이 된다. 아모스는 물론 벧엘 성소를 찾아와서 예배드리는 대중들과 나라의 중신 및 여러 관료 지도자, 군인 장사꾼들에게 그의 예언을 들려주었다. 그의 예언의 말 한마디 한마디는 이스라엘 왕국 중심부를 찌르는 말이었다. 당시 중동의 역사를 바로 볼 수 있었던 사람이라면 아모스의 예언에 전률을 느끼지 않을 수 없었다. 나라가 외적에 침범당하여 국가 최고 책임자를 비롯한 모든 백성이 다른 나라로 사로잡혀 간다는 말은 충격적이 아닐 수 없다. 그러나 이 무서운 선언을 아모스는 이미 여러 차례 외친 것이다(7:9;6:14;11,8-10;5:5-9;3:11;14,15 등). 이 말 때문에 그는 예언자로 나섰던 것이다.

그러나 아마샤는 그의 애국적인 예언을 받아들이기는 커녕 "이 땅이 그 말을 듣고 견디지 못한다"고 한다. 아마샤는 지혜롭게 자기의 감정을 숨기고 민중 백성들의 분노를 내세운다. 요즘 같으면 그가 앞장 서서 일간지 일면에 "공개타도문"을 낼 수 있는 일이며, 또는 큰 광장이나 공회장소에 아모스 성토 대회를 연다는 것이다. 아마샤는 자기의 상소문이 백성들의 느낌과 행동에 민감한 여로보암에게 올라간다는 것을 잘 알고 있다. 아마샤는 한마디로 아모스 예언이 일반 백성들에게는 아무러한 공감을 일으키지 아니하고 오히려 백성들로 하여금 격분케 하고 그를 저주하고 있다는 것을 아뢴다.

(11절) 아마샤는 자기의 말이 확실한 증거를 잡고 있다는 것을 알리기 위하여 다음과 같은 아모스의 말을 인용한다. 그는 아모스의 반란죄를 두 가지 초점에다 맞추고 있다. 첫째, 국왕 여로보암은 칼에 맞아 죽을 것 둘째, 그의 백성 이스라엘은 다른 나라로 사로잡혀 가겠다는 것. 이렇게 단정할 수 있는 증거는 7장 9절에 "칼로 여로보암 집을 치리라"했고 5장 27절에 "너희를 다메섹 밖으로 사로잡혀 가게 하리라" 했다. 이만 했으면 충분한 증거가 된다. 요즘 같았으면 이런 말들이 녹음에 실려 왕께 바쳐졌을 것이다. 아마샤가 직접 들었을 수도 있고, 또 첩자를 보낼 수도 있다. 방법이야 어떻든간에 완전한 물적 증거를 바친 셈이다.

(12절, 13절) 우리 본문에는 이 상소문을 받은 여로보암이 어떤 지시를 내렸는지 알 수 없다. 위에서 말한 바와 같이 이 부분은 본래 다른 문서에 속한 것을 편집자가 여기 수록했기 때문에 왕의 지시 내용은 여기 싣지 못한 것 같다. 다만 왕의 지시가 무엇이었는가는 다음 절에 나온 아마샤의 말에서 알 수 있다. 아마샤가 아모스 처치 문제에 대하여 메이스는 왕의 지시를 받기 전 아마샤가 황실 제사장의 자격으로 자신이 처리해 버렸다고 한다.[7] 그러나 군주제도를 가진 이스라엘에 왕의 명령이 없이는 아무 것도 할 수 없는 것이 상례인데, 더욱이 국가원수를 모독한 중죄인 아모스의 처치문제를 아마샤가 단독으로 했다는 것은 상상되지 않는다. 12절 이하는 여로보암이 아모스에 대한 극형을 피하고 옛 날 우리나라에 종종 있었던 바와 같이 유배(流配)에 해당한 벌을 내린 것 같다. 아모스의 소속이 남왕국 유다였기 때문에 자기 고국으로 추방하듯이 그의 추방문 내용은 첫째, 유다로 피신해 가라. 둘째, 유다에서나 예언하지 다시는 북왕국 안에서 예언하지 말라는 것이다. 퇴거 명령과 예언금지(설교금지), 이 둘은 상관되었다. 아모스가 이스라엘에서 쫓겨나온다면, 다시는 이스라엘 상대로 예언할 수 없다. 또한 유다에서만 예언한다면, 북왕국 영토 안에서 부정이야 부조리야 하고 소란을 피울 까닭이 없다.

아마샤의 추방령은 첫째 임금님께 대한 아마샤의 충성심을 보여줄 기회요, 둘째 국가안보를 소란케 하는 자를 추방했으니 민심을 정부시책으로만 모으는 총화의 길에 이바지한 셈이고, 셋째로는 바른 말하는 소리를 막아 버렸으니 양심의 자극을 피할 수 있어서 삶의 평안을 누릴 수 있는 등의 이점이 있다고 생각할 수 있다.

특히 그의 예언금지의 근거는 벧엘성소의 권위를 모독했다는 것이다. 벧엘성소는 여로보암이 사마리아를 새로운 수도로 정하고 세운 북왕국 이스라엘의 중앙성소로 지정한 것이다(왕상 12:26-33). 이는 남왕국 수도 예루살렘에 있는 중앙성소와 대결하는 새 나라의 새 성소를 세운 곳이다. 이것은 여로보암이 이끌고 있는 10지파 사람들에게 한편으로는 예루살렘의 종교적 권위를 격하시키게 할 수 있는 새 성소를 지정한 것이며, 이 성소를 중심하여 북왕국 이스라엘을 하나

---

7) J.L. Mays; p.136.

님 백성으로 다스릴 수 있다고 생각했기 때문이다. 그러므로 이 벧엘 성소는 과연 왕의 성소요, 왕가 여로보암 집안이 대대로 소중히 여겨 온 예배의 중심지다. 이 성소에서 왕이나 왕가를 배반하는 종교행사나 그 설교가 들려질 수 없다. 아모스는 바로 이 점에서 추방당할 조건을 스스로 만든 것이다.

(14절, 15절) 아마샤의 추방령을 거역할 수 없었던 아모스는 북왕국에서 그냥 예언활동을 하다가 순교를 당했는지 또는 아마샤의 명령을 받자마자 즉시 남왕국으로 피신했는지 분명한 기록은 없다. 순교 당했느냐 피했느냐 하는 물음은 교회사상에 항상 물어지는 질문이다. 권력에 대항하여 죽임을 당했느냐? 아니면 피했느냐? 신사참배를 강요당하고 옥사했느냐, 옥고를 치루었느냐? 아니면 일본으로, 만주로 피신했고 이를 거부하느냐? 꼭 같은 질문을 어느 시대나 물을 수 있다. 한편에서는 아모스 같은 사람은 피신하지 않고 순교당했으리라, 그러나 또 한편에서는 아니다, 그의 새로운 선교를 위하여 남왕국으로 피신했을 것이라고.

그러나 우리는 이 결단 중 어느 하나에 대하여 지나친 관심을 말아야 한다. 아모스가 여로보암의 칼에 맞아 죽지 않았다고 아모스를 비난하는 사람은 자기는 그런 죽음을 할 엄두도 내지 못하면서도 "그래야만 한다"는 사상을 교리처럼 믿는 어리석은 이상주의자이다. 그러나 또한 "아모스가 남으로 피했으니 잘한 짓이다"하는 사람도 "시세에 따라 그럴 수도 있지 않느냐"하는 사상을 몸소 실천하는 천박한 현실주의자이다.

성서는 이 둘 중 어느 하나라 규정짓지 않는다. 그 미해결의 상태가 성서의 현실이다. 그것은 남아서 죽는 일이나 피해서 안전을 찾는 일이 아모스에게 맡겨진 사명이 아니다. 물론 이 양자 중 어느 하나를 택하는 고민을 했을게다. 그러나 아모스의 업적은 다만 그 나라 그 시대 사람들에게 할말을 했다는 것이다. 국민의 사치와 도덕적인 부패 물질적인 팽창주의에만 기울어지고 "하나님을 찾는 일"(5:6), "선을 찾는 일"(5:14)에 등한히했기 때문에 이 죄악을 노골적으로 고발한 것이다. 아모스의 과업은 이것으로도 족하다.

그는 예언자도 아니며, 예언자의 아들도 아니라 했다. 이 말은 아모스가 아마샤와 같이 직업적인 종교인이 아니고, 하나님의 부르심에 사로잡혀 누구 앞에서나 어디서나 바른 말을 하는 평신도라는 말이다. 교직자의 권위는 그에게서 찾을 수 없다. 아마샤는 "유다 땅에 가서 예언을 하고 밥을 먹으라"고 아모스에게 말했지만 아모스는 아마샤와 같이 밥벌이를 위한 직업적인 종교인이 아니었다. 그는 자유의 사람이다. 목자요[8] 돌무화과 나무를 재배하는 농부였다. 그렇지만 아모스는 하나님의 특별한 소명을 받았음을 고백한다. 양을 따라 다니던 목자생활에서 하나님께 사로잡힌 바 되었다고 한다. 이것은 3장 7절에 있는 대로 "야웨가 그의 비밀을 자신에게 주었기 때문에 예언 활동을 한다" 함을 스스로 뒷받침하고 있다. 비록 제도적 종교의 권위를 이어 받은 사람은 아니었지만 그 제도적인 종교와 그 지도자를 비판할 수 있는 하나님의 말씀에 사로잡힌 아모스였다. 말씀의 권위가 종교제도에서 받은 권위보다 더 높다. 그것은 하나님의 손에 붙잡혀 하나님의 말씀을 하나님을 위하여 전하기 때문이다.

(16절, 17절) 여기에 아모스가 아마샤에게 전하는 저주의 선언이 나온다. 아마샤의 예언금지가 얼마나 잘못된 것임을 밝힌다. 아모스 자신의 예언활동은 아마샤나 북왕국 당국의 허가를 받았기 때문에 한 것이 아니다. 하나님에게 사로잡혔기 때문에 한 일이다. 예언을 그만 두라 한 아마샤는 아모스에게 말씀을 주신 하나님께 대한 모독을 범했다. 하나님의 영의 인도대로 한 예언인데, 이를 "그만 두라!" 함은 하나님께 대한 도전이요, 그의 권위를 훼손하는 것이다. 아마샤도 야웨의 권위 아래서 제사장 직분을 한 사람이다. 그에게서 야웨 권위를 빼면 그는 왕실에 고용되어 그 녹을 먹는 한 종교관리에 불과하다. 아모스에게 예언을 금지한 것은 아마샤에게 제사장직을 중지하라는 것과 꼭 같다. 그러나 아마샤는 자기의 권위만 알았지 국가를 위기에서 건지며, 망하고 말 민족을 살리고자 한 애국적인 예언을 한 아모스를 몰라 준 것이다. 여기 아마샤가 결정적으로 하나님의 저주를 받기에 합당하다. 그래서 아모스는 이 형벌 선언에 앞서 장엄하게 하나님의 권위를 알린다.

"이제 너 아마샤는 야웨의 말씀을 들으라!" 했다. 아모스는 자기를

---

[8] Milos Bic은 목자(boqer)를 Köhler의 주장에 따라 biqer로 읽어 '제사감독자'(Opferbeschauer)로 읽는다. *Das Buch Amos*, pp.154f. 그러나 여기 그의 고향의 농촌 풍경을 그리는 장면과 관련하여 목자로 읽음에 무리가 없다고 본다.

추방하는 아마샤에게 개인적인 복수심을 발로한 것이 아니다. "너 자신이 소중히 여기는 아내는 이 벧엘 성소를 짓밟을 난폭한 군인들에게서 능욕을 당하고 말 것이다. 네 아들과 딸들은 칼에 죽고, 네 자신은 유리당한 땅에서 죽고 네가 가진 땅은 다른 사람의 소유가 되고 말 것이다"[9] 했다. 한 개인으로서 받을 최대의 모욕과 수모와 패망을 선언한 것이다. 그러나 이 무서운 선언이 "복음적이 아니라"고 비난할 수 없다. 비인도적이라 공격할 수 없다. 그러나 아모스가 말하는 저주의 선언은 아모스란 한 인간의 감정에서 나온 것이 아님을 이 "저주 선언" 서두에 밝혔다.

"들으라. 너 아마샤여. 야웨의 하시는 말씀을." 만일 이 서두가 없었다면 이는 아모스의 자기 추방에 대한 복수심의 발로밖에 아니라 할 수 있다. 그러나 그것이 아니다. 이스라엘이 망하여 그 백성 전체가 사로잡혀 갈 운명이 올 때, 아마샤의 아내나 자식들이나 그 소유한 땅이 무사할 수 있는 것은 아니다. 모두가 망할 수밖에 없다. 특히 "아마샤 너는 더러운 땅에서 죽으리라" 했다. "더러운 땅"은 제사를 드리는 성소 안 "거룩한 땅"과 비교된다. 이스라엘이 망하는 날 제사를 드리는 성소는 적군에게 짓밟히고 말 것이다. 이방인이 밟은 이 땅은 "더러운 땅"이 아닐 수 없다. 이리하여 이스라엘의 역사는 그 종국을 볼 수밖에 없다.

만일 아마샤가 아모스의 말에 귀를 기울이고 여로보암에게 야웨의 무서운 역사심판을 두려운 마음으로 알리고, 또 그 나라의 운명을 쥐고 있는 최고 책임자인 여로보암 왕이 아마샤를 통하여 들은 하나님 말씀을 받아들였다면, 그 나라 역사는 망하지 않았을텐데! 라고 우리는 상상도 해 본다.

---

[9] 전쟁의 피해로 생기는 이러한 재난은 성서에서 볼 수 있다(사 13:16; 슥 14:2; 왕하 12:24; 미 2:4; 렘 6:12).

29. 제4의 환상
(8:1-3)

1. 서론

예언자 아모스는 어용 종교가 아마샤에게서 축출 명령을 받았다. 그의 예언이 만일 역사적인 순서로 편집되었다면 그가 축출을 당한 후 다시 예언할 기회는 주어지지 않았을 것이다.

제3의 환상 다음에 아마샤와의 대결과 그의 불행한 축출명령 기사가 나왔다는 것은 일견 불연속성을 보여주는 편집 같지만, 또 한편 의미를 추구하면, 그가 추방을 당하고도 계속해서 그의 예언태도를 굽히지 않았다는 데 의의가 있다. 아모스 책의 편집자가 아마샤의 비신앙적인 금지명령이 내린 뒤에도, 아모스는 쫓겨나갈 그 순간까지 예언자적인 사명을 계속 감당했다는 것을 보이려고 하는 것 같다. 논리적으로 이 제4의 환상은 제3의 환상 다음에 가야 할 것이다. 그러나 우리가 아모스 전체에서 보는 바와 같이 아모스 책 편집자는 결코 예언의 역사적 순서나 내용을 중심한 논리적 타당성을 내세우지 아니한다. 아모스는 정의 외침, 불의를 행함으로 나라에 비극이 오고야 말 것을 계속 반복하고 있다. 그러므로 아모스와 같은 예언자에게는 논리적 순서가 관심이 아니고, 아모스 예언의 강조가 무엇인가를 더 관심하고 있다. 바이저는 '환상'만을 한데 모으고 주석을 하고 있다.[1] 그는 이 환상록이 아모스 편집자에게 입수되기 전에는 한 묶음으로 된 환상집과 같이 독립해 있었다고 상상한다.[2] 문장형식으로 보아도 제1인칭 문장형식의 구조라 보고 있다.

그러나 만일 이렇게 같은 종류의 예언을 바이저와 같이 한 묶음으로 모은다고 하면 현 아모스서의 구조는 전적으로 재조정이 필요할 것이다. 여기 본문비평학의 문제점이 있다. 공관복음서 연구에서도

1) A. Weiser, p. 180f
2) Ibid.,p.181, 129.

예수의 어록중 문학 형태나 그 내용이 유사하다고 해서 한 곳으로 모아버린다면 오늘 우리들과 같은 후대 독자들에게 성서 텍스트의 내용을 이해시킴에 도움을 줌은 사실이나, 편집자가 왜 같은 내용, 같은 문장 형식의 것이라도 분리를 시키며 또 중복시키고 있었는지 그의 의도를 살피는 것은 중요하다. 해석상 큰 잘못을 저지를 위험이 없는 이상 현재의 텍스트를 그대로 두고 읽고 해석함이 타당하다고 본다.

아모스는 위에서 본 대로 농부요 목자 출신으로 교육을 받은 지식인이라는 인상은 없고 평범한 한 평신도이다. 그러나 그가 여기 사용하고 있는, "말재간"(paronomasia-익살스러운 말의 사용)"을 부리며 그의 하고자 한 예언을 강조하고 있음은 아모스의 문장력이 비범하다는 것을 보여준다. 아모스는 위에서 여러 차례 이스라엘 나라의 종말을 예언했다. 여기 다시 그는 새로운 형태로 그 종말을 경고한다. 여름 과일을 보며 나라의 종말을 본다는 것은 얼마나 불길한 일인가? 그러나 하나님의 사명감에 불타고 있는 사람은 거리에서 경험하는 모든 일 — 듣고 보고 말하는 일상생활의 경험 — 에서 의미를 찾아, 이를 자기 메시지에 반영시킨다. 이러고 보면, 예언자는 시인의 소질을 가질 수밖에 없음을 보여준다. 시인이 반드시 예언자라 하기는 어려워도 하나님의 영감으로 살아가는 예언자는 시인이 될 수밖에 없다. 예언자는 시인이 된 것을 자랑하지 않는다. 하나님의 뜻에 통하는 예언을 함에는 시인이 되지 않을 수 없다.

메뚜기, 여름 과일과 같은 자연의 작고 큰 일이 시인의 눈에는 모두 진리의 별 또는 조약돌이다. 이런 자연 만물에서 인간을 보고 역사를 보며 창조주 하나님의 손길과 그 뜻을 본다는 것은 지극히 자연스러운 일이다. 아모스는 여름 과일에서 역사의 종말을 보고 있다.

2. 새 번역

1절 주 야웨가 내게 보여 주신 것은 이런 것이었다.
　　　보라! 여름 과일 바구니를.

---

3) 여기 "과일"(ץיק)과 "끝"(ץק)은 비슷한 발음으로 하고자 하는 말의 뜻을 강조하기 위하여 사용된 것 같다. 구약에서 이런 예를 많이 본다:렘 1:11f.; 50: 20, 34; 5: 20; 겔 20: 16; 미가 1: 14; 호 1: 5 등

2절 야웨가 내게 물으셨다.
"아모스야 너는 무엇을 보는가?"
"여름 과일 바구니옵니다".
그가 대답했다.
야웨가 내게 말씀하셨다.
"종말이 다가왔다. 내 백성 이스라엘에게, 그러므로 내가 다시는 그냥 지나가지 않으리라."
3절 그날에 성전의 노래는 만가로 변하고 많은 시체들이 곳곳마다 내려질 것이다. 침묵만이 깃들이리라.
주 야웨가 말씀하신다.

3. 텍스트 문제

서두에서 지적한 바대로 7장 9절 다음에 나왔으면 이 부분은 전후 관계가 잘 맞을 것이었다. 그렇게 되면 아모스가 본 "환상"의 배열로서는 적합하지만, 이 8장 1-3절의 위치를 그렇게 바꾸면 9장 1절 이하 제5의 환상 기록도 8장 4절에서 시작되어야 한다. 만일 이렇게 텍스트의 위치를 그 내용 사상에 따라 바꾸기 시작하면 8장 4절 이하에 나오는 이스라엘의 죄에 대한 고발도 그 현재의 위치를 바꾸어야 한다.

그러나 우리는 그렇게까지 성서 본문의 위치를 바꿀 필요를 느끼지 아니한다. 가능하면 현 위치에 두고 말씀의 뜻을 찾아감이 성서주석의 중요한 과업이다. 본래 구약 예언서들은 그 책 이름의 주인공이 1장 1절부터 순서있게 기록한 것이 아니고 그들 자신의 기록들을 편집하며 편자의 처지에서 자기 손에 있는 예언자 자신의 글과 예언자에 대한 다른 사람의 기록 여럿을 수집하여 배열했기 때문에 아무리 고도로 발달한 본문 비평학이라 해도 그 원상을 회복키 곤란하다. 우리의 문제는 원형이 문제가 아니라 예언자가 속했던 역사적 현실에서 어떤 메시지를 전달했는가 함을 찾아보는 것이 중요한 일이다.

이 8장 1-3절까지만 보아도 1-2절과 3절은 전혀 성질이 다른 내용의 말씀이다. 그래서 하퍼는 3절은 1-2절과 연관성이 없다고 하여 10, 11절 앞에 두어 주석을 하고 있다.[4] 그러나 이스라엘의 종말이 왔을

---

4) W.R. Harpe, p. 175f.

때 3절, 내용의 비극적인 모습은 당연한 것이다.

위에 번역하는 도중에서 표시된 문제점들을 살펴보자.

1절의 내용은 이와 같은 표현이 7장 4절과 6절에 나왔기 때문에 여기서 중론할 필요없다.

2절 (1) "야웨"란 말은 원문에 없다. 그러나 MT에 따라 보충하여 아모스에게 물으시는 야웨를 1절에 있는 대로 분명히 밝혀냈다.

(2) "물으셨다"의 원문은 단순히 "말하라"의 동사 אמר가 사용되었으나 이미 7장 8절에서와 같이 "물으셨다"고 번역했다. 그것은 אמר 다음에 "너는 무엇을?" (מה אתה)가 나와 있기 때문이다.

(3) "여름 과일 바구니"의 원문 כלוב קיץ는 "여름"(קיץ)과 "과일 바구니"(כלוב) 두 마디 말로 구성되었다. 우리 나라 사정에서 최근에 와서 과일을 담는 특수한 "바구니"를 볼 수 있지만, "바구니" 하나로써 과일도 담고 곡식도 담을 수 있었다. 그런데 아모스가 말하는 이 "과일 바구니"가 식탁에 올려놓은 "과일 바구니"냐 아니면 과수원에서 과일을 딸 때 담는 "바구니"를 가리킨 것인가, 어느 것인지 분간하기 어렵다. 그렇다고 해서 여기 전후관계에서 읽는 대로 익은 과일만 담은 바구니인지, 못먹을 과일을 담은 바구니인지도 알 수 없다. 이 말의 뜻의 결정은 "과일"이란 말(קיץ)과 "종말" 또는 "끝"이란 말(קץ)이 발음상 비슷함을 사용하여 종말적인 역사적 상황을 뜻하고 있기 때문에 바구니의 종류를 규정짓는 일보다 거기 담긴 과일의 질의 문제가 중요하다. 과일의 종말이 여름철도 되고 가을철도 된다. 팔레스타인 지방 기후로 보아 여름철 과일이 절대 다수임을 안다. 가령 무화과를 관련시켜 보면 여름에 추수하는 과일이다. 무화과 열매가 바구니에 담겨 있다고 가정하면 무화과로서는 그 생명이 이미 끝난 것이다. 이 과일을 본다는 것은 여름 계절이 끝났다고 볼 수 있다. 싱싱한 녹음의 계절이 끝나고 조락의 가을이 다가와 있음을 말한다.

그러므로 NEB (영국 새 번역 성경)에서 이 구절을 "A basket of ripe Summer fruit"이라고 했다. 그러나 반드시 "다 익은"(ripe)이란 말을 붙여야 의미가 더 잘 나타난다고 할 수 없다고 본다. 그것은 "여름실과" 자체가 어느 의미로 종말적인 것을 말하기 때문이다.

(4) 이 말은 7장 8절에 이미 나온 것이다. 우리 말 현재 성서가 "내

가 다시는 저를 용서치 아니하리라"의 뜻임은 두말할 필요가 없다.

(5) "만가로 변한다"고 번역해 보았는데 NEB는 호프만이나 벨하우젠을 따라 "The singing women in the palace shall hawl," "궁궐에서 노래하는 여인들이 울부짖으리라"는 뜻으로 읽고 있지만, 이 "singing women"란 말이[5] 원문에 없다. "노래하는 여자"와 "곡하는 여자"가 다르다. 아모스 5장 16절에 "곡하는 울음꾼을 불러와 울게 하라"는 말을 여기서 적용시켰다고 본다. 그러나 "노래하는"보다는 "곡하는 여자"로 번역했으면 5장 16절과 상통한다. 궁중에서 연락을 위해 부르는 노래는 없어지고, 장송곡 또는 만가만이 들린다는 상태는 왕실의 패망을 의미한다.

(6) "침묵만이 깃들리라"란 원어는 סה(has)란 한마디이다. 바이저는 "Still"로 끝맺었고[6] 로빈슨이나 메이스도 이 말을 생략해 버렸고[7] 하퍼는 이 말이 여덟 가지로 번역될 가능성을 말했다.[8] 그러나 LXX가 의역을 하여 "내가 침묵을 그들에게 보내리라"(επιρριφω σιωπην)함이 시체가 골목과 거리에 깔려진 폐허된 수도의 참상을 잘 묘사한 것으로 보아 여기서는 그것을 따라 번역했다.

(7) 이 말은 3절 중간 "그날에"란 말 다음에 있으나, 이 패망과 폐허의 선언이 야웨의 입에서 나온 것이라 결론으로 말함이 편집자의 의도인 것 같다.

4. 본문 해설

이 본문의 내용 구성은 "여름과일"에 나타난 나라의 종말과 그 종말로 말미암은 이스라엘 땅 곳곳마다 볼 수 있는 참상이다. 이 두 테마는 아모스 예언에 계속 반복되고 있다. 그러나 같은 테마를 표현하는 방법은 서로 다르다. 제1환상 "메뚜기," 제2는 "불," 제3은 "다림줄," 제4는 "여름과일" 등으로 서로 다르다. 그런데 제3과 제4는 "외부적, 내

---

5) 이렇게 번역함은 Siroth(שרות)를 Saroth(שרות)로 읽기 때문이다. MT에서도 O. Procksch는 그렇게 제안하고 있다.
6) A. Weiser, p. 180. N.E.B도 "침묵(Silence)라고만 했다.
7) Th. H. Robinson, p.100; J.l .Mays, p.140.
8) W.R. Harper, p.182.

부적 구조가 서로 통하고 있다"⁹⁾ 고할 만치 꼭 같은 테마의 반복이라 할 수 있다. 제3에도 이스라엘 나라의 종말이 임박한 것과 그 결과로 오고 말 나라의 참상을 말하고 있다.

여기 제1 테마를 표시한 "여름과일"은 이미 위의 어구해석에서 밝힌 바와 같이 성숙한 과일은 여름에 볼 수 있고 이러한 과일은 곧 여름 계절의 마지막임을 알려준다. 그것은 초여름에는 결코 성숙한 과일을 볼 수 없기 때문이다. 이것은 여로보암 2세가 다스리는 북왕국 이스라엘은 멸망의 때가 여름과일처럼 성숙하여 이제는 돌이킬 수 없다는 시간적인 촉박감을 표시하고 있다. 바이저는 이것을 "하나님의 심판은 지체없이 다가온 것, 즉 그 완숙한 시기에 대한 절대적인 확신을 선포하는 것이라"했다.¹⁰⁾

이러한 멸망의 심판을 말하게 된 삶의 정황(Sitz im Leben)이 무엇이었는가. 농촌 출신 아모스가 자기의 고향 드고아에서 경험한 농촌의 삶의 정경을 기억 속에서 회상한 것인가, 아니면 벧엘 성소에서 드린 어느 종교의식 때에 차려놓은 제물상에 얹혀진 여름실과 바구니를 보았기 때문에 이 예언을 하게 되었는가?

아모스의 예언 활동이 벧엘 성소 중심이었기 때문에 아마샤에서 예언금지를 당하고 국외로 축출 선고를 받았다(암 7:10). 이상의 두 추측은 다 가능하다. 그러나 이 예언을 하게 된 직접적인 동기는 메이스의 추측과 같이,¹¹⁾ 그 "바구니는 이스라엘의 가을 축제를 위하여 벧엘 성소 제단에 헌납된 것이라는 가능성이 있다. 이런 축제 때에 예배에 참석하는 사람들은 오는 새해에 축복과 번영을 받기 위하여 축하를 했다고 할 수 있다."

아모스는 그러나 이들이 드리는 축제와 모든 절기 때에 드리는 예배가 얼마나 형식적이며 얼마나 예배자 자신들의 개인 축복만을 위한 것이며 개인들의 윤리생활에는 무감각한 의식적인 예배였으며, 나라와 민족의 복과 번영을 좀먹고 있는 불의와 부정, 탐심과 허영, 뇌물정치와 타락한 정치이념, 불공평하고 부정직한 행정사무들이 나라를 망

---

9) A.Waiser,,p.185; 로빈슨도 같은 관점을 가지고 있다. Th.H. Robinson, p. 101.
10) A. Weise, p.186.
11) J.L Mays, p.141.

하게 함에는 무감각한 종교인들에 대한 경고를 해온 사람이다. 그러니 이러한 파렴치한 개인주의적이며 복만 받으려는 잘못된 신앙으로 바쳐진 여름 과일 바구니가 아모스 눈에는 멸망의 상징이 되지 않을 수 없었다. 여름과일 바구니(ציק)는 그 나라의 종말 (קץ) 을 표시하는 것이라 생각하지 않을 수 없었다.

2절은 아모스가 바라본 환상이 망상이 아니라 하나님과의 진지한 대면에서 얻은 하나님의 계시임을 확증시켜 준다. 멸망을 선포해도, 니느웨의 경우와 같이 용서함을 받아 멸망에서 피할 수도 있다. 그러나 "내가 다시는 그냥 지나가지 아니하리로다" 하심으로 7장 8절의 경우와 같이 "용서할 수 없다"는 하나님의 결의를 재천명하신다. 이스라엘의 멸망은 기정적인 사실이다. 이 이스라엘의 종교적 행사가 이 멸망을 구할 수 없음을 3절에서 밝힌다.

3절의 "그날에"는 의심할 여지없이 멸망이 임하는 날이다. 아모스는 이스라엘 백성이 가지고 있었던 축복과 안녕의 "야웨의 날"의 개념을 "멸망과 통곡의 날"로 생각하고 있다(암 5:15 이하). 그렇기 때문에 그 나라에 닥칠 비극적인 운명을 벧엘 성소의 예배와 제사, 기도와 찬송이 구할 수 없다. "성전의 노래는 애곡하는 소리로 바꾸어진다"고 했다. 만가는 장송곡이다. 죽음을 슬퍼하는 노래이다. 아모스 5장 23절에는 "네 노래 소리를 그치게 하라. 네 비파 소리를 내가 듣지 않겠다"고 했지만 이 구절의 상황은 아직도 성소가 무너지지 아니한 것이다. 그러나 3장 3절 사정은 성전에서 하나님을 찬양하기 위하여 부르는 노래는 이미 사라지고 모든 예배하는 자들이 자기와 나라의 운명이 다하고 만 것을 애곡하고 있음을 말한다. 그러한 슬픈 곡소리만 들리는 까닭은 무어냐? 3절 하반절에 있는 대로 "많은 시체들이 곳곳마다 버려질 것이라"함 때문이다. 성소는 시체로 산을 이루고, 성소로 올라가는 길도 시체들로 메워지리라고 한다. 모든 곳이 주검으로 가득 찬다. 거기에 있는 것은 다만 "침묵"(הס)뿐이다. 3절 처음에 나온 "노래"와 3절 마지막에 나온 "침묵"은 대조적다. 생명이 붙어 있을 때는 애곡이라도 하지만, 그 생명이 끊어지고 나면 오직 정적이다. 냉기가 도는 침묵뿐이다. 이런 비극이 사실이겠느냐? 선민 이스라엘에게 그런 일이 있을 수 있느냐? 정당한 질문이다. 그러나 아모스는 "야웨가 말씀하신다"로 대답한다. "하나님은 절대적인 주로서 아무런 모순을 행하지 않으시는 분이다."[12] "주 야웨가 말씀하신다."이 한 마디는 가장 권위 있는 말이다. 이 세상 어느 누구도 이 말의 권위를 무시하거나 이 말의 효과를 부정할 수 없다. 하나님의 '말씀'(דבר)은 하나님의 '사건'이 되기 때문이다.

---

12) A.Weiser, p.186.

30. 타락한 상도
(8:4-10)

1. 서 론

한 나라의 건전성은 그 나라 사람들의 상업도덕 또는 상업윤리를 보아서도 알 수 있다. 업자 자신들의 이익만을 생각하여 부정품을 만들거나 온갖 거래 행위에 속임수가 판을 치고 있을 때 그 나라는 속으로 병들고 있는 것이 사실이다. 교회가 부정과 부조리를 외친다고 해서 종교분야가 탈선한다는 말을 듣고 있지만, 실상 산업계와 상가와 많은 거래처에 기독교신자들이 끼어 있어서 "아무개 장로라면 얼굴도 보기 싫다"는 말을 듣기도 한다. 그것은 그 사람이 새벽기도회에는 열심히 참석하면서도 그 사람과의 장사 거래에는 항상 신용할 만한 일을 하지 못하여 손해를 보기 때문이라 한다.

우리나라도 상도(商道)의 타락 현상이 자주 신문지상에 보도되고 있음은 유감스러운 일이다. 지난 3월 1일 체신부는 지난해 22만 개의 지하선 보호용 전선관을 7개 업체로부터 사들였으나 2만 5천의 물품이 계약과는 달리 직경 100mm에서 8-10mm의 오차가 나며 그 강도(强度)가 미달되는 불량품으로 밝혀졌다고 한다(1976.3.동아일보 제1면). 또한 건설부는 "불량 시멘트 제품 단속"을 강화하겠다는 방침을 발표했고(1976.3.5. 동아일보 제2면) 3월 6일에는 "정부 표창패 위조"한 자들을 구속했다고 했으며, 같은 날 "디젤엔진 공매 위조 낙찰증"을 세무관리와 업자가 결탁하여 1천여 만 어치 부당 이익을 취했다고 했으며 또한 조선호텔의 소화장치가 작동하지 않는 가짜라는 것이 밝혀졌다고 했으며(3월 8일 동아일보 제7면) "검필증 9만장 위조"(3월 16일) 등 신문지상에 보도된 몇몇 건을 보아도 이 나라 상업도덕은 지극히 염려스럽다. 누가 어떻게 이 타락한 상도를 바로잡을 수 있을 것인가?

아모스가 북왕국 이스라엘 나라의 운명을 염려하여 정의와 정직한 삶, "선을 구하는 삶"(암 5:14), "야웨를 찾는 삶"(암 5:6)을 외친 것도 망국의 비극을 미연에 방지하자는 것이었다. 여기 8장 4절 이하는 이스라엘 상인들의 부정과 부패를 노골적으로 파헤치고 있다. 4-6절까지는 타락한 상업윤리의 구체적인 모습을 몇 가지 사례를 들어 밝혀주는 것이고, 9-10절까지 내용에서는, 그 결과는 그 나라와 백성 전체 위에 불행과 비극을 가져올 수밖에 없다고 한다.

2. 새 번역

4절   들어라 이 말을!
      가난한 사람을 짓밟고(1)
      땅의 영세민을(2) 죽이는(3) 자들이여.
5절   너희들은 말하는 구나.
      "월삭제(月朔祭)가 언제지?"(4)
      곡식을 팔아야 하고(5)
      안식일은 언제지?(6)
      밀을 팔아야 하는데(7)
      에바는(8) 적게 하고
      세겔(9)은 크게 만들어
      거짓 저울로 속이고
6절   은으로 빈곤한 자를 사며
      신 한 켤레 값으로
      가난한 사람을 사며(10)
      밀찌꺼기를 팔아보자고.
7절   야웨는 야곱을 자랑삼으시기에
      맹세하여 말씀하신다.(11)
      "내가 너희들이(12) 한 모든 일을
      영영 잊지 아니하리라."
8절   이러므로(13)
      땅이 흔들리지 않겠는가?
      거기 모든 주민이 슬퍼하지 않겠는가?
      온 땅이 하수처럼(14) 솟아오르리라.
      나일강처럼 부풀었다가
      또 다시 낮아지게 하리라.

9절 그 날이 올 때
    야웨는 말씀하시리라.
    한낮에 해는 지고
    백주에 대지는 캄캄하게 되리라.
10절 나는 너희 축제를 슬픔으로 변하고
    너희 모든 노래는 애가로 변하여 모든 사람은 허리에
    굵은 베띠를 띠고 모두들 삭발을 하고
    외아들을(15) 잃은 듯 슬퍼하고
    그 마지막이 고통의 날이 되리라.

3. 텍스트 문제

4절 (1) "짓밟고"의 원어 "שאף"(짓밟는다 trample upon, crush)의 분사형이 사용되어, 가난한 사람들을 언제나 기회가 있을 때마다 계속 짓밟고 있는 부한 장사꾼들의 악의에 찬 타락상을 알려주고 있다. 이 "원어"는 "간절히 소원한다"(to panttor)로도 해석된다 "가난한 자 머리의 티끌을 탐내다"(암 2:7).

(2) '영세민은' "궁핍한 자"로도 번역되는 "עני"란 말이 사용되었다. 이 말은 항상 "가난한 자"(אביון)와 평행으로 나온다(신 15:11; 24: 14,15 등). 이 말은 "고통을 당하는 자"(עני)와도 통하고 있다. 그러나 여기 "영세민"(궁핍한 자 대신)으로 번역했다.

(3) "약탈한다"의 원어(שבה)의 히필형이 사용될 때는 "존재를 끝나게 한다"(cause to exist), 완전 파멸시킨다(exterminate) 등의 의미로 사용되기도 한다. 요시야 왕의 종교개혁 당시 앗수르 신앙의 형태를 가진 모든 것을 예루살렘과 유다 땅에서 제거해 버릴 때에 이 말이 사용되었다(왕상 23:5,11).

5절 (4) "월삭제"의 원어(החדש)는 월삭(月朔), 매달 초하루를 가리키는 말이나 이스라엘 종교에는 이 월삭마다 드리는 예배가 있었다. 사무엘상 20장에 다윗의 생명을 사울 왕의 분노에서 건져주려고 한 요나단이 "월삭제"에 다윗으로 하여금 참석치 않게 하여 그 생명을 구해준 기사가 있다(삼상 20:5,18,24,27,34).

이 월삭제의 의식 행위는 민수기 28장 11-15절에 자세히 설명하고 있다. 이런 의식이 에스겔 시대에도 있었음을 본다(겔 46:1,6). 이 제전에는 동물을 제물로 바치는 규정 외에, "고운 가루 에바 십분지 삼에 기름섞은 소제와 매 어린양에도 고운 가루 에바 십분지 일에 기름섞은 소제를 드리라"고 했다(민 28:12,13). 에스겔 시대에는 한 "에바의 밀가루"가 절대적인 요청이 되어 있다. 그러므로 아모스 당시 이스라엘 상인들에게는 고운 밀가루 한 "에바"(우리 말로 표현하면 한 "됫박")가 절대적인 필수물이다. 그러니 이 월삭제에 참석하는 사람들이 이것을 갖출 필요가 있었다.

(5) "팔아야 하고" 원어 שבר 니팔(Niphal)형인데 원래 의미는 "부순다" "파괴한다"이지만 "곡식을 판다"는 뜻으로도 사용된다.

(6) "언제지?"는 원문에 나타나지 않았다. 그러나 문맥상 5절 처음에 나오는 "언제냐?"(מתי)란 말이 사용되었다고 볼 수 있다.

(7) "팔아야 한다"는 위에 나오는 (5) 의 경우와는 판이하다. 여기서는 "연다"(פתח)는 말이 사용되었다. 요셉이 애굽에 흉년이 들었을 때에 미리 준비했다가 곡식 창고문을 열고(여기 암 8:5, פתח와 같은 말) 곡식을 팔아서 기근을 해소시킨 기사가 있다(창 41:56).

(8) "에바"는 도량형 제도 중 양을 재는 표준이다. 우리 나라에서 사용히는 "됫박"에 해당한다. 용량이 얼마나 늘어가는지 정확히 알 수 없다. "됫박"을 적게 함으로 곡식을 파는 사람은 이를 보고 사는 사람에게 손해를 끼친다. 파는 사람의 부정이다.

(9) 그러나 사는 사람의 부정은 "세겔," "은전"의 무게를 크게 함으로 더 많은 물건을 살 수 있다.[1] 이것은 물건을 사는 사람이 범하는 부정이다. 전자 "에바"는 가난한 사람들이 곡식을 사야할 때에 장사하는 사람이 물건을 적게 주고 돈은 많이 받는 방법이다. 후자의 경우 "세겔"은 돈을 가진 사람이 가난한 농부에게서 곡식이나 짐승을 살 때에 일정한 법정 무게를 초월하는 세겔로 많은 물건을 살 수 있게 하는 방법이다. 장사꾼이 물건을 싸게 사서 비싸게 파는 일은 상식적인 상업 행위라 볼 수 있으나 가난하고 궁색한 사람들의 삶을 위협하는 이런 상행위는 가증한 일이다.

6절 (10)은 아모스 2장 6절에 나온 "신 한 켤레로 가난한 자를 판

---

1) "세겔"(שקל)은 바벨론에서 사용한 중량의 표준인데 이스라엘에서는 대체, 11.3-11.47그람의 무게가 한 세겔이다.

다"는 구절과 문자 그대로의 반복이다. 다만 2장에는 "판다"(買渡)이며 8장 6절은 매입이다. 의미의 차별이 있는 것이 아니고 부한 상인의 비인도적 행위를 솔직히 고발한 말이다. 가난한 사람을 헐값으로 사서 비싸게 팔아먹는 노예 매매의 악습을 이 사람들에게서 볼 수 있다는 것이다. 이런 현상은 과거 구미 사회 자본가들이 행한 흑인 매매만을 생각할 것이 아니라, 자본주의 경제체제 아래에 있는 사회에서 어디서나 볼 수 있는 인신 매매 현상, 인권유린의 현상이다. 낮은 임금을 주어 가난한 사람들을 중노동시키는 것도 여기에 통하는 일이요, 시골서 올라 온 소녀들을 몇 푼 안되는 돈으로 꼬여 사창굴에 팔아 먹는 포주들의 악행도 여기 통한다.

7절 (11)의 "자랑"으로 번역된 원어(גאה에서 온 명사)는 "영광"으로 번역도 된다. 가령 출애굽기 15장 1절외에는 "영화로우심"으로도 번역되었다. "머리를 높이 든다"(욥 10:16)로도 번역되는 말이다. 그러나 "야곱의 영광"보다 "자랑"이 더 낫다. 이스라엘은 하나님의 선민으로서 만민 위에 높이 들려 선택함을 받은 민족이다. "내가 모든 민족 중에 너희만 알았다"(암 3:2)고 함에서도 야곱의 자랑스러움은 밝혀졌다.

"맹세하여 말씀하신다"는 "말씀하다"가 원문에 나타나지 않았으나 그 밑에 나오는 구절이 야웨가 하신 말씀으로 되었다.

(12) 원문은 "저희들이"로 되어 있으나 LXX에서는 "너희들의 모든 일"(τα εργαυμωη)로 번역되었다.[2] 원문대로 "저희"로 읽어도 잘못됨은 없다. "타락한 상도"를 보여주는 모든 백성들을 가리킨다. 그러나 이 부분의 문장이 "들어라 이 말을!"하고 이스라엘 상인들에게 직접 통고하며 그들의 죄를 책하는 문장으로 시작되었기 때문에 "저희"보다 "너희"로 함이 더 자연스럽게 들린다.

8절 (13) "이러므로"의 원어는 זאת לאה인데 "이 사실 때문에" 위에서 말해온 부도덕한 타락할 상도 때문에 나타날 결과를 강하게 표시하고 있다.

(14) 원어 כאר은 8절 마지막과 9장 5절에 있는 것과 같이 כיאור 또는 כיאר로 읽어서 "하수처럼" 즉 "나일강이 홍수로 범람함과 같이"로 읽

---

2) Th. H. Robinson, p.100; A. Weiser, p. 193.

을 수 있다. 그것은 8절 후반에 같은 뜻을 말하는 동의평행법(同意平行法)이 사용되었다고 볼 수 있다.

(15) 70인역에서는 "사랑하는 친구 같이"(ωs πενθο αγαπητου)라 번역했다.

이 부분 8장 4-10절까지의 내용은 1)악덕 상인에 대한 경고(4-6), 2) 비극적인 나라 상태(7-8), 3) 하나님의 심판의 결과(9-10) 등으로 나눌 수 있다. 전체가 아모스의 손으로 기록되었다고 볼 수 있다. 그러나 6절 하반절은 다른 사람의 손으로 된 것이라고 추측하는 학자도 있다.[3] 아모스가 만일 타락한 상업윤리에 대한 말을 하지 않았다면, 그의 정의의 예언은 중요한 한 사회문제를 누락시킬 뻔했다. 그는 정권을 가지고 나라를 다스리는 자, 공무원, 부유층, 종교인 그리고 장사하는 사람들, 한 나라를 이루고 역사를 만들어나감에 중요한 모든 계층의 사람들이 저지른 부정과 부패에 대한 경고와 그들의 죄로 말미암아 나라가 망할 것을 말했다. 특히 '상업인'은 그 나라의 경제를 좌우하는 사람이다. 경제력이 국력이란 말이 요새 생긴 말이 아니다. 그러나 그 경제 생활이 강자의 권리로 가난한 사람들을 짚신 한 켤레로 바꿀 만치 천민들의 인권이 유린당하면, 부한 사람들이 축적한 아무리 많은 재산도 한 나라 내부를 썩게 만드는 요소가 되어 국가 운명을 비극으로 몰아간다고 함이 아모스의 주장이다. 이제 우리는 그 사실을 본문에서 보기로 하자!

4. 본문 해설

4절. 첫마디 "들어라 이 말을"의 하나님의 권위 선포는 북왕국 수도에서 안일한 삶과 향락을 찾고 자기 재산의 축적만을 꾀하는 악덕 상인들에게 주목을 끌게 하는 말이다. 적은 한 물건의 매매 행위도 자기를 사랑함보다 동족을 사랑하는 마음에서 되어져야 한다. 아모스의 정의 주장은 의로운 질서를 세워 모든 사람들이 꼭 같이 잘 살게 하자는 것이다. 정의는 결코 나쁜 사람, 악한 사람을 벌하는 것만이 아니다. 이기적인 생각과 개인주의적인 삶의 원칙이 지배하는 사회에서

---

3) W.R. Harpe, p.179.

이웃과 남을 위하는 사랑의 실천이 되는 사회를 이룩하고자 함이 아모스 정의관의 기본 바탕이다. 여기 아모스가 "가난한 자"와 "영세민"들을 생각함에 주목해야 한다. 또 여기 "월삭절"과 "안식일" 같은 종교행사를 말했으나, 이는 신앙적인 충성심을 문제삼지 아니하고, 종교의식을 장사의 기회로 삼는 상인들의 형식적인 신앙에서 이스라엘의 계약의 법을 어기고 있음을(출 23:3,6,11) 말하고 있다. 예수님이 성전을 청결하실 때 "비둘기 장사"와 환전상(換錢商)에 대하여 대노하신 일(마태 21:12)과 같은 형식종교의 헛점을 찌른 것이다. "가난한 자를 짓밟고" 서야 아무리 철야기도를 하는 경건이라도 그것은 바리새인들과 같은 "회칠한 무덤의 종교"를 신봉하는 것이다. "영세민을 죽이는 자들"의 신앙은 하나님의 축복을 받을 수 없다. 정치가들이 가난한 자와 영세민에게 인간대우 못해 주는 비인도적인 처사는 정치인 자신들에 의해서보다 그 정치적 배경을 의지하고서 재물과 재산의 확대만을 일삼는 장사하는 사람들 때문이다. 한 나라의 경제정책이 "부익부 빈익빈"의 현상을 만들어나 감에 국가 위기는 뒤따른다. "가난한 사람의 머리에 있는 띠끌까지 탐낸다"(암 2:6)할 정도로 부한 자가 자기 이익 중심으로 같은 동족을 다만 가난하다는 이유 때문에 물건 취급함은 나라의 부패상을 말해주는 것이다. 아모스는 8장 4절에서 다시 한 번 이 점을 강조하고 있다.

> "성공만 탐하는 부정직한 상인들에 항거하는 아모스의 말 속에는 저들의 행동에는 조금도 인격적인 존엄성이나 진실성 같은 것을 내세우지 못하고 다만 가난한 자와 영세민에 대한 사회윤리적인 책임성의 무관심을 말해주고 있다."[4]

이러한 이기적인 악덕 상인의 구체적인 죄악을 다음 절에서 말한다.

5절. "월삭제가 언제 지나지?"는 결코 그들 자신이 종교적인 축제에 진실하게 참여하려는 것이 아니다. 그 축제에 참석하는 사람들은 제물 곧 곡식을 준비해야 하고, 그 준비는 부득이 그 축제에 필요한 곡식 즉 고운 밀가루를 사야 한다. 이 경우 많은 양의 밀가루를 팔 기회가 생기는 것이다. 이 기회에 장사하는 사람들은 부정 도량기를 사용

---

4) A. Weiser, p.193f.

하여 폭리를 보자는 것이다. 이것이 요즘 우리 나라서 말하는 악덕 상인의 부정부패 사실이다. 월삭제는 한 달에 한번 지나가지만, 안식일은 매주일에 한번씩이다. 그러니 장사꾼들의 생각은 매주일 한번씩 폭리를 남기고, 또 매달 한번씩 폭리를 남길 기회를 만들자는 것이다.

밀을 팔 때는 됫박을 적게 해서 폭리를 보고, 그 밀을 농부들에게 살 때는 은전의 무게를 크게 만들어 더 많은 양을 받을 수 있으며, 은을 달아서 값을 따지는 손저울의 추를 무겁게 함으로 은을 파는 사람은 더 많은 세겔을 내어야 했다. 세겔로 물건을 사는 화폐구실을 한 당시 이들은 법정 규격과는 다른 위조주화와 위조 저울을 만들어 이중의 폭리를 보게 된 셈이고, 저울추와 눈금을 속여 가난한 농민들에게서 폭리를 거두자는 속셈이다. 이것이 일반 시장에서 되어진 일이라도 천인공노할 부정사실인데, 하물며 종교적 행사를 지키는 거룩한 일과 관련되어 있음을 생각할 때, 하나님이 무서워서라도 어떻게 이런 부정을 할 수 있느냐 말이다.

요컨대 이런 상인들에게는 맘몬이 하나님이지, 야웨는 이미 그들의 하나님이 아니라는 것이다.

여기 한 가지 더 그들의 탐욕적인 관심을 표시하는 그들이 하는 말이 있다. "월삭제가 언제 지나가지," "안식 일이 언제지" 하는 그 말 속에는 왜 이런 폭리의 기회가 빨리 돌아오지 않는가 하는 기대의 표시로 볼 수 있다. 가난한 사람과 영세민을 죽이는 날을 기다리고 있다는 이 사실 자체만으로도 그들의 죄악상이 얼마나 뿌리깊은 그들 의식구조 속에 깔렸는가를 알 수 있다. 그들은 "거룩한 예배 시간의 질서를 그들 자신의 삶의 방해라"고도 생각했다.[5] 그러기에 그들은 이 날을 장사의 날로 역이용한 것이다. 그렇지 않으면 이런 축제와 안식일에는 법으로써 일을 못하는 날로 정해 두었기 때문이다. 장사인의 속셈은 하루를 쉬어도 그 날의 소득을 나올 수 있게 하는 방법이 정당한 방법보다 됫박을 적게 하고 저울추를 속이는 일과 같은 부정한 방법뿐이다. 이들에게는 신앙심도 양심도 없다. 신앙심도 양심도 없는 백성이 가진 돈이란 그것이 천만금이 된다 한들 무슨 뜻이 있겠느냐? 옛날 동양 성인이 "불의의 재물은 내게 있어서 여부운(如浮雲)"이라 함

---

5) *Ibid*, p.194.

을 연상케 한다.

"하나님이 만들어 주신 인간의 삶의 질서는 진실과 정직과 신의에 기초를 둔 것이다. 예언자의 과업은 이러한 질서의 위반에 대하여 이를 규탄하고 그 위반자들에게는 하나님의 심판을 선포하는 것이다."⁶⁾

월삭제와 안식일 같은 거룩한 날을 속된 날로 만드는 사람들이 만드는 재산의 축적이 과연 그 나라를 번영케 할 것인가. 이스라엘의 주권자 여로보암 2세는 한 번 생각해 볼만했다. 그러나 이것이 공공연하게 용납되어 있었기 때문에 예언자 아모스가 공박한 것이 아닌가! "경제 동물"이란 말은 국력을 팽창시킴에 도움되는 점도 있을 것이다. 그러나 윤리와 도덕이 짓밟힌 경제력은 나라를 위태롭게 하는 요소임을 아모스는 일찍부터 간파한 일이었다. GNP의 상승은 누구나 바란다. 그러나 "가난한 사람을 짓밟고 영세민을 죽인다"는 아모스의 공격을 받게 될 만치 타락한 상도(商道)가 용납되어 있는 경제시책과 재정운영은 국가 장래를 위하여 염려가 되지 않을 것인가? 경제에 따라야 하는 윤리와 도덕의 문제, "제2 경제"가 항상 정당하게 고려되어야 한다.

6절. "은으로 빈곤한 자를 사며 / 신 한 켤레 값으로 / 가난한 사람을 사며 / 밀찌꺼기를 팔아보자."

이러한 상인들이라면 이것이 국가적 번영에 참으로 문제가 되지 않을 것인가! 인간을 돈을 주고 산다는 말의 뜻은 다만 경제 문제만이 아니고 인권과 인간 존엄성에 관한 일이다. 이것을 좀더 풀어서 말한다면 가난한 노동자의 임금문제와도 관련되어 있다.

우리 나라 예를 들자면 다음과 같은 사건이 아모스가 말한 6절 말씀을 이해케 한다.

"영세민 취로비(就勞費) 횡령", "인원 허위보고 성남시 동장, 공보계장 구속"(1977년 2월 11일 조선일보 제7면).

이런 것이 아모스가 말하는 "가난한 사람을 짓밟고 영세민을 죽이고 또 신 한 켤레로 가난한 자를 사고 궁핍한 사람을 돈으로 사는 일"

---

6) *Ibid.*

에 통하는 부정 부패 현상이다. 6절 말씀은 인신매매 현상과 통하기도 한다. 시골서 올라 온 가난한 집 처녀들을 돈 몇 푼에 팔아 먹는 포주들이 오늘 이 땅에도 흔하게 볼 수 있는 일이다.

"무료 진료권"을 팔아서 횡령하는 병원 직원들도 "은을 주고 궁핍한 사람을 파는 일"이다. 또한 "여자 재수생을 윤락가에" 팔아 먹는 포주들이야말로 "신 한 켤레로 가난한 자를 팔고 산다"(암 2:6)는 아모스의 사회부조리 고발에 해당한 사건들이다. 눈이 어두운 맹인들의 안마 요금을 갈취해 먹는 자들도(1977.3.18, 제7면 조선일보) 이런 부류의 사람들이다. 나라의 심장부를 좀먹고 국민의 윤리 정화에 먹칠을 하는 자들이다.

"밀찌꺼기를 파는 상인"들을 아모스는 말했다. 됫박과 저울로 속이는 것만으로는 부족하여 이제는 그 물건까지도 속이고 있다. "녹각을 변조하여 녹용으로 팔아먹었다"(1977년 3월 17일 조선일보 제7면)는 것과 다름이 없다. 물먹인 소의 고기를 파는 자들도 이런 따위 악덕상인이다.

아모스에 의하면 이 모든 타락한 상도의 현상은 그 치부한 금전과 재물로 부귀와 영화를 천년 만년 누리는 것이 아니라 죄를 지은 사의 벌로서 반드시 하나님의 심판의 매를 맞고 말겠다고 한 것이 8장 7절 이하의 말씀이다. 아모스는 계속해서 부정을 행하는 나라와 부조리를 감행하는 민족은 하나님의 심판을 받고 말 것을 주장하고 있다. 하나님의 심판의 채찍은 옛날에만 있었던 것이 아니다. 오늘에도 있고, 앞으로도 있을 수밖에 없다. 그것은 하나님이 만드신 인간 삶의 질서는 정의, 진실, 정직, 성실로 구성되어 있기 때문이다.

31. "그 날에"
(8:7-10)

1. 서론

아모스는 북왕국 이스라엘 나라의 멸망이 눈앞에 성큼성큼 다가오고 있음을 보고 그의 심경이 터질 것 같았다. 비록 추방령을 당하기는 했지만, 그래도 그를 뽕나무 사이에서나 목장에서 불러내신 하나님의 음성은 자꾸만 크게 들리니 견딜 수 없다. "그 날에," "바욤 하후우" (ביום ההוא on that day). 이 종말론적인 시각을 예고하는 야웨 음성에 견딜 수 없는 고통을 느낀다. 이미 살펴본 바지만(5:18 이하) 이스라엘 백성들은 어리석게도 얼마나 "야웨의 날"을 오해하고 있는가! "그 날"이 오면 신부의 노래소리 봄 하늘에 충만하고 밝은 태양, 흡족한 비는 대지에 새 생명을 주어 만물이 춤추고 사람들은 행복감에 젖어 저절로 콧노래를 부르고 손에 손을 잡고 춤을 추리라고 생각하고 있지만, 아모스가 보는 것은 이와 정반대였다. 그 날은 신혼의 날이 아니라 장례식의 날이 되어 사람마다 시체를 붙잡고 통곡할 것이며, 하늘의 해도 빛도 잃어 대낮도 캄캄하고 찬란한 밤 하늘의 별들도 다 떨어지고 말리라는 것이다(암 5:20).

여기 다시 아모스는 "그 날"에 대한 생각을 계속한다. 이스라엘 백성의 망각성 때문이 아니라, 그 날에 일어날 비극이 너무도 심각하여 다시 외치고 또 외치지 않을 수 없다. "그 날 대 낮에 해가 떨어져 백주도 캄캄한 밤이 되리라"(8:9). 이 생각으로 북왕국 이스라엘의 역사가 끝맺는 날임을 보고 있다. 여기 사용하고 있는 아모스의 그 "땅" 그 땅의 "거민"(יושבבה), 그리고 "절기"(חג) 등 이스라엘의 삶의 기본적인 요소들이 다 무의미하게 됨을 말하고 있다. 이것은 "이스라엘의 삶의 종결"[1]이요, "전적인 절망상"[2]을 말하고 있다. 2

---

1) H.W.Wolff, *Dodekaproheten II: Joel, Amos, Biblisch Kommentar*(1975), p.372.
2) A.Weiser, p. 197.

2. 새 번역

7절 야웨는 야곱을 자랑삼으시기에
맹세하여 말씀하신다.
"내가 너희들이 한 모든 일을
영영 잊지 아니하리라."
8절 이러므로
땅이 흔들리지 않겠는가?
거기 모든 주민이 슬퍼하지 않겠는가?
온 땅이 하수처럼 솟아오르리라.
나일강처럼 부풀었다가
또 다시 낮아지게 하리라.
9절 그 날이 올 때
야웨는 말씀하시리라.
한낮에 해는 지고
백주에 대지는 캄캄하게 되리라.
10절 나는 너희 축제를 슬픔으로
너희 모든 노래는 애가로 변케 하리라.
모든 사람들은 허리에 굵은 베띠를 띠고 모두 삭발을 하여
외아들을 잃은 듯 슬퍼하고
그 마지막이 고통의 날이 되리라.

3. 본문 해설

여기서부터 아모스는 다시 심판선언으로 말미암은 이스라엘 나라와 백성이 벌을 받는 모습을 사실적으로 그리고 있다. 7절 이하의 벌은 4-6절까지에 나온 이스라엘 백성들 특히 장사하는 사람들의 부정과 부패가 원인이 되었다는 것을 염두에 두고 이해해야 한다.

여기 말하는 야웨의 심판선언은 어떤 경우에서라도 변경할 수 없음을 7절 첫머리에 밝히고 있다. 아모스는 야웨 하나님의 "맹세"란 말로써 그 결의의 굳음을 표시함을 4장 2절과 6장 8절에서도 볼 수 있다. "자기의 거룩함을 가지고 맹세한다." "자기를 가리켜 맹세한다"(4:2). 야곱이 야웨 하나님과 특수 계약 관계를 맺어 "만민 중에서 선택되었

고"(6:8), "지상의 만민 중에서 거룩한 백성으로 삼고 자기 기업의 백성"이 된 특전을(신 7:6) 가졌다고 해도 야웨 하나님은 저들이 행한 잘못을 그냥 덮어만 둘 수 없다고 한다. 용서와 사랑에도 한계가 있다는 것이다. 야곱이 스스로 특수민족이라 자랑을 한다고 해도 야웨 하나님은 그들의 죄악을 그냥 묵과할 수 없다고 한다. "너희 모든 행한 일들"이 하나님의 심판을 받을 수밖에 없다는 것이다. 아모스가 말한 다섯 개의 환상이 모두 범죄한 이스라엘에 대한 벌을 선고하는 내용이다.

볼프는 "야웨 자신이 야곱의 자랑이 되어 있기 때문에 그들의 잘못을 절대로 용서할 수 없다"고 해석한다.[3] 야웨가 "야곱의 자랑"이란 말과 "야곱이 야웨의 자랑"이란 말은 서로 상충되는 것 같으나 그 내용은 야웨와 이스라엘 양자의 관계성이 특수하기 때문에 양자는 상대방의 자랑이 될 수 있다. 이것은 피차에 계약 안에서 책임적인 존재이기 때문에 상대방의 뜻을 어기는 잘못을 저지를 수 없다. 야웨에 치중하면 "야웨가 자신을 두고 맹세한다"(암 6:8), 또는 "자기의 거룩함을 두고 맹세한다"(암 4:2)로 표현된다. 그러나 여기서는 "야곱"에다 강조를 두어, 그들의 독특한 존재양상, 즉 볼프의 결론대로 "야웨의 맹세는 이스라엘 백성의 파렴치한 불손이 절대로 더 낫게 고쳐질 수 없음과 꼭 같이 변경할 수 없다"는 것이다.[4]

8절. "이러므로"또는 "이 일로 말미암아"(הַעַל זֹאת)는 "이스라엘의 죄악을 하나님은 반드시 벌하실 것이니"로 읽을 수 있다. 구체적으로 8장 4-6절까지에 나타난 이스라엘 상인들의 물질주의와 개인주의로 말미암아 거룩한 백성의 자존심과 야웨를 하나님으로 모시는 그 자랑과 영광을 녹슬게 만들었다는 것이다. 그러니 그 결과로 나타날 일에 대해 이스라엘 자연과 역사는 함께 고통을 겪어야 한다. 여기 "땅과 주민"이 당할 고통을 말했다.

그는 "땅이 흔들릴 것이라"했다. 여기서 아모스는 그가 곧잘 하나님의 형벌의 하나로 생각한 지진(암 1:1;3:14 이하;9:1 등)을 생각한 것 같다. 그가 예언받은 때를 말하는 서문 중에 "여로보암 시대 지진 전 이년에"(1:1)라 함에 대하여 고고학적 설명으로 볼프는 "하조르

---

3) H. W. Wolff, *op. cit.*, p.376.
4) *Ibid.*,

(Hazor) 지방을 발굴한 결과 주전 8세기 초반경에 큰 지진이 일어났다는 흔적을 제6층 파괴상에서 본다"고 했다.[5]

이스라엘 종교에서는 자연이 신앙의 대상이 되어 숭배를 받는 범신론적 사고가 전혀 용납되지 않았다. 자연 곧 하나님의 피조물은 하나님을 찬양하고 그의 뜻과 계시를 드러내기 위해 만들어졌다.

"하늘이 하나님의 영광을 선포하고 궁창이 그의 손으로 하신 일을 나타내나이다"(시 19:1).

여기 자연은 하나님의 영광의 선포와 그의 창조의 과업을 나타낸다고 했다. 그러나 자연은 또한 하나님의 심판을 구체적으로 드러내 준다고도 생각했다. 갈라졌던 홍해는 애굽의 추격병이 따라올 때에 갈라졌던 물이 합쳐 그들 군대와 말들을 수장시키고 말았다. 잔인한 하나님의 처사라 할 수 있으나, 여기에서 기자는 자연을 통한 하나님의 심판사상을 알려 주고 있다.

아모스가 여기 지진으로 말미암는 지축의 요동을 말하고 있다(4:11 참조). 이것은 단순한 지질학적인 사건이 아니고, 이스라엘의 죄를 벌하시는 하나님의 심판으로 이해하고 있다.[6] 여기 자연과 역사는 하나님의 의사를 나타내는 공동작업을 하고 있음을 알 수 있다. 여기 "땅의 흔들림"은 요나단의 전쟁기사(삼상 14:15)에서 생생하게 묘사하고 있다. "들에 있는 진과 모든 백성 중에 떨림이 일어났고 부대와 노략군들도 떨었으며, 땅도 진동하였으니, 이는 큰 떨림이라." 이사야는 지진의 피해를 누구보다도 사실적으로 묘사하고 있다(사 24:19-20).

"… 땅의 기초가 진동하리라. 땅이 깨어지며, 땅이 갈라지고 흔들리고 흔들리며 땅이 취한 자 같이 비틀비틀하며 침망(寢網) 같이 흔들리리라."

아모스는 이러한 과거 일을 생각하며 죄지은 이스라엘은 이 무서운 지진의 피해를 입을 것이라 한다. "흔들리지 않겠는가?"는 의문문에서 강한 긍정을 표시한다. 지진과 같은 재난으로 한 도시가 피해를 입을 때, 그 주민들이 슬퍼함은 당연한 일이다. 주민들이 슬퍼해야 할

---

5) Ibid., p.155.
6) A. Weiser, p.195.

이유를 다음 절에 다시 부연해서 설명 한다. "온 땅이 하수처럼 솟아 오른다"고 했다. 그 하수는 어떤 하수냐? 이스라엘 지역 안에는 와디 (Wadi)라는 물 없는 시내도 우기를 맞으면 큰 강이 되어 그 물이 넘쳐 흐른다. 그러나 아모스는 다음 절에 "애굽의 하수"를 말함으로 이 두 하수는 "나일강"을 말함에 틀림없다.[7] 지진 때문에 강물이 부풀어 올라온 것인가? 아니면 우기를 맞아 홍수가 일어나 강물이 부풀어 올라 오는가? 아모스가 "비록 그 자신은 이러한 광경을 친히 못봤다 해도"[8] 애굽의 강강을 생각했다는 것은 해마다 나일강이 범람함은 중동지역 주민들에게는 상식적인 얘기일 것이다. 아모스가 여기 하나님의 심판 표시로 지진의 흔들림과 나일강의 창일을 대조시킨 것은 아주 강한 표현이라 하겠다. 소위 천재지변이라면 지진과 홍수로 인한 피해 이상 더 큰 것은 별로 없기 때문이다. 또한 지진으로 말미암은 피해는 순식간에 일어나고 홍수로 말미암는 피해는 장기간 계속되는 것을 대조시킴도 아모스가 하나님의 심판의 무서움을 강조하는 것 같다. 결국 이러한 비유와 대조의 의미는 이스라엘의 사회질서 및 국가질서는 혼란하여 그것을 수습할 수 없을 정도로 종말이 오고 만다는 선포이다.[9] 우리의 주제인 "그 날"의 무서움이 여기 구체적으로 나타날 것을 말한다.[10]

9절. 여기서는 천재지변의 "천"에 관한 이상을 말한다. "한낮에 해는 지고, 백주에 대지는 캄캄하리라"고 여기 아모스는 철저하게 역사와 민족의 종말을 의식하고 있다. "그 날이 올 때"란 구절에서 하나님의 심판의 날이 반드시 오고야 말 것을 암시하며(암 2:16;8:3,13 참조) 그 종말을 알리는 것은 무엇보다 하늘에서 태양이 돌연히 빛을 잃고 사라져 버리는 것으로 표현하고 있다. 이 천체(天体)의 이변은 아모스가 상상적으로 그린 것인가. 아니면 실제로 그가 어떤 일식(日蝕)을 경험한 것을 말하는가? 학자들은 실제로 아모스 때에 두 번이나 일식현상이 있었다고 한다. 제1회는 주후 784년, 제2회는 주후 763년이었

---

7) Milos Bic, p. 162; W.R. Harper, p. 129; Th. H.Rrobinson, p. 101; A. Weiser, p. 193; J.L. Mays, p.142.
8) Th. H. Robinson, p. 102.
9) H.W. Wolff, p. 378.
10) Milos Bic, p. 167f.

고[11] 하퍼에 따르면 763년 일식은 6월 15일에 있었는데, 소아시아 지방에서는 83-39도 N으로, 예루살렘에서는 31-46도 N으로 그 중심부가 지나갔다고 한다.[12]

이러한 태양의 이변은 이미 5장 18절에서 지적한 바대로 "야웨의 날"에 대하여 당시 이스라엘 백성이 그릇된 사상을 가지고 있음을 알려주는 것이다. "야웨의 날"은 결코 밝고 화려한 축복의 날로서 찬양과 춤을 출 날이 아니라, 애곡하고 탄식하고 가장 비통한 경험을 하는 날이라고 아모스는 경고해준다. "야웨 날이란 어둠의 날이지 빛의 날은 아니다. 밝음이 없는 날이다"(5:18). 요엘이 내다 본 "야웨의 날"도 천재지변을 아모스와 같은 용어로 표현했다.

"땅이 진동하며 하늘이 떨며 일월이 캄캄하며 별들이 빛을 거둔다"고 했다(욜 2:10). 이와 유사한 천지이변은 구약성서가 항상 야웨의 심판사상과 관련시키고 있다(미 3:6; 슥 14:6;렘 15:9;왕하 20:11;사 38:8).

10절. 이러한 종말적인 "야웨의 날"에 천지이변으로 자연의 질서가 혼란을 일으켜 태초에 "무질서와 어둠"(tohu wabohu 창 1:2)이 재연함으로, 인간의 삶의 질서도 혼란과 파멸을 받아 슬픈 노래와 탄식밖에 없다는 것을 10절에 말하고 있다.

"너희 축제는 통곡소리로
너희 모든 노래는 만가(輓歌)로
변케 하리라.
모두 굵은 베옷을 허리에 걸치고
모두 삭발을 하고
외아들을 잃은 듯 슬피 울리라.
그 마지막은 고통의 날이 되고 말리라."

축제란 언제나 기쁘고 또 기뻐해야 한다(사 30:29;호 2:11;애 5:15). 그러나 모든 것이 파괴된 그 종말에 축가는 애곡의 노래로 변하고 말고, 기뻐서 부르던 모든 노래는 시체를 메고 나가면서 부르는 장송곡이 될 수밖에 없다. 여기 "통곡," "만가," "굵은 베옷," "삭발" 등 모든

---

11) Milos Bic, p. 168; H.W. Wolff, p. 378.
12) W.R. Harper, p. 181.

이스라엘 삶의 비극을 표시하는 말들이다. 특히 그 슬픔의 극치는 외아들을 잃어버린 어버이의 슬픔으로 비교하고 있다. 예레미야는 남왕국 유다가 하나님의 심판을 받아 망하게 될 때도 이런 비유를 말했다: "딸 내 백성이 굵은 베옷을 두르고 재에서 굴며, 독자를 잃음같이 슬퍼하리라"(렘 6:25; 슥 12:10 참조).

굵은 베옷을 입는 풍속은 항상 사람의 죽음과 관련되어 있다(삼 7:3-31;렘 4:8;48:37 등). 우리 나라 상제가 굵은 삼베 옷을 입는 풍속과 같다. 허리에 삼베 띠를 띠기도 한다. 그리고 "삭발"도 상사(喪事)와 관련되었다(사 3:24;15:2;22:12; 미 1:6). 그런데 신명기 14장 1절에는 이런 삭발 풍속을 이교적이라 하여 금지하기도 했다.

아모스는 야웨의 심판날에 그 백성이 슬픔과 고통 속에 빠질 것을 최대한으로 표시하여 결국 그들의 개인이나 가정이나 국가 민족의 마지막이 "고통의 날"(יום מר)이 되어 버릴 것이라 한다.

32. 말씀의 기근
(8:11-14)

1. 서론

나라의 운명과 민족의 장래를 생각한 예언자 아모스는 그 나라의 종말에 나타날 가장 위험한 한 재난을 말하고 있다. 지진과 같은 자연의 질서가 비정상적이 되어버림에 대하여 슬피 탄식했지만(8:8-10) 여기 11절 이하에서는 지진으로 땅이 흔들려 모든 것이 파괴되어 버림보다 더 무서운 재난은 떡이나 물의 기근이 아니라 "하나님의 말씀"을 아무리 찾아도 찾을 수 없는 "말씀의 기근"이라 한다. "사무엘이 엘리 앞에서 섬길 때 야웨 말씀이 매우 귀했다"고 함보다(삼상 3:1) 더 심각한 현상을 아모스는 지적하고 있다. 이스라엘 백성의 역사는 야웨 말씀으로 시작했다. "하나님이 가라사대 '빛이 있으라' 하시니 빛이 있었고 이 빛을 보시니 좋았다"고 함이 창조설화 처음에 나온다. 창조 그 자체는 "무에서의 창조"(Creatio ex Nihilo)이지만 없는 것에서 무엇이 있게 하신 힘은 "하나님의 말씀"이라 했다. 요한복음 기자가 하나님의 창조를 이해한 것도 이 "말씀"에 근거를 두어 "태초에 말씀이" 있었다고 했다. 하나님의 말씀이 모든 존재의 기원이라는 철학적인 사고를 한 것이다.

아모스는 죄를 지은 이스라엘 백성이 망할 것을 염려한 사람이다. 그러나 그는 단순히 한 나라의 패망을 예고하고자 자기 예언의 적중력을 과시하려는 사람이 아니고 죄를 지어 망할 수밖에 없지만 "그럼에도 불구하고" 무슨 살 길이 없을까 염려하고 그들에게 사는 길을 알려 주기 위하여 정의를 선포하고 그것을 생활화 및 사고화하라고 외쳤다. 그래서 "너희가 살기 위하여 선을 구하고 악을 구하지 말라"(5:14)했고 또한 "선을 구하는 일은 곧 야웨 하나님을 찾는 길이니 너희는 야웨를 찾으라, 그리하면 살리라"고 외쳤다. 이것은 망국이 기정된 사실이라고 해도 정말 하나님과 그의 말씀만이 그 땅에서 존경을 받으면 망하는 길을 피하고 살 수 있다는 확신에서 외쳤다. 하나님의 말씀, 그것은 하나님의 뜻을 전달하는 도구이다. 그들의 역사에서 참으로 역사적인 위기를 극복하려는 사람들은 조용히 하나님의 뜻이 무엇이며 그들에게 어떻게 말씀하시는가를 들으려고 했다. 사울이 블레셋의 큰 군대의 침략을 받고 크게 떨면서 하나님의 말씀을 구했다. 그러나 그의 말씀을 전하던 하나님의 사람인 사무엘은 이미 죽었다. 하나님 말씀을 얻기 위하여 우림도 선지자도 대답해주지 아니하므로 사울은 엔돌에 있는 신접한 여인에게까지 가서 하나님의 지시를 구했다.

사울이 죽은 사무엘과 대화한 기록을 보면(삼상 28:15-19)[1] 사울의 범죄로 인하여 그의 집권은 이제 끝났음을 밝혀준다.

이렇게 하나님의 말씀(지시 — "내가 행할 일이 무엇인가 알고자" 함=삼상 28:15)을 구한 일은 사무엘하 21장 1절, 열왕기상 22장 5절, 특히 남왕국 유다가 바벨론 군대에게 짓밟혀 망하기 직전 시드기야 임금이 예레미야를 감금된 구덩이 속에서 비밀리에 건져내어 나라의 운명에 대하여 하나님 말씀을 듣고자 한 사실들이(렘 38장), 아모스가 여기서 말하는 "말씀의 기근"을 잘 설명해준다. 시드기야는 바로 눈앞에 닥친 망국의 비극 속에서도 야웨 하나님의 말씀을 구하는 태도를 보였지만 북왕국 이스라엘은 그 멸망의 날을 앞에 두고서도 하나님의 말씀, 그의 계획이 무엇인가를 알았던 사람이 한 사람도 "동에서부터 서에 이르기까지"(암 8:12) 없음을 개탄하고 있다. 이것은 이스라엘과의 계약 관계를 생각하여 "어떻게 당신의 백성을 이렇게 이방사람의 손에 망하게 하시렵니까" 하고 하나님께 대하여 고발하는 사람도 없거니와 "우리들의 죄악은 비록 이 비극을 초래한다고 해도 당신의 무한하신 긍휼은 우리의 죄를 용서하시고 우리를 죽음에서 건질 수도 있지 아니합니까" 하고 그의 구원을 눈물로 호소하는 사람도 없다는 것을 말한다. "하나님 말씀의 기근" 그것은 곧 이스라엘이 다시 살 수 있는 모든 가능성이 끊어진 상태를 말한다. 마치 물과 양식의 기근으로 모든 육체의 생명이 끊어지듯이.

아모스 자신은 자기 예언의 기원을 "주 야웨께서 말씀하시니, 누가 예언하지 않겠느냐"(암 3:8)함으로 하나님 말씀에 따라 남왕국에서

---

[1] 사무엘에 관한 독립된 문서로서 민간 전설을 자료로 한 것이다. 여기 "신접한 여인"의 얘기는 가나안 토착민의 신앙 흔적을 보여준다.

북 왕국으로 옮겨갔고 온갖 비난과 박해를 받으면서도 그는 하나님의 말씀을 그 백성들에게 알렸다. 그리고 그가 선포하는 재난과 파멸의 선언은 자기의 말이 아니라 "야웨 하나님의 말씀이라"(2:3,16;3:15;4:3,9,11;5:17,27;8:3)함에서 하나님의 말씀에 이스라엘의 운명이 달려 있음을 밝히고 있다. 그러니 이러한 하나님 말씀의 기근, 그것은 곧 망국의 비극과 직결되어 있음을 아모스는 대담하게 말한다.

2. 새 번역

11절 야웨가 말씀하신다.
보라, 그 날은 오고야 말리라.
내가 기근을 이 땅에 보내리라.
양식이 없는 기근이 아니며
물이 없는 갈증도 아니리라.
야웨 말씀을 듣지 못하는 기갈이리라.
12절 야웨 말씀을 찾으려고
이 바다에서 저 바다로 헤매며
북에서 동으로 돌아다니리라.
그러나 그들은 찾을 수 없으리라.
13절 그 날에
아리따운 여인도 젊은 청년도
갈증으로 인하여 넘어지고 말리라.
14절 그들이 사마리아의 죄된 일로
맹세하며 이르리라.
오 단아, 너의 신은 살아왔다.
오 브엘세바여, 너의 신도 살아왔다.
하지만 저들은 넘어지고
다시 일어나지 못하리라.

3. 텍스트 문제

11절 이하를 아모스가 손수 기록했느냐 함에 대하여 학자들이 의심을 가진다.[2] 볼프는 이 부분은 9장 13절과 (후대 첨가) 평행되며 또한 예레

---

2) W.R.Harper, p.180, H.W.Wolff, p. 373, 379, Marti는 그의 주석책에서 11,12 두 절을 생략했다.

미야정신이 여기 반영되어 있다고 생각한다. 그래서 11절 이하는 "후대의 신학을 보여주는 말씀"이라 한다. 그러나 위에서 언급한 대로 아모스 자신이 "하나님 말씀"과 나라의 운명을 결부시킨 것이 사실이라면, 이 부분을 반드시 후대 산물이라고만 할 필요는 없다. 만일 아모스의 "말씀의 기근" 사상이 신명기가 말하는 "사람이 떡으로만 살 것이 아니라 여호와의 입에서 나오는 모든 말씀으로 사는 줄을 너로 알게 하리라"(신 8:3;신 30:14,20; 신 32:47 참조)는 구절을 신명기 작가의 말이라 한다면 이렇게 "하나님 말씀"에 중점을 두게 된 신학은 아모스가 여기서 말하는 "말씀의 기근"론에서 나온 것이 아닌가 상상할 수 있다. 그러니 우리는 여기서 이 부분을 아모스의 작품이라는 가정 아래 생각하자.

11절 (1) "그 날은 오고야 말리라"는 원문의 의미를 정확하게 번역한 것이 아니다. "그 날이 오리라" 또는 현재 우리말 번역대로 "보라 날이 이를지니라" 해도 무방하다. 그러나 하나의 새로운 사건이 자연적으로 도래할 것이 아니라 하나님의 섭리 아래 반드시 오고 말 것을 밝힌다고 생각하여 "… 오고야 말리라" 해도 무방하다고 본다.

(2) "떡"이라는 원문이지만 우리 한국 사람들에게는 "양식"이라 함이 더 적당한 번역이 아닐까 한다.

(3) "갈증"은 원문에 없지만 여기 뜻의 명확성을 위해 보충했다.

14절 (1) "죄된 일"의 원어 באשמת에 대한 번역은 학자들간에 일치하지 않는다. "아샴"(אשם)으로(Milos Bic) 또는 "아샴 벧엘"(אשם ביתאל)로(Th.H.Robinson), 또는 "아세라 여신"으로(W. R.Smith) 읽는다. 그러나 바이저와 볼프는 "죄"로 읽는다. "사마리아의 죄"라 함보다는 사마리아 사람들이 우상을 섬기는 그 반역된 일을 저지르며 맹세를 한다고 읽음이 더 잘 이해된다.

(2) 여기 "신"이라 번역된 원어는 "길"(Way, דרך)이다. 바이저와 볼프는 "친구"로 읽는다. 그러나 LXX에서 "ο θεος σου βηρσαβεε,"("오! 브엘세바 너의 신이여!")로 읽었다. 다후트는 우가릿 문서 연구에서 דרך 을 신의 속성 중 "힘", "통치권" 등으로 이해하고 있다.[3] 또는 דרך는 דוד로 읽어서 "너의 사랑스런 신"으로 읽을 수 있다고 한다.[4]

---

3) M.J. Dahood: *Paslm*(1-50), 1966, p.2.
4) G.A. Smith, *op. cit.*, Vol I.p.193.

4. 본문 해설

아모스가 역사를 보는 눈은 경제 제일주의가 아니다. 산업이 발달하고 외국무역이 성행하여 국민의 소득이 상승하는 것은 모든 위정자들이 바라는 바요, 그들의 정치에 경제적인 뒷받침이 없으면 아무리 훌륭한 정치체제라도 모래 위에 선 집이라고 한다. 그래서 "경제동물!"이란 말도 근대 국가 사회에서는 수치스럽지 않게 듣고 있다.

그러나 한 나라의 경제는 그 나라의 자원이나 탁월한 외교력이나, 국민의 의사를 하나로 묶는 강력한 지도력으로만 이루어지는 것은 아니다. 그 경제에 관련하는 사람들의 마음과 특히 진실과 양심의 문제, 나아가서는 그들이 하나님을 두려워할 줄 아느냐 하는 종교신앙의 문제, 윤리의 문제가 절대적으로 필요한 조건이다. 억대의 세금 포탈자가 생기고 물먹인 소고기를 팔아 수천만 원을 횡재하고 남의 땅을 사기하여 수억 원의 이득을 보았다는 사실이 연일 신문지상에 보도되는 이 나라의 문제가 과연 경제부흥, 산업진흥으로 국가가 올바로 설 수 있을 것이냐 함에 의심을 가진다. 누가 이 백성에게 경제력이 소중하다고 말함과 꼭 같이 이 나라 백성의 양심과 도덕심이 중요함을 가르칠 것인가? 설사 무슨 학원, 무슨 훈련소를 세워서 '새마을' 교육을 시켜간다고 해도, 인간의 본심 속에 도사리고 있는 그 욕심, 그 허영심, 그 사치심, 그 음란과 방종으로 열려 있는 인간의 마음을 무엇으로 통제할 수 있을 것인가! 감옥, 벌금, 관직박탈 등등 해본다고 해도 일시적인 것이요, 오히려 남 다 해먹는 세상에 재수가 나빠서 내가 걸려든 것이 아닌가.

아모스는 이러한 인간의 심리와 성향을 너무도 잘 알고 있었기 때문에 물과 양식이 없어 기근이 아니라 "하나님의 말씀"을 들을 수 없음이 기근이라고 했다. 그가 종교인이니 설교를 하느라고 하나님의 말씀을 강조했다고 하겠으나 아모스는 결코 직업적인 종교인이 아니다. 직업적인 종교인 아마샤는 오히려 아모스가 전하는 하나님의 말씀을 전하지 못하도록 강권을 동원하여 축출하고 말았다. 하나님의 말씀은 결코 종교인의 상투적인 설교가 아니다. 아모스와 같이 그 나라와 민족의 운명이 풍전등화와 같이 불안한 시기에 살고 있었던 사람으로서는 하나님의 말씀을 그 나라 지도자와 백성이 청종함으로만 살 길이 있다고 확신한 사람이었다. 하나님의 말씀은 선과 악을 판별하는 힘을 가졌다. 의로운 것을 의로, 불의는 불의로 규정짓는 판별력을 가진 힘이다. 히브리서 기자가 하나님의 말씀의 위력을 솔직하게 말했다. "하나님의 말씀은 살았고 운동력이 있어 좌우에 날선 어떤 검보다도 예리하여 혼과 영과 및 관절과 골수를 찔러 쪼개기까지 하며 또 마음의 생각과 뜻을 감찰한다"고 했다(히 4:12). 하나님 말씀을 사슴이 물을 사모하듯이 구한다는 것은 인간의 내면적인 삶의 요구를 채우며 인간 자신이 어떤 존재가 되어야 함을 바로 깨닫는 것이다. 바이저는 "말씀의 기근을 그 백성들에게 있어서 한 선한 종교적 삶을 보여주는 증거라"고 했지만[5] 실상은 "종교적인 선한 삶"만의 문제가 아니고 그 백성의 존재 자체의 문제이다. 선을 구하는 길이 사는 길이요(암 5:14), "하나님을 구하는 길이 사는 길이라"(암 5:4) 한 대로 말씀을 구한다는 것은 곧 하나님을 구한다는 것이다. 하나님에게 목말라 애쓰는 인간에게서(시 42:1; 시 63:1-3) 참 사람의 모습을 보게 된다.

아모스가 하나님의 "말씀의 기근"을 외치게 된 것은 아모스가 살던 여로보암 2세 당시 그 나라의 국력이 가장 신장되었고 그 나라의 경제력이 가장 팽창되었을 때, 그들의 삶은 하나님 말씀에서 떠난 온갖 종류의 불의와 부정을 감행하고 있었기 때문에 아모스의 "하나님 말씀의 기근"은 진실로 종교적 문제만이 아니라 그 민족의 역사적 운명에 관련된 말씀이다. "사람이 떡으로만 사는 것이 아니라 하나님의 입으로 나오는 말씀으로 산다"는 신명기 선언은(신 8:3) 아모스 시대에 살던 북왕국 이스라엘이 그 말씀을 듣지 못한 기근 때문에 그 나라가 결국 망하고 만 것을 잘 알고 있는 신명기 기자의 말이다.

그 백성은 물이 없어 기갈증을 당한 경험을 하고서도 야웨 하나님께로 돌아가지 아니했다는 것을 이미 말한 바 있다(암 4:8). 그 백성들이 호화스럽고 여유있는 삶에 도취되어 하나님의 말씀의 기근쯤은 생각지도 못하고 있다.

그런데 이러한 말씀의 기근이 이스라엘 백성 자신들로 말미암아 온 것이 아니고 야웨가 "보내겠다"고 했으니 야웨로 말미암는 기근이

---

5) A.Weiser, p.197.

8:11-14

라고 책임전가를 야웨에게 돌릴 가능성도 있다. 그러나 여기 야웨 하나님의 이율배반적인 모순을 우리는 보아야 한다. 즉 그의 예언자 아모스를 보냄은 그의 말씀 — 그가 그 백성에게 무얼 원하시며 어떤 일을 요구하시는지 그 계시의 내용 — 을 말씀으로 알려 주신다. 아모스는 이 말씀의 대변자요 그 말씀 전달의 도구이다. 그러나 이제 이 아모스를 두고서도 그는 그 말씀의 기근을 보내시겠다고 했다. 이것은 아모스로 하여금 하나님의 말씀을 대변하지 말라는 직권 박탈과 같은 것이다.

그러나 여기 하나님의 특별한 뜻이 있다. 이것은 심판의 선언이다. 그 백성이 들어야 하고 깨우쳐야 하고 듣고서 회개하고 돌아 올 말씀을 이제는 보내지 않으시겠다는 무서운 심판의 선언이다. 이 선언을 하게 된 이유는 그 백성이 야웨 하나님 말씀 — 정직한 양심의 고백, 정의의 외침, 참으로 나라와 민족을 염려해서 말한 불의에 대한 고발과 죄악을 행하는 지배층에 대한 대담한 발언 — 을 그들은 듣기 싫어했기 때문이었다. 7장 16절에 그 백성의 이러한 말씀 기피증을 볼 수 있다. 아마샤를 비롯한 이스라엘의 권력층, 부유층 지배계급 사람들은 그들의 비행을 고찰하는 일에 대하여 소아병적인 반발을 했다. 반대 발언 중지, 성토대회 금지, 더욱이 유인물에 의한 성명서 발표 및 배부 절대 금지 정책을 아모스 시대에서도 볼수 있다.

이렇게 참된 말과 양심의 소리가 봉쇄된 이 사회는 결국 "하나님 말씀"의 기근 현상을 나타낼 수밖에 없다.

아니야. 그것은 시대를 잘못 본 것이지. 여의도 광장에 수십만 수백만의 사람들이 아멘 할렐루야를 외치며 주의 종님의 말씀에 호응하고 있지 않느냐, 아하, 이 땅처럼 종교의 자유가 허용된 나라가 어디 있는가. 그렇다. 대단한 자유다. 그러니 이 자유는 집권층의 정책이나 정치 체제에 대한 비판이라고는 생각도 못한 종교와 언론의 자유가 아닌가! 그렇다. 국론이 통일되어야지! 하지만 잘못된 것을 잘못되었다고 말할 수 없음은 하나님 말씀의 기근이 아니고 무엇인가? 예수님은 분명히 말했다. 아닌 것은 아니라 하고, "예"는 또 "예"라고 하라 했다. 이것을 하지 못하면 죄를 짓는 것이라 말씀하셨다.

그러므로 아모스는 하나님의 말씀을 전한다는 것이 아마샤와 같이 "예스 맨" (yes-man)이 되는 것을 말함이 아니다. "그것은 아닙니다"

할 수 있는 용기있는 사람도 있어야만 하나님의 말씀이 기근되지 않는 상태이다.

그러나 이스라엘 역사의 말기에 하나님은 기근을 보내었다. 그것은 백성의 지도자로부터 모든 사람이 하나님의 뜻을 밝히는 올바른 말은 모조리 금지시켰으니 이렇게 바른말이 억눌리고 정의의 외침이 저해받고 양심의 소리가 막아질 때 항상 한 나라의 운명은 위기에 처해 있음을 아모스는 경고하고 있다.

이러한 말씀을 이 바다에서 저 바다로 동편에서 북편에 이르기까지 온 백성들이 사는 전지역에서 찾아보았지만 하나님의 말씀을 찾을 수 없다는 탄식을 12절에 밝혀 주고 있다. "이 바다에서 저 바다"를 하퍼와 같이[6] "사해에서 지중해까지"로 읽을 것이 아니라 볼프와 함께[7] "그 땅의 가장 외부적인 경계선" 즉 전지역으로 봄이 타당하다.

이렇게 이스라엘 전지역 어느 곳에서도 하나님의 말씀은 찾을 수 없고 13절에는 아무리 청년이라도 그 강건한 힘을 가지고 그 말씀을 찾아도 찾을 수 없고 오히려 말씀을 찾는 이 일 때문에 그들은 곤비하여 넘어지고 만다는 절망적인 상태를 설명하고 있다. 그들이 말씀을 찾지 못한다는 것은 곧 그들이 전쟁의 피해를 받아 쓰러지고 말 것을 말한다. 남왕국 예루살렘이 망했을 때 그 젊은이들의 비참상을 노래한 것과 같다(애 2:11,12,19; 사 51:20). 14절에서 아모스는 그들이 하나님의 성소가 있는 곳과 그들의 종교행사에서 하나님의 말씀이 있을 것이라는 상상을 하는 사람에게 그러한 유명한 성소도 마찬가지로 하나님 말씀은 기근이라는 것을 강조한다. "단"과 "브엘세바"에서도 그의 말씀을 찾을 수 없다고 한다.

이 성소는 이미 야웨 하나님을 순수하게 섬기는 성소가 아니고 바알신을 섬기는 곳으로 변하여 종교행사에서 죄를 범하고 있으니 어떻게 여기서 하나님의 말씀을 들을 수 있겠는가. 아무리 그 신들이 살아있다고 해도 이스라엘의 기울어진 나라 운명을 다시 살릴 수 있는 생명의 말씀을 찾을 수 없다는 것이다. 오히려 이런 성소에서 드리는 예배와 거룩한 의식은 그들의 넘어짐과 멸망을 재촉할 것밖에 없다고 한다.

---

6) W.R. Harper, p.183.
7) H.W. Wolff, op.cit., p.380.

33. 제5의 환상
(9:1-4)

1. 서론

아모스가 소개한 환상 다섯 중 이것이 그 마지막 것이다. 환상은 위에서 여러 차례 설명한 대로 하나님의 심판을 이스라엘 백성들에게 알리는 상징이었다. 아모스의 예언은 자기 메시지의 정확성보다는 효과있는 전달의 문제로 환상을 소개하고 있음을 본다.

지금까지 아모스가 말해 온 환상 1-4까지의 내용은 모두가 야웨 하나님의 심판에 관한 것이었다. 황충(제1), 불(제2), 다림줄(제3), 그리고 여름과일(제4) 등은 불의를 행하고 있는 이스라엘의 종말이 어떻게 올 것인가를 다양하게 설명해 주었다. 제5의 환상 "성전 파괴상," "피할 자 없다"는 것은 심판을 상징함에 틀림없으나, 여기에는 이상에 말한 네 가지 환상과는 다른 점을 몇 가지 지적할 수 있다.

첫째, 환상을 말하는 문장형식이 제4까지는 "야웨께서 내게 보이신다"라는 문장형식에서 야웨가 어떤 환상을 아모스에게 보여주심으로 그 환상을 보았고 또 그 의미에 대한 설명을 해 주었다.

그러나 제5의 환상에서는 "내가 야웨를 본다"고 하여 야웨 하나님의 행동을 직접 보게 된 것으로 기록하고 있다.[1] 야웨와 예언자 사이에 설명하는 구절이 없다. 메뚜기, 불, 다림줄, 여름과일 등 어떤 사물을 보는 것이 아니라, 야웨를 직접 보았다는 고백이다. 물론 제5에도 "성전파괴"라는 사건이 나오기는 하지만 환상의 주격이 물체에서 야웨 자신으로 바꾸어져 버린 긴박성과 위급성을 암시해 주고 있다.

둘째, 제1에서 4까지의 환상에는[2] 야웨와 아모스와의 대화가 전개된다. 아모스의 간청(제1 환상 7:2), 아모스의 애원(제2환상 7:5), 아모

---
1) J.L. Mays, p.153.
2) H.W. Wolff, *Amos. Biblische Kommentar*, p.387.

스를 향한 질문(제 3환상 7:8) 등이 나타난다. 그러나 제5에서는 야웨의 말씀과 그의 선언뿐이다. 아모스의 말이 일체 소개되지 아니 한다.

셋째, 제1-4까지의 환상에는 심판은 선언되어도 그의 형벌을 거두어 달라는 아모스의 간절한 요청과 애원이 허락되어 있다. "주 야웨여 청컨대 … "(7:2, 5) 그리고 그 청을 들으시고 "야웨께서 이에 대하여 뜻을 돌이켜" 주시는 아량도 보여 준다(7:3,6,7).[3] 그러나 제5에서는 야웨 하나님의 일방적인 단호한 행동만을 감행하실 것과, 한번 결행된 그 결과에 대해서는 이스라엘이 하늘로 산꼭대기로, 또한 바다 깊이로 피해간다고 해도 도저히 그 형벌에서 빠져나갈 길이 없는 극한 상태를 말한다.[4]

이상과 같은 문장 형식과 구조상 차이는 우연한 것이 아니고 죄지은 이스라엘의 멸망은 피할 도리가 없다는 절망적인 선언을 함이다. 호세아와 같이 회개하고 야웨께로 돌아가면 아직 그래도 살 길이 있다는 여유있는 발언(가령 호 6:1-3)은 아모스가 하지 않는다. 호세아는 어디까지나 하나님의 헷세드(חסד 계약의 사랑)에 호소하지만, 아모스는 하나님의 공의(체다카 צדקה)를 선포하는 예언의 성격을 여기서 밝히고 하나님의 심판의 "연기할 수 없는 성격"(Unaufschiebkeit)[5]을 알려준다. 우리가 아모스에게서 호세아가 말하는 '사랑'과 '인자'를 찾으려 함은 무리한 일이다. 바이저가 말한 대로, "여기서는 자기 예언의 장점을 밝히고 있다."[6] 이 말은 하나님의 정의의 심판은 무서운 파괴를 가져오며 이 파멸에서는 인간이 피할 길이 없다는 것이다.

2. 새 번역

1절   나는 제단 곁에 서신
       주를 보았다.
       그는 말씀하셨다.
       기둥 머리를 쳐서

---

3) 제3환상과 제4환상에는 "다시 용서치 않으리라"(7:8;8:2)하는 말로서 아모스의 간청을 거부하는 말을 하고 있다.
4) J.L.Mays, p.153.
5) Milos Bic, p.176
6) A. Weiser, p.187.

　　　　모든 문지방이 흔들리게 하리라.
　　　　내가 모든 사람의 머리를 꺾어 버리고
　　　　그리고 그 남은 자들을
　　　　칼로 멸절시키리라
　　　　아무도 피할 수 없고
　　　　피한다 해도 살아 남지 못하리라.
　　2절　비록 그들이 땅 밑으로 파고 가도
　　　　내 손이 거기에 미칠 것이며
　　　　비록 그들이 하늘로 올라간다 해도
　　　　내가 거기서 그들을 끌어 내리리라.
　　3절　비록 그들이 갈멜산 꼭대기에
　　　　숨어 버린다 해도
　　　　거기서도 그들을 찾아내며
　　　　그들을 잡으리라.
　　　　비록 그들이 내 눈을 피하여
　　　　바다 밑바닥으로 숨어버린다 해도
　　　　내가 바다뱀을 시켜 그 곳에서도
　　　　그들을 물도록 하리라.
　　4절　비록 그들이 원수들에게 붙잡혀 포로가 되어간다고 해도
　　　　거기서도 칼에 찔려 죽게 하리라.
　　　　내 눈이 그들을 쏘아보리니
　　　　재난만이 그들에게 올 것이지
　　　　선한 일은 없으리라.

3. 텍스트 문제

1절. (1) "제단 곁에"라고 번역된 것이 학자에 따라 여러 가지로 번역되어 있다. 제단 위에(über),[7] 제단 가에(am),[8] 제단과 마주 대하여(gegenüber),[9] 제단 위에(auf),[10] "제단 위에"(επι τοῦ θυσιαστηριου),[11] "제

---

7) A. Weiser, p.181; G.A. Smith, *op. cit.*, Vol. 5. "over the altar"
8) Th. H. Robinson, p.104
9) Milos Bic, p.175
10) H.W. Wolff, p.385
11) LXX

단 곁에"(by the Altar),[12] "제단 곁에"(beside),[13] 등으로 야웨 하나님의 서신 위치에 대한 이해를 달리한다. "제단 곁", 또는 "제단 옆에"라고 이해함이 별 지장이 없는 것 같다.

(2) 이 말의 원문 ויאמר은 주석가들에 의하여 많은 논란을 받고 있고 MT는 이 말의 위치를 다음에 나오는 두 마디 말, "기둥머리를 치시고, 문지방이 흔들렸다"는 말 다음에 갈 것이라 하며, 학자들이 이에 따르고 있다.[14] 그러나 MT의 위치대로 두는 학자도 많다.[15] 전자를 취하는 경우, 그 말씀의 내용은 앞에 두 구절이 아니라, 그 다음에 나오는 구절이라 한다. 그러나 "그는 말씀하셨다"의 내용을 다음에 직결되는 말로 보아도 의미상 잘 못됨이 없다. 그래서 우리는 MT의 위치를 그대로 살려 해석함이 좋다. (3) 기둥머리는 지붕을 받치고 있는 큰 기둥(습 2:14), (4) '문지방'은 성전입구 대문에 서 있는 큰 돌석판이다(사 6:4). (5) '머리를 꺾으리라'는 원문은 주석가들을 난처하게 만드는 말이다. "머리"란 말 ראש를 רעש로 바꾸면 "지진"이 된다. 그래서 "지진으로 내가 저들을 치리라"로 번역한다.[16] 또한 여기에 나온 첫 말을 "꺾는다"로 할 것이냐, '파괴한다'로 읽을 것이냐 함에도 학자에 따라 의견이 다르다.[17]

MT는 ברעש אבצעם(지진을 통하여 내가 파괴해 버리리라)로 읽고 있다. LXX는 διακφου (to cut through)로 읽고 있다. 그리고 문장형식을 명령형과 서술형의 구별도 하고 있다.[18] (6) "남은 자들"은 "최후의 한 사람까지", 또는 "그들의 후손들" 등으로 번역도 한다.[19] (7) 원문대로는 "피한다 해도 피할 길 없고 요행히 그 난을 피하여 빠져나갈 수 있다

---

12) New English Bible.
13) RSV.
14) H.W. Wolff.p.385, Weiser, p.181; Robinson, p.104.
15) LXX, G.A. Smith, J.L. Mays, Milos Bic, NEB.
16) A.Weiser, p.181; P.Volz, O. Procksch등도 그렇게 번역한다.
17) J.L. Mays는 "shatter them" (op. cit., p.151), Robinson은 "abhauen" (절단하다) (op. cit., p.104), Weiser는 vernichten(파괴하다- op.cit., p.181) Wolff는 xerschlagen(분쇄하다 op.cit., p.385).
18) J.L. Masys; LXX
19) N.E.B., Milos Bic은 "ihre Nachkommenschaft" (그들의 후손)으로 번역. op. cit., p.175. Smith는 "Their last. 그들의 최후 사람"으로 번역함(op. cit., p.196)

고 해도 안전한 삶이 보장되어 있지 않다"고 LXX는 번역했다. 볼프는 "그들에게서 피해 나간 중에는 피난자가 없으리라"(nicht flüchtet von ihnen ein Flüchtling), "그리고 가까스로 달아났다고 해도 스스로 구원받을 자는 없으리라"(und wer von ihnen entkommt, kann sich nicht retten)했다.

2절. (1) "땅 밑을"의 원어는 "스올로"(בשאול)인데, 현재 한국말 역에는 "음부(陰府)로 파고 내려간다고 해도"이다. "스올"이란 히브리 특수 용어(사자 「死者」들이 거하는 지하)를 그냥 쓸 수도 있으나 "땅 굴을 파고 내려 간다고 해도" 살 길이 없다는 말로 앞에 나온 1절 마지막 부분의 뜻을 이어받게 함이 좋다.

3절. (1) "내 눈을 피하여" 이 말은 후대 삽입이며 원어는 מנגד עיני (from in front of my eyes)이다.

4절. (1) '칼에'는 원문에 "칼을 명하여 그들을 죽이게 하리라"이다.

(2) "재난을 위함"(לרעה)이지 만 재난만이 그들에게 임하고 선한 일이란 절대로 그들에게 있을 수 없다는 재난과 앙화의 극치를 말한다. "이것은 저주를 위함이지 복리(福利)를 위함은 아니라"고 번역했다.[20] 또한 볼프는 "zum Unheil und nicht zum Heil"(불행을 위함이지 원조 또는 구원을 위함이 아니라) 했다.[21]

4. 본문 해설

아모스는 제 1-4 환상에서 나라와 백성이 하나님의 정의의 심판 아래 무너질 것을 말했다. 그러나 제 5환상에서는 그 심판의 대상이 하나님의 성소가 되어 있음에 주목을 끈다. 이 성소는 예루살렘이 아니고 북왕국의 "왕의 성소"란 벧엘(7:13)임에 틀림없다. 성소가 무너진다는 것은 나라가 무너진다는 일보다 더 심각하다. 그것은 야웨 하나님의 백성 이스라엘의 민족적 기초와 그 번영의 판가름이 야웨 하나님의 긍휼을 보여주고 야웨 자신을 백성들에게 알려주는 성소이다. 나라가 망해도 성소가 건재하다고 함은 하나님의 긍휼을 빌 수 있는 장소가

---

20) J.L.Mays, p.151.
21) H.W. Wolff, p.385.

있다는 것, 그래서 절망 중에도 소망이 있다. 그러나 하나님의 집이 파괴된다는 것은 하나님 자신과 그 능력 그 계시를 완전히 철수해 버린다는 하나님의 벌의 마지막이다. 이 성소가 무너짐으로 인하여 야웨와 이스라엘의 관계는 완전히 단절되고 만 것이다. 아모스가 이 마지막 환상에서 벧엘 성소의 파괴를 말함은 이제 이스라엘에 나타날 수 있는 모든 긍휼과 구원의 가능성은 끊어지고 만 절망 상태를 알리는 것이다. 아모스는 이 깊은 절망이 그 백성을 뒤덮기 전 야웨 하나님이 잠깐 나타나심을 말한다.

"나는 제단 곁에 서신 것을 보았다." 아모스의 영의 눈으로 본 야웨의 임재다. 아모스는 이사야와 같이 하나님의 임재를 친히 보게 된다(사 6장). 이사야의 경우에는 "높은 보좌에 앉으신 야웨를 보았다"(6:1). 그러나 여기 아모스는 제단 위에 또는 곁에 서신 야웨를 보았다. "앉지 않고 서 계셨다"는 표현으로 아모스가 본 야웨의 행동에서 사건의 긴박성을 더 느낄 수 있다. 이 긴박성은 야웨가 아모스에게 들려주신 말씀의 내용에서 밝혀지고 있다.

하나님이 아모스에게 보여주신 파괴는 성전 건물이다. "기둥머리를 쳐서 성소 건물을 그 입구에서부터 흔들어버려 거기에 참석했던 모든 사람들의 머리를 치기 때문에 거의 치명적인 상처를 입어 죽게 된다"는 무서운 파괴상을 말한다. 삼손을 미워한 블레셋 사람들이 삼손을 무력하게 만든 후 그들의 신 다곤의 신당에 모여 축제를 드릴 때, 삼손은 야웨 하나님께 한번만 힘을 달라고 구원했다. 그 결과 삼손은 다곤 신전 기둥을 잡아당겨 그 신전 전체가 무너지게 하여 거기 참석했던 3천의 사람이 건물에 치어 죽었다는 기사를(삿 16: 23 이하) 연관시켜 아모스의 환상을 읽으면, 야웨가 벧엘 성소의 예배 또는 어떤 축제에 참석한 수많은 사람들 머리 위에 그 성전이 무너지게 한 환상을 보았다.[22]

왜 성전을 부숴버려야 했던가? 너무나 잔인한 일이 아닌가? 이것이 신앙적이겠느냐? 이것이 하나님의 뜻일까? 우리는 이런 종류의 질문을 할 수 있다. 그의 말씀을 오늘 한국 특히 서울에 있는 교회들 위에 내려졌다고 생각해보자! 수천만 원 또 억대 이상의 금액을 바쳐 자랑

---

22) Milos Bic, p.178.

스럽게 성전을 짓고 "우리는 이 성전을 하나님께 바칩니다" 하는 구절을 몇 번씩이나 고해 바친 성전봉헌식을 올린 교회들의 "기둥머리를 부숴버려 전 건물이 그대로 바닥에 쓰러지게 한다"고 항상해보라. 더욱이 2천 3천이나 되는 많은 예배하는 성도들의 머리 위에 파멸이 돌연히 일어났다고 할 때, 교회 매스콤은 물론, 사회 매스콤, 그리고 세계의 뉴스거리가 될 것이 아닌가?

그러나 아모스는 결코 하나님의 잔인성이나 그의 무자비성을 보이기 위하여 이 예언을 소개함은 아니다. 우리는 이 성전 파괴를 비참한 일이라 생각하기에 앞서 성전에 드리는 형식적인 예배에 대하여 아모스가 공격한 것을 기억해야 한다. 인간과 사회에 겉치레만의 종교는 백해무익이다.

"나는 너희 절기를 미워하며 멸시하며 너희 성회들을 기뻐하지 아니한다. 너희가 내게 번제나 소제를 드릴지라도 내가 받지 아니하리라 …"(암 5:21-22)는 말씀을 이 성전파괴와 상관시켜 보자. 아무리 성전이 아름답고 웅장하다고 하지만, 아무리 수천 수만의 사람이 출입하여 예배를 드린다고 해도, 만일 우리의 드리는 예배와 모든 종교적인 행사가 아모스 5장 21절 이하의 말씀과 같이 하나님이 원하기는 커녕 그가 미워하고 싫어하고 저주하는 것이라면 이러한 예배와 성회를 주일마다 드리는 것이 무슨 소용이 있을 것인가? 이런 성전이 존재하여 예배를 계속 한다는 것은 하나님의 미움과 진노를 더하게 하는 것밖에 더 될 것이 무엇인가! 아모스가 왜 그들의 예배를 가증스러운 것으로 규정했느냐? 거기도 이유가 있다. 이 예배를 드리는 신도들이 "공법은 물같이, 정의는 하수같이 흘려보냈기 때문이라" 했다. 이것은 그 나라 권력층과 부한 사람들이 범행하고 있는 불의와 불법에 대하여 그들은 침묵을 지키고 있었을 뿐 아니라 그들 자체도 이런 공법과 공의를 물처럼 쉽게 흘러가게 한(암 5:24) "양심 마비증"과 악을 용납한 무비판성 특히 겨울궁 여름궁을 짓고 여름 더위와 겨울 추위를 호화스럽게 피하고 있었던 당시 부유층 바캉스에 나타난 사치와 향락에 대하여(암 3:15) 그 당시 신도들과 그 지도자들은 침묵을 지킨 죄요, "은을 받고 의인을 팔며, 가난한 자의 머리에 있는 티끌까지도 탐하던"(암 2:6) 당시 부유층의 탐욕에 대하여 침묵을 지킨 죄를 지은 성도들이 모인 성전이었다. 이런 형식적인 종교인들 — 안식일과 절기에 참석만 하면 그만이지 성소 밖 속세의 일은 정치인들이나 권력자들이나 할일이라고 무관심해버린 이런 종교적인 태도를 가진 성도들이 모인 그 성소의 존재 가치가 무엇이었던가? 고도로 발달한 근대화 속에 뻗어가는 고층건물 밀림 속에 성전이나 성당도 끼일 수 있으니 과연 소수의 사람이 정성을 모아 이런 막대한 일을 할 수 있다는 성도의 저력을 과시하는 것이 종교인들의 할일인가?

당시 아모스는 그의 신앙으로, 그 나라 부패상과 그 민족의 타락상을 가만히 보고만 있을 수 없었기에 그는 그 나라 권력층, 부유층 그리고 지도자들과 그 날의 삶에만 관심한 대중들의 양심을 자극시키고 그들의 신앙이 결코 성전 울타리 안에 모이는 경건한 모양을 내는 소위 종교인들의 마비된 영혼의 눈을 밝혀 주었다. 그렇기 때문에 벧엘 성소 아마샤 같은 안일무사주의 종교인, 왕의 권력 아래 명예와 영광을 누리던 어용종교인과 더불어 대결했던 것이 아닌가?(암 7: 10 이하). 민감한 영혼의 눈을 가지고 금력과 권력에 팔리지 아니한 순수한 종교인 아모스는 그 나라 백성들이 "한 계집에게 부자가 함께 육적 쾌락을 즐기는 것(암 2:7)을 비판했다". 그러나 당시 종교인들은 이러한 난륜의 향락과 성적 타락의 고발을 싫어했다. 이런 무사주의 신도들이 모이는 성전이 과연 국가가 적의 침입으로 망하게 될 위협과 불안이 도사리고 있을 때, 어떤 필요가 있을까? 글쎄 성전에 예배를 드리는 그 개인영혼의 구원은 보장될 것이라고 믿었을는지 모른다. 그러나 아모스는 하나님의 선민 이스라엘이 자기들의 양심과 영혼의 순결성만 생각하고 자기 주변에서 마수처럼 파고 들고 있는 악의 세력, 사회악, 구조악에 대하여 무관심할 뿐 아니라 오히려 그러한 성전 밖의 일에 관심하고 거기에 대하여 발언을 하고 행동하는 것을 죄악시하는 사람들로서 다만 "야웨의 날"을 축복의 날로만 알고 있었다. 그렇기 때문에 아모스는 그들에게 "야웨의 날"이 축복의 날이 아니고 하나님의 심판을 받아야 할 앙화와 저주의 날인 것을 알아야 한다고 외치고 있다(암 5:18-20).

"자기 궁궐에서 포학과 겁탈을 쌓은 자들이 바른 일을 행할 줄 모른다"(암 3:10)고 한 아모스가 잘못인가? 권력을 쥐게 되면 으레 그럴 수 있는 것이라 묵인해야만 하는가? 그것도 민주주의를 키워나가는 과정상 불가피한 것인가? "너희는 의인을 학대하고 뇌물을 받고 성문에서 궁핍한 자를 억울하게 하는 자들이라"(암 5:12)한 아모스가 바른 신앙을 가진 사람인가, 아니면 이런 악행을 보고도 성도는 그들의 회개만을 성전 안에서 빌어야 하고 내 자신만은 그런 악행과 불의를 행하지 말아야지 하고 죄를 갖고 있는 권력자들과 부한 자들이 자행하는 인간 학대와 배금주의를 침묵으로 시인해야 할 것인가?

"궁핍한 자들을 삼키며 땅의 가난한 자를 망케 하려는 자들"(암 8:4), 이 부한 자들은 저울을 속이고 됫박을 속이며 장사를 하고 썩은 밀을 팔아도(암 8:5,6), 이 모든 것이 자본주의 경제체제에서는 불가피한 악이라 해 버리는 것이 성도의 신앙인가? 이런 짓을 하기 때문에 "이 땅 모든 거민은 애통할 수밖에 없다"(암 8:8), "이 성읍과 거기 가득한 것을 대적에게 넘겨주리라"(암 6:8)한 아모스는 정치와 종교를 혼동하고 있는 소수의 탈선한 종교인의 한 사람이었던가?

"이삭의 신당들이 훼파되며 이스라엘 성소들이 훼파될 것이라"(암 7:9)한 아모스는 비생산적이요, 비건설적이요, 소극적인 괴벽한 종교인이었던가? 하나님의 성소가 훼파될 것이라 한 그의 말은 비신앙이요, 비성서적이라고 해야 할 것인가? 나라와 민족의 운명을 참으로 슬퍼하고 안타까워 한 그의 신앙이 탈선적이었던가?

이렇게 우리는 아모스가 그의 예언 전체에서 주장해 온 바를 놓이켜 볼 때 9장 1절에 "하나님의 성소가 그 기둥머리로부터 무너져 그 집 전체가 무너지고 예배를 드리는 모든 성도들은 거기 깔려 죽으리라" 한 말은 결코 그의 입장에서는 이유 없는 광신자의 말은 아니다. 올바른 신앙인, 참으로 성서의 말씀에 솔직히 기울이고 있는 오늘의 교회지도자들도 우리가 지은 수천 수억의 자랑스런 성당도 이렇게 무너질 수 있다는 것을 가르치고 있지 않는가? 이런 예언자적인 성명과 행동을 애국적이요 선교적이라 존경할 것이 아닌가?

시편 49편 시인은 하나님을 믿는다고 하면서도 물질만 의지하고 그것에서만 하나님의 영광을 찾으려는 사람에게 "깨닫지 못하는 사람은 짐승과 같다"(시 49:12-20)는 말을 했다.

1절 하반절에는 성전의 파괴가 곧 민족의 파멸과 직결되었음을 히브리 시의 점진적인 평행법 형태로 설명하고 있다.[23] 이 평행법의 주제는 "피할 길이 없다"는 것이다. 이사야 6장에서 선포하고 있는 멸망

---

23) Th.H. Robinson, p.105

예언에는 "그루터기라도 남을 것이라"했지만(사 6:13) 여기 아모스는 철저한 멸망 즉 한 사람도 피해서 살아남을 수 없다는 1절 하반의 주제를 2절-4절에까지 연장시키고 있다.

"남은 자들"은 성전이 기둥채 패여서 무너져 압사당한 중에 혹 생존자가 있다고 해도 "내가 칼로써 그들을 죽이리라"는 것이 원문대로의 뜻이다. 야웨가 압사현장에서 벗어난 자를 친히 칼로 죽인다는 것은 물론 철저한 파멸을 말함에 불과하다. 너무도 잔인한 야웨라 할 수 있을 것이다. 그러나 야웨가 죄인들을 벌할 때 친히 살해한다는 것은 이스라엘 신앙사에서는 결코 부자연스럽다거나 잔인한 처사가 아니라 가장 오래된 노래의 하나인 한나의 노래(삼상 2장)에 이미 이 사상이 밝혀졌다.

"야웨는 죽이기도 하시며 살리기도 하시며 음부에(לשאול) 내리기도 하시고 올리기도 하신다"(삼상 2:6). 야웨의 심판 사상에는 언제나 야웨 자신이 사람을 죽이신다는 사상이 따라 다닌다. 그러므로 우리는 야웨의 잔인성에만 관심하지 말고, "야웨를 찾으라, 그리하면 살리라"(암 5:5,6), "선을 행하라, 그리하면 살리라"(암 5:12) 한 살리는 길에 대한 아모스의 선언이 이미 나타난 것을 이해해야 한다(2절, 4절).

여기는 피하는 자가 도저히 살아남을 수 없음을 상세하게 말한다. 여기 아모스는 난을 피하여 살길을 찾는 여러 가지 가능성을 열거한다. 그러나 그 모든 노력은 무의미하고 무효하다는 것을 4중 5중으로 반복하고 있다.

인간이 난을 피할 수 있는 길로 "땅밑"으로 갈지라도 피할 수 없다. 여기 "땅밑"이란 말은 원어대로 "스올"이다. 우리말 성경에 "음부"라고 한 말은 현대적인 감각이 없을 뿐만 아니라, 다른 의미로 오해를 일으키기 쉽다. 스올은 죽은 사람들이 거하는 곳으로 땅 속 깊이에 있다고 히브리인들은 생각했다(신 32:22; 욥 26:5; 겔 32:18). 야웨의 손은 그 "스올"에도 뻗치게 되어 피난한 사람을 죽일 것이다.

또한 그들이 "하늘 꼭대기까지" 올라 간다고 해도 거기까지 하나님의 손은 미쳐 그들을 잡아낼 것이다. 이와 비슷한 말을 예레미야는 바벨론에 대하여 말했던 것이 있다(렘 51:53).

3절, 그들이 갈멜산 꼭대기에 숨는다고 해도 야웨 손은 그들을 찾아 낼 것이다. 갈멜산은 자연적인 낭떠러지이며 바다 위에 솟아 있는 곳이며 거기있는 깊은 수풀이 피난할 수 있는 적당한 장소라 생각할지 모르지만, 이미 엘리야 때에 바알신과의 대결에서 야웨는 여기 나타나서 바알신을 참패시킨 곳이다(왕상 18:25 이하). 드라이버가 인용한 퓨제이의 말에 따르면[24] "이 갈멜산은 비정상적인 석회석으로 된 산으로 이 산 속에는 7000개 이상의 깊고 짧은 동굴이 있고, 그 동굴과 동굴 사이에는 좁은 길로 연결된 곳도 있어서 여기에 피난한 사람을 찾아내기란 참으로 어렵다"고 한다. 열 발자욱 떨어진 곳에 사람이 있는 것을 알고도 그를 볼 수는 없다고 한다. 그러나 하나님은 이런 곳에서도 그 피난한 사람을 찾아낼 수 있다고 말한다.

그 다음 갈멜산이 이스라엘 땅 육지로서는 최상의 피난처가 되어 숨는다고 해도 허사이기 때문에 그 나머지 가능한 길은 바다 속으로 들어가는 것이다. 거기 용궁이 있어 토끼처럼 살 수가 있다고 해도 이 깊은 바다로 피난하는 자에게는 야웨 하나님이 바닷뱀을 보내어 물게 하기 때문에 그 속에서 죽고 만다는 것이다. 이런 바닷뱀의 존재 문제는 의심스럽지만 드라이버는 히브리 사람들이 상상하는 바다 밑바닥에 사는 괴물이라 한다.[25] 하퍼는 이 동물을 "악어"라고 한 킴치(D. Kimchi:1230년 사망한 유대인 성서주석가)의 설도 정확하지 못하며, 퓨제이(Pusey)가 말하는 "열대지방 바다 속에 사는 강한 독을 가진 바닷뱀"도 아니고 드라이버가 생각한 대로 바다 밑에 사는 괴물(창 1:21;사 27:1)이라고 본다.[26]

아모스는 야웨 하나님의 권위와 능력 발휘의 한계가 이스라엘 땅에만 국한하지 아니하고 세계적이라 함을 이미 아모스 1장 2장에서 말했지만, 여기서는 하나님의 위력이 범세계적임에서 더 지나 범우주적―하늘높이 바다 깊이 땅 깊은 곳 ― 임을 나타내고 있다.

여기 야웨 하나님의 전지전능(Omnipotence, Omnipresence, 무소부재)의 사상을 표현하고 있는데, 이것은 시편 139편에 나타난 무소부재 사상과 아주 유사하여 대조적이다.

이렇게 비교해 볼 때 두 시는 사상적으로 공통되어 있다. 시편에 나

---

24) S.R. Driver, p.217
25) *Ibid.*
26) Oreli, H.G. Mitchell, Nowack, Marti 등도 여기 동조함. W.R.Harper, p.189

시편 139편	아모스 9:1-4
8절 내가 하늘에 올라 갈지라도 당신은 거기 계시고	그들이 하늘로 올라간다고 해도 내가 거기서 그들을 끌어내리리라.
내가 스올에 자리를 편다 해도 당신은 거기 계시고	내가 스올로 파고 내려 간대도 내 손이 거기 미치리라.
9절 내가 바다 끝으로 가 산다 해도 당신 손에 나를 이끄시리라.	내가 바다 밑바닥으로 숨어 버린다 해도 바닷뱀을 시켜 물게 하리라.
11절 흑암이 나를 덮고 나를 두른 빛이 밤이 된다 해도 흑암이 주 앞에서 숨지 못하리라.	가멜산 꼭대기에(그 동굴 속 어둠에) 숨어 버린다 해도 거기서도 그들을 찾아 내리라.

타난 "야웨는 어디나 계신다는 생각은 아모스가 이미 밝혀 준 바"라 한 크라우스의 말이 정당하다. 크라우스는 이러한 신의 편재사상은 이스라엘의 독특한 것이 아니라, 텔엘 아마르나(Tel-el-Amarna) 문서에 나타난 바 타기(Tagi)가 바로에게 보낸 편지에서도 볼 수 있다고 했다.

아모스는 이러한 고대 중동세계의 신화상을 이미 안 사람으로 이것을 야웨 하나님의 심판 능력에 적용시켜 자기 나름대로 신학화하고 있음을 볼 수 있다. 4절에 "내 눈이 그들을 쏘아 본다"란 말은 비록 후대 첨가라 하지 만(텍스트 문제 참조) 바이저가 말한 대로 "야웨의 심판하시는 눈은 그 백성을 떠나지 아니하고 ─그의 현재─ 그 백성의 행복과 불행을 지배하고 있다"고 하겠다. 야웨가 이스라엘 백성의 축복과 저주를 관장하고 계신다는 사상은 신명기 신학자에게서 하나님의 율법을 지키는 일과 관련시키고 있음이 신명기 27,28장에 나타나 있다.

9장 1-4절에는 야웨의 사랑과 은총이 완전히 사라졌다. 철저한 보복 사상만이 나타났다. 그러나 우리는 야웨의 이 잔인성을 문제삼기 전 아모스가 고발하고 있는 이스라엘의 죄악과 불신, 하나님의 선민으로서의 (암 3:2) 그들의 의무와 책임을 감당하지 아니했다는 사실을 먼저 기억해야 한다. 그렇기 때문에 아모스는 그의 예언 처음부터 "그 벌을 돌이키지 아니 하신다"는 (1:3,6,9,11,13;2:1,4,6) 심판선언을 이해해야 한다.

34. 야웨 찬송
(9:5-6)

1. 서론

 예언자는 자기의 예언의 말씀이 누구에게서 온 것인가를 항상 밝힐 필요가 있다. 결코 그는 자신의 지식, 사상 그리고 사회와 자연, 민족과 국가에 대한 자기 주장을 사람들에게 강요하거나 설득시키는 사람이 아님은 아모스의 경우 누구보다도 확실하다(암 3:7-8;7:15). 예언자는 하나님의 대언자요 그에게 맡겨주신(預) 말씀을 예언하는 사람이다.
 그러므로, 그가 아무리 인간의 타락과 민족의 우맹과 나라의 죄악을 지적한다고 해도 그것이 자기 개인의 감상이나 자기의 판단에서 나온 것임을 말할 수 없다. 그는 항상 야웨 하나님을 의식하지 않을 수 없다. 하나님이 보내시지 아니하면 자기는 아무말도 말할 수 없음을 말하는 사람이다. 예언자 정신은 항상 자기가 하나님께 속한 사람이요 그의 대리자, 그의 파송자로서 마땅히 해야할 말을 한다는 의식을 잊어버리지 않는 사람이다. 오늘날에도 인간의 운명과 나라의 현실과 장래에 대하여 비판적인 죄상을 말하고 민족의 장래운명에 대하여 남이 말하지 못하는 말을 담대히 할 수 있다는 사람은 이 예언자 정신 그대로 자기의 말이 아니라 자기가 믿는 하나님이 주신 말씀이라고 담대히 말하는 사람이다.
 아모스는 이 하나님께 소속된 자신임을 밝히는 말을 9장 5-6절의 "야웨 하나님"을 찬양하는 노래에서 밝히고 있다. 이런 "야웨 찬송"의 노래는 암 4장 13절, 5장 8,9절 등에서도 이미 본 바이지만 다섯 개의 환상을 통하여 이스라엘 나라와 그 집권자 그 지도자들 및 백성 전체에 심판의 선언을 거듭한 자신으로서 다시 한번 여기에 자기 청중의 생각을 야웨 하나님께로 돌리고 있다.
 4장 13절에도 "산을 짓고 바람을 창조하고 아침을 어둡게 한다"는 하나님의 자연 간섭을 말했고, 5장 8,9절에도 "묘성과 삼성을 지으시는" 우주계를 창조하신 하나님, "사망의 그늘," "백주로 밤이 되게 하는" 만능의 하나님, "바닷물을 불러 지면에 넘치게 하시는" 자연 지배의 대능을 발휘하시는 하나님, 이렇게 하나님을 찬양한 노래에는 반드시 "그 이름은 만군의 하나님 야웨시니라"(4:13), "그 이름은 야웨시니라"(5:8), 이렇게 야웨의 이름을 밝히고 있다. 9장 6절에도 꼭 같이 "그 이름은 야웨시니라"로 끝마치고 있다.

2. 새 번역

5절 주 만군의 야웨(1)
  당신이 땅을 만지시면 녹아지니
  모든 거민은 슬퍼하나이다.
  모든 것이(2) 강처럼(3) 부풀어 오르게 하시고
  또 애굽강처럼 낮아지게 하시나이다.
6절 당신은 하늘에 높은 거처를(1) 만드시고
  땅 위엔 그 천정(2) 기초를 두셨나이다.
  바닷물을(3) 불러모으시고
  그 물을 땅 위에 쏟으시나니,
  그 이름 야웨이시다.

3. 텍스트 문제

이 노래의 부분이 아모스의 작품이냐 아니면 후대 사람의 첨가냐, 또 그것도 아니면 옛날부터 따로 독립해 있었던 노래가 여기 아모스 편집자에 의하여 삽입되었는가 하는 등의 문제가 학자들간에 논의되고 있다. 대체의 경향은 아모스 자신과는 별로 관계없는 것으로 후대의 첨가라고 생각한다.[1]

5절. (1)"주 만군의 야웨." 이 구절은 아모스 속에 있는 세 개의 찬양시(4:13;5:8;9:5,6) 중에서 오직 여기에만 나타난다. 볼프의 비교연구

---

1) A. Weiser, p.198; H.W.Wolff, p.393,245f.;W.R. Harper, p.190; Th. H. Robinson, p.87; J.L.Mays, p.155.

에 의하면² 이것은 다른 찬양시와 다르게 한 구절 예외를 표시한다. 그 찬양 형식상 다른 것에는 이 첫 구절이 나타나지 아니한다. 메이스는 "주 만군의 야웨"는 아모스가 그의 예언서에서 일곱 번이나 사용하고 있는 "야웨 만군의 하나님"이란 구절과도 다르다고 한다. 그래서 여기 "하나님" 대신 "아도나이"(主 / Lord)가 나온 것은 후대 첨가자가 "환상"을 보여주신 분이 "주" 하나님을 더욱 분명히 하고자 함이라 한다.³⁾ 이 구절이 LXX에는 "주 전능하신 하나님이라" 번역된 것도 색다른 이해라 할 수 있다. MT를 교정한 프록쉬는 이 구절을 삭제할 것을 제안하고 있다. 바이저는 이 9장 5-6절의 위치를 7장 1-9절, 8장 1-3절, 9장 1-4절 다음에 9장 5-6절을 두고 있다. (2) LXX은 "그 파멸은 강처럼 올라갔다가 또 나일강처럼 낮아진다"고 번역하여 주 하나님이 땅을 파멸시킨다는 사상을 노골적으로 말하고 있다. (3) 많은 주석가들이 "강처럼"을 "나일강처럼"이라 하여 다음 줄에 나오는 "애굽 강" 즉 "나일강"으로 보충하고 있다.⁴⁾ 그러나 로빈슨은 5절 하반절을 완전히 생략하고 말았다.⁵⁾

6절. (1) "그의 거처"(מעלותו)란 원문을 프록쉬는 "그의 계단"(עליתו)으로 제안한다. 그래서 New English Bible은 "who builds his stair up to the heavens"(그는 하늘로 올라가는 층계를 지으신다)로 번역했다.

(2) LXX에서는 "땅 위에 그의 약속을 세우신다"로 번역되었는데, 이것은 앞에 나온 "파멸"과 관련시켜 그의 파괴 계획은 변치 않을 것이라는 뜻으로 볼 수 있다. 그러나 그 원문 agudda(אגדה)는 하늘을 덮고 있는 천장, 보통 "궁창"이라 번역되는 raqîa(רקיע)와 같은 말이다(욥 26:11). 이는 גזו로 오해했다고 한다.⁶⁾

(3) "바닷물"은 하늘에 있는 물을 가리키는 말이지, 지구에 있는 바닷물을 하늘로 불러 올라간다, 끌어올린다는 뜻은 아니다. 이스라엘의 우주관에서는 하늘에 비를 내리게 하는 저수지(Reservoir)가 있다.⁷⁾

---

2) H.W.Wolff, p. 255.
3) J.L. Mays, p.155.
4) A. Weiser, J.L. Mays.
5) Th. Robinson, p.104.
6) H.W. Wolff, p.387.
7) J.L. Mays는 "his reservoir"라 번역했다(*op. cit*, p.151).

5장 8절에 "바닷물을 불러 지면에 쏟으시는 자 야웨"라 한 구절과 동일하다. 메이스는 "이 말은 하늘의 바다와 관련되었다"고 말한다.[8]

하나님은 하늘 바다에서 물을 불러 모아 땅에 비를 내리게 하신다는 우주관을 그대로 반영시키고 있다.

4. 본문 해설

이 두 절의 주어는 아모스가 전하는 야웨 하나님이시다. 그 나머지 모든 말들은 이 주어를 설명하는 말들이다. 여기 아모스의 신학에서 가장 중요한 하나님 자체에 대한 말을 하고 있다.

야웨 하나님은 "주"가 되신다는 것은 구약 전체의 증언이다. 여기. 아모스는 "주 만군의 야웨"라고 했다. 아모스는 "만군"(צבאות)이란 말을 9회 사용하고 있다(3:13;4:13;5:14,15,16,17;6:8,14;9:5). 이렇게 많이 사용함에 어떤 의미가 있다는 것이 아니라, 야웨 하나님의 본성을 표시하는 대표적인 말로서 그의 위대하심 즉 "무소불능"(Omnipotent)과 "무소부재"(Omnipresent), "전지전능"(Omniscient)을 표시하는 말이다.

"만군의 야웨"란 말에 대한 야콥의 연구에 의하면[9] 구약 안에 279회 사용되었는데 대체로 (1) 역사서에서는 "언약의 궤"와 관련되었고 (삼하 6:2,18;7:2,8, 26-27; 대상 17:7), (2) 예언서에서는 대체로 야웨 하나님은 다른 민족의 신과는 다른 신, 특히 싸움을 하는 전쟁의 신으로 표시되었다. 본래 "만군"이란 말이 군대관계 용어였기 때문에 야웨를 전사(戰士)로 표시했지만, 예언자들은 야웨가 평화를 싫어하고 호전적인 신이라 해석하지 아니하고 인간과 자연과 역사 그리고 우주를 통수하는 장군으로 표시했다. (3) 이런 절대적인 전능의 주로서 야웨는 단 한 분의 주인이란 뜻으로 이해했다.

아모스가 이 말을 쓴 것도 이스라엘 역사의 주인이신 동시에 그의 능력은 다음 5절, 6절에서 밝혀지는 대로 자연의 위력이라도 그의 지배 하에 있음을 말하며, 이스라엘이 아무리 선하다 해도 이런 능력의 신인 만군의 하나님의 벌을 피할 수 없음을 암시하고 있다.

---

8) *Ibid.*, p.155.
9) E.Jacob, *Theology of the O.T.*(1958). pp.54ff.

5절에 하나님이 자연을 진흙같이 주무르시는 능력을 과시하고 있다. "땅을 만지시면 녹아진다," "만군의 하나님이 땅을 만진다"는 표현은 의인법을 사용했다. 하나님 자신의 손이 있어서 만지는 것이 아니다. 폭풍을 통하여 땅을 치게 한다고 할 때 땅을 만지는 것이 된다.

"산에 손을 대시니 연기를 낸다"(시 104:32;144:5), "땅이 녹는다"란 표현도 하나님의 능력의 표현이다. 자연의 이변이 하나님의 능력의 발로라고 믿었다. "땅이 녹는다"(시 46:6), "산이 밀같이 녹는다"(시 97:5)에서 "산이 녹는다"는 표현은 (나 1:5) 시적인 표현이나 하나님이 만드신 땅과 산도 그의 진노를 발하실 때는 녹아버리거늘 하물며 죄를 지은 인간과 나라일까 보냐 하는 경계심이 아모스의 의도이다. 이렇게 땅이 하나님의 손에 의하여 변동을 일으키는 사실은 최근 중공 당산시가 지진으로 일순간에 80여만 인간이 땅 속에 삼키워버린 것을 예로 들 수 있다.

이 결과는 슬픔이다. 땅 위에 사람이 전멸되고 말 때에는 슬퍼할 사람도 없게 된다. 5절에 "땅에 거민들이 모두 슬퍼한다"는 것은 하나님의 진노에 대한 인간의 반응이다. 절망적이며 비극적인 반응이다. 그러니 야웨 하나님의 자연 지배능력은 위로 내리는 폭풍이나 땅 자체가 움직이고 갈라지고 녹아져 없어지는 것 만 아니고 강물이 범람함에서 그의 능력이 나타난다. 8장 8절에서 이미 말한 바대로 나일강 물이 범람하여 생물을 삼켜 씻어 내려가는 재난도 가능함을 말한다. 이것은 다만 하나님의 능력을 찬양하고 그의 심판의 타당함을 알리기 위함이다.[10]

6절은 5절에서 말한 하나님의 능력표시의 무대를 땅에서 가진 일과는 대조적으로 하늘 위에서 활동하시는 하나님의 모습을 소개하고 있다.

하나님은 "하늘에 높은 거처를 두셨다"고 함은 피조물과 야웨 하나님의 차이를 말하는 동시에 한계를 가진 지구가 그의 능력 아래 있음과 대조로 그는 우주의 광대무변한 자리에서 활동하심을 말한다.

하늘에 계셔서 그가 활동하시는 모습, 구름으로 자기 수레를 삼으시고 바람날개로 다니시며 바람으로 자기 사자를 삼으시고 화염으로

---

10) A. Weiser, p.189.

자기 사역자를 삼으신다 함은 시편 104편의 지혜시가 밝혀준다(시 104:3,4). 하늘을 하나님의 거처로 한다는 사상은 이미 창세기 28장 12절에서(E문서) 밝히고 있다. "사닥다리의 꼭대기가 하늘에 닿았는데 하나님의 사자가 그 위에서 오르락 내리락 했다"고 한다. 하나님이 구름이 빽빽한 하늘에 계신다는 사상을 신명기 계통의 역사가도 말했다 (왕상 8:12). 신명기 기자는 노골적으로 "주의 거룩한 처소 하늘에서 하감하소서"(신 26:15)라고 말했다. 후대 이사야가 이 사상을 받아들여 "하늘은 나의 보좌요, 나의 발등상이라"(사 66:1) 했다. 이런 사상은 야웨 하나님의 초월성, 피조물인 하늘, 또는 창공 자체와는 완전히 다름을 말한다. 이스라엘 주변 종교에서도 하늘을 신의 거처로 생각은 하지만 그들은 여러 신의 거소(居所)라 한다. 이스라엘 경우는 오직 야웨 한 분의 거처로서(시 73:25) "하늘의 하늘도" 지배하신다. 솔로몬의 기도가 이것을 표시한다. "하나님이 어떻게 땅에 거하시리까? 하늘의 하늘도 당신을 용납하지 못한다"(왕상 8:27). 하늘은 땅과 같이 하나님의 피조물의 하나이기 때문에 하나님의 진노를 온 세계에 발하실 때는 "하늘의 만상이 사라지고 하늘들이 두루마리같이 말리되 그 만상이 포도나무 잎이 마름같이 무화과나무 잎이 마름같이 쇠잔하리라"고 했다(사 34:4). 이사야는 "하늘이 연기처럼 사라진다"(사 51:6) 하여 하늘 자체가 창조주 하나님의 권위 아래 있음을 밝히고 있다. 신명기 기자는 이 권위를 다음과 같이 말하고 있다. "하늘과 모든 하늘의 하늘과 땅과 그 위의 만물은 본래 네 하나님께 속한 것이다"(신 10:14). 그러므로 하늘이 결코 예배의 대상으로 신격화될 수 없다.

그런데 이 하나님의 거처가 한 '천정'(אגדה)를 가졌다고 생각함은 순전히 미발달했던 이스라엘 사람의 과학 지식 때문이라 하겠다. 이런 생각은 아모스 당시 이스라엘 사람만이 아니라 중동 아시아 모든 민족이 오늘날 우리가 가진 바와 같은 천체와 그 운행 그리고 유성과 항성 등 우주계의 광대무변한 신비를 알고 있었을 수 없었다. 하늘은 지구의 천정으로 둥근 줄만 알았고 그 대신 지구는 평평한 것으로 생각했다. 그리고 둥근 그 하늘 천정 위에는 큰 저수지가 있어서 비가 내리는 것은 이 저수지의 문을 열기 때문이라 생각했다. 그리고 그 하늘을 덮은 것은 그것을 떠받치는 기둥이 땅에 있는 것으로 생각했다. "하늘기둥"(עמוד)이 하나님의 진노를 받아 흔들린다는 말도 있다(욥

26:11). 이 기둥이 하늘을 받치고 있다는 것은 하늘과 땅의 연결로도 볼 수 있으며 한걸음 더 나아가서 하나님의 보좌는 결코 인간이 사는 지구와 무관한 것이 아니고 지구에다 그 기둥을 세우고 있기 때문에 하늘 천정이 펴진다는 것은 하나님과 인간의 관계가 불가분이란 의미로도 해석할 수 있다. 비록 하나님이 그 기둥을 흔들어버려 하늘이 무너지게 할 수 있으나 하나님은 인간과의 관계 때문에 하늘은 하늘대로 땅은 땅대로 있어야 함도 암시하고 있다.

그런데 이러한 관계성은 그 하늘 위에 있는 "바닷물(מי הים)을 땅에 쏟으시는"일, 즉 비를 내리게 함으로 긴밀함을 보여준다. 이스라엘만이 아니라 이 땅 위에 비가 내리지 않으면 모든 생물은 죽고 만다. 특히 특수한 기후를 가진 팔레스타인에서는 비가 내린다는 것은 가장 큰 축복의 하나이다. 그러나 여기서 말하는 바닷물은 지구의 바닷물을 불러 올려서 비를 내리게 한다는 생각은 부당하다. 히브리인들이 생각한 대로 하늘 위에 있는 바다(the heavenly sea)를 명해서 땅 위에 비를 내리게 함이다.[11]

이러한 능력과 은총을 베푸시는 분이 누구냐, "그의 이름은 야웨이시다." 아모스는 자기의 메시지의 목적을 분명히 하고 있다. 인간의 악과 사회의 불의, 타락과 배신, 사기와 탐욕을 공격해 온 아모스가 여기서는 오직 "그 이름은 야웨이시다"라는 한 편의 시를 읊고 노래하고 있음에 우리는 주목해야 한다.

바이저는 "이 '노래'의 목적은 다만 야웨 하나님의 현존에 대한 예배공동체가 신앙고백을 함이라" 했다.[12] 그리고 "회개하는 심정으로 겸손과 경외심을 가지고 이스라엘 사회는 창조주를 쳐다보아야 하며 세계의 주가 되신 야웨의 탁월한 위엄을 찬송해야 함을 가르친다고 말한다.[13] 하나님의 심판은 노아의 홍수와 같이 물로써 세계의 종말이 오게 함도 암시하고 있다. 이 하나님을 찬양함으로 하나님의 심판에 직면하고서도 하나님의 위대함을 찬양하고 있다. 그들의 창조자이시요 주이신 하나님을 예배함으로써 싹트는 신앙을 말하고 있다. 인간 역사에서 일어나는 일은 인간적인 목적이나 그 소원대로 되는 것이

---

11) J.L. Mays, p.155.
12) A. Weiser, p.189.
13) *Ibid.*

아니고 창조주 하나님의 창조의지로 말미암는 것을 보여주며 역사의 흥망성쇠란 하나님의 목적과 목표를 위해 있다는 것을 알리며 인간은 다만 그 하나님 앞에 무릎을 꿇고 예배할 것밖에 없다는 것을 가르치고 있다. 그래서 우리는 여기서 예언자들의 노력이 없었더라면 결코 성숙해질 수 없었음을 보여주는 포로 후기 사회의 신앙고백의 한 찬송형태를 보게 된다.[14]

바이저는 이 짧은 찬송에서 이스라엘이 자랑하는 "하나님 찬양"을 주요골자로 하는 신앙고백을 발견하고 있다. 아모스의 정의의 주장은 그가 믿는 이 위대한 심판주가 하늘에 계셔서 인간과 그 역사를 보고 계신다는 것을 우리에게 분명히 알려주고 있다.

---

14) *Ibid.*

35. 그릇된 선민의식
(9:7-10)

1. 서론

이스라엘의 자랑과 영광은 그들 자신이 야웨 하나님의 특별한 선택을 받았다는 선민의식과 그 사상이다.
　예언자 아모스는 이스라엘 백성들이 자랑삼아 말하고 있는 선민의식에 대하여 이미 공격한 바 있다. "내가 땅의 모든 족속 중에서 너희만 알았다"(3:2)는 야웨 하나님의 특별한 은총이 그들에게는 오히려 하나님의 징계대상이 된 이유라 했다. 특별한 선택을 받은 자는 택하신 자의 뜻을 받들어 그 책임과 의무를 감당해야 한다. 선택의식에는 강한 책임성이 따라야 함은 일반 경험에서도 긍정할 일이다. 한 나라의 대사로 뽑힌 사람이 그를 보낸 자의 뜻을 시행하지 않을 때 그가 받아야 할 보응은 크다. 벌밖에 그를 기다리는 것이 없다.
　이스라엘을 선택하신 야웨 하나님도 그들에게 어떤 책임을 감당케 했다. 아모스는 그 책임이 공의로우신 하나님의 뜻을 따라 공과 사에 있어서 하나님을 아는 지식 — 하나님과의 인격적인 교제에 흠이 없어야 하고, 또한 하나님이 원하시는 정의를 실현하는 일이었다. 그러나 이 점에서 그들은 배신했다. 야웨의 주권보다는 여로보암 2세가 만들어 놓은 물질적 풍요를 뒷받침한 물질의 힘을 더 숭상하고, 그 물질로 향락과 사치를 일삼고, 가난한 자를 학대하고 뇌물정치가 공공연하게 용납되어 가는 실정이었기에 야웨의 선민으로서는 그릇된 길을 가고 있다는 것을 아모스는 공격하고 있다. 아모스가 말하고 있는 심판은 선민 이스라엘이 선민된 책임을 이행하지 않음에 대한 보응이다.
　계약의 백성이기 때문에 계약에 충실해야 한다. 그러나 아모스 당시 이스라엘의 지도자나 백성들의 삶은 옛날 그들에게 주신 「계약의 책」에 기록된 법이나, 더욱이 가나안 땅에 들어가서 그들이 지켜야 할 종교적 윤리적 규약인 십계명의 정신에도 위배된 삶을 살았다. 그들에게 주어진 고대 전승은 제1계명의 야웨 하나님께 대한 충성을 다른 어떤 것, 어떤 신에 못하지 않게 함을 일관된 내용 골자요 강조점으로 하고 있었다.

아모스가 의로운 하나님에 대한 사상을 강조함은 야웨와 이스라엘과의 올바른 관계성을 이스라엘 자신이 주동이 되어 폐기하고 있음을 말한다. 그가 그 백성들에게 그렇게 강렬하게 "돌아오라!"는 권고를 하고 있음은 (암 4:6,8,9,10,11) 그들과 야웨와의 관계성을 바르게 회복하라는 것이었다. 바알을 의지하고, 풍요한 재물을 의지하고, 여로보암 왕의 권력과 그 군사력, 그의 외교력에만 의지하고 "야웨의 날"은 "복을 주는 날"이라 생각하여 스스로 자만심과 자신감에 빠져 있는 것을(암 5:18) 아모스가 공격한 것도 선민 이스라엘이 그 택하신 하나님께 대한 충성을 회복하라는 것이었다. 선민이니까 만사가 무사하다 할 수 없다. "화가 우리에게 미치지 아니하며 임하지 아니하리라 하는 모든 죄인은 칼에 죽으리라"(암 9:10). 여기 분명히 이스라엘의 그릇된 '선민관'이 나타났다. 이것은 오늘날 "나는 크리스챤"이다, "나는 교회 다닌다"는 것으로 만사가 잘 되어간다 함과 다름없다. 하나님의 선택의 은혜를 입은 자의 책임은 그의 특권을 자랑함에 있지 아니하고, 그가 무엇을 어떻게 바르게 해야 함을 항상 의식하는 사람이 되어야 한다. 선택 받지 않는 나라와 달라야 한다는 것이 이 부분의 주지다.

2. 새 번역

7절 오, 이스라엘 자손들아!
　　너희들은 내게 구스 사람들 같지 아니하냐?
　　야웨의 말씀이시다.
　　내가 이스라엘을 애굽에서
　　블레셋 사람들을 갑돌에서
　　아람 사람들을 키르에서
　　꼭 같이 올라오게 한 것이 아닌가?
8절 보라!
　　주 야웨의 눈이
　　죄지은 왕국을 심판하리니

내가 그것을 지상에서 멸하리라.
그러나 야곱의 집은
내가 진정 완전히 멸하지 않으리라.
야웨 말씀이시다.
9절 그러니 보라!
내가 명령을 내리리라.
내가 이스라엘을
모든 나라들 중에서
체로써 체질하리라.
그러나 한 알의 자갈도
땅에 떨어지지 않으리라.
10절 내 백성들 중 모든 죄인들은
칼에 죽임을 당하리라.
그들은 이렇게 말하기 때문이다.
"당신은 재난이 우리를
덮치지 못하게 하시며
또 우리를 찾아오지 못하게 하시리라"고.

3. 텍스트 문제

"야웨 찬양" 다음에 나온 이 부분의 문장형은 "아니 하냐?"는 질문형식으로 시작하는 말과[1] "아니 하리라"는 서술 형식 문장이 섞여져 있는 "호소"와 "선포" 두 가지 문장형식이 함께 나와서 서로 연결되어 있다. 그리고 여기에는 하나님의 제1인칭이 매절 나오며, "이는 야웨의 말 이니라"(נאם יהוה)를 7절과 8절에 삽입함으로써 그 "호소"와 "선포"가 야웨 자신의 것임을 밝히고자 함을 볼 수 있다.

7절. 여기에는 또한 히브리 문학의 특징인 평행법(Parallelism)이 나타났다. 7절에는 야웨 자신이 이스라엘을 비롯한 여러 민족들을 간섭하고 계심을 말하면서 자기의 백성 이스라엘에 대한 간섭은 특별한 것임을 강조하려는 동의적 평행법 또는 종합적 평행법이 사용되었다고 할 수 있다.

---

1) 이런 질문형식은 아모스에게서 많이 본다(3:3-8;5:18-20;6:2). 청중에게 "그럴 수 있느냐?"는 비판과 호소에 사용되었다.

그런데 7절과 8절 전체 문장이 야웨 1인칭으로 되었는데, 8절 처음 "주 야웨의 눈이 죄지은 왕국 위에 있다"[2] 함으로써, 주어가 3인칭으로 바꾸어져서 문장구조상에 일치가 없다. 그러나 이러한 인칭의 차별을 인정하지 않기도 하지만[3] 볼프는 3인칭 복수로 표현된 말 "주 야웨의 눈"을 후대 편집자가 붙인 "표제"(Überschrift)로 보고 다음에 나오는 야웨 하나님의 심판사상을 인도하는 구절이라 한다.[4] 여기에 특히 "죄지은 왕국"에 대한 거부를 강조하여 다음에 나오는 "멸하지는 아니하리라"는 구절과의 차별을 분명히 해 준다고 한다.

그러나 7-10절 전체 내용에서 볼 때 선민사상을 잘못 가진 이스라엘에 대한 하나님의 최종적인 심판선언의 내용을 말하기 때문에 제1인칭 문장과 제3인칭 문장을 정확하게 갈라 놓을 필요가 없다.

8절. 여기 "심판한다"는 말은 원어에 없다. 그러나 이것을 원어대로 보면 정관사가 왕국 앞에 붙어 있기 때문에 "어느 나라가 죄를 지은 나라"라고 막연하게 일반적인 심판의 얘기를 함이 아니고 "This Kingdom," "이 나라," 즉 아모스가 활동한 이스라엘을 의중에 생각하고 있으며, 이렇게 생각함에 대하여 후대의 편집자가 바로 그 다음에 나온 "야곱의 집"과 평행시키고 하나님의 심판은 구원의 다른 한 면이라는 것을 주석적으로 밝히려 하고 있다. 그러므로 "심판한다"는 말을 보충해서 읽을 수 있다.[5]

그리고 "죄지은 왕국"이냐 "죄인들의 왕국"이냐 함에 대하여 LXX 는 αμαρτωλων(of sinners)라 했다. 그러나 대부분의 주석가는 "죄 지은" "죄있는"(sündig=sinful)으로 읽고 있다. 저자가 이스라엘을 염두에 두고 있기 때문에 LXX의 번역보다는 왕국 자체의 죄를 지적함이 타당하

---

2) "위에"란 전치사가 없고 ב(안에 또는 상대하고)가 나왔다: 그러나 우리 현행 성서 번역에는 원어에 없는 "주목하여"란 말을 보충했다.
3) 가령 Mays 같은 사람. J.L.Mays, p.156. E. Sellin과 Th.H.Robinson은 "여기 주 야웨의 눈"(עיני אדני יהוה)에 עיני (eyes)를 עיני (my eye)로 고쳐 읽어 문장구조에 인칭이 달라진 것이 아니라 한다. Th.H.Robinson, p. 106).
4) H.W.Wolff, p.396.
5) Milos Blc,p.182에는 "gerichtet"(심판하다)가 보충되어 있다. Wolff도 괄호 속에 "gerichtet"를 보충하는 것을 좋게 여기고 있다. H.W.Wolff, p.395. Weiser 는 이 8절 상반절의 동사를 "richten"(심판하다)로 번역하고 있다. A. Weiser. p.200

다. 8절 하반절은 "죄지은 왕국"에 대한 심판 선언과는 전혀 다른 "구원"의 "선포"를 말하고 있기 때문에 많은 주석가들이 문제 삼고 있다. "아모스의 것이냐, 후대의 첨가냐"함이다. 8절이 끝나고 또 다시 9절에서는 전적인 멸망을 말하고 있다. 한 알맹이라도 남지 않고 체질을 할 것이라 할 정도의 전면적인 멸절을 의미한다. 그런데 이렇게 무서운 심판 속에 이 구원의 메시지가 어떻게 삽입되었는가? 아모스 원저자가 이렇게까지 감정의 변화를 돌발적으로 할 수 있을까?

우선 8절 맨처음에 나온 אפס כי 는 예외적인 일을 말할 때 강조하는 말로 종종 사용되었다(민 13:28; 신 15:4; 삿 4:9). 그리고 다음에 나온 "멸한다"는 동사는 절대형 부정사와 1인칭 미완료형으로 표시되어 멸망시키는 상태가 철저함을 표시한다. 그러나 이 말에 앞서 부정사 (לא)가 나왔기 때문에 "그러나 … 만은(כי אפס)절대로 멸하지 아니하리라"는 강조가 나타났다.

문장상으로 보아 죄지은 이스라엘 왕국은 망한다고 해도 하나의 예외를 "야곱의 집"에 두겠다는 하나님의 구원의 선언이다. 야곱의 집이 남왕국 유다냐, 아니면 북왕국 이스라엘이냐, 이 문제는 아모스의 예언 자체가 3장 13절, 6장 8절, 7장 2절, 8장 7절에서 보는 대로 여로보암 5세의 왕국을 가리킨다.

대부분의 학자들은 이 8절 하반 구원의 메시지 부분을 후대의 편집자가 비록 북왕국은 죄를 지어 망했지만, 아직도 유다는 망하지 않았기 때문에 "야곱의 집"은 남왕국 "유다"를 가리킨다는 것, 그러므로 8절 하반절은 아모스가 말해 오고 있는 심판사상과 배치되니 아모스의 말이 아니라 한다. 그러나 필자는 빅과 함께 다음 주석부에서 설명하듯이 아모스의 심판사상과 관련된 구원으로 보고자 한다.[6]

9절. 대부분의 주석가들은 "모든 나라 중에서"를 문장 구조와 리듬의 원칙에서 후대 편집자의 삽입이라 한다. 이 문제는 이 9절 이하 15절 까지를 후대 작품으로 보아 버리는 사람도 있고[7] 이 9절도 아모스의 이후시대 첨가라 하는 사람이 많다(Weiser, Robinson, G.A. Smith, S.R. Driver). 그런데 이 난문제가 9절에 나온 "צרור"(우리말 성서에는 '곡식'

---

6) Milos Bic, p.185. "Haus Jakobs' das Nordreich gemeint ist".
7) W.R.Harper, p.195이 하.

이라는 뜻일 것이라는 가정을 했다)의 의미결정이 문제이다. 하퍼(Harper)는 이 말의 가능한 뜻 다섯 가지 소개하며, 그 주장자들을 각각 소개하고 있다.[8] 결국 "곡식"이냐, "자갈," 혹은 "작은 돌"(pebble)로 보아야 하느냐는 두 가지 설에 부딪치게 된다.

10절에 나온 심판 사상과 반대되는 구원사상 — 8절 하반절과 같이— 으로 본다면 이 9절을 8절 하반과 같이 아모스의 예언이라 할 수 있다. 그러나 여기에 따르는 단 하나의 문제는 여기에서만 사용되어 있는 "체"(kᵉ bara-כברה)를 큰 체로 볼 것이냐, 가루를 치는 고운 체로 볼 것이냐 함에 따라 이 9절의 의미가 심판 또는 구원 양자로 갈라진다. 즉 돌이나 껍데기, 지저분한 것을 체로 걸러 내버리고 알맹이만을 고르는 체질이라면 이런 불순물이 "하나도 땅에 떨어지지 아니한다"했으니 걸러서 버린다는 의미에서 심판의 뜻이 된다. 그러나 불순물만은 다 땅바닥에 떨어지게 하고 "알곡은 한 알도 땅에 떨어지지 않는다"면 이것은 구원을 의미하다.

그러므로 이 9절은 후대기록이냐 아모스 기록이냐 하는 시대적인 문제보다 צרור을 '곡식' 또는 '돌멩이'로 결정하는 문제와 함께 kᵉ bara(체)를 "굵은 체" 또는 "고운 체" 어느 것으로 정하느냐 하는 것이 문제다. 또 체질하는 사람이 알곡을 체에 남게 하느냐 불순물들을 체에 남게 하느냐 하는 그 체질의 본래 의도 결정도 중요하다. 이 텍스트로서는 어느 것이나 다 가능하기 때문에 참으로 해석하기 곤란하다.

그러나 필자는 이 두 개의 가능성에서 צרור을 돌멩이 (pebble)로 규정하고 (삼하 17:13과 같이) 또한 체는 빅과 같이[9] "큰 체" "정교한 체"가 아니라 "거친 체"로 이해한다. 따라서 심판의 사상을 표시하여 땅에 떨어지지 않고 남아 있는 돌멩이처럼 이스라엘의 패망으로 읽고자 한다. 그러나 체로 쳐서 골라지는 알곡과 같은 이스라엘은 구원을 받을 수 있다는 가능성도 보여준다.

10절. 여기 "내 백성들 중에서 죄인들"에 대한 심판 선언이기 때문에, 9절에 나온 체질의 목적과 같이 건질 자는 건지고 멸절시킬 자는 멸망케 한다는 사상이 은근히 내포되어 있는 것을 암시하고 있다. "이

---

8) W.R. Harper, p.197.
9) Milos Bic, p,181.

렇게"와 "때문이다"는 원문에 없지만 전후관계를 생각하여 필자가 보충한 말이다. 그 다음 부분 10절 하반의 문장 주어를 "당신"으로 할 것인가 "재난"으로 할 것이냐가 학자에 따라 달라진다. 전자는 볼프와 빅 등이고, 후자를 주어로 하는 사람이 로빈슨과 바이저 등이다. 필자는 멸망할 사람들이 하나님의 주권을 무시하매 그의 심판 선언을 멸시하고 있는 그 교만이 그릇된 선민사상 때문이라 생각하고 "당신"을 주어로 한 것을 찬양한다. 아모스는 3장 2절과 5장 18절 이하에서 보여주는 대로 그 당시 이스라엘 백성들이 야웨와의 날을 축복의 날로만 알고 사모하고, 또 자기들은 세상 만민 중에서 특별히 선택받았다는 것을 자랑하는 교만심을 나타내며 각종 성회와 절기 축제만 형식적으로 지키면 된다는 안일한 생각을 가지고 자기들의 의무와 올바른 삶을 살지 않는 죄를 계속 규탄하고 있음과 일치하기 때문이다.

4. 본문 해설

아모스는 이스라엘이 하나님의 특별한 선택을 입고서도 그 책임을 깨닫지 못함에 대하여 안타까운 호소로 이 부분에 나타난 그의 예언을 시작한다.

7절. "오 이스라엘 자손들이여," 이는 다정한 부름이다. 그러나 여기서는 다소 노기가 띤 음성으로 들린다. 7장 8절과 15절에는 "내 백성"이란 말을 "이스라엘 자손" 앞에 붙였다. 그러나 여기서는 "내 백성"이라는 이 특수관계 표시가 빠져 있다. 그것은 이스라엘이 그 죄로 인하여 하나님의 백성된 특권과 의무를 병행시키지 못하기 때문이다. 이 백성의 특권은 3장 2절에 있는 대로 "많은 백성 중"에서 "너희만 알았다"고 야웨가 말씀하신 말씀에서 이스라엘은 다른 나라 민족과는 다르다는 것을 의미한다.

그러나 이제 이 7절에서는 그 특전은 이미 사라진 것을 말한다. 야웨 하나님의 변덕 때문이 아니라 이스라엘의 죄와 타락 때문이다. 이제 이스라엘과 비교할 수 있는 민족으로 '구스 사람'과 다를 바 없다고 한다. 이스라엘은 그 선민사상에 스스로 배신하여 스스로 구스 사람처럼 되었다는 것이다. 이 구스 사람은 에디오피아 사람이다. 이스라엘 땅과 가장 먼 곳에 있는 백성이고 그들은 그들의 검은 피부색깔 때문에 멸시를 받고 있는 백성이다(렘 18:23). 이스라엘도 구스 사람처럼 멸시의 대상밖에 될 수 없다는 것을 말한다. "구스"에 대하여서 구약성서에 여러 차례 언급되어 있다(창 10:6,7; 사 11:11;18:1;20:3-5; 37:9;43:3). 이렇게 비유함은 하나님의 은총과 사랑이 이제 이스라엘에서는 떠나갔음을 말한다. 이렇게 비참하게 된 이스라엘 자손들임을 "오 이스라엘 자손이여!" 함에서 나타내고 있다. 그리고 이 멸시받도록 천민으로 타락되고 변질되었다는 선언은 아모스의 판단이 아니고, 야웨 하나님의 말씀이라고 한다. 이 무서운 선포를 하는 야웨 말씀은 다시 더 계속된다.

이스라엘을 애굽에서 구원하신 일은 이스라엘 자신들에게는 놀랄만한 일이지만 하나님 편에서 본다면 이것은 그가 땅 위에 있는 여러 민족을 이스라엘과 꼭 같이 돌보시는 폭넓은 사랑임을 구체적으로 열거하신다. 즉 애굽에서 이스라엘을 건져내듯이 "블레셋 사람을 갑돌에서" 건져 내셨다고 한다. "갑돌"은 "크레테"섬을 가리킨다. 블레셋 사람들의 고향을 크레테=갑돌이라 함은 신명기 2장 23절, 예레미야 47장 4절 등에서 본다. 이것은 창세기 10장 14절에 있는 대로 종족의 기원을 언급함에서 블레셋과 갑돌을 연결시키고 있다. 에스겔 25장 16절, 스바냐 2장 5절 등에서는 이 "갑돌"이란 말 대신 "크렛 사람"이라 했다. LXX에서는 "캅파도키아"(καππαδοκιας)라 했다.

그리고 또 야웨 하나님은 "아람 사람들을 키르"에서 건져 내셨다고 했다. "아람 사람"은 시리아 사람이다. 이 "아람 사람이 키르"로 잡혀간 일을 아모스 1장 5절에서 말한다. 그러나 여기 9장 7절에는 "키르"에서 아람 사람을 건져 내셨다고 한다. "키르"란 곳은 메소포타미아 지방으로 추측되나 정확한 위치는 알 수 없다.[10] 이사야 22장 6절에는 "엘람" 근처인 것처럼 말하고 있다.

그런데 이스라엘을 애굽에서 건져내신 출애굽 사건은 확실하지만, 언제 어떻게 "블레셋 사람"을 "크레데"에서 "아람사람들을 키르"에서 건져내었는지 구체적인 사실은 알 수 없다. 다만 아모스 당시 사람들은 이 사실을 잘 알고 있었다고 추측된다. 여기 "건져내셨다"는 구원의 표현보다 "올라오게 하셨다" 하여 하나님이 남에서 "구스 사람," 북에서

---

10) H.W.Wolff, p.400

"블레셋 사람," 그리고 동에서 "아람 사람"들의 역사에 친히 간섭하심을 말한다. 아모스는 1장에서 보여준 바와 같이, 야웨 하나님의 통치와 그 관심은 이스라엘 한 나라, 한 민족에 국한한 편협한 신이 아니고 온 땅 위 모든 민족들의 역사에 간섭하심을 밝히고자 한다. 종종 구약의 하나님은 오직 이스라엘만 사랑하고 돌보신 편협한 민족주의 테두리를 벗어나지 못한 신이라 하지만, 아모스는 이러한 비평에 답을 해 준다. 이스라엘 모든 민족 속에서 자기의 백성을 택하여 세계 만민을 위한 하나님의 뜻을 펴내기 위한 도구로 사용했을 뿐 이 백성 하나만 축복하고 다른 민족에는 재난을 내리셨다고 생각하지 않는다. 그는 역사의 주로서 만민의 하나님이지만 만민 중에서 선택된 이스라엘은 그의 사명이 자기 민족만을 위하지 않고 만민을 위해서도 중요함을 아모스는 분명히 가르치고 있다. 이 우주적인 신의 개념이 제2 이사야에서 발전했지만 초기 예언자 아모스가 이 "만민의 하나님"을 야웨에게서 보았다는 것은 아모스의 신관의 특기할 만한 사실이다. 이것은 이스라엘이 처음부터 가지고 있었던 전통적인 신학사상이라 하는 메이스의 말도 타당하다.[11]

8절. "보라!"로 시작하는 8절은 7절에 나타난 이스라엘의 죄를 그냥 둘 수 없다는 하나님의 각오를 밝히 선포하기 위하여 주목을 끌게 한다. 즉 "야웨의 눈은 죄지은 왕국을 심판하신다." 여기 "이 죄지은 왕국"은 이스라엘 하나만을 지목한 것이냐, 아니면 일반적인 원칙적인 표현인가. 빅와 같이 "다만 북왕국 이스라엘로 이해해야 한다"고도 말할 수 있지만[12] 로빈슨의 이해와 같이 "죄를 짓는 개개의 왕국을 일반적으로 통칭한다"는 말[13]도 타당하다.

그러나 이 말이 북왕국이냐, 남왕국이냐, 또는 모든 왕국을 가리키는가 하는 문제는 그렇게 중요하지 않다. 야웨 하나님 앞에서는 죄를 지은 나라면 다 하나님의 심판을 받아야 한다는 뜻으로 해석하는 것이 안전하다고 본다. 그러니 여기 8절은 북왕국 이스라엘의 죄가 결국

---

11) J.L.Mays, p.159.
12) Milos Bic, p.184. Wolff는 "왕국"을 "야곱의 집"과 같이 보아 북왕국으로 본다. H.W.Wolff, *Ibid.*
13) Th. H. Robinson,p.107. Mays는 "every sinful Kingdom"으로 읽을 수 있다고 한다. J.L. Mays, p.189.

자기 자신의 심판을 불러오게 되었다는 뜻으로 일차적으로 읽어야 할 것이다. 그러나 야웨 하나님의 심판은 언제나 어떤 나라이든 죄를 지은 결과로 받는다는 일반적인 진리도 말한다고 할 것이다.

그러나 하나님은 결코 심판을 역사의 원칙으로 삼지 않으신다. 성서 어느 구절에도 심판을 위한 심판을 선포하는 경우는 찾을 수 없다. 야웨 하나님은 결코 네로 황제와 같이 인간들이 망하는 것을 보고 즐기시는 분이 아니다. 에스겔이 "내가 어찌 악인의 죽는 것을 조금인들 기뻐하랴! 그가 돌이켜 그 길에서 떠나서 사는 것을 어찌 기뻐하지 않겠느냐?"(겔 18:23)고 말한 대로 야웨는 구원을 위하여 심판의 채찍드심을 원칙으로 하고 계신다. 심판과 구원 이 두 과제는 구약 예언자들에게 있어서 항상 강조한 제목이지만 그 우선권은 심판에 있지 아니하고 그의 구원 때문에 섬판이 사용되어 있다.

아모스의 경우에도 그가 정의를 외치며 하나님의 심판 사상을 강조하고 있는 것은 결코 이스라엘의 멸망을 보기 위함이 아니다. 그 중심에는 이스라엘을 살리기 위함이다. 1장과 5장에 만국의 죄상을 고발하고, "내가 그 벌을 돌이키지 아니하리라"하고 거듭 말하고 있음도 심판을 선언하는 말이지만 아모스의 뜻은 그저 멸망시켜 버리려는 생각이 아니라, 그들의 구원을 위해서 외치는 방법으로 이 벌을 선포하고 있다. 아모스는 물론 대표적인 심판 예언자이다. 그러나 그가 "이스라엘아, 네 하나님 만나기를 예비하라"(4:12), "나를 찾으라, 그리하면 살리라"(5:4), "야웨를 찾으라, 그리하면 살리라"(5:6), 또는 "너희는 살기 위하여 선을 구하고 악을 구하지 말지어다"(5:14) 하는 구절 등은 심판으로 나라와 민족을 멸망시키려 함이 아니라 이스라엘을 다시 살리기 위한 구원의지를 표시한 것이다. 이것을 아모스는 "만군의 하나님 야웨께서 혹시 요셉의 남은 자를 긍휼히 여기시리라"(5:16) 함도 이 구원의지를 표시한 것이다.

아모스가 환상을 보는 중에서도 그 환상의 뜻대로 이스라엘의 멸망을 원하지 않고 야웨의 자비를 간구하고 있는 대도(代禱)는 그가 외치는 정의의 심정보다 더 뜨거움을 볼 수 있다. "그치소서 야곱이 미약하오니 어떻게 서리이까?," "주 야웨여 이에 대하여 뜻을 돌이키소서"라고 애원하고 있다(암 7:5,6). 이러한 애원에 대하여 야웨 하나님은 "이 일은 일어나지 않으리라"고 한다. 야웨 하나님의 심판취소는 그의 구원의지를 보여주고 있다.

8절 하반절은 이러한 구원의지, 이스라엘을 멸하지 아니하시고 긍휼히 여기시는 사랑의 뜻을 밝히는 내용이다. "야곱의 길을 완전히 멸하지 아니하리라." 하나님의 심판배후에는 "완전히 멸망시키지 아니한다"는 구원의 의지를 보여주고 있다. 남은 자의 사상을 보여준다.

이 구절은 위에서 지적한 바와 같이 아모스의 예언대로 이스라엘이 722년에 망하기는 했지만 완전히 전멸되지 않고 남은 자가 있었으니, 그 사실을 여기 후대사람이 첨가한 것이라 한다. 하퍼는 "이 말은 지금까지 아모스가 주장한 바로나 그 뒤에 나온 말씀 내용과는 모순되기 때문에 … 이것은 후대사람의 사상이라"했다.[14] 이것은 본문 비평학에서는 으레 후대의 것으로 볼 수 있지만, 아모스의 근본사상이 구원을 완전히 부정하고 심판만을 외친 사람이냐 할 때, 더욱이 위에서 인용한 아모스 자신의 구원의 메시지를 생각할 때, 8절 하반절에 나온 구원 사상은 아모스 자신의 것이라 할 수 있다.

아모스의 구원 사상에 대한 관심을 구체적으로 표시하여 심판 예언자로만 볼 수 없다 한 사람은 뷰르트바인(E. Würtwein)이다.[15] 그는 아모스 7장 10-17절에 나온 아모스의 "소명고백"을 주석하면서 아모스도 예언자(Nabi)의 한 사람이며, 또한 그가 야웨의 심판을 선포하는 예언자이지만 그는 또한 구원선포의 예언자라 할 수 있다고 한다. 특히 그가 여러 나라에 대한 심판을 선언한 그 중심 사상은 이스라엘을 위한 구원을 목적하고 외친 말씀이다.

우리가 생각하는 9장 28절도 본문비평학상 아모스의 것이라 할 수 없다고 하지만, 그의 제1환상은 그 자신이 구원 예언자임을 보여준다고 한다. 그의 이스라엘을 위한 대도(7:5)에서 구원을 뜻하고 있다. 아모스는 최초의 구원 선포의 예언자였다. 그러나 후에 그는 심판 예언자로 바꾸어진 것이다. 그가 말하는 환상들에 암시되어 있는 것은 이 변화를 보여준다고 한다. 그래서 아모스 7장 10-17절에는 제1인칭 형태의 문장이 나타났다고 한다. 아모스가 어떻게 구원예언에서 이렇게 심판예언으로 바꾸어졌느냐? 그것은 그가 고대 이스라엘의 암픽티오

---

14) W.R.Harper, p. 193.
15) E.Würtwein, "Amos-Studien", *ZAW* 62 (1949). pp.10-52

니(지파동맹)의 율법요구에 응하려고 했기 때문이라 한다. 이스라엘이 이 율법들을 거역했기 때문에 하나님은 심판을 선언하도록 했다. 그러므로 그의 공격은 일반적인 윤리적 의식에서 온 것이 아니고 야웨 종교의 정신에서 온 것이라 한다. 야웨 신앙의 근본적인 사상은 아모스 당시에도 요청된 바이며, 이 요구에 불복종한다는 것은 죽음을 의미한다고 아모스는 외쳤다(이상 그의 논문 52면).

뷰르트바인은 아모스 1장 3절-2장 5절까지의 내용은 초기 형태의 "구원예언"이라 보고, 9장 8b-15절까지는 비록 아모스의 작품이라고 할 수 없지만, 아모스가 가졌던 본래의 예언자상 즉 구원예언자의 모습을 후대 사상에 반영시키고 있다고 한다. 이것은 이스라엘을 위한 "간접적인 구원 연설들"이라 한다. 아모스에게 있어서는 초기의 나비(?)로서의 예언자 아모스의 구원예언이 후기 것과 하나로 형성되어 그 양자의 중간에 심판예언이 자리를 잡는다고 했다. 그래서 아모스에게 있어서 구원과 멸망은 서로·배타적이 아니고 양자는 각각 그 시대적인 차이를 가지고 있다. 백성을 위하여 기도한 아모스의 구원사상은 그 백성들에게 심판을 선포하게 하는 하나님과 꼭 같은 하나님임을 알려준다고 했다.

이상과 같은 뷰르트바인의 설에 의하면 우리가 생각하는 9장 8절 하반절은 아모스의 구원사상을 그의 심판예언 중간에 삽입하여 이스라엘의 하나님 야웨는 구원을 위하여 심판을 선언하시지만, 심판 그것이 예언의 목적이 되어 있지는 않음을 알 수 있다. 그것은 정의없는 사랑은 맹목적임과 마찬가지로 사랑없는 정의는 형벌과 멸망밖에 더 의미하지 않기 때문이다.

9절. 여기서는 심판사상이 다시 반복되었다. "이스라엘을 체로 치겠다"는 선언이다. 여기 사용된 "체질"은 농사환경을 보여주어 아모스의 작품임을 알려준다.[16]

문제는 "돌"을 체질하느냐, "곡식"을 체질하느냐 하는 것을 판가름 해야 한다. 9절 하반절 "한 알의 자갈도 체로 빠져나가지 않게 하겠다"는 것은 자갈과 불순물은 체에 남게 하고 곡식은 땅에 떨어지게 한다는 것을 암시한다. 죄지은 이스라엘을 체 안에 남아 있는 불순물과

---

16) 이러한 농촌 풍경은 2:13;3:3-5,12;6:12에서도 볼 수 있다.

자갈로 보고 있다. 하나님은 자기 뜻에 합당한 자를 원치않는 자와 구별하신다. 여기 "자갈"은 8절에 나온 "죄를 짓는 자"이다. 벌을 받아야 할 자들과 야웨의 율법을 지키며 그의 정의의 원칙을 사랑하고 따르는 사람과 구별이 되어야 함을 말한다. 아모스는 선량한 시민들, 약하고 배경이 없는 가난한 자들이 악의 집권자와 부한 사람과 권세를 부리는 교만한 사람으로 말미암아 박해를 받고 있는 부조리한 사회를 고발하고 있다(암 2:6 이하;4:1; 5:11-12; 8:4 등). 이러한 심판은 구체적으로 무엇을 말하는가? 이것은 전쟁을 염두에 두었다 할 수 있다. 10절에 말하는 "칼"에 관한 언급으로 전쟁으로 말미암는 심판행위를 말할 수 있다. 그러나 살아남을 의인이 있음을 암시한다.

10절. 여기 어떤 사람이 멸망할 것인가? "모든 죄인들"이다. "내 백성 중"에서 찾을 수 있는 죄인들이다. 이 죄인들은 8절에 있는 그 사람들이다. 여기 이스라엘 전부에 대한 심판선언이 아니고 "내 백성 중에 있는 죄인들"이다. 죄인들은 망하지만, 죄인이 아닌 사람들은 야웨의 구원을 받을 수 있음도 암시한다. 8절에서부터 말하는 "남은 자"의 사상이 여기도 반영되어 있다. 5장 14절에 있는 대로 "선을 구하고 악을 구하지 않는 사람"은 살아남을 수 있다.

그런데 어떤 사람이 심판을 받아야 할 죄인들인가? 10절 하반절이 그 죄의 성격을 밝혀주고 있다. 즉 야웨 하나님으로 선택받은 특권만 믿고 저들은 절대로 망하지 않고 언제나 안전하다고 하는 사람들이다.

"당신은 우리를 망하게 하시지 않으리다"[17]는 말로 하나님의 보호와 그로 말미암는 안전을 확신하고 있다. 다른 백성은 칼로 망할지라도 하나님이 특별히 선택한 이스라엘은 하나님 자신이 멸망시키지 않으신다는 자신감에 차 있는 것을 말한다. 이런 안전감에 대하여 아모스는 이미 경고했다. "만민 중에서 선택했다고 해도 하나님의 심판을 피할 수 없고"(3:2) 그들은 절기를 따라 정규적인 종교의식을 착실히 집행하고 있기 때문에 멸망하지 않을 것을 자신하고 있으며(5:21 이하) 스스로 "흉한 날이 멀다" 자만하며(6:3) 또한 "야웨의 날"도 축복의 날이라 하지만 아모스는 이 "야웨의 날"이야말로 그들에게는 흑암

---

17) LXX에서 야웨가 재난을 보낸다는 뜻으로 해석하지 않고 "재난"을 주어로 하여 "재난이 그들에게 오지 못하리라"했다.

의 날이라 했다(5:18-20).

　이렇게 그들은 거짓된 안보관에 사로잡혀 있기 때문에 멸망을 받을 것을 말한다. 이러한 잘못된 안보관을 가진 이스라엘을 책망하고 심판을 선고한 사람은 아모스만이 아니다. 아모스가 여기서 말하는 잘못된 "선택사상"에 대하여 이사야도(5:19), 미가도(3:11), 예레미야도(렘 23:17), 에스겔도(겔 12:22,27) 한결같이 말하고 있다. "나는 무죄하니 하나님의 진노가 떠났다"하는 이 그릇된 안보관 때문에 "나는 너를 심판하지 않을 수 없다" 함이 예레미야의 경고이다. 시편 시인은 "악인은 교만한 얼굴로 여호와께서 자기의 악을 감찰하지 아니한다. …나는 대대로 환란을 당하지 아니하리라"(시 10:4,6) 하는 거짓된 안보관이 실상은 자신의 멸망을 초래한다고 했다. 여기 아모스가 말하는 죄인들의 교만은 자기들이 야웨인 양 "야웨는 자기들에게 감히 재난을 보내지 못하리라"는 단정을 한 것이 큰 죄임을 밝힌다. 이는 야웨의 주권을 자기 생각 안에 삼켜버리며 야웨의 심판의지를 고의로 방어하는 죄인들의 교만이 나타났다. 요컨대 선민 이스라엘은 망할 수 없다는 자신감이다. 그러나 이것은 얼마나 그들의 역사적 사실에 어두운 교만이었던가? 하나님의 뜻을 거슬러 벌을 받은 사실은 그들의 초기 역사에서부터 분명한 사실이다. 그러나 다만 선택의 특전만 믿고 교만해진 죄인들은 하나님의 벌을 면할 수 없다.

　10절은 아모스의 정의의 외침과는 너무도 반대되는 일반 백성의 생각을 반영시키고 있다. "아모스 자네가 아무리 심판을 외쳐도 야웨는 우리를 멸하지 아니하신다"는 것이다. 아모스보다 이 선택사상에 절대적인 의지를 하고 있는 이 죄인들이 하나님의 심판의 불능을 외침은 얼마나 당돌한가? 거짓된 안보관을 가진 사람들은 모두 자기들의 편에 신이 함께 한다는 생각을 가짐 때문에 더 큰 죄를 범한다.

36. 조국통일의 꿈
(9:11-15)

1. 서론

아모스의 예언서 마지막에 나온 이 부분이 아모스 자신의 것이냐 함에 대하여서는 의문점이 많다. 다소 예외는 있었다고 해도 아모스의 예언은 북왕국 이스라엘을 위한 예언이었고, 또 그 예언의 성격은 죄지은 이스라엘을 야웨가 그냥 둘 수 없어서, 회개하여 야웨께로 돌아오지 아니하면 멸망하리라는 심판의 외침이었다. 그의 심판 사상의 근거는 다만 야웨 하나님의 정의에서 불가피한 것이라 했다.

그러나 여기서는 정의의 심판사상은 사라지고 무너진 곳을 재건하고 (9:11) 새로운 조국을 건설해주실 하니님의 사랑을 선동하는 구원의 메시지가 분명하게 나타났다.

그러므로 이 부분을 아모스의 작품이라 하기 어렵고 아모스 이후 어느 예언자의 제자 또는 그의 심판 예언의 성취를 자기 눈으로 본 후대 어느 사람이 야웨 하나님의 구원의 의도가 아모스의 심판 예언의 동기였음을 밝히기 위하여 여기 첨가한 것으로 보는 경향이 많다. 스미스는 다음과 같이 말한다.[1]

"나는 이 부분이 아모스 자신의 예언이라 함을 꺼린다. 이런 종류의 내용은 그의 후대 사람들에게는 항용 있었던 것이다. 그 후대 사람을 위하여 새벽별을 빛났고 지나간 한밤중에 있었던 전시대 사람들이 말한 위협의 말씀에다 감동적인 희망의 말씀을 첨가한 것이다."

아모스의 예언이 될 수 없다 함을 철저하게 논술한 학자는 하퍼이다.[2]

---

1) G. A. Smith, p. 202
2) W. R. Harper, p. 195f.

그의 논증은 다음 여러 가지다.

(1) 이 부분에[3] 사용된 언어는 포로시대 및 포로후기 작품과 유사점이 많다.

(2) 이 부분에서 말하는 국가의 회복은 아모스가 말한 그 파멸상과는 너무 대조적이다.

(3) 북왕국 이스라엘에 대한 아모스의 태도보다 남왕국에 대하여 더 관심을 가진 것으로 표시했다.

(4) 아모스가 윤리적 문제에 관심을 강하게 표시함과는 달리 여기서는 물질적 축복과 영토의 확장에 대한 관심을 보여준다.

(5) 후대 작가의 영향을 보여주는 구절들 즉 9장 11절과 이사야 11장 1,13절 상반절과 레위기 26장 5(H)13절 하반절과 여호수아 4장 14, 18절과 열왕기하 19장 29절, 예레미야 14장 9절, 29장 5,28절, 이사야 54장 3절, 65장 21절, 신명기 28장 30절 이하, 39, 스바냐 1장 13절 등.

(6) 파멸의 선언과 회복의 약속이 너무 대조적이다.

(7) 9장 15절에 "네 하나님"(יהוה)은 아모스가 쓰지 않던 말이다.

(8) 아모스는 백성 전체를 상대하고 예언을 했는데 여기서는 (8-10) 후대 문서에 많이 나온 "의인"과 "죄인"을 분명히 구별하고 있다.

(9) 11절, 14절 이하는 이미 망한 나라의 현상을 전제한 기록이다.

(10) 아모스는 망국 후에 여러 민족들 사이에 산재하는 재난보다 앗수르에 잡혀갈 것을 생각하고 있다.

바이저도[4] 이 부분의 구원선언 예언이 "아모스 자신의 것이라 할 수 없다"고 하며, 이 본문과 관련된 시대는 "포로시대"라 하고 예언의 대상이 "남쪽 유다"에 국한된 것으로 보며, "아모스 예언서의 다른 부분보다는 완전히 다른 청중의 내적 상황을 전제하고 있다"고 보며, 이러한 구원의 메시지를 전달하는 목적은 포로시대 또는 포로 후 초기시대, 위로를 필요로 한 공동체를 위하여 준 말씀이라 한다. 이런 위로의 말씀을 전함으로 "하나님의 능력과 자비스러운 그의 구원의지를 믿는 신앙을 견고케 하기 위함이라"했다.

볼프는[5] 다음과 같은 입장에서 이 부분을 아모스 자신의 작품이라

---

3) Harper는 9:11-15만이 아니라 9:8하반절에서 15절까지 포함시킴.
4) A. Weiser, p. 202.
5) H.W.Wolff, p.406.

하기를 꺼린다.
  (1) 양식사학적 주제론적으로 아모스의 다른 부분과 엄연한 차이가 있다.
  (2) 12절에 나온 "이는 이를 행하시는 야웨 말씀이다"란 구절과 15절에 "이는 네 하나님 야웨가 말씀한 것이다"하는 구절들을 예언 마지막 종결구절로서 아모스 다른 부분에서는 볼 수 없다.
  (3) 예언 종결 형식에 편집사적인 평행성이 나타난 것은 포로후기 시대 예언집에서와 동일하다.
  (4) 12절에 나온 "에돔의 남은 자"란 말은 포로 후기 시대와 관련된 말이다.
  로빈슨도 같은 입장이다.[6]
  이상과 같이 대부분의 주석가가 이 9장 11-15절을 아모스 후대 사람의 손에 의하여 기록된 것이 여기 첨가되었다고 한다.
  그러나 드라이버만은 아모스의 예언이라 할 수 있지 않겠느냐 하는 가능성을 입증하려고 애쓴다.[7]
  (1) 드라이버는 그의 심판예언 대상자가 사마리아 수도에 살고 있었던 권력층 부자들과 그들에게 아부한 사람들이었나 한다. 그 당시 이러한 특수한 계급으로부터 학대와 억압을 받고 있었다. 가난한 계층 사람들에게는 아모스가 말한 무서운 심판예언이 적당하지 않았고, 오히려 아모스 예언 중 간간이 구원의 메시지를 선언한 것은 이 가난한 억압받던 약자들을 위한 것이라고 생각한다. 그래서 아무리 북왕국 수도 중심부는 타락과 부정으로 국운이 기울어지게 만들었지만, 그 땅에서는 야웨 하나님께 충성한 소수의 의로운 사람들이 있었다고 본다.
  (2) 그러므로 9장 11-15절의 구원 메시지는 그 당시 부패한 계층 사람들을 향한 것이 아니고 "야곱의 길은 완전히 멸망하지 아니하리라"(9:8 하반)고 한 소수의 충성스런 이스라엘 무리들에게 준 예언이라고 본다. 여기 이 마지막 부분에 나타난 이스라엘의 이상적인 삶의 모습은 타락하지 아니한 소수의 의로운 사람들로 말미암아 세워질 미래의 새 이스라엘을 말한 것이라고 한다.

---

6) Th. H. Robinson, p. 107
7) S.R. Driver, pp.118ff.

(3) 이 이상적인 모습은 역사적 사건으로 된 것을 말함이 아니라 어디까지나 시인이었던 예언자 아모스가 시적 용어를 사용하여 묘사한 미래 이스라엘의 모습이다.

(4) 다른 심판 예언자의 예언을 보더라도, 가령 예레미야나 에스겔 같은 사람도 심판 예언 속에 이러한 구원 메시지를 전하고 있으니 아모스라고 해서 어찌 그 나라의 멸망만 바라겠는가? 그도 심판보다는 구원을 원한 사람이니 부패한 죄인들은 "한 알갱이도 땅에 떨어지지 아니할"(9:9 하반) 정도로 멸한다 하더라도 의롭고 충실한 이스라엘은 장차 올 새로운 이스라엘의 근거가 되고 이들로 말미암아 이상적인 이스라엘이 건설될 것을 꿈꾸었다고 한다.

(5) 이 부분의 용어들이 "후대성"이 강하다는 것을 학자들은 말하지만 아모스도 다른 예언자들과 같이 심판예언을 말하면서도 참 이스라엘의 구원을 생각했다면 이런 용어들이 반드시 후대 것이라 할 수만 없고 아모스도 사용할 수 있었다고 할 수 있다.

(6) 11절에 "다윗의 무너진 천막을 일으키리라"함은 미래의 사건이 아니라, 아모스가 나타나기 30여년 전에 북왕국 요아스가 남왕국 왕 아마샤를 침략한 결과 "왕을 사로잡고 예루살렘 성벽을 4백 큐빗을 헐고 또 여호와의 전과 왕궁 곳간에 있는 금은과 모든 기명을 취하고 사람들을 볼모로 잡아서 사마리아로 데려간"(왕하 14:13,14)사실을 언급하는 것이 아닌가 할 수도 있다. 남왕국 출신 예언자인 이사야가 7장 17절에 북왕국 이스라엘의 멸망을 말하듯이 남왕국 출신 예언자인 아모스가 북왕국에서 활동하다가 남왕국에 대한 희망적인 예언을 할 수 있지 않을까? 그러나 만일 이 예언이 남왕국이라 한다고 해도 미래에 유다의 멸망을 아모스가 2장 4-5절에서 한 유다에 대한 예언과 일치하는 것이 아닐까? 만일 여기서 말하는 유다의 멸망이 예언이 아니고(not predicted) 과거 아마샤 시대에 일어난 사건을 언급하는 것(presupposed)하면, 다윗 왕국이 바벨론에게 망하는 것을 말한다. 하면 이 부분은 본래 있었던 아모스의 예언을 포로시대에 활동한 어느 예언자가 예레미야의 문장 영향을 받은 문체로 유다의 멸망과 그 회복을 새롭게 써서 여기 첨가한 것이라 하겠다.

그러나 이것도 결정적으로 시인할 증거가 없다.

드라이버는 이상과 같은 논술을 한 다음 아모스가 희망적인 미래

9:11-15

환상을 말함이 다른 예언자의 경우와 같이 자연스럽다고 하여 애써 이 부분을 후대 작품이라 함에 의심을 말하고 있다.

이렇게 우리는 이 부분의 "아모스 원작설"을 찬반 양측에서 생각할 때 우리가 어떻게 이해해야 함에 방황하고 있다. 그러나 이 두 가지 찬반설을 참조하여 우리는 다음과 같이 말할 수 있다.

(1) 아모스는 물론 심판 예언자이다. 그러나 그의 심판 예언은 심판 그것을 위함이 아니고 하나님의 구원을 알리기 위한 심판이라고 생각할 때 (9:7-10 주석에서 본 대로) 아모스는 "다윗" 왕국(남왕국만 아니라 북왕국을 포함해서)의 죄로 인한 멸망이 반드시 올 것이지만 "만민 중에서 선택한"(암 3:2) 이스라엘 백성(통일왕국)은 결국 다시 나라를 세우고 번영과 행복을 누릴 것을 말하고 있다고 하겠다. 우리는 남왕국 출신인 아모스가 북왕국의 운명을 짊어지고 예언활동을 했다는 것은 아모스는 자신에게는 남북 양조(兩朝) 왕국이란 생각보다는 하나님의 백성의 나라 전체 이스라엘을 위한 예언활동을 한 사람으로 보아야 한다. 다윗 왕국은 본래부터 분열될 운명의 것은 아니었다. 나단의 왕국 개념과 나단이 그린 이상적인 왕도(王道)는 하나의 통일된 이스라엘 왕국이었다(삼하 7-17장).

(2) 아모스을 이렇게 통일왕국의 회복을 위한 예언자라고 할 때 그가 자기 예언서 전체에서 멸망이 임박한 북왕국을 다시 구하기 위하여 하나님의 정의를 말한 것은 결코 그가 여로보암 2세 통치에서 그 자신 어떤 혜택을 입었기 때문이 아니고 그는 자기의 출신인 남왕국의 역사적 운명보다 북왕국 운명이 풍전등화와 같이 훨씬 더 긴박했기 때문에 북으로 넘어가 예언자적 활동을 한 것뿐이다. 만일 그 당시 역사적 실정이 북왕국보다 남왕국이 더 긴급하여 멸망의 날이 가까왔다고 한다면 그는 사마리아로 가지 아니하고 예루살렘 거리에서 예언활동을 했을 것이라는 추측은 가능하다. 그가 믿는 야웨 하나님은 하나의 이스라엘 왕국을 자기의 구원과 사랑을 만백성 중에 실천하는 도구로 삼으셨던 것이다. 그러나 그 백성의 죄가 결국 왕국 분열의 비극을 가져오게 한 것이다. 그럼에도 불구하고 그는 두 나라를 한 아버지가 두 아들을 사랑하듯이 사랑하고 돌보신 하나님이다. 야웨 하나님에게는 절대로 남왕국 위주, 또는 북왕국 위주의 역사 계획이 없었다. 꼭 같이 하나님의 선민의 나라로 생각하셨다.

아모스의 하나님은 통일 왕국을 생각한 야웨 라고 믿었기 때문에 그 하나님이 그를 "뽕나무 재배할 때, 양을 칠 때"부르실 때, "사자가 울 때 누가 무서워하지 아니하며"하나님이 명하실 때, 어떻게 북왕국이 라고 해서 피할 아무러한 이유가 없었다.

아모스는 이렇게 통일왕국의 야웨 하나님을 지상의 갈라진 왕국보 다 더 생각했기 때문에 그가 멸망이 확실한 북왕국 이스라엘을 바라 보며 그것이 비록 죄로 인하여 망한다고 해도 하나님의 구원 의지는 결코 망한 그대로 종결을 짓지 아니하고 다시 일으켜서 새로운 나라, 행복과 번영이 깃드는 나라를 회복하실 것을 믿고 그 구원의 예언을 외쳤다는 것은 너무나도 당연한 일이다. 그러나 그는 결코 여로보암 1 세가 세운 북왕국의 재건을 말하지 않고 다만 다윗의 왕국, 남과 북으 로 갈라진 지역적 정치체제가 상이한 두 개의 나라의 회복을 꿈꾼 것 이 아니라 통일 왕국의 재건을 꿈꾸었다.

(3) 그러므로 지금까지 모든 성서 주석가들이 이 아모스 9장 11-15절 을 해석함에 있어서 아모스의 기본 국가관을 무시함에 잘못이 있었다. 그는 비록 북왕국에서 예언활동을 했지만 여로보암 2세가 통치하는 그 나라가 소중해서 하나님 말씀을 전한 것이 아니고, 그는 하나님의 백성 이스라엘 전체 공동체의 역사적 현실에 필요한 말씀을 전달한 사람이 다. 그렇기 때문에 그의 예언에서 남왕국, 북왕국이란 정치 조직과 제 도, 왕권과 통치 영역의 구별을 전제한다는 것은 무의미하다. 그가 1장 과 2장에서 이스라엘 백성이 세운 두 나라를 중심한 여러 나라들을 언 급한 것은 남왕국을 둘러싸고 있는 국제 사회를 관심하는 야웨 하나님 의 역사적 간섭을 말하는 동시에 이 모든 나라들 사이에 있는 이스라엘 백성의 나라가 하나님의 백성된 책임과 사명을 다하지 못함을 따진 것 이다. 결코 그는 정치적 관심에서 그들의 죄를 규탄한 것은 아니다. 그 가 자기 예언 속에 거듭 말하고 있는 "이스라엘"(4:12;5:2;7:11,16;8:2;9: 7,14) 또는 "이스라엘 자손들"(2:11;3:1) 또는 "이스라엘 족속"(5:1,25;6: 1,14;7:10;9:9) 등은 북왕국 하나만을 지칭한다기보다는 하나님의 백성 이스라엘 전체 공동체에 대한 메시지로 해석할 수 있다.

(4) 그렇기 때문에 아모스가 말한 본래 예언에다 후대 사람의 손에 의한 보충적인 가필, 또는 해석적인 가필이 첨가되었다는 것을 남북 왕 조를 구별하는 역사관에서 볼 것이 아니라 아모스가 가졌던 통일 왕국,

"다윗의 집"과 야웨의 계약의 백성 전체 공동체(남북 왕국에 살고 있었던)에 대한 하나님의 역사간섭 사상에서 이해해야 한다. 9장 11-15절을 "후대 첨가"라고 하거나 "아모스의 원래 글"이라고 엄격하게 구별한다고 해서 하나님의 구원 메시지가 하나님의 심판 메시지와 무관하게 해석될 수는 없다. 그것은 하나님의 역사 심판, 그 민족 심판원리에는 남왕국과 북왕국이 따로 있을 수 없으며 또한 그의 구원의지와 그 구원의 약속과 선포를 남과 북의 나라가 각각 달리 가지는 것은 아니다.

심판의 결과로 받는 벌이나 구원의 약속으로 받는 국가 회복과 그 번영은 꼭 같이 이스라엘 자신의 힘으로 얻는 것이 아니고 역사를 지배하시는 하나님의 선물로 받는 것이기 때문이다. 9장 13절 이하에 나온 이상적인 이스라엘 국가상은 다만 야웨 하나님이 주실 것을 기록한 것이다. 이것을 실제 기록한 사람은 아모스 후대 사람, 신명기 계통의 편집자(die deuteronomitische Redaktion)[8]라 해도, 그 구원사상은 아모스 자신의 것이며, 인접한 후대 편집자가 여기다 첨가한 것이다. 만일 그가 이 부분이 아모스의 사상과 무관한 것이라면 여기 아모스 예언 마지막 부분에 첨가하지 않았을 것이다. 그러니 후대 첨가된 그 문장, 그 용어 그 어구들이 문제가 아니고 그러한 문학직인 도구에 의하여 발표되어야 할 아모스 자신의 구원사상, 야웨의 정의에 입각한 구원사상과 나란히 또는 그 배후에 숨어 있는 야웨 하나님의 사랑에 대한 신념에서 나온 그 구원사상을 우리는 더 소중히 생각해야 한다.

2. 새 번역

11절 그 날이 오면
      나는 다윗의 천막을 일으키리라.
      틈이 나간 성벽을 수리하고
      허물어진 폐허를 다시 세워
      옛날 모습대로 세워서
12절 에돔의[9] 남은 자들과
      내 이름을 부르는 모든 백성을

---

8) H.W. Wolff, p.405
9) LXX에 에돔(אדום)을 아담(אדם)으로 고쳐 "사람의 남은 자"라 읽고 있다. 그러나 Wolff가 지적한 대로 잘못 번역했다. H.W.Woiff, p.403

다시 다스리게 되리라.[10]
이 일을 이룩하신 야웨 말씀이다.
13절 야웨 말씀이다.
보라! 그 날이 다가온다.
밭을 갈면 곧 거두게 되고[11]
포도를 밟으면 곧 씨를 뿌리리라.
산에는 햇포도주가 흘러내리고
언덕마다 그것이 넘쳐 흐르리라.[12]
14절 내가 내 백성 이스라엘의
행운을 다시 회복시킬 때[13]
황폐된 도시를 재건하여 살며
포도원을 심으며, 포도주를 마시고, 손수 만든 과수원에서
과일을 따 먹으리라.
15절 그 때 나는 그들을 제 땅에 심어
다시는 내가 준 그 땅에서
뽑혀나가는 일이 없으리라.

3. 본문 해설

아모스의 예언서 이 마지막 부분이 아모스의 것이냐 아니면 후대 작품이냐 어느 한쪽에 결정을 지음으로 이 부분, 아모스 예언의 최종 부

---

10) 원문대로는 "내 이름을 부르리라"로 되어 있으나 "모든 백성들이 야웨의 소유가 된다"고도 해석할 수 있어(신 28:10; 삼하 12:28; 렘 7:10), 통치자의 이름을 부른다는 뜻에서 "다스린다"고 의역할 수 있다.
11) 원문대로는 "밭 가는 자가 거두는 자에게 가까이 오며 포도를 밟는 자가 씨를 뿌리는 자에게 가까이 오리라"이다. 이것은 "추수기간이 빨리 지나가고 새로운 농사철이 곧 임한다"는 뜻으로 하나님의 벌은 신속히 지나가고 창조와 건설의 새 절기가 곧 온다는 뜻이다. 포도를 밟고 있는 사이 벌써 씨를 뿌리게 된다는 것이다. 레위기 26:5에는 이와 비슷한 묘사를 하여 백성들이 안전히 거하는 것을 상징하여 말했다.
12) 원문은 "녹아지리라"이지만 포도원 수확이 잘되어 거기서 넘쳐흐르는 포도주로 언덕이 씻겨나갈 정도로 풍작이라는 과장법(hyperbole)이다.
13) "행운"이란 말의 원어 שבות는 "포로"라고 번역함이 대부분의 경우이다. 그러나 포로를 돌려 보낸다는 것은 하나의 운명적인 전환이다. 그것은 "행운"을 말할 수 있다. 그러나 שבות를 שוב에서 온 말로 보기보다 שבות에서 왔다고 할 때 "행운"도 가능하다(욥 42:10). 그리고 Weiser (op.cit., p.187) 등 모두 "Geschick" (=fortunes)로 번역하고 있다.

9:11-15

분의 내용을 바로 이해할 수 있음은 이미 장황하게 논한 바이다. 그러나 이 부분의 해설을 위하여 한 가지 알고 넘어가야 할 것은 이 부분을 "아모스 작이냐?" "후대 첨가냐?" 하는 문제는 아모스를 다만 북왕국 예언자로만 보는 전제 아래서만 가능한 두 가지 해석이다. 위에서 언급한 대로 아모스는 결코 북왕국 이스라엘만을 위한 예언자가 아니고 "다윗의 집" "하나님의 백성" 남북 왕국, 즉 전체 이스라엘 선민을 위한 예언자라고 한다면 아모스가 그의 예언서 마지막 부분에서 "이스라엘 집"의 구원과 그 행운을 말했다고 해서 결코 모순된 일은 아니다. 사실 그가 사마리아를 수도로 한 북왕국을 위한 예언자적 활동을 한 것은 사실이지만, 이것은 남쪽 유다 왕국.보다 북왕국 이스라엘이 더 큰 위기에 봉착했기 때문에 그가 사마리아에 와서 그 나라 백성을 구하기 위하여 외친 것이다. 그의 관심은 언제나 하나님의 백성, 이스라엘 전체의 구원과 그 행운에 관한 것이다.[14]

아모스는 그의 예언 속에 간간이 구원의 메시지를 소개했지만, 그의 예언의 전관심은 죄를 지은 이스라엘은 망한다는 심판을 주제로 한 예언이었다. 그러나 그는 하나님의 백성 이스라엘이 망하여 없어지는 것을 바라지 않았다. "그러나 야곱의 길은 완전히 멸하지 않는다" (암 9:8 하반) 말했듯이 그의 예언의 마지막 날은 비록 북왕국 이스라엘은 "범죄한 나라는 망한다"는 원칙대로(암 9:8 상반절) 망한다고 해도 "다윗의 집"은 전적으로 망하지 않고 남아 있을 수 있다는 확신을 밝혀주는 것이다.

11절. "그 날이 오면" 이러한 구원의 날이 임할 것임을 말한다. 이 구원의 기적은 다만 하나님의 역사계획, 그의 자비하신 은총으로만 가능한 일이다. 이사야와 예레미야는 "이새의 뿌리에서 한 싹이 나면" 또는 "다윗의 집에 한 의로운 가지가 날 때" 이런 일이 가능하다고 했다(사 11:1; 렘 23:5). 이런 메시야의 탄생은 다만 "그 날이 오면"이란 종말적인 성격을 띤 것이다.[15] 즉 인간의 정치적 노력이나 군

---

14) 그 이후에 나타난 다른 예언자들은 북왕국을 언급할 수 없었다. 그 나라는 이미 망한 뒤였기 때문에 호세아의 예언도 이런 의미에서 남북 왕조를 다 대상으로 한 예언으로 볼 수도 있다.

15) A. Weiser, p. 203. "종말적인 구원은 여기서 민족적인 사상과 그 소원과 더불어 짜여져 있다"고 했다.

사적 위력으로 또는 경제적 부흥으로 올 것이 아니고 하나님의 은혜스런 역사 간섭이 있을 때 가능한 일이다.

그러나 "그 날이" 언제인지 아무도 알 수 없다. 아모스도 이것을 구체적으로 말하지 않는다. 이 "그 날"은 하나님이 역사적인 활동을 하시는 날이다. 여기 그 날에 일어날 구체적인 사건만 열거하고 있다. 즉 첫째는 "다윗의 천막을 일으키는 때"라는 것을 11절에서 밝혔으며, 12절 이하 15절까지 "그 날에" 이스라엘 백성 역사에 일어날 사건들을 아름다운 시로 표현하고 있다. "다윗의 천막"은 호르톤(Horton)이 지적하는 대로 "분열되지 아니한 통일된 왕국"을 말한다.[16] 아모스가 분열 전 통일왕국이 그 백성의 죄로 인하여 둘로 갈라진 사실을 회상하며 그 비극적인 분열이 없어지는 통일된 왕국을 꿈꾸며 그 이상을 노래한 것은 결코 부자연스럽지 않다. 그는 이 11절 이하에서 "조국통일," 남북으로 갈라지기 전 "다윗의 집"이 다시 재건되기를 바라는 소원을 피력하고 있다. 11절 마지막에 "옛 날 모습대로 세운다"는 뜻은 다윗이 다스리던 그 때의 조국통일을 회상하여, 비록 사마리아가 망한다고 해도 "그 날이 오면" 이 통일왕국이 세워질 것을 말하고 있다. 나단이 말한 "영원히 보전되고 다윗의 위가 영원히 견고히 서리라" (삼하 7:16)라고 예언한 것은 아모스가 생각하는 대로 북왕국이 망해도 다윗의 집은 영원히 망하지 않겠다는 11절 말씀을 뒷받침 해준다. "틈이 나간 성벽을 수리하고 허물어진 폐허를 다시 세운다고 한 것은 예루살렘을 중심으로 다시 다윗 왕국이 재건될 것을 말한 제3이사야의 예언과도 일치한다"(사 60:15 이하;62:6 이하;65:17 이하).

12절. 여기 "에돔"과 "모든 이방사람"들이 통일왕국과 어떻게 관련될 것인가를 말한다. 옛날 다윗은 그 주변의 여러 나라들, 블레셋, 모압, 암몬, 다메섹, 에돔 등 여러 나라를 다스렸다. 이렇게 주변 여러 나라에 대한 관심을 보인 것은 아모스의 사상이었다(암 1:2-2:3). 그런데 "에돔의 남은 자"에 대한 관심은 주석가들이 아모스 당시 남왕국 아마샤 왕 때 또는 웃시야 왕 때에 에돔과 싸워 이긴 사실을(왕하 14: 7, 22; 16:6 참조) 언급한다고 한다. 그러나 단순히 에돔 하나만을 언급함에 의미가 있는 것이 아니고 "에돔의 남은 자"와 평행되어 나오는

---

16) R.F. Horton, *Minor Prophets* I(*Century Bible*), p.174.

모든 백성들(이방인들)과 연관하여 이스라엘을 과거에 괴롭히던 에돔은 물론 모든 주변 국가들이 정치적인 통수력 아래 굴복하여 마지못하여 다윗 왕국의 지배를 받는 것이 아니라 "야웨의 이름을 부르게 되는 일"로 이 모든 이방 백성들이 "그 날에는" 메시야 왕국의 통치를 받게 될 것을 말하고 있다. "오랫동안 무너졌던 다윗의 위대한 왕국이 그 날에 이들 세계 통치의 중심을 이룰 것이라"[17] 말한다. 이런 미래 통일왕국에 대한 꿈이 아니라 "이 일을 이룩하는" 하나님의 역사계획이라 못을 박는다.

13절. 다시 한번 그 날이 온다는 종말적인 형식을 되풀이한다. 여기서는 장차 이룰 새 날에 대한 아름다운 시가 15절까지 계속되어 아모스의 무서운 심판 선언으로 시작한 그의 예언은 스미스가 지적한 대로 아름다운 음악으로 끝을 맺는다.

"아름다운 음악 한 편을 듣는다. 마치 뇌성벽력이 지난 다음 새들이 노래하는 듯한 느낌을 준다. 기름진 언덕은 태양 아래 눈부시게 찬란하게 보인다."[18]

13절에는 아모스 자신이 농촌에서 얻은 사연의 아름다움을 노래함에서 하나님의 섭리를 밝히고 있다. 여기 자연과 하나님과 이스라엘이 셋이 음율적으로 하나로 엉켜, 역사는 어둠을 위한 것이 아니라 항상 밝고 새로움을 위한 것임을 보여준다. 죄와 불의의 구름은 사라지고 맑고 밝은 하나님의 공의와 진실이 다스리게 되는 빛나는 미래가 항상 어둠의 역사 다음에 열려진다는 것을 보여주고 있다.

여기 "밭을 갈면 곧 거두게 되고 포도를 밟으면 곧 씨를 뿌리게 된다"는 것은 원인이 결과가 되고 또한 결과가 원인이 되는 조화의 세계를 말한다.[19] 밭을 가는 목적은 추수를 위한 것이지만 또한 추수를 해야만 밭을 갈 수 있다. 밭 가는 노동의 수고가 어두운 역사라면, 거두는 일은 밝음의 역사다. 전자를 수난이라면 후자는 행복이다. 이스라

---

17) H.W. Wolff, p.407. 같은 의견을 Weiser도 발표하고 있다. A. Weiser, p.203; Mays, p.165. 이들은 후대첨가란 입장에서 말하지만, 아모스가 이런 전세계적 관심을 한 것은 자연스럽다.
18) G.A. Smith, p.202.
19) A.Weiser, p.204. "이 예언의 전체 성격은 확실히 조화가 지배적이다."

엘 역사는 언제나 밭 가는 고통만 있을 것이 아니라, 반드시 추수의 기쁨이 곧 뒤따를 것이다. 그것은 천기와 농부와 농토를 주관하시는 이가 야웨 하나님이기 때문이다. "포도를 밟으면 곧 씨를 뿌리게 됨"도 원인과 결과가 하나님의 역사계획 안에서 조화와 일치를 이루고 있다는 사상을 반복한다. "포도송이를 술틀에 넣어 밟는다"는 것은 고통을 상징한다. 그러나 이 고통의 날이 언제나 계속될 것이 아니고 씨를 뿌리는 계절로 바꾸어진다. 새로운 희망과 기대가 고통 다음에는 뒤따르게 된다. 포도를 밟는 것 같은 심판의 날이 지나고 씨를 뿌리는 행복한 날이 임할 것이다. 팔레스타인에서 밭갈이는 10월, 파종은 11월이다. 밀과 보리씨를 뿌리는 것은 4월-5월, 포도수확은 8월과 9월이다. 농부의 1년 생활에서도 '고진감래.'의 경험을 할 수 있다면, 하물며 하나님의 백성의 역사에서 이와 같은 경험이 없을 수 없다. 심판 다음에 구원, 구원을 받은 기쁨의 순간에 또한 또 다른 심판을 받게 된다. 진실로 신명기 역사가는 이러한 고진 감래의 경험을 백성의 역사에서 볼 수 있었기 때문에, 이것을 역사 신학의 원칙으로 한 것이다.

13절 하반절에서 "산에서 햇포도주가 흘러내리고 언덕마다 그 포도주가 흘러넘쳐 언덕이 녹아난다"는 풍요의 축복을 기뻐하고 있는 모습을 그리고 있다. 성결법전(H. 레 17-26장) 마지막에는 이 풍요의 축복을 말하는 아모스 9장 13절 하반절을 율법을 지키는 자의 축복으로 개작하고 있다.

"너희의 타작은 포도 딸 때까지 미치며 너희의 포도 따는 것은 파종할 때까지 미치리니 너희가 음식을 배불리 먹고 너희 땅에 안전히 거하리라"(레 26:5).

14절. 여기 "그 날이 오면"에 암시된 이스라엘 왕국의 통일이 이뤄질 때 그 백성들이 새로운 행운을 차지할 것을 말한다. 이 "행운"은 위에서 설명한 대로 "사로잡힌 자가 귀국하는 조국 광복"의 사실을 말한다고 할 수 있다. 아모스는 여러 차례 하나님의 심판은 그들을 나라 밖으로 사로잡아 갈 것을 말했다(암 4:2,3;5:27;6:7;7:17). 그러나 이 포로생활에서 돌아온다는 것은 행운이 아닐 수 없다. 하나님은 그 백성의 행복된 운명을 손에 쥐고 계신다. 사로잡혀 가게 하신 이도 하나님이요 그들을 돌려주시는 이도 하나님이시다(사 42:24; 시 126:1,2).

"행운을 돌린다"(שוב שבות)는 말은 하나님의 진노 다음 긍휼을 베푸실 때 이스라엘이 받는 축복이다(신 30:3; 호 6:11; 렘 29:14; 겔 16:53; 시 14:7; 85:1; 126:1,4).

이 때에 그 백성이 구체적으로 하는 일이 무엇인가? 그것은 첫째 "황폐된 도시를 재건하여 살며" 둘째는 "포도원을 심어 포도주를 만들고 과수원을 심어 과일을 따먹는 것이다." "파괴된 도시"란 사상은 아모스가 이미 5장 11절에 말했다. "비록 다듬은 돌로 집을 건축하였으나 거기 거하지 못할 것이라" 했다. 그러나 "그 날에는" 이 황폐한 도시를 재건할 수 있는 행운을 말한다. 또한 이스라엘은 그 죄 때문에 포도원을 심었으나, "그 포도주를 마실 수 없다"고 했다(암 5:11),[20] 그러나 "그 날에는 포도원을 심으며, 그 포도에서 포도주를 마시는" 축복을 받는다. 포도가 너무도 풍작이 되어 "산과 언덕"에 심은 포도원은 포도주의 시냇물을 솟아내어 "산마다 언덕마다 넘쳐 흐르리라"고 했다. 그리고 또한 과일도 따먹을 수 있는 행복도 첨가되었다. "그 날에" 이스라엘 백성이 통일왕국을 다시 세우는 날 그들의 손으로 하는 일은 모두 하나님의 축복을 받을 것을 말하고 있다. 제3 이사야도 아모스가 말하는 "재건과 풍성한 수확"이 꿈을 말하고 있다.

"그들이 가옥을 건축하여 그것에 거하겠고 포도원을 재배하여 열매를 먹을 것이다 … 그들의 수고가 헛되지 아니하고 그들은 여호와의 복된 자의 자손이다"(사 65:21-23).

15절. 아모스 예언서의 이 마지막 절은 이스라엘 통일왕국 완성에 대한 하나님의 말씀이다. "그 때 나는 그들을 제 땅에 심어," 이것은 이 백성이 아무리 산지 사방으로 흩어져 나가 이민족 속에서 고생을 한다고 해도 "그 날이 오면" 그들은 모두 자기 고국으로 돌아와, 옛 날 다윗 왕이 이룩한 영화를 회복하며, 다시는 그 땅에서 쫓겨나가는 비극적인 역사가 없을 것임을 말한다. 옛 날 아브라함을 통하여 약속하신 그 땅에 영원히 살 수 있다는 꿈이 실현될 것을 말한다. 이러한 행운의 회복은 이스라엘 백성의 노력으로 전취되는 것이 아니다. 이것

---

20) 이 암 5:11과 9:14은 서로 대조되는 사상을 말한다. 암 9:11-15이 아모스의 작품이라 할 수 있는 증거로서 이 대조에 사용된 언어가 같음에 주목하게 된다.

은 다만 구원사의 주인이신 야웨 하나님의 은총으로 주어지는 것이다. 이러한 은총에 대하여 "우리는 회의를 느낀다"할 사람이 있을 것이다. 그렇게 자기 손으로 주실 행운이라면, 왜 그들에게 망국과 포로 생활이라는 비극적인 역사를 주신 다음에 이 행운을 주는 것인가? "하나님은 장난꾸러기가 아닌가? 바닷가에 모래집을 지었다가 헐어버리는 아이들과 같이! 이런 행운을 주실 바에야 그들을 망하게 하지 않게 하고도 하실 수 있는 것이 아닌가?"

만일 이런 질문을 하기 시작하면 "왜 하나님은 에덴동산에 생명과 (生命果)나무를 두셨는가? 그것이 없었더라면 하와가 유혹도 받지 않았을 것이고, 또 에덴에서 쫓겨나지도 않고 영원히 그 낙원 속에서 살 수 있었지 않았는가?" "왜 하나님은 자기 아들을 십자가에 희생시켜서만 구원사를 성취하셨는가? 예수도 살고 그를 통한 구원의 축복도 온 인류에게 줄 수 있지 않았겠는가?"

아무도 이런 질문에 정확하게 대답하지 못한다. 성서는 오히려 위에서 말한 모순을 더욱 뒷받침해주는 말이 있다. "나는 내가 세운 것을 헐기도 하고 나의 심은 것을 뽑기도 한다"(렘 45:4).

예언자의 사명은 "뽑고 파괴하고 파멸하고 넘어뜨리기도 하지만 또한 건설하고 심기도 하게 한다"고 했다(렘 1:10).

하나님의 구원사는 심판과 구원의 교차로 이뤄졌다. 인간의 죄는 하나님의 심판을 초래하지만, 이 심판으로 말미암는 인간의 비극과 고통은 항상 하나님의 사랑과 은총에서 오는 구원으로 새 삶을 주신다. 죄를 견책하는 하나님의 공의와 인간의 비극을 긍휼히 여기시는 하나님의 사랑은 하나님 자신의 뜻에서만 오는 것이다. 인간은 이 하나님의 "독재"(獨在와 獨裁)에 반항할 아무 권리가 없다. 그것은 인간을 만드신 하나님의 뜻을 거슬리지 않는 일만이 인간의 의무이기 때문이다. 아모스는 이 사실을 "이는 네 하나님이 말씀하셨다"란 마지막 구절로서 주권자 하나님께만 충성을 다하라 말한다.

후기

아모스주석을 끝내며

　오늘, 1976년 10월 13일(목) 오전 11시, 4년간 계속되었던 "아모스 연구"를 끝맺는 마지막 원고를 썼다.
　역시 "은총무한"(恩寵無限)이란 소감밖에 없다.
　오늘 아침 죽을 한 공기 먹었다. 어제 저녁 식사 때 먹은 "생굴"이 상한 것이었기에 밤새 설사를 하고 아침부터 누워있는 신세가 되었다. 어젯밤, 경주 황장로 딸의 결혼식 주례까지 맡게 되어 오늘 10월 13일은 정오, 1시, 2시, 하루에 결혼식을 세 번이나 주례를 해야 한다는 즐거운 비명을 지르게 된 것을 어젯밤 아내와 더불어 얘기하면서도 역시 "하나님의 은혜가 감사한 것뿐이라" 했다. 작년에 당한 위기와 금년에 내가 가진 건강은 너무도 차이가 있기에 신학연구소 김미동 양의 결혼을 위하여 향린교회에서 첫째 결혼식을 필하자 마자 경주 내 친구의 딸 정애의 결혼을 위하여 한국일보사 12층으로 가야 하고, 또 거기서 제자 교사의 딸의 결혼식을 위하여 이화여대 강당으로 뛰어갈 형편이다. 이렇게 내가 뛸 수 있다는 것은 하나님의 놀라운 축복이 아니고 무엇이겠느냐? 오늘 아침에 자리에 누워 있으면서도 어제 저녁 식사전에 붓을 들다가 그만 둔 아모스 9장 15절, 마지막 절에 대한 생각을 억누를 수 없어서 아내가 나간 사이 내 책상으로 왔다.
　이 마지막 절 "하나님의 은총의 절을 어떻게 써서 끝마칠까" 기도했다. 이스라엘 백성에게 "내가 다시는 이 땅에서 너희가 뽑혀나가지 않겠다"고 약속한 말씀이다.
　이스라엘의 놀라운 선택의 축복은 그들이 가나안 땅을 약속의 땅으로 받아 살게 된 것이다. 그러나 그들의 역사는 그 땅에 가만히 평화스럽게 살게 된 것은 아니다. 수없이 여기에서 쫓겨나는 경험을 당했다. 그러나 이 마지막 절에서 "다시는 뽑혀 나가지 않게 하신다"는 약속이다. 이것을 영적으로 읽으면 우리 인간이 죄의 세력에 매여 신음하지만 예수 그리스도의 부활을 믿음으로 다시는 그 죄악의 세력에 매여 있을 수 없음을 말한다. 하나님과의 영원한 관계성이다.

이런 하나님의 은총에 대한 생각이 나를 가만히 눕혀두지 않았다. 파자마 바람으로 책상에 앉아, 마지막 절에 나타난 하나님의 은총의 선언을 생각하며 스스로 감격했다. 그 같은 은총이 아니고서야 어떻게 파란 많았던 지난 3년 동안 내 삶 속에서 이 글을 계속 쓸 수 있었을까? 그 은총이 아니었다면 이미 작년에 이 "아모스 연구"는 중단되고 말았을 것이다. 영원히.

감사한 것뿐이다. 내 연구가 보잘것이 없는 것으로 안다. 그러나 지난 3년간의 이 땅의 역사적 현실에서 이 아모스의 말씀이 얼마나 양식과 힘, 길잡이와 스승이 되었는지 모른다. 계속 읽어주신 독자 여러분께는 감사의 생각을 하면서도 미안한 마음 금할 수 없다. 정말 읽을 만하게 오늘에 사는 나의 말씀으로 각자에게 전달되지 못한 것 같아서, 그러나 한 가지 사실에 위로를 하자고 권하고 싶다. 우리 나라 사람의 손으로 우리나라 실정을 항상 의식하면서, 성서를 배워나간 것이 이 "아모스 연구"였다고 자부하고 싶기 때문이다. 아모스의 말과 같이 물과 양식이 없어 기근이 아니라, "하나님의 말씀에 기근 현상이 심한 이 땅 심령들에게 내려지는 단비가 되고 어둠을 비춰주는 등대가 되고, 우리 인간과 우리의 구체적인 삶 속에 경험한 모든 악마적인 힘으로부터 온 위기를 알리는 횃불"이 되어지고, 나아가서 이 역사를 지배하시는 하나님 한 분만 쳐다보고 살아보자는 소원을 이 "연구"에서 해보려고 했지만, 그것이 기대한 만큼 되지 못해 필자는 안타까워한다. 독자 여러분께 "역부족"이었음을 양해해 달라 하고 싶다. 끝으로 독자 여러분의 건강과 행복을 빈다. 특히 현존에 "현존"(現存)하지 않는 한 친구를 위하여 독자와 더불어 간절한 기도를 드리고 싶다.

"아마샤에게 쫓겨나간 아모스여,
그러나 그대는 할말을 했다.
오늘도 그렇지만 먼 훗날
그대가 남긴 말씀 새기고 풀어보고
감사와 찬송을 드리는 사람들이 있으리라."

자 평

성서학을 연구하는 사람은 성서 텍스트에서 신학적 사고를 하고 그 논술에서 한 사상 체계를 조직화하는 것이 정상적인 코스라고 생각한다. 그런데 지금까지 내가 발표한 구약신학 관계 논문들은 이러한 정상적인 코스를 밟고 나온 연구 결과가 아니다. 어떤 제목을 먼저 설정하고 그 제목에 부합한 성서 구절을 찾고 거기에 대하여 다른 학자들이 어떻게 말했는가 함을 찾아 내용을 간추려 종합한 것이었다고 생각된다. 설교로서 비유한다면 지금까지 제목설교를 한 셈이고, 본문 자체에서 얻어진 메시지를 종합한 것이 되지 못한 것과 같은 것이었다.

그런데 아모스 주석은 아모스 예언자가 무엇을 그 시대 사람들에게 말했는가를 본문에서 살펴보고자 함을 첫째 목적으로 했고, 둘째는 아모스가 정의의 예언자라고 알려져 있는데, 그가 주장한 정의를 어떻게 이해해야 할 것인가 하는 신학적인 작업, 말하자면 본격적인 성서신학의 작업을 한번 해보고 싶었다는 것이 둘째 목적이고, 셋째는 성서를 어떻게 토착적으로 이해해야 할 것인가 하는 문제, 다시 말하자면, 성서의 본문이해를 서구 신학자들의 주석을 그대로 소개하기보다는 이 구약성서를 읽는 한국적 역사 상황에서 어떻게 읽어야 하며, 동시에 아모스란 책이, 주전 8세기 북왕국 이스라엘 사람들에게 들려준 말은 오늘 20세기 후반기 오늘의 한국의 역사적 현실에서 어떻게 이해해야 할 것인가를 함을 밝혀보려는 목적에서 이 주석책을 저술했다.

첫째 목적—아모스 책이 그 시대 사람들이 무엇을 말하고자 했는가 함은 많은 참고서를 이용하지 못했지만, 내 나름대로 이해한 것을 밝혔다. 특히 Handuch zum AT의 주석 시리즈의 로빈슨과 호스트의 아모스 주석과 바이스의 주석책, 하퍼의 ICC 주석, 스미트의 주석이라기

---

*이 원고는 유고를 정리하던중 발굴된 것이다

보다 『강해서,』 그리고 최근 미국에서 구약주석 총서로 나오는 *Old Testament Library* 시리즈 중에서 메이스의 『아모스 주석』 등이 중요 참고서였고, 최근 독일서 나온 주석 시리즈, *ATD* 보다도 최근자에 나오게 된 *Biblische Kommentar* 시리즈 중 볼프의 *Dodekapropheten*은 입수가 늦었기 때문에 문서 후반부에서야 참고가 되었다.

이런 서구 문헌을 참고한 나로서는 많은 계몽과 해석에 도움을 받았지만 결정적으로 따라갈 수 없다는 주석 방향을 내 나름대로는 시도했다는 것을 본주석의 특색으로 하고 있다. 이 점에 대하여 아래 다시 언급하겠다.

다음 둘째 목적인 아모스의 신학 이해는 이 주석이 출간된 이후, 이 주석책을 읽고 또 읽으면서 지난 10,11월 두달 동안 다음과 같은 내용을 목차로 원고지 200매로 완성했다. 앞으로 어딘가 발표할 예정이다 (이 논문은 『신학사상』에 발표되었고 이 전집 제3권에 수록되어 있다).

"아모스 신학"

1장 머리말 — 신학의 근거
2장 하나님에 대하여
   1. 말씀하시는 하나님
   2. 만민의 하나님
   3. 심판하시는 하나님
   4. 정의의 하나님
   5. 자연과 하나님
3장 공동체에 대하여
   1. 왕국과 민족공동체
   2. 민족공동체의 관심
   3. 권력의 악
   4. 가난한 자의 수난
4장 경건에 대하여
   1. 예배장소 문제
   2. 잘못된 경건
5장 결론 — 아모스의 위치

다음 셋째 목적 즉 한국적인 상황에서 아모스를 어떻게 이해할 것이냐 하는 문제는 상당히 많은 부분에서 시도했다.
 그 구체적인 예를 다음 몇 가지로 들고자 한다.

 1. 예언자는 애국자다.
 이 부분은 아모스 예언의 첫 메시지다. 여기 하나님 말씀을 대언하는 자는 단순히 종교적 신념의 사람만이 아니고, 그는 애국자의 모습을 가지고 애국자로서 나라를 염려하는 사람이다. 아모스에게 나타난 애국자 상은 "그 나라를 다스리는 주권자가 내세운 정책에 무조건 순종하거나 그 주권자의 비유를 건드릴까 싶어 바른말은 커녕 정당한 할말을 하지 못하는 사람이 아니라, 언제나 누구 앞에서나 바른말을 할 수 있고, 또 그런 바른말을 함으로 수난의 각오를 가지고 실제로 수난을 당하는 사람이다." 예언자의 신앙운동은 하나님 말씀에 입각하여 권력자에게 정의와 공평을 깨우치며 인간의 죄악이 지배하지 않는 이상적인 나라, 하나님의 정의의 질서가 지배하는 나라가 되도록 백성의 지도자와 백성들에게 권고하는 사람이다. 이런 애국자의 역할을 할 사람은 오늘 우리 나라에서는 누구보다도 하나님의 말씀을 대언하는 설교자와 하나님의 말씀에 봉사하는 신학자들이어야 한다.

 2. 예언자 아모스는 나라의 병을 진단하고 그 치료의 처방을 백성과 그 지도자들에게 알려주는 사람이다. 아모스는 나라를 병들게 하는 요소는 일반대중, 저소득층, 서민층 가난한 자들이 아니고 이들을 지배하는 지도자들, 권력층, 부유층, 특혜층에 있다고 고발한다. 특히 이 후자들은 일반대중의 피땀의 노력으로 된 자본을 몰수 또는 착취하기도 하고 그들의 인권을 유린하고 그들의 자유를 자기들 정책에 충성하기 위하여 유보하라고 명한다. 특히 사법행정에 있어서 뇌물을 받아 가난한 사람을 억울케 하는 현상이 아모스 시대에 있었다는 것을 고발하고 있다.
 이것은 결코 아모스 시대만이 아니다. 오늘 대한민국에도 이와 같은 예를 얼마든지 볼 수 있었다. 이러한 권력층의 불의와 불법을 고발할 자는 예언자의 후예들, 오늘의 설교자들이다.

 3. 또한 셋째로 종교와 정치의 불가분성을 가르친 아모스의 교훈은 오늘 우리 나라의 일부 종교인들의 정치관과 정권을 잡은 사람들의

종교관이 둘 다 잘못되었음을 알려준다.

아모스의 메시지는 그 나라 정치와 밀접한 관계를 가지고 있다. 그 어느 한가지 메시지도 그 나라 역사와 민족의 정치 생활과 관련되지 않은 것이 없다. 특히 열국의 죄와 사마리아와 유다의 죄를 말할 때, 개인들의 죄보다 민족공동체, 특히 정치 일선에 나선 권력자들, 그 수하에 있는 실무자들의 죄를 고발하고 있다.

우리 나라 정치 권력자들에게서 종종 듣는 말은 "종교가는 종교 분야에 대해서만 말하라. 정치는 정치하는 사람에게 맡겨라"하여 정치는 종교인들에게 타부인 것처럼 말하고 금지하고 있다. 특히 종교인들 중에서도 신앙인은 정치라는 속된 일에 관심하는 것은 종교인의 탈선이요, 이것은 신앙을 세속화시키는 것이라 비판하고 있다. 그런데 이런 주장을 하고 있는 사람들이 권력의 부패에는 침묵을 지키고 일선 정치의 공무원들이 부정과 부패를 저지르는 사회악과 각종 부조리에 대해서는 사법권이 처리할 일이지 종교인이 시시비비를 논할 것이 아니라 한다. 이러한 사법권 자체도 법보다는 정권 책임자의 지시나 정책에 따라 움직이고, 때로는 권력자의 필요에 따라서는 나라와 기본 헌법도 백성의 의사에 어긋나게라도 개헌이 되는 경우도 있는 것이다. 독재적인 경향을 가진 나라에서는 법질서가 융통성을 가진 현상을 볼 수 있다. 3.1 사건 같은 것은 이러한 헌법질서를 권력이 국민의사에 반대된다고 하여 그 시정을 요청한 종교인들의 양심의 소리였다. 아모스는 그 당시 여로보암 2세의 권력이 그 나라 산업을 부흥시키고 그 나라 국력을 신장하고 국방을 튼튼한 안보에 유의한 정치를 성공적으로 이끌어 갔지만, "공의는 사철쑥으로 바꾸며 정의는 땅에 구르게 하며 성문에서 비판하는 자는 미워하고 바른말하는 자를 싫어했고, 가난한 자를 짓밟고 과중한 세금을 징수했다"고 그 나라 정치를 고발하고 있다. 뿐만 아니라 "의인을 학대하며 뇌물을 받아 재판에 있어서 가난한 자를 억울하게 했다"고 사법권까지도 고발하고 있다.

아모스는 종교인으로 그 나라 정치를 대담하게 비판했다. 이것은 결코 아모스 자신이 가진 어떤 정치 이념이나 야당적인 기질에서 무조건 여당을 비판한 것은 아니다. 하나님의 말씀에 의한 진실한 복종에서 이 대담한 발언을 한 것이다. 이런 대담성이 바로 오늘 한국의 종교인에게도 필요함을 지적했다.

4. 권력가와 그 권력의 혜택을 받고 있는 부유층 사람들의 불의한 삶을 아모스는 자세히 파헤치고 있다.

사마리아 여인들은 "바산의 암소" 같은 동물적 존재에 불과함을 말한다. '바산'이란 산은 팔레스타인 북부 헤르몬 산을 중심한 고원지대, 남북 60마일 가량 걸쳐 있는 1,600-2,000피트의 고원지대이지만, 이 말은 산의 이름 이외에 여기 풍성한 밀의 수확 및 가축기르기에 적당한 초장 그리고 큰 상수리 나무들이 있는 산이기 때문에 사마리아 권력층에 속한 여인들의 도도하고 교만하고 사치하며, 육체의 아름다움과 향락적인 삶을 자랑하는 여인들을 상징하며, 동시에 그들이 가진 사회적 지위와 권력과 부로써 하고 싶은 일은 무엇이나 할 수 있는 여자들을 말한다. 이 여자들은 결국 "빈곤한 자를 학대하고 가난한 자를 짓밟는 일을 하는 사람들"이라 했다(4:1).

이런 권력가들과 부유층 사람들은 "다듬은 돌로 집을 짓고"(5:11) 겨울을 지나기 위한 집, 여름 피서집 그리고 상아로 만든 집 등 화려한 집을 짓고 살 뿐 아니라 그들의 삶은 "상아 침상에 눕고 그 침대에서 기지개켜며, 고기는 가장 연한 어린 양고기와 송아지 고기만을 먹으며 비파에 맞추어 즉흥 노래를 부르고 대접으로 술을 마시고 최고 향품을 몸에 바르는 생활"을 하는 삶을 사는 사람들이라고 했다.

여로보암 2세가 이룩한 정치적 안정과 경제적 성장은 결국, 부익부 빈익빈의 사회현상을 만들었고 "가난한 사람을 짓밟고 그 땅의 영세민들을 죽이는 자들"이 되고 말았다. 그들의 탐심은 가나한 자를 신한켤레 값으로 샀으며 아버지와 아들이 한 여자에게 드나들 만치 성적 문란이 성행했고, 심지어 가난한 자들이 저당잡힌 겉옷을 제단 옆에 깔고 육욕을 즐기는 일까지 한 타락한 인간들임을 아모스는 고발하고 있다.

이러한 사치, 향락, 성적 타락과 문란성, 이러한 횡포와 인권유린의 현실은 오늘 대한민국의 현실에서도 그대로 보게 된다. 특히 GNP 1,000불, 수출액 100억불을 목표한 국가 경제신장을 자랑하는 오늘의 한국 현실 어디서나 볼 수 있는 타락과 부패의 현상을 볼 수 있다.

오늘의 교회는 이 아모스의 사회악 고발을 배울 필요가 있다. 아모스처럼 "선을 구하고 악을 구하지 말라" 또는 "악을 미워하고 선을 사랑하라"는 말을 이 백성들에게 할 사람은 다만 오늘 교회의 설교자들이요, 하나님의 역사 간섭과 심판을 믿고 있는 담대한 크리스찬들의 할 일이다. 아모스의 예언은 오늘 한국 신도들에게 용기있는 삶, 바른 것을 말하고 부정을 고발하고 악을 규탄하는 예언자의 책임을 감당하도록 가르치고 있다.

5. 아모스는 그 나라의 상업하는 경제인들의 불의에 대하여서도 침묵을 지키지 아니했다.

나라의 기반이 경제와 재정이라 할 때, 그것은 항상 비판받아야 한다. 여로보암 2세 때는 솔로몬 시대와 대조될 수 있을 만치 경제적 부흥을 이룩한 때였다. 외국 무역이 활발했고, 국토를 확장했기 때문에 애굽과 중동 여러 나라 사이에 세관을 만들고 그 통관세의 수입으로 나라의 부를 증가시킬 수 있었다. 이러한 정치적 안정에서 권력에 의한 부를 얻을 수 있는 사람은 부할수록 더욱 부함을 누릴 수 있었다. 이 호전된 경제상황은 가진 자들로 하여금 극도의 탐욕을 가지게 했다. "가난한 자의 머리에 있는 먼지까지 탐하는 상태였다"(2:6).

이러한 탐심은 종교적 행사에까지 침투했다. 종교적 절기가 찾아오는 것은 다만 그들의 부를 축적할 수 있는 기회로만 보았다. 이것이 8장 5절 이하 아모스의 고발이다.

"너희들은 말하는구나.
월삭제가 언제지?
곡식을 팔아야 하고
안식일은 언제지?
밀을 팔아야 하는데!
에바는 적게 하고
세겔은 크게 하고
거짓 저울로 속이고 …
밀찌꺼기를 팔아보자고."

장사하는 사람들에게는 월삭제니 안식일 등이 가진 종교적인 의미에 대해서는 아무 것도 모른다. "언제냐?" 하는 질문을 하고 있음은 다만, 예배의 심정 때문이 아니라 이익추구의 기회를 찾는 물음에 불라하다. 예루살렘 성전에 비둘기 장사와 환전상을 힐책하고 쫓아내신 예수님도 종교 행사를 이윤의 기회로 삼는 그들의 타락한 물질주의를 꾸짖으신 것이다. 월삭제에는 고운 밀가루를 바쳐야 한다. 그러나 이들은 밀찌꺼기를 팔 만치 파렴치했고, 또 이것을 사는 일반 예배자들의 신앙도 형식적인 행사에서 예물을 바침에 불과했다. 그것도 정당한 도량형에 의한 것이 아니다. 부정품을 팔고 있는 양심도 문제이지만, 게다가 저울을 속이고 표준 도량형의 질서를 완전히 폐기하고 있다. 부정식품과 위조지폐 제조와 같은 화폐의 속임수를 썼고 됫박을 적게 하고 세겔은 크게 하여 물건을 정량보다 적게 소비자의 손에 들어가게 한다. 완전히 상도덕의 타락상이다.

우리 나라에서 이런 종류의 타락한 부정 부패의 상도덕은 너무도 흔하게 보는 실정이다. 일간신문 한달치만 모아도 이런 부정식품 거래, 부정거래의 사실들은 쉽게 볼 수 있다.

이러한 아모스의 고발들은 곧 우리의 현실에서 그대로 읽을 수 있다는 것이 참으로 슬프고 괴로운 일이다. 그러나 더욱 답답한 것은, 오늘 교회와 크리스찬들은 이러한 권력과 상도의 부패에 대하여 고발하지 못하고 있는 것이다.

아모스와 같이 대담하게 이 부정을 고발해야 한다. 이런 현상들은 병든 나라의 증상이다. 외부의 힘이 나라를 망치는 것이 아니라 내부적인 질환이 나라를 스스로 넘어지게 할 수밖에 없다. 그래서 아모스는 "야웨의 날"이 빛이 아니고 어둠이요 모든 노래는 애가로 변하고 백주가 그믐 밤처럼 캄캄해지리라(6:9) 했다.

오늘 한국의 부패와 부정을 보고 슬퍼하는 예언자가 참으로 나라를 사랑하는 사람이라는 것을 배우게 한다. 哀國이 愛國이라는 교훈을 교회는 외쳐야 한다.

6. 아모스는 당시 이스라엘의 형식적인 종교에 대해서도 침묵을 지키지 못했다. 한 나라의 정치, 경제, 상업 등이 부패해도 종교만이 살아 있으면 희망이 있다. 그러나 아모스가 본 이스라엘 운명의 마지막 보루가 되어 있는 종교는 다른 분야에 못지 않게 치부를 드러내고 있었다.

"아침마다 희생제를 바치고 사흘마다 십일조를 바치고 감사제를 올리고 특별감사 예물을 바친다"는 그들의 종교의식은 참으로 장한 것같이 보인다. 예배 출석에 열심을 보여주고 십일조 헌금이나 특별 감사 헌금을 무더기로 바치는 오늘 한국 교회의 예배의식은 과연 자랑할 만하다. 목사는 십일조, 감사와 특별감사 예물을 바친 손들을 위하여 간절한 기도를 한다. 더욱더 축복을 해 달라고. 그러나 생활이 궁하고 바칠 여유가 없는 사람들이 주일 헌금을 바친 손을 위해서는 침묵 아니면 한마디 기도의 말이 스치고 지나간다. 감사 예물 기도를 드리는 사람의 인상은, "하나님의 축복을 받으려면 나도 십일조를 내어야 하고 나도 특별 헌금을 부지런히 바쳐야 하겠다고 생각하게 한다. 그러나 이것이 과연 정당한 것일까?

아모스는 "사흘마다 십일조, 감사제, 특별 감사제"를 그렇게 달갑게 생각지 아니한다. 왜냐하면, 그들은 다듬은 돌로 집을 짓고, 여름 궁, 겨울 궁을 지으며 상아로 집을 짓고 상아로 침상을 만들고 그 위에서 뒹굴며, 그리고 노래, 술 등으로 자신들의 향락과 사치는 극도로 취하면서도, 가난한 자는 짓밟고 빈곤한 자를 학대하고, 은으로 빈곤한 사람을 사고 신 한켤레 값으로 가난한 자를 사는 인격적인 모욕과 인권유린을 하는 그 손으로 바치는 십일조 헌금, 특별감사 예물을 하나님이 받으실 만치 하나님은 궁하거나, 물질 여하에 따라 하나님의 권위나 긍휼이 변하는 것은 아니기 때문이다.

그렇기 때문에 하나님은 이스라엘의 예배행위 전체에 대하여 "No!" 하심을 5장 21절 이하에서 말하고 있다.

"너희 축제를 나는 미워한다.
나는 싫어한다.
너희 절기 모임을 기뻐하지 않는다.
비록 너희가 번제나 소제를
내게 드릴찌라도
내가 즐겨 받지 않으리라.
비록 너희가 기름진 짐승을 잡아
화목제를 바친다 해도
내가 관심하지 않으리라.
너희 노래 소리를 집어 치우라.
너희 비파 가락도 듣지 않겠다"(암 5:21-23).

이렇게 여기 이스라엘의 모든 제사가 다 열거되었으나, 그 어느 하나도 하나님이 받으시지 않겠다고 한다. 하나님의 거부는 24절에 있는 대로 이스라엘이 "공의는 물처럼 쏟아버리고 정의는 냇물처럼 흘러가게 하고 있기" 때문이라 했다. 종교와 생활의 불일치를 말한다. 윤리적인 삶이 뒷받침하지 않는 종교의식은 오히려 하나님에게 죄를 짓는 행위밖에 안 된다는 것이다.

아모스의 이러한 형식적인 종교, 잘못된 경건의 거부 사상은 호세아에게서도 "저희가 비록 고기로 제사를 드려도 … 그것을 기뻐하지 아니하고 저희 죄악을 기억하겠다"고 했다(호8:13). 호세아는 "제사보다 하나님을 사랑함을 원하고 번제보다도 하나님과 영적인 교제함을 더 원한다"고 했다(호 6:6).

이러한 형식종교의 거부는 이사야, 미가, 예레미야 등에게서 더욱 신랄하게 고발되어 있다.

아모스에게서 형식주의 종교의 비평을 읽을 때, 한국 교회의 대교회주의, 화려한 예배당, 또 거기에 모이는 정규적인 각종 집회 및 각종 교회 행사를 행하는 그 열심 속에 얼마나 교회신도들과 지도자들이 자기가 속한 나라의 역사적 현실문제에 관심하고 있느냐가 물어질 수밖에 없다. 더욱이 맘모스 교회를 이루어 동양 제일, 한국에서 제일, 서울에서 제일, 교단에서 제일이라는 이 자랑 속에 이 나라 오늘의 역사현실 속에 있는 권력자의 권력 횡포와 부유층의 물질주의 등으로 인간을 괴롭히는 사회부정과 부조리의 현상에 대하여 얼마나 교회적인 책임 신자로서의 책임성 문제를 거론하고 있는지를 심각하게 생각하게 하는 방향에서 이 주석을 쓴 것도 한 특징이라 할 수 있다.

다음으로 위에서 언급한 대로 이 주석책은 서구의 문헌들을 참고하면서 많은 계몽과 시사를 받았기 때문에 선배학자들의 학문적인 공헌을 높이 평가하면서도, 나는 내 나름대로 해석을 취한 두 가지 특색을 지녔다고 말하고 싶다. 이 점은 기회가 있으면 세계 학계에 도전해 보고 싶은 점이다. 이것은 구약의 텍스트문제로서, 소위 순수한 예언자의 글과 그의 사상의 영향을 받은 후대 사람의 가필 또는 첨가자에 대한 본문비평학의 문제로 지금까지 서구학자들이 주장해 오는 바가 타당하다 함에 나는 의심을 제기한다. 특히 구약 예언자의 사상에서 심판과 구원과 같은 상반되는 두 가지 요소를 발견할 때, 그 어느 하나를 후대사람의 첨가라고 하는 일반적인 평가 규준에 관한 것이다. 그렇다고 해서 나는 이러한 후대 편집자의 작품을 전적으로 부정하려는 것은 아니다. 그러나 순수한 예언자의 글과 후대 사람의 글을 판별하는 데 신중성을 요한다는 것을 새로운 각도에서 시도해 보자는 것이다. 즉 이러한 후대 편집자 또는 그 예언자의 제자의 글이라 할 때, 대체로, 문학비평에 필요한 모든 요소가 동원되어야 한다. 다시 말해서, 그 텍스트에 내포된 역사적 사정, 또 거기에 강조된 사상, 그리고 그 문장의 장르 또는 형태, 리듬 및 인칭 변화 등을 보아서 예언자 자신의 것과 또는 후대 사람의 손에 의한 작품이라는 구별을 짓는다.

아모스 텍스트가 가진 순수성은 ICC 시리즈, 『아모스 주석』을 쓴 하퍼는 아모스의 순수한 기록과 후대 사람의 손으로 된 제2 자료와의 구별을 명확히 하고 있다.[1]

하퍼에 의하면 아모스 1장과 2장에 나타난 각 나라에 대한 심판 예언도 순수한 아모스 작품은 다메섹에 관한 것(1:3-5), 가사에 관한 것 (1:6-8), 암몬에 관한 것 (1:13-15), 모압에 관한 것(2:1-3), 북왕국 이스라엘에 관한 것 (2:6-11) 그리고 이스라엘의 패망하는 모습을 그린 것 (2:13-16) 등 6개의 구절들이라 했고, 그 나머지 우르에 관한 것 (1:9-10), 에돔에 관한 것 (1:11-12), 유다에 관한 것 (2:4-6) 등 3개 구절은 후대 사람의 작품이라 한다. 그 밖에 여러 구절(4: 7b,8a 13a-d;5:8-9; 5:18b, 22b; 6:2,9-11a, 그리고 7:1d, 8d;8:2a, 6, 11a;9:5-6;9:8c, 9-15)들이 후대 사람의 작품이라 한다.

이런 것들을 후대 사람의 작품이라 하는 원칙으로 다음 여섯 가지를 논하고 있다.[2] 즉

제1. '유다' (남 왕국)에 관한 것은 D 계통의 필자가 예루살렘의 멸망을 내다보고 말한 심판 선언이니 후대성이다.

제2. 역사적 사정이 후대성을 나타내는 것들, 즉 두로의 심판 선언 (1:9-10), 에돔의 심판 선언 (1:11-12) 등이라 본다.

제3. 신학사상이 욥기와 제 2 이사야의 사상과 유사한 것들 (가령

---

1) W. R. Harper, *Amos and Hosea*, p. CXXXii.
2) *Ibid.*, p. CXXXi, CXXXiii.

자평   421

4:13;5:8b;9:5-6)은 후대 작품이다(욥 38:4-5, 25 이하, 31 이하, 34-38;
사 40:21 이하; 45:12, 18;48:12-13).
　　제4. 원 아모스 저작을 설명하는 내용 구절들(암 4:3;4:7a;4:10;5:16;
5:22; 6:9-11a;7:1a;8:6, 13).
　　제 5. 종말적인 메시야 사상과 관련된 구절(8:11a, 특히 아모스 마지
막 부분 9:9-15).
　　제 6. "야웨 말씀 하신다"(1:15). "만군의 하나님"(5:15) "이것이 야
웨 말씀이다"(2:16), "야웨 너희 주"(3:13) 등은 독자들에게 강조하기
위하여 첨가된 말들이라 한다.

　　물론 우리는 아모스 자신이 이 책을 저작한 것은 아닌 줄 안다. 그
의 제자들 중에서 예언을 후대에 수집하여 한 권의 책으로 성립된 것
을 잘 안다. 이 수집 과정에서 순수한 아모스 예언을 수집, 편집한다
는 것은 물론 어려운 일이었다. 이 편집 과정에서 비아모스적인 것,
아모스 시대 사람 또는 그 이후 시대 그의 제자들에 의한 그의 신학 또
는 선언 내지 설교문을 주석하거나 해설한 글들이 최종 편집자의 손
에 의하여 첨가될 수 있는 가능성은 있었다. 그러나 그 최종 편집지기
본래의 아모스 예언에는 누락된 다른 아모스 예언록을 구하여 이것을
새로운 자료로 본래 것에다 첨부할 수도 있었다. 그러므로, 현재대로
의 아모스 예언서를 비아모스적인 자료가 첨가되었다는 가정을 앞세
우고 아모스서를 이해함보다, 비록 후대 첨가된 해설 또는 새로운 아
모스 자료가 아모스의 본래의 예언을 전달하고자 함 때문에 사용되었
다고 생각할 때, 우리는 아모스 예언서에서 순수한 아모스 예언을 읽
을 수 있다고 함도 가능하다고 할 수 있다. 더욱이 최근 아모스적인
자료의 인정 문제도 근거가 뚜렷하다고 할 수 없는 약점을 가졌기 때
문에 아모스 텍스트를 가급적 그 순전성을 대부분의 장절이 가졌다고
볼 수도 있다. 7장 10-17절 같은 것은 문장으로 보아 제3자의 기록임
을 보여준다. 아모스를 3인칭으로 부르고 있다. 그러나 이 부분은 아
모스의 예언이 관권에 의하여 중지당한 전기적인 내용이기 때문에 이
기사는 아모스가 이런 수난을 당한 그 현장에 함께 있었던 제자 또는
그 동참자와 또는 그 동참자에게서 전승을 받은 사람 손에 의해 편집
이 되었다 할 수 있다. 이렇게 아모스 사건을 제 3인칭으로 기록한 이

사람, 또는 그의 그룹이 아모스의 예언을 수집함에 공헌했다는 가능
성도 전혀 무리한 일은 아니다. 그들이 3장 1절에서 6장 14절, 8장 4
절에서 9장 10절까지의 아모스의 예언 내용 중요부분을 수집했다고
할 수 있다.

이렇게 아모스 본인의 예언이 절대적인 우위를 차지한다고 할 때,
후대 첨가라고 말하는 구절들을 아모스의 것으로 이해할 수 있다.

가령 위에서 하퍼의 주장대로 1장에서 두로, 에돔에 관한 심판 예
언과 2장 4-5절까지에 나온 남 왕국 유다에 관한 심판을 후대의 작품
이라 함에 반론을 제기할 수 있다.

그 이유는 아모스가 이방 여러 나라의 역사를 심판함에 있어서 다
메섹과 가사, 암몬, 모압 등 이방 나라는 아모스의 예언이고 두로, 에
돔, 유다는 비아모스 예언이라 함은 아모스가 말하고자 하는 "만민의
하나님 야웨"사상에 배치되거나 불완전한 발언이 아닐 수 없다.

아모스에게서 중요한 것은 북이스라엘, 남쪽 유다를 포함한 그 주
위 여러 나라들의 역사를 간섭하시고 그 악을 심판하시는 분이 야웨
하나님이라는 사상이다. 가령 에돔에 관한 예언은 후대 가필이라 하
는 하퍼의 근거는[3] (1) 에돔관계 구절인 1장 9,10 절의 문장이 유다를
말하는 2장 4,5절과 유사하다는 것 (2) 아모스 당시 에돔의 중요한 도
시 (데만과 보즈라만 나오고) 페트라 (Petra) 언급하지 않았다는 것 (3) 에
돔에 대한 고발 내용이 명확하지 않다는 것 (4) 에돔은 이스라엘을 괴
롭히기보다 이스라엘의 지배를 받고 있었다는 것. 에돔의 지배를 받
은 것은 포로시대 일이니, 후대성을 나타낸다고 했다.

그러나 이 1장 3절에서 2장 8절까지 아모스가 말하고자 함은 개개
나라의 역사적 사정 얘기보다도 이 모든 나라들의 많은 죄를 심판하
시는 "만민의 하나님 야웨"에 대한 사상을 가르치고자 함이다. 이는
이스라엘의 민족 신 야웨의 심판행위에서 다른 나라의 심판행위를 말
하려는 것이 아니라, 만민의 하나님 야웨는 이스라엘의 죄는 물론 그
주변 여러 나라도 하나님의 공의에서 어긋나면 심판을 행하신다는 만
민의 하나님 야웨의 주권을 강조하는 내용이다. 아모스의 예언 목적
이 만민의 신 야웨를 알리는 것이 목적이기 때문에, 그런 하나님의 심

---

3) *Ibid.*, p. 31.

판이 한 때는 다메섹, 가사, 암몬, 모압, 이스라엘에게만 있고, 그 후대에 와서 유다와 에돔, 두로 등지를 심판했다는 생각은 1장, 2장에 나타난 아모스 예언의 근본 의도에서 어긋난다. 그러므로 유다, 에돔, 두로 관계 심판 예언만은 후대 사람의 추가 작품이라 함은 아모스가 또는 그의 책 편집자가 그의 예언서 초두에 열국의 이름을 나열하고 그들의 죄 "서너 가지"를 밝혀 하나님의 심판 사상을 가르치려는 본래의 의도를 잘 못 이해한 것이다.

다음, 아모스 9장 11-15절, 이 예언서 마지막 부분은 많은 주석가들이 결정적으로 후대 작품이라 함에 의견 일치를 하고 있다. 하퍼가 아모스의 작품이 아니라고 거부하는 이유는 다음과 같다[4](본서 396면-에 소개).

(1) 여기 사용된 언어학적 검토는 포로시대 또는 포로 후 시대성을 나타낸다. 특히 13절에 "그 날이 다가온다"는 말 외에 여러 표현들에서 본다.

(2) 여기 나타난 회복과 구원의 메시지는 아모스서 중심 과제인 심판과 파괴 선언과는 배치가 된다.

(3) 북 왕국 이스라엘과는 전혀 다른 태도를 남왕국 유다에 보여주고 있음은 비아모스적이다.

(4) 여기 나타난 물질 생활의 번영 회복을 백성들의 윤리적 요구와 관련시키고 있지 않음은 철저한 윤리, 정의를 요구하는 아모스 사상과는 배치가 된다.

(5) 많은 구절에 나타난 사상이 후대 사상을 반영한다. 즉 11절은 이사야 11장 1절, 13a는 레위기 26장 5절, 13b는 욥기 4장 18, 14절은 열왕기하 19장 29절, 레위기 14장 9절, 29장 5절, 이사야 54장 3절 65장 21절, 신명기 28장 30-31절, 39절, 스바냐 1장 13절 등과 같은 사상 계통이다.

(6) 파멸 선고에서 회복의 약속으로 비약한 것은 후대성이다.

(7) 아모스의 예언은 항상 백성 전체를 상대한 예언인데, 여기에 의인과 죄인 두 타잎의 사람에 국한한 말은 후대적인 성격을 나타낸다.

(8) 여기에 묘사된 나라의 상태는 과거에 파멸된 비극적 사건을 회

---

4) *Ibid.*, p. 195.

고하는 것 같다(11,14절).

(9) 아모스는 항상 앗수르에 포로로 잡혀갈 것을 말했는데 여기서는 모든 민족들 사이에 흩어져 산재할 것을 말했으니 아모스적이 아니다.

이러한 주장을 밑받침하는 학자들 Wellhausen, Marti, R.Smend, C.H. Cornill, T.K. Cheyne, Preuschen, Nowack, Volz, Taylor, Bandissin, 등의 논문을 들고 있다.

이 9장 11-15절이 후대 작품이라 함은 현대학자들 J.L. Mays, A. Weise, H.W. Wolff 등도 마찬가지다. 그러나 Reventlow[5] 나 W.Rudolph[6] 등도 아모스 작품으로 돌리지만 특히 *Cambridge Bible* 주석 시리즈 중 『요엘과 아모스』를 주석한 영국의 대학자 드라이버(S. R. Driver)만은 이 부분을 아모스의 작품이 될 수 있는 가능성 6개 항목을 열거했다.

그의 주장을 요약을 한다면,

아모스의 예언 상대는 주로 북왕국 수도 사마리아에 살고 있는 권력층과 부유층 등 정치적, 사회적, 종교적 지도계급의 사람들의 불의와 부정을 고발한 내용이기 때문에 그 내용 성격은 심판예언이다. 그러나 아모스는 이런 지도계급의 횡포와 억압 아래 짓밟히고 학대받고 인권유린을 당하고 있는 수난받는 일반 서민층 영세민들에게는 심판보다 구원을, 책망의 말보다 위로의 말을 해준 사람이다. 그렇기 때문에 심판 예언자 아모스가 구원을 말하는 것은 곧 후대 사람의 작품이라 함은 아모스의 예언의 문장이나 문맥만 보았지, 그의 예언 정신을 무시한 것이 될 수 있다. 정의의 예언자 아모스가 "야곱의 길은 완전히 멸망하지 아니하리라" (9:8b) 한 것은 가난하지만 정직하게 살고, 억압과 학대를 받지 만 의롭게 살려는 사람들에게 전해 준 말씀이다.

그리고 또한 다른 심판 예언자들, 가령 예레미야, 이사야, 에스겔 같은 예언자의 메시지 중에도 심판과 구원이 교체되어 있다는 것은 예언자의 기본 사명이 불의와 죄악을 고발하여, 그 백성의 멸망만을

---

5) H. G. Reventlow, *Das Amt des Propheten bei Amos, FRLANT* 80, Göttingen, 1960.

6) W. Rudolph, *Joel, Amos, Obadja, KAT* XIII/ 2, Gütersloh, 1971.

선언하는 사람이 아니라, 어느 의미로 보면, 구원을 위한 심판 선언이다. 징계는 바른 삶, 곧 구원을 위함이다. 그러니 아모스의 예언이 심판예언이니까 구원 예언은 후대 것이라 함은 너무 일방적인 생각이다.

이렇게 주장하는 드라이버의 생각도 일리가 있지만, 필자는 우리 나라가 남북으로 분단된 역사적 실정에서 진정으로 나라와 민족을 생각하는 남한과 북한의 정직한 사람이라면 남북으로 갈라진 현실이 영구화의 사실이라고는 아무도 믿지도 생각지도 아니하고, 남에서는 북에 있는 백성들을 생각하고, 반대로 북쪽에 있는 양심적인 사람은 남한을 생각하고 염려하며 조국분단의 비극을 가슴 아파하는 사람은 "꿈에도 잊지 못하는 조국통일의 사상, 남과 북이 꼭 같이 사람들이 평안하게 의롭게 살 수 있는 나라가 되기를 바라고 있다.

이러한 조국통일의 염원에서 볼 때 아모스도 분단된 조국을 가진 사람으로, 그가 비록 양을 치다가 하나님께 붙잡혀 북왕국 이스라엘에 가서 예언을 한다고 해서 자기의 출신국인 남왕국 유다를 잊어버릴 리가 없었다. 특히 북과 남은 다 같은 아브라함의 후손인 선민이요, 다 같이 모세의 신앙전승을 가진 백성이요, 다 같이 다윗의 왕국을 영원한 왕국으로 세우려는 꿈을 가진 백성들이다. 같은 역사, 같은 언어, 같은 신앙전통을 가졌기 때문에 남과 북으로 갈라진 정치적 사건을 민족양심으로나 야웨 신앙으로는 결코 어느 하나만이 선민이라 내세울 수 없었다. 그렇기 때문에 북왕국 이스라엘이 그 죄와 불의로써 망국의 위기에 처했다면, 남왕국 유다의 경우도 마찬가지다. 이렇게 남과 북으로 갈라진 정치적 분단에서 민족과 나라를 보지 않고 통일된 민족의식에서 역사를 보고 사회현실을 본 아모스로서는 그의 예언 속에 유다에 관해 언급을 했다고 해서 결코 무리한 일이 아니었다.

그러므로 서구의 주석가들이 아모스 예언의 문학적인 문제를 지나치게 문학비평의 원칙에만 집착한 나머지 예언자 자신이 분단된 나라의 역사적 사정 아래 민족 통일의식을 그의 신앙과 신학 속에 가지고 있었다는 것을 보지 못함은 그들 해석의 약점을 드러내는 것이다. 통일 이스라엘을 아모스가 항상 염두에 두고 예언활동을 했다는 것을 이해한다면, 그의 예언 중에 있는 남왕국 '유다' 관계는 곧 후대성을 가진다는 것은 성급한 결론이고, 또한 그의 예언 속에 나온 "이스라엘 "이란 말 (4:12이외 여섯 번) "이스라엘 자손들"(2:11;3:1), 또는 "이스라엘 족속"(5:1외 5회) "야곱"(7:2,5;6:8) "야곱의 길" (9:8) "야곱의 집" (3:13) "요셉의 자손" (5:6) "요셉의 남은 자"(5:15), "요셉의 파멸" (6:6) 등은 북왕국 이스라엘로만 읽을 수 없다. 남북 왕국에 사는 이스라엘 백성 전체를 가리킨 말이라 할 수도 있다.

특히 심판예언에 반대되는 것은 비아모스적이라는 하퍼의 주장은 아모스 예언 자체 이해에 큰 지장을 준다. 그것은 아모스는 결코 심판만을 말한 예언자가 아니다. 오히려 그는 간절한 마음으로 "왜 야웨에게로 돌아오지 아니했느냐?" 하는 말은 4장에 다섯 번이나 반복하고 있다 (4:6,8,9,10,11). 이 말 속에는 이스라엘을 향한 하나님의 구원의지를 강하게 반영시켜 주고 있다. 특히 아모스의 다섯 개의 환상예언 중 첫째 "메뚜기 환상" (7:1절 이하), 둘째 "화염환상" (7:4-7)의 "오호 주 야웨여, 이제 용서하옵소서" (7:2), "오호 주여, 이제 그만 멈추어 주십시오" 하는 이스라엘을 위한 기도는 심판과 멸망의 선언이 아니고 이스라엘의 구원과 평안을 비는 내용이다. 이 제1, 제2 환상에 대해서 뷰르트바인은 그의 『아모스 연구』[7]에서 "그가 백성을 위해 빈 중보기도는 야웨의 은혜가 그 백성의 죄를 책망함보다 더 크다는 확신을 얻은 것이다."[8] 뷰르트바인은 그의 연구에서 아모스가 처음부터 심판예언자로서 활동한 것이 아니라, 아무리 구원의 메시지를 전해도 그 백성들의 반응이 없고 더욱더 악에 기울어졌기 때문에 심판예언자가 될 수밖에 없었다고 한다.[9]

그러므로 아모스 예언 속에 구원사상은 후대적이라 함은 뷰르트바인의 이론에서도 부당하다는 증거가 된다.

특히 아모스 자신이 5장 6절에
"야웨를 찾으라 그리하면 살리라" 한 말이나 "너희가 살기를 원하거든 선을 구하고 악을 구하지 말라"(5:14) 또는 "너희는 악을 미워하고 선을 사랑하라. 그리고 성문에서 공의를 세우라. 야웨 만군의 하나님께서 그래도 긍휼히 여기지 않겠는가!"(5:15) 등의 구절들은 심판

---

7) E. Würthwein, Amos-Studien, ZAW 62(1949), p. 10-52, 그의 논문집 Wort und Existenz 1970, p. 68-110.
8) Ibid., p. 32; Wort und Existenz, p. 90.
9) Ibid., p. 96f..

예언이 아니고 구원사상의 발표이다.

이상으로 나는 아모스 예언에서 가급적 아모스 자신의 글로 이해하려는 시도를 해 본 것이다.

끝으로 본서의 약점은 무엇인가?

첫째는 이 주석이 충분한 시간을 들여서 연구한 것이 아니고, 월간지 『현존』에 3년 7개월간 연재했던 것을 거의 그대로 (처음 1-2장 주석에 다소 수정) 출판했기 때문에 이 주석의 학문성에 대해서는 너무도 미비한 점이 많다. 더욱이 역부족으로 선배들의 주석책을 충분히 읽고 그 장점 단점을 이 주석에 활용 못함은 유감이다.

그러나 감사한 일은 본서 주석 절반이 조금 지났을 때 내가 중병을 앓아 영 빛을 못볼, 미완성되고 말 것이 하나님 은혜로 다시 건강을 회복하여 불완전하게나마 일단 끝마칠 수 있었던 것은 첫째는 하나님은혜요 둘째는 동역자 여러분과 학생들의 기도의 은덕이라 믿고 감사하는 바이다.

정의의 예언자

김정준

1991년 2월 5일 초판발행
1994년 5월 30일 재판발행

발행인·채수일
발행소·한국신학연구소

서울 강남구 포이동 168-4(주광빌딩 2층)
02) 578-6744, 371-3519
FAX·576-7861
대체·011809-31-0511642
1973년 6월 28일 등록 제5-25호

한국신학연구소
충남 천안군 병천면 병천 6리 산 33번지
0417-61-9802, 9803
FAX·0417-64-1306

값 18,000원

ISBN 89-487-0082-0 94230
ISBN 89-487-0163-0 (전8권)